Erich Fromm:
Wege aus einer kranken Gesellschaft
Eine sozialpsychologische Untersuchun

Aus dem Amerikanischen von
Liselotte Mickel und Ernst Mickel

Deutscher
Taschenbuch
Verlag

dtv

Von Erich Fromm
sind im Deutschen Taschenbuch Verlag erschienen:
Haben oder Sein (1490; auch als dtv großdruck, 25016)
Erich-Fromm-Lesebuch. Hrsg. von Rainer Funk (10912)
Psychoanalyse und Ethik (15003)
Psychoanalyse und Religion (15006)
Über den Ungehorsam (15011)
Sigmund Freuds Psychoanalyse (15017)
Über die Liebe zum Leben (15018)
Die Revolution der Hoffnung (15035)
Die Seele des Menschen (15039)
Das Christusdogma und andere Essays (15076)
Die Furcht vor der Freiheit (15084)
Arbeiter und Angestellte am Vorabend des Dritten Reiches (4409)

Gesamtausgabe in 10 Bänden. Hrsg. von Rainer Funk (59003)

Ungekürzte Ausgabe
Oktober 1991
Deutscher Taschenbuch Verlag GmbH & Co. KG, München

Titel der amerikanischen Originalausgabe:
The Sane Society
Holt, Rinehart and Winston, New York 1955
Die deutsche Erstausgabe erschien zuerst bei der
Europäischen Verlagsanstalt, Frankfurt 1960
unter dem Titel: Der moderne Mensch und seine Zukunft
1980 neue Übersetzung im Rahmen der Gesamtausgabe der
Werke Erich Fromms, Deutsche Verlags-Anstalt, Stuttgart

ISBN 3-421-06151-3
Umschlaggestaltung: Boris Sokolow
Umschlagfoto Rückseite: DVA (Müller-May)
Gesamtherstellung: C.H. Beck'sche Buchdruckerei, Nördlingen
Printed in Germany · ISBN 3-423-15094-7

Das Buch

»Die Dinge sitzen im Sattel und reiten die Menschheit.« Dieser Satz ist nicht nur Motto, er ist zugleich Befund. Denn jenes Emerson-Zitat, das Erich Fromm seiner sozialpsychologischen Untersuchung aus dem Jahr 1955 voranstellt, nimmt sehr präzise den Kern seiner kritischen Bestandsaufnahme vorweg. In ›Wege aus einer kranken Gesellschaft‹ verfolgt Fromm das ehrgeizige Ziel, die seelische und geistige Erkrankung der gegenwärtigen westlichen Gesellschaftsstruktur auf den Begriff zu bringen. Und obwohl die Ausführungen dieses prominenten und profilierten Diagnostikers der Krisenerscheinungen in der modernen Welt bereits aus der Mitte unseres Jahrhunderts stammen, erscheinen sie aktueller denn je: »Glücklichsein heißt immer neuere und bessere Waren konsumieren, sich Musik, Filme, Vergnügen, Sex, Alkohol und Zigaretten einverleiben.« Der Mensch »ist sich selbst entfremdet, er verehrt das Erzeugnis seiner eigenen Hände, die Führergestalten, die er selbst geschaffen hat, als ob sie über ihm stünden und nicht seine Geschöpfe wären ... Diese Entfremdung und Automatisierung führt zu einer immer schlimmeren seelischen Erkrankung. Das Leben besitzt keine Bedeutung mehr, es ist ohne Freude, ohne Glauben, ohne Realität. Jedermann ist ›glücklich‹ – nur fühlt er nichts, kann er nicht mehr vernünftig denken und kann er nicht mehr lieben.« Dies klingt nicht gerade ermutigend, doch Fromms Darlegungen führen über die Stufe der Diagnose hinaus zur Therapie. Schon der Titel verspricht Auswege – und das Buch löst dieses Versprechen ein.

Der Autor

Erich Fromm, Psychoanalytiker und Sozialphilosoph, wurde am 23. März 1900 in Frankfurt am Main geboren. Nach seiner Promotion im Fach Soziologie 1922 in Heidelberg kam er mit der Psychoanalyse Freuds in Berührung und wurde Psychoanalytiker. Von 1930 bis 1938 gehörte er neben Marcuse, Löwenthal, Adorno, Benjamin, Pollock und anderen jungen Gelehrten um Max Horkheimer zur Frankfurter Schule. 1933 emigrierte er in die USA, wo er an verschiedenen Instituten lehrte, zuletzt an der Universität von Mexiko City. Er starb 1980 in Locarno.

Inhalt

Er spricht Recht im Streit vieler Völker,
er weist mächtige Nationen in die Schranken
bis in die Ferne.
Dann schmieden sie Pflugscharen aus ihren Schwertern
und Winzermesser aus ihren Lanzen.
Man zieht nicht mehr das Schwert, Volk gegen Volk,
und übt sich nicht mehr für den Krieg.
Jeder sitzt unter seinem Weinstock
und unter seinem Feigenbaum,
und niemand schreckt ihn auf.
So hat der Mund des Herrn der Heere gesprochen.

Micha, 4, 3f.

Es gibt keine schwierigere Kunst als zu leben.
Für andere Künste und Wissenschaften
kann man überall zahlreiche Lehrer finden.
Selbst junge Leute glauben, sie hätten sich diese Kunst schon soweit erworben,
daß sie andere darin unterrichten könnten:
Während seines ganzen Lebens muß man immer weiter lernen zu leben,
und, was euch noch mehr erstaunen wird,
während des ganzen Lebens muß man lernen zu sterben.

Seneca

Diese Welt und die jenseitige Welt gebären ständig Neues:
jede Ursache ist eine Mutter, ihre Wirkung das Kind.
Wenn die Wirkung geboren ist, wird auch sie zur Ursache
und gebiert wunderbare Wirkungen.
Diese Ursachen sind die aufeinanderfolgenden Generationen,
aber man braucht schon ein scharfes Auge,
um die Glieder in ihrer Kette zu erkennen.

Rumi

Die Dinge sitzen im Sattel und reiten die Menschheit.

Emerson

Die menschliche Rasse ist weise genug, um Wissenschaft und Kunst zu schaffen; weshalb sollte sie nicht auch fähig sein, eine Welt der Gerechtigkeit, Brüderlichkeit und des Friedens zu schaffen? Die Menschheit hat Plato, Homer, Shakespeare und Hugo, Michelangelo und Beethoven, Pascal und Newton hervorgebracht, alle diese menschlichen Heroen, deren Genie nichts anderes ist als der Kontakt mit den fundamentalen Wahrheiten, mit dem innersten Wesen des Universums. Weshalb sollte dann die gleiche Menschheit nicht auch die Führer hervorbringen, die in der Lage sind, sie zu jenen Formen des Gemeinschaftslebens hinzuführen, die dem Leben und der Harmonie des Universums am nächsten kommen?

Léon Blum

Vorwort

Dieses Buch ist eine Fortsetzung von ›Escape from Freedom‹ (1941 a), das ich vor nunmehr fünfzehn Jahren geschrieben habe. Dort versuchte ich zu zeigen, daß die totalitären Bewegungen an eine tiefsitzende Sehnsucht im Menschen appelliert haben, vor der Freiheit zu fliehen, die er sich in der modernen Welt errungen hat. Dieser moderne Mensch, der frei ist *von* Bindungen an das Mittelalter, war noch nicht frei genug *zum* Aufbau eines sinnvollen Lebens, das sich auf Vernunft und Liebe gründet, und suchte daher eine neue Sicherheit in der Unterwerfung unter einen Führer, unter die Rasse oder den Staat.

Im vorliegenden Buch versuche ich zu zeigen, daß das Leben in der Demokratie des 20. Jahrhunderts in vieler Hinsicht ebenfalls eine Flucht vor der Freiheit ist. Die Analyse dieser speziellen Flucht, in deren Mittelpunkt der Begriff der Entfremdung steht, macht einen großen Teil dieses Buches aus.

Auch noch in einem anderen Sinn ist dieses Buch eine Fortsetzung von ›Escape from Freedom‹ und zu einem gewissen Grade auch von meinem Buch ›Man for Himself‹ (1947 a). Ich behandle in beiden Büchern spezielle psychologische Mechanismen, soweit diese etwas mit dem Hauptthema zu tun haben. In ›Escape from Freedom‹ habe ich mich hauptsächlich mit dem Problem des autoritären Charakters (also mit Sadismus, Masochismus und so weiter) befaßt. In ›Man for Himself‹ habe ich den Gedanken von verschiedenen Charakter-Orientierungen entwickelt, und an die Stelle des Freudschen Schemas der Libido-Entwicklung habe ich ein Schema der Charakterentwicklung in zwischenmenschlichen Beziehungen gesetzt. In dem vorliegenden Buch versuche ich die Grundvorstellungen dessen, was ich »humanistische Psychoanalyse« nenne, etwas systematischer zu entwickeln. Natürlich konnte ich nicht umhin, auf frühere Ideen zurückzugreifen, aber ich habe versucht, sie kürzer zu behandeln und jenen Aspekten mehr Raum zu geben, die ich aus meinen Beobachtungen und Gedanken in den letzten Jahren gewonnen habe.

Ich hoffe, daß es dem Leser meiner früheren Bücher nicht schwerfallen wird, die Kontinuität meiner Gedanken, aber auch einige Veränderungen zu erkennen, die mich zu folgender Hauptthese der humanistischen Psychoanalyse geführt haben: Die grundlegenden Leidenschaften eines Menschen wurzeln nicht in seinen triebhaften Bedürfnissen, sondern in den spezifischen Bedingungen der menschlichen Existenz, im Bedürfnis, eine neue Beziehung zum Menschen und zur Natur zu finden, nachdem er seine ursprüngliche Beziehung im vormenschlichen Stadium verloren hat. Obwohl sich meine Vorstellungen in dieser Hinsicht wesentlich von denen Freuds unterscheiden, bauen sie dennoch auf seinen grundlegenden Erkenntnissen auf, wie sie unter dem Einfluß der Ideen und Experimente der Generation nach Freud weitergeführt wurden. Aber eben wegen der implizit und explizit auf diesen Seiten enthaltenen Kritik an Freud möchte ich deutlich feststellen, daß ich große Gefahren in manchen gegenwärtigen Tendenzen innerhalb der Psychoanalyse sehe, die mit den Irrtümern auch die wertvollsten Bestandteile von Freuds Lehre über Bord werfen: seine wissenschaftliche Methode, sein evolutionäres Konzept und seine Vorstellung vom Unbewußten als einer echten irrationalen Macht und nicht als einer Summe von irrigen Ideen. Zudem besteht die Gefahr, daß der Psychoanalyse ein weiterer grundlegender Zug von Freuds Denken verlorengeht: sein Mut, dem »gesunden Menschenverstand« und der »öffentlichen Meinung« die Stirn zu bieten.

Schließlich geht dieses Buch von der kritischen Analyse, wie sie in ›Escape from Freedom‹ vorgenommen wurde, weiter zu konkreten Vorschlägen, wie eine gesunde Gesellschaft aussehen könnte. Mein Hauptargument in diesem letzten Teil des Buches ist nicht so sehr die Überzeugung, daß eine jede der von mir empfohlenen Maßnahme unbedingt »richtig« ist, sondern daß es nur zu einem Fortschritt kommen kann, wenn Veränderungen gleichzeitig auf wirtschaftlichem, gesellschaftspolitischem und kulturellem Gebiet vorgenommen werden und daß jeder Fortschritt, der sich nur auf ein einziges Gebiet beschränkt, den Fortschritt in allen Bereichen verhindert.

Ich bin einer Reihe von Freunden zu tiefem Dank verpflichtet, die mir beim Durchlesen des Manuskripts, und mit Vorschlägen und konstruktiver Kritik geholfen haben. Dies gilt besonders für George Fuchs, der während der Arbeit an diesem Buch starb. Wir hatten ursprünglich geplant, es gemeinsam zu schreiben, aber dieser Plan war seiner langen Krankheit wegen nicht durchzuführen. Trotzdem hat er mir sehr geholfen. Wir hatten lange Diskussionen, und er hat mir viele Briefe und Notizen zugeschickt, besonders in bezug auf die Probleme der sozialistischen Theorie. Dies hat mir geholfen, mir über meine eigenen Ideen klar zu werden und sie gelegentlich auch zu revidieren. Ich habe seinen Namen einige Male im Text erwähnt, doch bin ich ihm weit mehr verpflichtet, als aus diesen besonderen Hinweisen hervorgeht.

Mein Dank gehört auch Dr. G. R. Hargreaves, dem Leiter der Mental Health Section der Weltgesundheitsorganisation, der mir zu den statistischen Angaben über Alkoholismus, Selbstmord und Mord verholfen hat.

E. F.

1 Sind wir gesund?

Keine Idee ist so verbreitet wie die, daß wir, die in der westlichen Welt des 20. Jahrhunderts lebenden Menschen, überaus gesund seien. Trotz der Tatsache, daß viele von uns unter mehr oder weniger schweren Formen seelischer Erkrankung leiden, zweifeln wir kaum an dem allgemein guten Zustand unserer seelischen Gesundheit. Wir sind sicher, daß wir durch die Einführung besserer Methoden seelischer Hygiene den Zustand unserer seelischen Gesundheit *noch weiter* verbessern werden. Was aber die psychischen Störungen bei einzelnen betrifft, so sehen wir darin nur durchaus individuelle Vorkommnisse, wobei wir uns vielleicht lediglich etwas darüber wundern, daß in unserer angeblich so gesunden Kultur derartige Einzelfälle so häufig anzutreffen sind.

Können wir tatsächlich so sicher sein, daß wir uns nicht täuschen? Mancher Insasse einer Nervenheilanstalt ist überzeugt, daß alle anderen verrückt seien, nur er selbst nicht. Mancher schwerkranke Neurotiker glaubt, daß seine Zwangsrituale und seine hysterischen Ausbrüche die normale Reaktion auf irgendwie anomale Umstände seien. Und wie ist das mit uns selbst?

Sehen wir uns nach altbewährter psychiatrischer Methode die Tatsachen einmal näher an. Wir haben in den letzten hundert Jahren in der westlichen Welt einen größeren materiellen Reichtum geschaffen, als es irgendeiner anderen Gesellschaft in der Geschichte der menschlichen Rasse gelungen ist. Dennoch haben wir es fertiggebracht, Millionen von Menschen durch eine Einrichtung zu töten, die wir »Krieg« nennen. Von kleineren Kriegen abgesehen, hatten wir 1870, 1914 und 1939 drei große Kriege. Während dieser Kriege glaubte jeder Kriegsteilnehmer fest, daß er zu seiner eigenen Verteidigung und um seine Ehre kämpfe, oder daß Gott auf seiner Seite stehe. Die Gruppen, mit denen man sich im Krieg befindet, sieht man oft von einem Tag zum anderen als grausame, unvernünftige, schlimme Feinde, die man vernichten müsse, um die Welt von allem Bösen zu erretten. Aber wenn dann ein paar Jahre nach dem gegenseitigen Gemetzel verstrichen sind, sind aus den Feinden von gestern Freunde geworden, und die Freunde von gestern sind unsere Feinde, und wir fangen wieder allen Ernstes an, sie in den entsprechenden Schwarz-Weiß-Farben zu malen. Heute, im Jahre 1955, sind wir auf ein Massengemetzel gefaßt, das – wenn es dazu kommen sollte – jedes andere Gemetzel, das die menschliche Rasse bisher arrangiert hat, übertreffen wird. Eine der größten Entdeckungen auf dem Gebiet der Naturwissenschaft steht zu diesem Zweck bereit. Jedermann blickt mit einer Mischung von

Vertrauen und Angst auf die »Staatsmänner« der verschiedenen Völker – bereit, sie in den Himmel zu heben, wenn es ihnen gelingt, einen Krieg zu vermeiden, wobei man völlig übersieht, daß es ausschließlich diese Staatsmänner sind, die die Kriege verursachen, und gewöhnlich nicht einmal aus böser Absicht, sondern durch einen unvernünftigen und falschen Umgang mit den ihnen anvertrauten Angelegenheiten.

Bei diesen Ausbrüchen von Destruktivität und paranoidem Mißtrauen benehmen wir uns nicht anders, als es der zivilisierte Teil der Menschheit in den letzten dreitausend Jahren seiner Geschichte getan hat. Nach Victor Cherbulliez sind von 1500 v. Chr. bis 1860 n. Chr. nicht weniger als achttausend Friedensverträge unterzeichnet worden, von denen jeder angeblich den ewigen Frieden sicherstellte und von denen jeder durchschnittlich zwei Jahre dauerte! (Vgl. H. B. Stevens, 1949, S. 221.)

Auch die Art, wie wir unsere wirtschaftlichen Angelegenheiten handhaben, ist nicht ermutigender. Wir leben in einem Wirtschaftssystem, in dem eine besonders gute Ernte oft eine wirtschaftliche Katastrophe ist, und wir schränken unsere landwirtschaftliche Produktivität ein, um »den Markt zu stabilisieren«, obwohl es Millionen von Menschen gibt, die eben die Dinge, deren Erzeugung wir einschränken, nicht haben und sie bitter nötig hätten. Im Augenblick funktioniert unser Wirtschaftssystem sehr gut, neben vielen anderen Gründen deshalb, weil wir pro Jahr Milliarden Dollar für die Herstellung von Waffen ausgeben. Unsere Wirtschaftswissenschaftler sehen der Zeit mit einiger Besorgnis entgegen, in der wir die Waffenproduktion einstellen werden, und der Gedanke, daß der Staat Häuser und andere nützliche und benötigte Dinge anstelle von Waffen herstellen könnte, führt leicht zu dem Vorwurf, dies gefährde die Freiheit und lähme die persönliche Initiative.

Etwa neunzig Prozent unserer Bevölkerung können lesen und schreiben. Wir bieten jedermann täglich Rundfunk, Fernsehen, Filme und Zeitungen. Statt daß diese Medien uns aber täglich neben der Reklame das Beste aus der früheren und gegenwärtigen Literatur und Musik bieten, stopfen sie die Köpfe mit billigstem Schund, dem jeder Bezug zur Realität abgeht, voll, und mit sadistischen Phantasien, die so sind, daß sich jeder nur halbwegs gebildete Mensch schämen würde, wenn er ihnen auch nur vorübergehend nachhinge. Und während so das Denken von jedermann, ob jung oder alt, vergiftet wird, achten wir unverdrossen weiter darauf, daß nichts »Unmoralisches« auf den Bildschirm kommt. Jeder Vorschlag, die Regierung solle die Herstellung von Filmen und Radioprogrammen finanzieren, welche die Menschen aufklären und weiterbringen, würde nur immer wieder auf Entrüstung und Vorwürfe im Namen von Freiheit und Idealismus stoßen.

Im Vergleich zu der Zeit vor hundert Jahren haben wir die Arbeitszeit auf etwa die Hälfte reduziert. Wir haben heute mehr Freizeit zur Verfügung, als es sich unsere Vorfahren hätten jemals träumen lassen. Aber was ist geschehen? Wir wissen nicht, was wir mit dieser neugewonnenen Freizeit anfangen sollen; wir versuchen, die gewonnene Zeit totzuschlagen, und sind froh, wenn wieder einmal ein Tag vorüber ist.

Ich brauche dieses Bild, das ohnehin jeder kennt, nicht weiter auszumalen. Wenn jemand das täte, würden sicher ernsthafte Zweifel an seiner geistigen Gesundheit laut. Behauptete er dagegen, nichts liege im argen und man benehme sich völlig vernünftig, so würde die Richtigkeit dieser Diagnose nicht einmal angezweifelt.

Dennoch weigern sich viele Psychiater und Psychologen zuzugeben, daß die Gesellschaft als Ganzes vielleicht nicht mehr ganz gesund sein könne. Sie behaupten, das Problem der seelischen Gesundheit in einer Gesellschaft betreffe nur die Zahl der »nichtangepaßten« Individuen und nicht eine mögliche Nicht-Anpassung der Kultur selbst. Das vorliegende Buch befaßt sich mit dem zweiten Problem, also nicht mit der individuellen Pathologie, sondern mit der *Pathologie der Normalität,* insbesondere mit der Pathologie der gegenwärtigen westlichen Gesellschaft. Aber bevor wir an die komplizierte Diskussion des Begriffs der gesellschaftlichen Pathologie herangehen, wollen wir uns zunächst einige Daten ansehen, die schon an sich aufschlußreich und bezeichnend sind und die sich auf das Auftreten *individueller* Erkrankungen in der westlichen Kultur beziehen.

Wie häufig treten seelische Erkrankungen in den verschiedenen Ländern der westlichen Welt auf? Es ist eine höchst erstaunliche Tatsache, daß uns keine Daten zur Beantwortung dieser Frage zur Verfügung stehen. Während wir exakte vergleichende Statistiken über materielle Mittel, über Beschäftigung, Geburts- und Todesraten besitzen, gibt es keine adäquate Information über psychische Krankheiten. Wir besitzen bestenfalls einige exakte Daten für einige Länder, wie für die Vereinigten Staaten und Schweden, aber diese beziehen sich nur auf die Aufnahme von Patienten in Nervenheilanstalten. Man kann daraus keine Schlüsse ziehen auf die relative Häufigkeit von psychischen Krankheiten. Solche Zahlen sagen uns genauso wenig über eine verbesserte psychiatrische Versorgung und institutionelle Möglichkeiten wie über die Zunahme der Häufigkeit von psychischen Krankheiten. (Vgl. H. Goldhamer und A. Marshall, 1953.) Die Tatsache, daß mehr als die Hälfte aller Krankenhausbetten in den Vereinigten Staaten von Patienten mit psychischen Störungen belegt sind, für die wir jährlich eine Summe von über einer Milliarde Dollar ausgeben, braucht kein Hinweis auf eine größere Häufigkeit von psychischen Krankheiten zu sein, sondern könnte ebenso eine verbesserte Fürsorge signalisieren. Einige andere Zahlen jedoch weisen deutlicher auf die

Häufigkeit schwererer psychischer Krankheiten hin. Wenn im letzten Krieg 17,7 Prozent aller für wehrdienstuntauglich Erklärten dies aufgrund von psychischen Krankheiten waren, so zeugt das gewiß von einem hohen Häufigkeitsgrad psychischer Störungen, selbst wenn uns keine Vergleichszahlen aus der Vergangenheit oder aus anderen Ländern zur Verfügung stehen.

Die einzigen Vergleichsdaten, die uns einen groben Hinweis auf den Zustand der psychischen Gesundheit geben, sind die Daten über Selbstmord, Mord und Alkoholismus. Zweifellos ist das Selbstmordproblem außerordentlich komplex, und man kann daher nicht einen einzigen Faktor als *die* Ursache annehmen. Aber auch wenn man bei der Erörterung des Selbstmords auf diesen Punkt nicht näher eingeht, so glaube ich doch mit Sicherheit annehmen zu dürfen, daß eine hohe Selbstmordrate bei einer bestimmten Population auf einen Mangel an psychischer Stabilität und psychischer Gesundheit hinweist. Daß Selbstmord nicht die Folge materieller Armut ist, geht deutlich aus allen Zahlen hervor. Die ärmsten Länder haben die niedrigsten Selbstmordraten, und mit dem wachsenden materiellen Wohlstand in Europa ging eine zunehmende Zahl von Selbstmorden Hand in Hand. (Vgl. M. Halbwachs, 1930, S. 109 und 112.) Was den Alkoholismus anbelangt, so ist auch er zweifellos ein Symptom seelischer und emotionaler Labilität.

Die Motive für einen Mord sind wahrscheinlich weniger bezeichnende Hinweise für seelisches Kranksein als die Motive für einen Selbstmord. Wenn auch Länder mit einer hohen Mordrate eine niedrige Selbstmordrate aufweisen, so kommen wir doch zu einer interessanten Schlußfolgerung, wenn wir beide Raten kombinieren. Wenn wir sowohl Mord als auch Selbstmord als »destruktive Handlungen« klassifizieren, so zeigen unsere Tabellen, daß ihre kombinierte Rate nicht konstant ist, sondern zwischen den extremen Werten von 35,76 und 4,24 schwankt. Diese Zahlen stehen im Widerspruch zu Freuds Annahme von der relativen Konstanz der Destruktivität, die seiner Theorie vom Todestrieb zugrunde liegt. Sie widerlegen die Implikation, daß die Destruktivität eine Größe sei, die sich nur dadurch unterscheide, ob sie gegen die Außenwelt oder gegen das eigene Ich gerichtet sei.

Die folgenden Tabellen zeigen die Häufigkeit von Selbstmord, Mord und Alkoholismus in einigen der wichtigsten europäischen und nordamerikanischen Länder.[1]

[1] Die statistischen Angaben von Tabelle I und Tabelle II sind entnommen: erstens den ›Annual epidemiological and vital statistics 1939–1946, Part I: Vital statistics and causes of death‹ der Weltgesundheitsorganisation (Genf, S. 38–71); um eine größere Klarheit zu erreichen, habe ich diese Zahlen von der Gesamtbevölkerung auf die erwachsene Bevölkerung umgerechnet. Zum anderen habe ich sie den ›Epidemiological and vital statistics,

Ein erster Blick auf diese Tabellen zeigt ein auffallendes Phänomen: Dänemark, die Schweiz, Finnland, Schweden und die Vereinigten Staaten sind die Länder mit der höchsten Selbstmordrate und der höchsten kombinierten Selbstmord- und Mordrate, während Spanien, Italien, Nordirland und die Republik Irland die niedrigste Selbstmord- und Mordrate haben. Die Werte für den Alkoholismus zeigen, daß die gleichen Länder – die Vereinigten Staaten, die Schweiz, Schweden und Dänemark –, welche die höchste Selbstmordrate aufweisen, auch die höchste Alkoholismus-Rate haben, und zwar mit dem Hauptunterschied, daß die Vereinigten Staaten in dieser Gruppe führend sind und daß Frankreich den zweiten anstatt wie bei den Selbstmordraten den sechsten Platz einnimmt.

Diese Zahlen sind in der Tat alarmierend und herausfordernd. Selbst wenn wir bezweifeln sollten, daß die starke Häufigkeit der Selbstmorde schon allein ein Hinweis auf mangelhafte seelische Gesundheit einer Bevölkerung ist, so scheint doch aus der Tatsache, daß die Selbstmord- und die Alkoholismuszahlen weitgehend koinzidie-

Tabelle I: Selbstmorde und Morde (auf 100000 Erwachsene)

Land	Selbstmorde	Morde
Dänemark	35,09	0,67
Schweiz	33,72	1,42
Finnland	23,35	6,45
Schweden	19,74	1,01
Vereinigte Staaten	15,52	8,50
Frankreich	14,83	1,53
Portugal	14,24	2,79
England und Wales	13,43	0,63
Australien	13,03	1,57
Kanada	11,40	1,67
Schottland	8,06	0,52
Norwegen	7,84	0,38
Spanien	7,71	2,88
Italien	7,67	7,38
Nordirland	4,82	0,13
Republik Irland	3,70	0,54

Tabelle II: Destruktive Handlungen (auf 100000 Erwachsene)

Land	Morde u. Selbstmorde kombin.
Dänemark	35,76
Schweiz	35,14
Finnland	29,80
Vereinigte Staaten	24,02
Schweden	20,75
Portugal	17,03
Frankreich	16,36
Italien	15,05
Australien	14,60
England und Wales	14,06
Kanada	13,07
Spanien	10,59
Schottland	8,58
Norwegen	8,22
Nordirland	4,95
Republik Irland	4,24

Die Zahlenwerte beider Tabellen beziehen sich auf das Jahr 1946.

Rep. 5‹ (S. 377) der Weltgesundheitsorganisation aus dem Jahre 1952 entnommen. Die Angaben der Tabelle III entstammen dem ›Ersten Sitzungsbericht des Unterausschusses für Alkoholismus im Sachverständigenausschuß für seelische Gesundheit der Weltgesundheitsorganisation‹, Genf 1951.

Tabelle III: Geschätzte Anzahl der Alkoholiker, mit oder ohne Komplikationen (auf 100000 Erwachsene)

Land		
Vereinigte Staaten	3952	(1948)
Frankreich	2850	(1945)
Schweden	2580	(1946)
Schweiz	2385	(1947)
Dänemark	1950	(1948)
Norwegen	1560	(1947)
Finnland	1430	(1947)
Australien	1340	(1947)
England und Wales	1100	(1948)
Italien	500	(1942)

ren, klar hervorzugehen, daß wir es hier mit den Symptomen einer seelischen Labilität zu tun haben.
Wir finden demnach, daß die Bewohner der europäischen Länder, die als demokratisch, friedliebend und reich gelten, sowie der Vereinigten Staaten, die das reichste Land der Welt sind, schwerste Symptome einer seelischen Störung aufweisen. Das Ziel der gesamten sozio-ökonomischen Entwicklung der westlichen Welt ist ein materiell komfortables Leben, eine relativ gleichmäßige Verteilung des Reichtums, eine stabile Demokratie und Frieden – aber eben die Länder, welche diesem Ziel am nächsten gekommen sind, weisen die schwersten Anzeichen von psychischer Labilität auf. Zwar *beweisen* die Zahlen an sich noch nichts, aber sie sind zum mindesten alarmierend. Noch bevor wir in eine gründliche Erörterung des Gesamtproblems eintreten, stellt sich auf Grund dieser Daten die Frage, ob nicht in bezug auf unsere Lebensweise und die Ziele, die wir uns gesetzt haben, etwas grundsätzlich falsch ist.

Könnte es sein, daß das Wohlstandsleben der Mittelklasse zwar unsere materiellen Bedürfnisse befriedigt, uns aber das Gefühl einer intensiven Langeweile gibt und daß Selbstmord und Alkoholismus pathologische Auswege sind, um dieser Langeweile zu entrinnen? Könnte es sein, daß diese Zahlen die Richtigkeit der Behauptung drastisch illustrieren, daß »der Mensch nicht vom Brot allein lebt«, und daß sie zeigen, daß die moderne Zivilisation es nicht fertigbringt, die tiefen Bedürfnisse des Menschen zu befriedigen? Und wenn dies zutrifft, welches sind diese Bedürfnisse?

Ich möchte in den folgenden Kapiteln den Versuch machen, diese Frage zu beantworten und die Wirkung der gegenwärtigen westlichen Kultur auf das psychische Wohlbefinden und die Gesundheit der unter diesem System lebenden Menschen kritisch unter die Lupe nehmen. Bevor wir jedoch an die Erörterung dieser Frage gehen, erscheint es mir angebracht, uns mit dem allgemeinen Problem der Pathologie der Normalität zu beschäftigen, das den in diesem Buch dargelegten Gedankengängen insgesamt zugrunde liegt.

2 Kann eine Gesellschaft krank sein? – Die Pathologie der Normalität

Von einer ganzen Gesellschaft zu sagen, ihr mangele es an psychischer Gesundheit, impliziert eine Annahme, die im Gegensatz steht zu dem *soziologischen Relativismus*, der heute von den meisten Sozialwissenschaftlern vertreten wird. Sie postulieren, daß jede Gesellschaft in dem Maße normal ist, als sie funktioniert, und daß man nur bei einer mangelnden Anpassung des einzelnen an die Lebensweise seiner Gesellschaft von Krankheit reden kann.

Wenn man von einer »gesunden Gesellschaft« spricht, so bedeutet das eine vom soziologischen Relativismus abweichende Voraussetzung. Es hat nur einen Sinn, wenn wir annehmen, daß es eine Gesellschaft geben kann, die *nicht* gesund ist, und diese Annahme impliziert ihrerseits, daß es universale Kriterien für psychische Gesundheit gibt, die für die menschliche Rasse als solche gelten und nach denen man den Gesundheitszustand einer jeden Gesellschaft beurteilen kann. Diese Einstellung eines *normativen Humanismus* gründet sich auf einige wenige grundlegende Prämissen.

Man kann die Spezies »Mensch« nicht nur mit Hilfe von anatomischen und physiologischen Begriffen definieren. Ihre Glieder haben auch grundlegende *psychische* Eigenschaften gemeinsam: Gesetze, die in ihrem psychischen und emotionalen Leben herrschen, und Ziele für eine befriedigende Lösung des Problems der menschlichen Existenz. Unser Wissen über den Menschen ist allerdings noch so unvollständig, daß wir keine befriedigende psychologische Definition des Menschen geben können. Aufgabe der »Wissenschaft vom Menschen« ist es, zu einer korrekten Beschreibung dessen zu gelangen, was es verdient, als »menschliche Natur« bezeichnet zu werden. Was man oft »menschliche Natur« genannt hat, ist nur eine ihrer vielen Manifestationen – und oft eine krankhafte – und eine solche irrige Definition diente gewöhnlich dazu, einen bestimmten Gesellschaftstyp als notwendiges Resultat der psychischen Konstitution des Menschen zu verteidigen.

Im Gegensatz zu einem solchen reaktionären Gebrauch des Begriffs der menschlichen Natur haben die Liberalen seit dem 18. Jahrhundert auf die Formbarkeit der menschlichen Natur und auf den entscheidenden Einfluß von Umweltfaktoren hingewiesen. So richtig und so wichtig es sein mag, nachdrücklich hierauf hinzuweisen, hat es doch viele Sozialwissenschaftler zu der Annahme verleitet, daß die psychische Konstitution des Menschen ein unbeschriebenes Blatt Papier sei, auf das die Gesellschaft und die Kultur ihren Text schreiben, und keine ihr innewohnenden eigenen Qualitäten besitze. Diese Annahme ist ebenso unhaltbar und für den gesellschaftlichen Fortschritt ebenso destruktiv, wie es die entgegengesetzte Auffassung war. Das wahre Problem besteht darin, auf den der gesamten menschlichen Rasse gemeinsamen *Kern* aus den unzähligen *Manifestationen* der menschlichen Natur zu schließen, und zwar ebenso aus den normalen wie auch aus den pathologischen Manifestationen, wie wir sie bei den verschiedenen Individuen und in den verschiedenen Kulturen beobachten können. Die Aufgabe besteht außerdem darin, die der menschlichen Natur innewohnenden Gesetze und Ziele zu erkennen, die ihrer Entwicklung und Entfaltung dienen.

Die hier vertretene Auffassung von der »menschlichen Natur« unterscheidet sich von der Art, wie der Begriff »menschliche Natur« herkömmlicherweise gebraucht wird. Genauso wie der Mensch die Welt um sich her verwandelt, so verwandelt er auch sich selbst im Prozeß der Geschichte. Er ist sozusagen seine eigene Schöpfung. Aber genauso wie er die Stoffe der Natur nur entsprechend ihrer Eigenart umwandeln und verändern kann, so kann er auch sich selbst nur seiner eigenen Natur entsprechend umwandeln und verändern. Was der Mensch im Prozeß der Geschichte tatsächlich *tut,* ist, daß er dieses Potential entwickelt und daß er es den Möglichkeiten entsprechend umformt. Die hier vertretene Auffassung ist weder eine »biologische« noch eine »soziologische«, wenn das bedeutet, daß man die beiden Aspekte voneinander trennt. Es wird vielmehr der Versuch gemacht, eine derartige Dichotomie durch die Annahme zu überwinden, daß die Hauptleidenschaften und -triebe im Menschen aus seiner *Gesamtexistenz* resultieren, daß sie definierbar und ermittelbar sind und daß einige von ihnen zu Gesundheit und Glück und andere zu Krankheit und Unglück führen. Keine der bestehenden Gesellschaftsordnungen *erzeugt* diese fundamentalen Strebungen, aber sie bestimmt, welche aus der begrenzten Zahl potentieller Leidenschaften manifest oder dominant werden. Wie der Mensch in einer bestimmten Kultur in Erscheinung tritt, ist stets eine Manifestation der menschlichen Natur, jedoch eine Manifestation, die in ihrer besonderen Ausprägung von den gesellschaftlichen Gegebenheiten bestimmt wird, unter denen er lebt. Genau wie das kleine Kind mit allen menschlichen Möglichkeiten geboren wird, die sich unter günstigen sozialen und kulturellen Bedingungen entwickeln werden, so entwickelt sich auch die menschliche Rasse im Prozeß der Geschichte zu dem, was sie potentiell ist.

Der Ansatz des *normativen Humanismus* gründet sich auf die Annahme, daß es – genau wie bei jedem anderen Problem auch – richtige und falsche, befriedigende und unbefriedigende Lösungen für das Problem der menschlichen Existenz gibt. Seelische Gesundheit kommt zustande, wenn sich der Mensch entsprechend den charakteristischen Eigenschaften und Gesetzen der menschlichen Natur zur vollen Reife entwickelt. Zur psychischen Erkrankung kommt es, wenn diese Entwicklung fehlschlägt. Unter dieser Voraussetzung ist das Kriterium für die seelische Gesundheit nicht, daß der einzelne an eine bestimmte Gesellschaftsordnung angepaßt ist, sondern es handelt sich um ein universales, für alle Menschen gültiges Kriterium, daß sie nämlich für das Problem der menschlichen Existenz eine befriedigende Antwort finden.

Was ein so falsches Bild vom seelischen Zustand der Mitglieder einer Gesellschaft bewirkt, ist der allgemeine Konsens über die Gültigkeit ihrer Vorstellungen. Man nimmt naiverweise an, die Tatsache, daß die Mehrheit des Volkes bestimmte Ideen und Gefühle teilt, sei ein Beweis für die Gültigkeit dieser Ideen und Gefühle. Nichts liegt der Wahrheit ferner. Der allgemeine Konsens über die Gültigkeit hat als solcher mit Vernunft und seelischer Gesundheit überhaupt nichts zu tun. Genauso wie es eine *folie à deux* gibt, gibt es auch eine *folie à millions.* Die Tatsache, daß Millionen von Menschen die gleichen Laster haben, macht diese Laster noch nicht zu Tugenden; die Tatsache, daß sie so viele Irrtümer gemeinsam haben, macht diese Irrtümer noch nicht zu Wahrheiten; und die Tatsache, daß Millionen von Menschen die gleichen Formen psychischer Störungen aufweisen, heißt nicht, daß diese Menschen psychisch gesund seien.

Es besteht jedoch ein wichtiger Unterschied zwischen einer individuellen psychischen Erkrankung und einer solchen der Gesellschaft, der darauf hindeutet, daß zwischen dem Begriff des *Defektes* und dem der *Neurose* zu unterscheiden ist. Wenn es einem Menschen nicht gelingt, Freiheit und Spontaneität zu erlangen und sein Selbst unmittelbar zum Ausdruck zu bringen, so kann man von ihm annehmen, daß er an einem schweren Defekt leidet, vorausgesetzt, wir gehen von der Annahme aus, daß Freiheit und Spontaneität objektive Ziele sind, die jedes menschliche Wesen erreichen sollte. Wird dieses Ziel von der Mehrheit der Mitglieder einer bestimmten Gesellschaft nicht erreicht, so haben wir es mit dem Phänomen eines *gesellschaftlich ausgeprägten Defektes* zu tun. Der einzelne teilt diesen Defekt mit vielen anderen. Er empfindet ihn nicht als Defekt, und seine Sicherheit gerät nicht durch die Erfahrung, anders – sozusagen ein Ausgestoßener – zu sein, in Gefahr. Was ihm an innerem Reichtum und an echtem Glücksgefühl verlorengegangen sein mag, wird durch die Sicherheit kompensiert, die das Gefühl gibt, zur übrigen Menschheit zu passen – *so wie er sie kennt.* Tatsächlich besteht sogar die Möglichkeit, daß eben sein Defekt von der Kultur, in der er lebt, zur Tugend erhoben wird, was sein Gefühl, etwas zu leisten, noch verstärkt.

Dies veranschaulichen zum Beispiel die Schuld- und Angstgefühle, die Calvins Lehren in den Menschen erweckten. Man kann sagen, daß ein Mensch, der ganz unter dem Eindruck des Gefühls seiner eigenen

Ohnmacht und Wertlosigkeit steht, der ständig Zweifel hegt, ob er zu den Auserwählten oder zu den ewig Verdammten gehört, der kaum zu einer echten Freude fähig ist, unter einem schweren Defekt leidet. Trotzdem war dieser Defekt kulturell vorgeprägt; er wurde als etwas besonders Wertvolles angesehen, und der einzelne wurde hierdurch vor der Neurose bewahrt, die er in einer Kultur entwickelt hätte, in welcher der gleiche Defekt ihm ein Gefühl tiefer Unzulänglichkeit und Isolation gegeben hätte.

Spinoza hat das Problem des gesellschaftlich vorgeprägten Defekts sehr klar formuliert: »Obgleich nun die Menschen vielerlei Affekten unterworfen sind und man daher selten Menschen findet, die immer von einem und demselben Affekte bedrängt werden, so fehlt es gleichwohl an solchen nicht, denen ein und derselbe Affekt beharrlich anhaftet. Sehen wir doch, wie Menschen manchmal von einem Objekte dergestalt affiziert sind, daß sie es vor sich zu haben glauben, auch wenn es nicht gegenwärtig ist; und wenn dies einem nicht schlafenden Menschen begegnet, dann sagen wir, er sei wahnsinnig oder närrisch. Dagegen, wenn der Habgierige an nichts anderes denkt als an Gewinn und Geld, und der Ehrgeizige an Ruhm und so weiter, so gelten diese nicht als wahnsinnig, weil sie lästig zu sein pflegen und für hassenswert erachtet werden. In Wahrheit aber sind Habgier, Ehrgeiz, Wollust und so weiter Arten des Wahnsinns, wenn man sie auch nicht zu den Krankheiten zählt« (Spinoza: Ethik, 4. Teil, Anmerkung zu Lehrsatz 44).

Diese Sätze wurden vor ein paar hundert Jahren geschrieben, aber sie treffen noch immer zu, obgleich die Defekte heute in einem solchen Maß kulturell vorgeprägt sind, daß man sie noch nicht einmal mehr als lästig oder hassenswert empfindet. Heute begegnen wir einem Menschen, der wie ein Automat handelt und fühlt, der niemals etwas erlebt, was wirklich zu ihm gehört, der sich ganz als die Person erlebt, die er seiner Ansicht nach sein sollte, dessen künstliches Lächeln an die Stelle eines echten Lachens getreten ist, dessen sinnloses Geschwätz die der Mitteilung dienende Sprache ersetzt, dessen dumpfe Verzweiflung den Platz eines echten Schmerzes einnimmt. Man kann bei einem solchen Menschen zweierlei feststellen: Einmal läßt sich von ihm sagen, daß er an einem Mangel an Spontaneität und Individualität leidet, der unheilbar zu sein scheint. Gleichzeitig läßt sich bei ihm feststellen, daß er sich nicht wesentlich von Millionen anderen unterscheidet, die sich in der gleichen Lage befinden. Für die meisten von ihnen liefert die Kultur das Modell, welches es ihnen ermöglicht, *mit einem Defekt zu leben, ohne krank zu werden.* Es ist, als ob jede Kultur ein Gegenmittel gegen den Ausbruch manifester neurotischer Symptome produziere, die der von ihr erzeugte Defekt ansonsten nach sich ziehen würde.

Nehmen wir an, es gäbe in unserer westlichen Kultur einmal nur vier Wochen lang weder Kino noch Rundfunk noch Fernsehen, weder sportliche Veranstaltungen noch Zeitungen. Welche Folgen hätte das für die Menschen, die auf sich selbst angewiesen wären, nachdem man ihnen diese Hauptfluchtwege verschlossen hätte? Ich zweifle nicht daran, daß es bereits innerhalb dieser kurzen Zeit zu Tausenden von Nervenzusammenbrüchen käme und daß außerdem noch viele Tausende in einen Zustand akuter Angst gerieten, der sich nicht von dem Bild unterscheiden würde, das klinisch als »Neurose« diagnostiziert wird.[1]

Wenn man diesen Menschen das Opiat gegen den gesellschaftlich vorgeprägten Defekt entziehen würde, so käme die Krankheit zum Ausbruch.

Bei einer Minderheit funktioniert das von der Kultur vorgeprägte Modell nicht. Es handelt sich oft um diejenigen, deren individueller Defekt schwerer ist als der des Durchschnittsmenschen, so daß die von der Kultur angebotenen Gegenmittel nicht ausreichen, den Ausbruch einer manifesten Krankheit zu verhindern. (Ein solcher Fall wäre zum Beispiel ein Mensch, der sein Lebensziel darin sieht, zu Macht und Ruhm zu gelangen. Während dieses Ziel an sich pathologisch ist, besteht trotzdem ein Unterschied zwischen jemand, der seine Macht dazu benutzt, dieses Ziel in Wirklichkeit zu erreichen, und einem schwerer Kranken, der aus seinem kindlichen Allmachtsgefühl so wenig herausgekommen ist, daß er nichts unternimmt, um sein Ziel zu erreichen, sondern darauf wartet, daß ein Wunder geschieht, und der sich so immer ohnmächtiger fühlt und schließlich mit einem Gefühl der Sinnlosigkeit des Lebens und in Verbitterung endet.) Aber es gibt auch Menschen, deren Charakterstruktur und damit auch deren Konflikte von denen der Mehrheit abweichen, so daß die Gegenmittel, die bei den meisten ihrer Mitmenschen ihre Wirkung nicht verfehlen, bei ihnen nichts helfen. In dieser Gruppe finden wir manchmal Menschen, die eine größere Integrität und Sensitivität als die meisten besitzen und die eben aus diesem Grund das kulturelle Opiat nicht akzeptieren können, während sie gleichzeitig nicht stark und gesund genug sind, um kräftig »gegen den Strom schwimmen« zu können.

[1] Ich habe mit verschiedenen Klassen von nicht-graduierten College-Studenten folgendes Experiment gemacht: Ich sagte ihnen, sie sollten sich vorstellen, sie müßten drei Tage lang allein in ihrem Zimmer bleiben ohne Radio und ohne Unterhaltungslektüre, lediglich mit »guten« Büchern, normalem Essen und allen anderen körperlichen Bequemlichkeiten versehen. Sie wurden aufgefordert, sich vorzustellen, wie sie wohl auf dieses Experiment reagieren würden. Die Reaktion von etwa neunzig Prozent in jeder Gruppe bewegte sich von einem Gefühl akuter Panik bis zur Meinung, daß es ein höchst nervenaufreibendes Erlebnis wäre, über das man durch langes Schlafen, durch die Erledigung kleiner Aufgaben hinwegkommen könne, und daß man sicher ungeduldig darauf warten würde, daß man es überstanden habe. Nur eine kleine Minderheit meinte, sie würde sich dabei wohlfühlen und froh sein, einmal mit sich allein zu sein.

Diese Unterscheidung zwischen der Neurose und dem gesellschaftlich vorgeprägten Defekt könnte den Eindruck erwecken, daß alles gut gehen würde, wenn die Gesellschaft nur die Gegenmittel gegen den Ausbruch manifester Symptome bereitstellte, und daß dann alles auch weiterhin reibungslos funktionieren würde, wie schwer die Defekte auch immer sein mögen. Die Geschichte zeigt uns jedoch, daß dies nicht der Fall ist.

Es stimmt zwar, daß der Mensch im Gegensatz zum Tier fast unbegrenzt formbar ist. Genauso wie er fast alles essen kann, wie er praktisch in jedem Klima leben und sich ihm anpassen kann, gibt es auch kaum eine psychische Bedingung, die er nicht ertragen und unter der er nicht fortbestehen könnte. Er kann als freier Mensch und als Sklave leben. Er kann in Reichtum und Luxus und unter Bedingungen leben, bei denen er halb verhungert. Er kann als Krieger und als friedlicher Bürger leben, als Ausbeuter und Räuber und als Glied einer kooperativen, liebevollen Gemeinschaft. Es gibt kaum einen seelischen Zustand, in dem der Mensch nicht leben kann, und es gibt kaum etwas, was man mit ihm nicht vornehmen könnte und wozu man ihn nicht benutzen könnte. Alle diese Erwägungen scheinen die Annahme zu rechtfertigen, daß es so etwas wie eine allen Menschen gemeinsame Natur nicht gibt und daß so etwas wie eine Spezies »Mensch« außer im physiologischen und anatomischen Sinn nicht existiert.

Allem Augenschein zum Trotz zeigt die Geschichte jedoch, daß wir etwas vergessen haben. Despoten und Herrschercliquen können ihre Mitmenschen erfolgreich unterdrücken und ausbeuten, aber sie können *Reaktionen* gegen diese unmenschliche Behandlung nicht verhindern. Ihre Untertanen bekommen Angst, sie werden argwöhnisch und fühlen sich vereinsamt, und wenn ihr System nicht aus äußeren Ursachen zusammenbricht, so wird es an irgendeinem Punkt deshalb dazu kommen, weil Angst, Argwohn und Einsamkeit schließlich bewirken, daß die Majorität nicht mehr erfolgreich und vernünftig funktioniert. Man kann ganze Völker oder Gesellschaftsgruppen lange Zeit unterjochen und ausbeuten, aber sie werden *reagieren.* Sie reagieren mit Apathie oder mit einer derartigen Beeinträchtigung ihrer Intelligenz, Initiative und ihrer Fertigkeiten, daß sie allmählich ihre Funktionen im Dienst ihrer Beherrscher nicht mehr erfüllen. Oder sie reagieren mit einer solchen Anhäufung von Haß und Destruktivität, daß sie sich schließlich mitsamt ihren Beherrschern und ihrem System selbst vernichten. Aber ihre Reaktion kann auch in einer solchen Sehnsucht nach Freiheit und Unabhängigkeit bestehen, daß sie mit ihren schöpferischen Impulsen eine bessere Gesellschaft aufbauen. Zu welcher Reaktion es kommt, hängt von vielen Faktoren ab, von wirtschaftlichen und politischen, wie auch von dem geistigen Klima, in dem diese Menschen leben. Aber wie sie auch immer reagieren mögen, die Behauptung, der Mensch könne unter fast allen Bedingungen leben, ist nur die halbe Wahrheit. Sie ist dadurch zu ergänzen, daß, wenn er unter Bedingungen lebt, die seiner Natur und den Grunderfordernissen menschlichen Wachstums und seelischer Gesundheit zuwiderlaufen, er nicht anders kann, als darauf zu reagieren. Er wird dann entweder immer mehr herunterkommen und zugrunde gehen, oder er muß Verhältnisse heraufführen, die seinen Bedürfnissen besser entsprechen.

Daß die menschliche Natur und die Gesellschaft in bezug auf ihre Bedürfnisse miteinander in Konflikt geraten können und hierdurch eine ganze Gesellschaft krank werden kann, hat Freud sehr klar und am ausführlichsten in seinem Buch ›Das Unbehagen in der Kultur‹ (1930a) zum Ausdruck gebracht.

Freud geht von der Voraussetzung aus, daß es in allen Kulturen und Zeitaltern eine der menschlichen Rasse gemeinsame menschliche Natur mit ihr innewohnenden feststellbaren Bedürfnissen und Strebungen gibt. Er glaubt, daß Kultur und Zivilisation sich so entwickeln, daß sie zu den Bedürfnissen des Menschen in einem immer größeren Gegensatz stehen, und kommt so zu einem Begriff der »Gemeinschaftsneurose«: »Wenn die Kulturentwicklung so weitgehende Ähnlichkeit mit der des einzelnen hat und mit denselben Mitteln arbeitet«, schreibt er, »soll man nicht zur Diagnose berechtigt sein, daß manche Kulturen – oder Kulturepochen – möglicherweise die ganze Menschheit – unter dem Einfluß der Kulturstrebungen ›neurotisch‹ geworden sind? An die analytische Zergliederung dieser Neurosen könnten therapeutische Vorschläge anschließen, die auf großes praktisches Interesse Anspruch hätten. Ich könnte nicht sagen, daß ein solcher Versuch zur Übertragung der Psychoanalyse auf die Kulturgemeinschaft unsinnig oder zur Unfruchtbarkeit verurteilt wäre. Aber man müßte sehr vorsichtig sein, nicht vergessen, daß es sich doch nur um Analogien handelt und daß es nicht nur beim Menschen, sondern auch bei Begriffen gefährlich ist, sie aus der Sphäre zu reißen, in der sie entstanden und entwickelt worden sind. Auch stößt die Diagnose der *Gemeinschaftsneurosen* auf eine besondere Schwierigkeit. Bei der Einzelneurose dient uns als nächster Anhalt der Kontrast, in dem sich der Kranke von seiner als ›normal‹ angenommenen Umgebung abhebt. Ein solcher Hintergrund entfällt bei einer gleichartig affizierten Masse, er müßte anderswoher geholt werden. Und was die therapeutische Verwendung der Einsicht betrifft, was hülfe die zutreffendste Analyse der sozialen Neurose, da niemand die Autorität besitzt, der Masse die Therapie aufzudrängen? Trotz aller dieser Erschwerungen darf man erwarten, daß jemand eines Tages *das Wagnis einer solchen Pathologie der kulturellen Gemeinschaften unternehmen wird.*« (S. Freud, 1930a, S. 504f. – Hervorhebung E. F.)

Das vorliegende Buch *unternimmt* das Wagnis dieser Untersuchung. Es gründet sich auf die Idee, daß eine Gesellschaft dann gesund ist, wenn sie den Bedürfnissen des Menschen entspricht – nicht unbedingt dem, was er als seine Bedürfnisse *empfindet,* weil selbst die pathologischsten Ziele von dem Betreffenden subjektiv als sein höchster Wunsch empfunden werden können, sondern dem, was seine Bedürfnisse *objektiv* sind, wie man sie durch das Studium des Menschen feststellen kann. Unsere erste Aufgabe ist demnach festzustellen, wie die Natur des Menschen beschaffen ist und welches die aus dieser Natur entspringenden Bedürfnisse sind. Danach wollen wir untersuchen, welche Rolle die Gesellschaft in der Evolution des Menschen spielt. Wir wollen sowohl ihre die Entwicklung des Menschen fördernde Rolle als auch die immer wiederkehrenden *Konflikte zwischen der menschlichen Natur und der Gesellschaft* und die Folgen dieser Konflikte, besonders soweit sie die moderne Gesellschaft betreffen, überprüfen.

3 Die Situation des Menschen – der Schlüssel zur humanistischen Psychoanalyse

a) Die Situation des Menschen

In bezug auf seinen Körper und seine physiologischen Funktionen gehört der Mensch dem Tierreich an. Das Leben der Tiere wird durch Instinkte, durch bestimmte Verhaltensmuster bestimmt, die ihrerseits durch ererbte neurologische Strukturen determiniert sind. Je höher ein Tier entwickelt ist, desto größer ist die Flexibilität seiner Verhaltensmuster und desto unvollständiger ist seine strukturelle Anpassungsfähigkeit zur Zeit seiner Geburt. Bei den höheren Primaten finden wir sogar eine beträchtliche Intelligenz vor, nämlich den Gebrauch des Denkens, um erwünschte Ziele zu erreichen, wodurch das Tier in die Lage versetzt wird, weit über die ihm von seinen Instinkten vorgeschriebenen Verhaltensmuster hinauszugehen. Aber so großartig auch die Entwicklung innerhalb des Tierreichs sein mag, gewisse Grundelemente der Existenz bleiben doch immer dieselben.

Das Tier »wird gelebt« durch biologische Naturgesetze. Es ist Teil der Natur und transzendiert sie nie. Es besitzt kein Gewissen moralischer Art und kein Bewußtsein seiner selbst und seiner Existenz. Es hat keine Vernunft, wenn wir unter Vernunft die Fähigkeit verstehen, die von unseren Sinnen erfaßte Oberfläche zu durchdringen und das Wesen hinter dieser Oberfläche zu begreifen. Das Tier besitzt daher auch keinen Begriff von Wahrheit, wenn es vielleicht auch eine Vorstellung davon haben kann, was nützlich ist.

Die tierische Existenz ist gekennzeichnet durch die Harmonie zwischen Tier und Natur. Das heißt natürlich nicht, daß die Naturbedingungen für das Tier nicht oft bedrohlich sind und es zwingen, erbittert um sein Überleben zu kämpfen. Es ist in dem Sinn gemeint, daß das Tier von der Natur so ausgerüstet ist, daß es mit eben den Bedingungen, mit denen es konfrontiert wird, fertigwerden kann, genauso wie der Same einer Pflanze von der Natur so ausgerüstet ist, daß er mit den Bedingungen von Boden, Klima und so weiter, an die er sich im Verlauf des Evolutionsprozesses angepaßt hat, zurechtkommen kann.

An einem bestimmten Punkt der Evolution der Lebewesen kam es zu einem einzigartigen Kurswechsel, der dem vergleichbar ist, als zum erstenmal Materie oder zum erstenmal Leben oder ein tierisches Lebewesen auftauchte. Zu diesem neuen Ergebnis kam es, als im Evolutionsprozeß das Handeln im wesentlichen nicht mehr durch den Instinkt bestimmt wurde. Die Anpassung an die Natur verlor ihren zwanghaften Charakter, das Handeln war nicht länger durch ererbte Mechanismen fixiert. In dem Augenblick, in dem das Tier die Natur transzendierte, in dem es über die rein passive Rolle eines bloßen Geschöpfes hinausgelangte, in dem es – biologisch gesprochen – zum hilflosesten aller Tiere wurde, *wurde der Mensch geboren.* An diesem Punkt hatte sich das Tier durch seine aufrechte Haltung von der Natur emanzipiert, das Gehirn war erheblich größer geworden als es bei den höchsten Tierarten war. Diese Geburt des Menschen kann Hunderttausende von Jahren gedauert haben, aber worauf es ankommt, ist, daß eine neue Spezies entstand, welche die Natur transzendierte, daß *das Leben sich seiner selbst bewußt wurde.*

Bewußtsein seiner selbst, Vernunft und Vorstellungsvermögen zerstören die für die tierische Existenz kennzeichnende »Harmonie«. Durch ihr Entstehen wurde der Mensch zu einer Anomalie, zu einer Laune des Universums. Er ist Teil der Natur, er ist ihren physikalischen Gesetzen unterworfen, die er nicht verändern kann, und dennoch transzendiert er die übrige Natur. Er steht abseits von ihr und ist trotzdem ein Teil von ihr. Er ist heimatlos und trotzdem an die Heimat gefesselt, die er mit allen Kreaturen gemeinsam hat. Er wird an einen zufälligen Ort zu einem zufälligen Zeitpunkt in die Welt hineingeworfen und muß sie zu einem zufälligen Zeitpunkt wieder verlassen. Da er sich seiner selbst bewußt ist, erkennt er seine Machtlosigkeit und die Grenzen seiner Existenz. Er sieht sein eigenes Ende – den Tod – voraus. Niemals ist er frei von der Dichotomie seiner Existenz: Er kann seinen Geist nicht mehr loswerden, selbst wenn er das wollte; er kann seinen Körper nicht loswerden, solange er lebt, und sein Körper erweckt in ihm den Wunsch, am Leben zu bleiben.

Die Vernunft, der Segen des Menschen, ist zugleich sein Fluch. Sie zwingt ihn, sich immerzu mit der Aufgabe zu beschäftigen, für eine unlösbare Dichotomie eine Lösung zu finden. Das Leben des Menschen unterscheidet sich in dieser Hinsicht von dem aller anderen Organismen: Es befindet sich im Zustand einer ständigen und unvermeidlichen Unausgeglichenheit. Das Leben kann nicht durch eine einfache Wiederholung des Modells seiner Spezies »gelebt werden«. Der Mensch selbst muß leben. Der Mensch ist das einzige Lebewesen, das sich *langweilen* kann, das sich aus dem Paradies vertrieben fühlen kann. Der Mensch ist das einzige Lebewesen, das seine eigene Existenz als ein Problem empfindet, das er lösen muß und dem er nicht entrinnen kann. Er kann nicht in den vormenschlichen Zustand der Harmonie mit der Natur zurückkehren. Er muß seine Vernunft weiterentwickeln, bis er Herr der Natur und seiner selbst wird.

Aber die Geburt des Menschen ist ontogenetisch wie phylogenetisch im wesentlichen ein *negatives* Ereignis. Es fehlt ihm die instinktive Anpassung an die Natur, es fehlt ihm die physische Kraft, er ist bei seiner Geburt das hilfloseste aller Geschöpfe und braucht viel länger Schutz als jedes andere unter ihnen. Die Einheit mit der Natur ist ihm verlorengegangen, und er ist nicht mit den Mitteln versehen, die es ihm ermöglichen würden, ein neues Leben außerhalb der Natur zu führen. Seine Vernunft ist höchst rudimentär. Er kennt weder die Naturprozesse, noch besitzt er die Werkzeuge, die seine verlorenen Instinkte ersetzen könnten. Er lebt in kleine Gruppen aufgeteilt und kennt weder sich selbst noch die anderen. Seine Situation kommt in der Tat im biblischen Mythos vom Paradies ganz klar zum Ausdruck. Der Mensch, der im Garten Eden in vollkommener Harmonie mit der Natur, aber ohne ein Bewußtsein seiner selbst lebt, beginnt seine Geschichte mit dem ersten Akt der Freiheit, dem Ungehorsam gegen ein Gebot. Gleichzeitig wird er sich seiner selbst, seiner Abgesondertheit, seiner Hilflosigkeit bewußt; er wird aus dem Paradies vertrieben, und zwei Engel mit feurigem Schwert hindern ihn an der Rückkehr.

Die Evolution des Menschen gründet sich darauf, daß er seine ursprüngliche Heimat, die Natur, verloren hat und niemals zurückkehren, niemals wieder ein Tier werden kann. Er kann nur den einen Weg einschlagen: seine natürliche Heimat zu verlassen und eine neue Heimat zu suchen – eine Heimat, die er sich selber schafft, indem er die Welt zu einer menschlichen Welt macht und selbst wahrhaft menschlich wird.

Wenn der Mensch geboren wird – die menschliche Rasse ebenso wie der einzelne Mensch –, muß er einen Zustand verlassen, der so sicher und begrenzt ist, wie es der durch Instinkte bestimmte Zustand war. Er gerät in einen unbestimmten, ungewissen und offenen Zustand. Gewißheit gibt es nur über die Vergangenheit und über die Zukunft soweit, als dies den Tod betrifft, der in Wirklichkeit die Rückkehr in die Vergangenheit, in den anorganischen Zustand der Materie ist.

Das Problem der menschlichen Existenz ist demnach einzigartig in der Natur. Der Mensch ist sozusagen aus der Natur herausgefallen und befindet sich trotzdem noch in ihr. Er ist teils wie ein Gott, teils wie ein Tier; er ist teils unendlich, teils endlich. *Die Notwendigkeit, immer neue Lösungen für die Widersprüche seiner Existenz zu finden, immer höhere Formen der Einheit mit der Natur, seinen Mitmenschen und sich selbst zu finden, ist die Quelle aller psychischen Kräfte, welche den Menschen motivieren, die Quelle aller seiner Leidenschaften, Affekte und Ängste.*

Das Tier ist zufrieden, wenn seine körperlichen Bedürfnisse – sein Hunger, sein Durst und sein sexuelles Bedürfnis – befriedigt sind. Insofern der Mensch ebenfalls Tier ist, sind bei ihm diese Bedürfnisse ebenfalls gebieterisch und müssen befriedigt werden. *Aber insofern der Mensch ein menschliches Wesen ist, reicht die Befriedigung dieser instinkthaften Bedürfnisse nicht aus, ihn glücklich zu machen. Sie rei-*

chen nicht einmal aus, ihn gesund zu machen. Der archimedische Punkt der spezifisch menschlichen Dynamik liegt in dieser Einzigartigkeit der menschlichen Situation. Das Verständnis der menschlichen Psyche muß sich auf die Analyse jener Bedürfnisse des Menschen gründen, die aus den Bedingungen seiner Existenz stammen.

Demnach ist das Problem, das die menschliche Rasse genau wie jedes Individuum zu lösen hat, das Problem, geboren zu werden. Was das Individuum betrifft, so ist seine körperliche Geburt keineswegs ein so einschneidendes und einzigartiges Ereignis, wie das zunächst scheinen mag. Tatsächlich ist sie ein wichtiger Wechsel aus dem intrauterinen ins extrauterine Leben, aber in vieler Hinsicht unterscheidet sich das Kind nach seiner Geburt nicht von dem Kind vor der Geburt. Es kann die Dinge der Außenwelt noch nicht erkennen; es kann sich noch nicht selbst ernähren; noch ist es von der Mutter völlig abhängig und würde ohne ihre Hilfe zugrunde gehen. Tatsächlich geht der Geburtsprozeß weiter. Das Kind fängt an, die Dinge der Außenwelt zu erkennen, affektiv zu reagieren, nach Gegenständen zu greifen, seine Bewegungen zu koordinieren und zu laufen. Aber die Geburt geht weiter. Das Kind lernt sprechen, es lernt die Dinge gebrauchen und ihre Funktion begreifen. Es lernt, mit anderen in Beziehung zu treten, Strafen zu vermeiden und Lob und Zuneigung zu gewinnen. Langsam lernt der Heranwachsende zu lieben, seine Vernunft zu entwickeln, die Welt objektiv zu betrachten. Es fängt an, seine Kräfte zu entwickeln, sich ein Identitätsgefühl zu erwerben und um eines ganzheitlichen Lebens willen den Verführungen seiner Sinne zu widerstehen. Die Geburt im herkömmlichen Sinn des Wortes ist demnach nur der Anfang einer Geburt im weiteren Sinn. Das gesamte Leben des einzelnen ist nichts anderes als der Prozeß, sich selbst zu gebären. Tatsächlich sollten wir, wenn wir sterben, ganz geboren sein, wenn es auch das tragische Schicksal der meisten ist, daß sie sterben, bevor sie geboren sind.

Nach allem, was wir über die Evolution der menschlichen Rasse wissen, ist die Geburt der Menschheit im gleichen Sinn zu verstehen wie die Geburt des Individuums. Als der Mensch eine bestimmte Schwelle einer minimalen instinktiven Anpassung überschritten hatte, hörte er auf, Tier zu sein; aber er war ebenso hilflos und für das Leben als Mensch ebenso schlecht ausgerüstet wie das einzelne Kind bei seiner Geburt. Die Geburt der Menschheit beginnt mit den ersten Gliedern der Spezies Homo sapiens, und die Geschichte der Menschheit ist nichts anderes als der Gesamtprozeß dieser Geburt. Der Mensch hat Hunderttausende von Jahren gebraucht, um die ersten Schritte ins menschliche Leben hinein zu tun. Er machte eine narzißtische Phase magisch-omnipotenter Orientierung, eine Phase des Totemismus und der Naturverehrung durch, bis sein Gewissen, seine Objektivität, seine Nächstenliebe, sich zu entwickeln begannen. In den letzten viertausend Jahren seiner Geschichte hat er Zukunftsvisionen des vollkommen geborenen und vollkommen erwachten Menschen entwickelt, wie sie in nicht allzusehr voneinander abweichenden Formen die großen Lehrer der Menschheit in Ägypten, China, Indien, Palästina, Griechenland und Mexiko entwickelt haben.

Die Tatsache, daß die Geburt des Menschen in erster Linie etwas Negatives ist, daß er nämlich aus seinem ursprünglichen Einssein mit der Natur ausgestoßen wird, daß er nicht dorthin zurückkehren kann, woher er gekommen ist, hat zur Folge, daß der Geburtsprozeß keineswegs leicht ist. Jeder Schritt in seine neue menschliche Existenz hinein ist angsterregend. Es bedeutet immer, daß man einen sicheren Zustand, der relativ bekannt war, für einen anderen aufgibt, der neu ist und den man noch nicht beherrscht. Wenn das Kind im Augenblick der Abtrennung der Nabelschnur denken könnte, würde es zweifellos von Todesangst erfaßt. Ein freundliches Schicksal bewahrt uns vor diesem ersten panischen Schrecken. Aber bei jedem neuen Schritt, bei jedem neuen Stadium unserer Geburt geraten wir aufs neue in Angst. Wir sind niemals frei von zwei widerstreitenden Tendenzen: einerseits aus dem Mutterschoß herauszukommen, aus der tierischen Form der Existenz in eine menschliche, aus der Knechtschaft in die Freiheit zu gelangen, und andererseits in den Mutterschoß, in die Natur, in die Sicherheit und Gewißheit zurückzukehren. In der Geschichte des Individuums und der menschlichen Rasse hat die progressive Tendenz sich als stärker erwiesen. Trotzdem zeigt das Phänomen der psychischen Krankheit und das der Regression der menschlichen Rasse auf Positionen, die scheinbar schon seit Generationen aufgegeben waren, den intensiven Kampf, der jeden neuen Akt der Geburt begleitet.[1]

b) Die menschlichen Bedürfnisse, die in den Bedingungen seiner Existenz wurzeln

Das menschliche Leben wird von der unausweichlichen Alternative zwischen Regression und Progression, zwischen der Rückkehr in eine tierische Existenz und dem Erreichen einer menschlichen Existenz bestimmt. Jeder Wunsch einer Rückkehr ist schmerzhaft und führt unvermeidlich zum Leiden und zu psychischen Krankheiten, zum

[1] In dieser Polarität sehe ich den eigentlichen Kern von Freuds Hypothese von der Existenz eines Lebens- und Todestriebs. Der Unterschied zu Freuds Theorie liegt darin, daß der vorwärtsdrängende und der retrogressive Impuls nicht die gleiche biologisch bedingte Stärke besitzen, sondern daß normalerweise der vorwärtsdrängende Lebenstrieb stärker ist und noch relativ an Stärke zunimmt, je mehr er wächst.

physiologischen oder zum psychischen Tod (dem Wahnsinn). Auch jeder Schritt vorwärts ist angsterregend und schmerzhaft, bis ein gewisser Punkt erreicht ist, wo Angst und Zweifel nur noch in geringem Maße auftreten. Abgesehen von den physiologisch gespeisten Begierden (Hunger, Durst und Sexualität) werden alle wesentlichen menschlichen Strebungen von dieser Polarität beherrscht. Der Mensch muß ein Problem lösen, er kann nie in der gegebenen Situation einer passiven Anpassung an die Natur beharren. Selbst die vollkommenste Befriedigung aller seiner instinktiven Bedürfnisse löst nicht sein menschliches Problem. Seine intensivsten Leidenschaften und Bedürfnisse sind nicht die in seinem Körper wurzelnden, sondern die, welche in der Besonderheit seiner Existenz ihre Wurzel haben.

Hier liegt auch der Schlüssel zur humanistischen Psychoanalyse. Als Freud nach der grundlegenden Kraft suchte, welche die menschlichen Leidenschaften und Wünsche motiviert, glaubte er sie in der Libido gefunden zu haben. Aber so mächtig der Sexualtrieb und alle seine Ableitungen auch sein mögen, sie sind keineswegs die mächtigsten Kräfte im Menschen, und ihre Nicht-Befriedigung ist nicht die Ursache für psychische Störungen. Die mächtigsten Kräfte, welche das Verhalten des Menschen motivieren, stammen aus der Bedingung seiner Existenz, aus seiner »menschlichen Situation«.

Der Mensch kann nicht statisch leben, weil ihn seine inneren Widersprüche dazu treiben, nach einem Gleichgewicht, nach einer neuen Harmonie zu suchen, die an die Stelle der verlorenen Harmonie des Tieres mit der Natur tritt. Wenn er seine tierischen Bedürfnisse befriedigt hat, wird er von seinen menschlichen Bedürfnissen weitergetrieben. Während sein Körper ihm sagt, was er essen und was er meiden sollte, sollte ihm sein Gewissen sagen, welche Bedürfnisse er kultivieren und befriedigen und welche er einschränken und absterben lassen sollte. Aber Hunger und Appetit sind Funktionen des Körpers, mit denen der Mensch geboren ist – das Gewissen dagegen ist zwar potentiell vorhanden, braucht aber die Lenkung durch Menschen und Prinzipien, die sich nur mit wachsender Kultur entwickeln.

Alle Leidenschaften und Strebungen des Menschen sind Versuche, eine Antwort auf seine Existenz zu finden, oder man könnte auch sagen, sie sind ein Versuch, der Geisteskrankheit zu entgehen. (Nebenbei gesagt, ist, was das psychische Leben betrifft, nicht das wirkliche Problem, warum die Menschen geisteskrank werden, sondern vielmehr warum die meisten der Geisteskrankheit entgehen.) Sowohl der psychisch Gesunde als auch der Neurotiker wird von dem Bedürfnis getrieben, eine Antwort zu finden, und der einzige Unterschied liegt darin, daß die eine Antwort mehr den Gesamtbedürfnissen des Menschen entspricht und daher eher zu einer Entfaltung seiner Kräfte

an knüpfen - Kontakt zu jemdm aufnehmen, herstellen

und zu seinem Glück führt als die andere. Alle Kulturen bieten ein vorgeformtes System, in dem gewisse Lösungen und daher auch gewisse Strebungen und Befriedigungsformen vorherrschen. Ob wir es mit primitiven Religionen, mit theistischen oder nicht-theistischen Religionen zu tun haben, sie alle sind Versuche, eine Antwort auf das existentielle Problem des Menschen zu finden. Ganz hochentwickelte und ganz barbarische Kulturen haben die gleiche Funktion – der einzige Unterschied liegt darin, ob die von ihnen gefundene Antwort besser oder schlechter ist. Wer von dem kulturellen Muster abweicht, befindet sich genauso auf der Suche nach einer Antwort wie sein besser angepaßter Bruder. Seine Antwort kann besser oder schlechter sein als die von seiner Kultur gegebene – es handelt sich in jedem Fall um eine weitere Antwort auf die gleiche, fundamentale, von der menschlichen Existenz gestellte Frage. In diesem Sinn sind alle Kulturen religiös, und jede Neurose ist eine private Form von Religion, vorausgesetzt, daß wir unter Religion den Versuch verstehen, eine Antwort auf das Problem der menschlichen Existenz zu finden. Die ungeheure Energie in den Kräften, welche eine psychische Krankheit hervorrufen, wie auch die in Kunst und Religion steckende Energie, könnte man niemals als Folge frustrierter oder sublimierter physiologischer Bedürfnisse verstehen. Es handelt sich vielmehr um Versuche, das Problem zu lösen, ganz als Mensch geboren zu werden. Alle Menschen sind Idealisten und können gar nicht umhin, Idealisten zu sein, vorausgesetzt, daß wir unter Idealismus das Streben nach der Befriedigung von Bedürfnissen verstehen, die spezifisch menschlich sind und die über die physiologischen Bedürfnisse des Organismus hinausgehen. Der einzige Unterschied liegt darin, daß der eine Idealismus zu einer guten und adäquaten Lösung und der andere zu einer schlechten und destruktiven führt. Die Entscheidung darüber, was gut und was schlecht ist, müssen wir aufgrund unseres Wissens über die Natur des Menschen und die Gesetze, die deren Wachstum beherrschen, treffen.

Welches aber sind diese Bedürfnisse und Leidenschaften, die aus der Existenz des Menschen stammen?

1. Bezogenheit durch Liebe oder Narzißmus

Der Mensch ist aus der Einheit mit der Natur, die die tierische Existenz kennzeichnet, herausgerissen. Da er sowohl über Vernunft als auch über Vorstellungsvermögen verfügt, ist er sich seiner Einsamkeit und Absonderung, seiner Machtlosigkeit und Unwissenheit und der Zufälligkeit seiner Geburt und seines Todes bewußt. Er könnte diesen Zustand keinen Augenblick ertragen, wenn er nicht neue Bindungen an seine Mitmenschen anknüpfen könnte, die die alten, von den In-

gebieterisch – herrisch – über andere bestimmen wollend

stinkten regulierten, ersetzen. Selbst wenn alle seine physiologischen Bedürfnisse befriedigt wären, so würde er doch seinen Zustand der Einsamkeit und Vereinzelung als ein Gefängnis empfinden, aus dem er ausbrechen müßte, um gesund zu bleiben. Tatsächlich ist ja der Geisteskranke ein Mensch, dem es völlig mißlungen ist, irgendeine Art von Einssein zu erreichen, und der sich in Gefangenschaft befindet, auch wenn er nicht hinter vergitterten Fenstern lebt. Sich mit anderen Lebewesen zu vereinigen, zu ihnen in Beziehung zu treten, ist ein gebieterisches Bedürfnis, von dessen Befriedigung die seelische Gesundheit des Menschen abhängt. Dieses Bedürfnis steht hinter allen Erscheinungen, welche die gesamte Skala der intimen menschlichen Beziehungen ausmachen, hinter allen Leidenschaften, die man im weitesten Sinn des Wortes als Liebe bezeichnet.

Es gibt verschiedene Möglichkeiten, die Vereinigung zu suchen und zu erlangen. Der Mensch kann versuchen, mit der Welt dadurch eins zu werden, daß er sich einem Menschen, einer Gruppe, einer Institution, einem Gott *unterwirft.* Auf diese Weise überwindet er das Abgetrenntsein seiner individuellen Existenz, indem er Teil eines anderen Menschen oder von etwas wird, das größer ist als er, und er erlebt seine Identität in Verbindung mit der Macht, der er sich unterworfen hat. Eine andere Möglichkeit zur Überwindung dieser Absonderung liegt in der entgegengesetzten Richtung: Der Mensch kann versuchen, sich mit der Welt dadurch zu vereinigen, daß er *Macht* über sie gewinnt, indem er andere zu einem Bestandteil seiner selbst macht und auf diese Weise seine individuelle Existenz durch die Beherrschung anderer transzendiert. Das gemeinsame Element in der Unterwerfung und der Beherrschung anderer ist die symbiotische Natur der Bezogenheit. Beide Beteiligten haben ihre Integrität und ihre Freiheit verloren; sie leben voneinander, einer lebt auf Kosten des anderen, und sie befriedigen ihr Verlangen nach Nähe, leiden jedoch an einem Mangel an innerer Kraft und Selbstvertrauen, wozu Freiheit und Unabhängigkeit nötig wären; außerdem drohen ihnen ständig bewußte oder unbewußte Feindseligkeiten, die notwendigerweise aus einer symbiotischen Beziehung erwachsen. (Vgl. hierzu E. Fromm, 1941 a.) Die Realisierung einer auf Unterwerfung gegründeten (masochistischen) oder einer auf Beherrschung beruhenden (sadistischen) Leidenschaft führt nie zur Befriedigung. Sie sind von einer sich immer wieder selbst antreibenden Dynamik, und da keine noch so große Unterwerfung oder Beherrschung (oder kein noch so großer Besitz oder Ruhm) genügt, um dem Betreffenden das Gefühl von Identität und Einssein zu geben, sucht er immer nach mehr und mehr. Das Endresultat solcher Leidenschaften ist das Scheitern. Es kann auch gar nicht anders sein. Diese Leidenschaften zielen darauf, ein Gefühl der Einheit zu erlangen, aber sie zerstören dabei das Integritätsgefühl. Wer von einer solchen Leidenschaft getrieben wird, wird tatsächlich von anderen abhängig; anstatt sein eigenes individuelles Sein zu entwickeln, ist er von denen abhängig, denen er sich unterwirft oder die er beherrscht.

Es gibt nur eine Leidenschaft, die das Bedürfnis des Menschen befriedigt, mit der Welt eins zu werden und gleichzeitig ein Gefühl der Integrität und Individualität zu erlangen: die Liebe. *Liebe ist die Vereinigung mit einem anderen Menschen oder Ding außerhalb seiner selbst unter der Bedingung, daß die Gesondertheit und Integrität des eigenen Selbst dabei bewahrt bleibt.* Liebe ist die Erfahrung des Teilens, der Gemeinschaft, die die volle Entfaltung des eigenen inneren Tätigseins erlaubt. Das Erlebnis der Liebe macht Illusionen überflüssig. Ich habe es nicht mehr nötig, das Bild des anderen oder das eigene Image aufzublähen, da die Realität des gelebten Teilens und Liebens es mir ermöglicht, mein vereinzeltes Dasein zu transzendieren und gleichzeitig mich als das Subjekt jener Kräfte zu erleben, die den Akt des Liebens ausmachten. Worauf es ankommt, ist die besondere *Qualität* des Liebens und nicht das Objekt der Liebe. Liebe findet sich in der Erfahrung der Solidarität mit unserem Mitmenschen, Liebe findet sich auch in der erotischen Liebe von Mann und Frau, in der Liebe der Mutter zu ihrem Kind und auch in der Liebe zu uns selbst als einem menschlichen Wesen. Sie findet sich im mystischen Erlebnis des Einswerdens. Im Akt des Liebens bin ich eins mit dem All, und dennoch bin ich ich selbst, ein einzigartiges, besonderes, begrenztes, sterbliches menschliches Wesen. Eben aus dieser Polarität von Getrenntsein und Vereinigung wird die Liebe geboren und immer wieder neu geboren. Liebe ist ein Aspekt dessen, was ich als die produktive Orientierung bezeichnet habe: die tätige und kreative Bezogenheit des Menschen zu seinem Mitmenschen, zu sich selbst und zur Natur. Im Bereich des *Denkens* kommt diese produktive Orientierung in der richtigen Erfassung der Welt durch die Vernunft zum Ausdruck. Im Bereich des *Handelns* drückt sich die produktive Orientierung in produktiver Arbeit, im Prototyp dessen aus, was unter Kunst und Handwerk zu verstehen ist. Im Bereich des *Fühlens* kommt die produktive Orientierung in der Liebe zum Ausdruck, die das Erlebnis des Einswerdens mit einem anderen Menschen, mit allen Menschen und mit der Natur bedeutet unter der Voraussetzung, daß man sich dabei sein Integritätsgefühl und seine Unabhängigkeit bewahrt. Im Erlebnis der Liebe kommt es zu der paradoxen Situation, daß zwei Menschen eins werden und gleichzeitig zwei bleiben. Liebe in diesem Sinn ist niemals auf eine Person beschränkt. Wenn ich nur einen einzigen Menschen und niemand sonst liebe, wenn mich meine Liebe zu einer bestimmten Person meinen Mitmenschen noch weiter entfremdet und mich noch weiter von ihnen entfernt, dann kann ich an diese Person auf mancher-

entstellen - verändern, so daß etwas einen falschen Sinn erhält. (Verfälschen)

lei Weise gebunden sein, aber ich liebe nicht. Wenn ich sagen kann, »ich liebe dich«, sage ich, »ich liebe in dir die ganze Menschheit, alles Lebendige; ich liebe in dir auch mich selbst«. Die Selbstliebe in diesem Sinn ist das Gegenteil der Selbstsucht. Letztere ist in Wirklichkeit ein gieriges Interesse an sich selbst, das aus einem Mangel an echter Liebe zu sich selbst entspringt und diesen Mangel kompensiert. Die Liebe dagegen macht mich paradoxerweise unabhängiger, weil sie mich stärker und glücklicher macht – dennoch macht sie mich eins mit der geliebten Person, und das in einem solchen Maße, daß die Individualität für den Augenblick ausgelöscht scheint. Wenn ich liebe, mache ich die Erfahrung »ich bin du«, du – als die geliebte Person, du – als der Fremde, du – als alles Lebendige. Das Erlebnis der Liebe ist die einzige Antwort auf die Frage, was es bedeutet, ein menschliches Wesen zu sein, und nur sie verbürgt seelische Gesundheit.

Die produktive Liebe umfaßt stets das Syndrom folgender Einstellungen: Fürsorge, Verantwortungsgefühl, Achtung und wissendes Verstehen. (Vgl. E. Fromm, 1947a, S. 98–101.) Wenn ich liebe, liegt mir der andere am Herzen, das heißt ich habe ein aktives Interesse an seinem Wachstum und Glück; ich bin dabei nicht nur Zuschauer. Ich fühle mich für ihn verantwortlich, das heißt, ich antworte auf seine Bedürfnisse, auf die, welche er zum Ausdruck bringen kann, und erst recht auf die, welche er nicht auszudrücken weiß. Ich respektiere ihn, das heißt (entsprechend der ursprünglichen Bedeutung von *re-spicere*), ich sehe ihn so, wie er ist, objektiv und nicht entstellt durch meine Wünsche und Befürchtungen. Ich kenne ihn, ich bin durch seine Oberfläche zum Kern seines Seins durchgedrungen und bin mit ihm aus meinem innersten Kern, aus meinem Zentrum heraus, und nicht nur mit der Oberfläche meines Wesens in Beziehung getreten. (Diese Identität von »lieben« und »erkennen« wird im hebräischen *jadoa* und im deutschen *meinen* und *minnen* deutlich.)

Wenn sich die produktive Liebe auf meinesgleichen richtet, so kann man sie als *Nächstenliebe* oder *Menschenliebe* bezeichnen. Bei der Mutterliebe (hebräisch: *rachamin* von *rechem*, Mutterschoß) handelt es sich um eine Beziehung zwischen zwei ungleichen Personen. Das Kind ist hilflos und von seiner Mutter abhängig. Um zu wachsen, muß es von ihr immer unabhängiger werden, bis es seine Mutter schließlich nicht mehr braucht. So ist die Mutter-Kind-Beziehung paradox und in gewissem Sinn tragisch. Sie fordert von der Mutter die intensivste Liebe, und trotzdem muß diese Liebe dem Kind dabei helfen, von ihr wegzuwachsen und vollkommen unabhängig zu werden. Es ist für jede Mutter leicht, ihr Kind zu lieben, bevor dieser Trennungsprozeß begonnen hat – aber das Kind gleichzeitig zu lieben und es gehen zu lassen – und zu *wünschen*, daß es geht, ist die Aufgabe, bei der die meisten scheitern.

Bei der *erotischen Liebe* (griechisch: *eros;* hebräisch: *ahabah,* das von der Wurzel des Verbums »glühen« abgeleitet ist) ist ein anderer Trieb im Spiel, der nach Vereinigung und Einswerden mit dem anderen drängt. Während die Menschenliebe sich auf alle Menschen und die Mutterliebe sich auf das Kind und all die bezieht, die Hilfe brauchen, richtet sich die erotische Liebe auf eine einzige Person, normalerweise vom anderen Geschlecht, mit der man sich vereinigen und einswerden möchte. Die erotische Liebe beginnt mit dem Getrenntsein und endet im Einssein. Die Mutterliebe beginnt mit dem Einssein und führt zum Getrenntsein. Wenn das Bedürfnis nach Vereinigung in der mütterlichen Liebe realisiert würde, so würde das die Zerstörung des Kindes als eines unabhängigen Wesens bedeuten, da das Kind von seiner Mutter loskommen muß und nicht an sie gebunden bleiben darf. Wenn der erotischen Liebe die Menschenliebe fehlt und sie allein vom Wunsch nach Vereinigung motiviert ist, dann ist sie sexuelle Begierde ohne Liebe, oder es handelt sich um die Perversion der Liebe, wie wir sie in den sadistischen und masochistischen Formen der »Liebe« finden.

Man versteht das Bedürfnis des Menschen, bezogen zu sein, nur dann ganz, wenn man sich die Folgen vor Augen hält, die ein Scheitern jeder Art von Bezogenheit nach sich zieht, das heißt wenn man die Bedeutung des *Narzißmus* begreift. Die einzige Realität, die der Säugling erleben kann, sind sein eigener Körper und seine Bedürfnisse, die körperlichen Bedürfnisse und das Bedürfnis nach Wärme und Zuneigung. Er hat sein »Ich« noch nicht als getrennt vom »Du« erfahren. Noch befindet er sich im Zustand des Einsseins mit der Welt, aber eines Einsseins, bevor sein Sinn für die Individualität und die Realität erwacht ist. Die Welt außerhalb existiert für ihn nur in Gestalt der Nahrung und in Gestalt der Wärme, die er zur Befriedigung seiner Bedürfnisse braucht, und nicht als etwas oder jemand, den er realistisch und objektiv erkennt. Freud hat diese Orientierung als »primären Narzißmus« bezeichnet. Bei einer normalen Entwicklung wird dieser Zustand des Narzißmus nach und nach durch die wachsende Wahrnehmung der äußeren Realität und ein entsprechend zunehmendes Ichgefühl im Unterschied zum »Du« überwunden. Zu dieser Veränderung kommt es zuerst auf der Ebene der sinnlichen Wahrnehmung, wenn Dinge und Menschen als unterschiedliche und eigene Größen wahrgenommen werden. Dies ist die Vorbedingung für die Sprache. Die Dinge beim Namen nennen zu können, setzt voraus, daß man sie als individuelle und eigenständige Größen erkennt. (Vgl. J. Piaget, 1937.) Viel länger dauert es, bis der narzißtische Zustand emotional überwunden ist. Für das Kind bis zum Alter von sieben oder acht Jahren existieren andere Menschen immer noch hauptsächlich als Mittel zur Befriedigung seiner Bedürfnisse. Sie sind soweit

Standpunkt – stanovište, stav, pozicija

austauschbar, als sie die Funktion erfüllen, diese Bedürfnisse zu befriedigen, und erst mit acht oder neun Jahren erlebt das Kind einen anderen Menschen so, daß es anfangen kann, ihn zu lieben, das heißt, wie H. S. Sullivan es formuliert, zu fühlen, daß die Bedürfnisse eines anderen Menschen ebenso wichtig sind wie die eigenen (vgl. H. S. Sullivan, 1953, S. 49 ff.).[2]

Der primäre Narzißmus ist ein normales Phänomen, das der normalen körperlichen und seelischen Entwicklung des Kindes entspricht. Aber es gibt auch in späteren Lebensphasen einen Narzißmus (den »sekundären Narzißmus« nach Freud), zu dem es dann kommt, wenn es dem heranwachsenden Kind nicht gelingt, seine Liebesfähigkeit zu entwickeln, oder wenn es diese wieder verliert. Der Narzißmus liegt allen schweren psychischen Erkrankungen zugrunde. Für den narzißtischen Menschen gibt es nur eine Realität: die seiner eigenen Denkprozesse, Gefühle und Bedürfnisse. Er erlebt die Außenwelt nicht *objektiv,* er nimmt sie nicht *objektiv* wahr, das heißt nicht als etwas mit einem eigenen Standpunkt, mit eigenen Bedingungen und Bedürfnissen. Die extremste Form des Narzißmus findet man in sämtlichen Formen von Geisteskrankheit. Der Geisteskranke hat den Kontakt mit der Welt verloren; er hat sich in sich selbst zurückgezogen. Er kann weder die materielle noch die menschliche Wirklichkeit so erfahren, *wie sie ist,* sondern nur so, wie seine eigenen inneren Prozesse sie formen und bestimmen. Entweder reagiert er *überhaupt nicht* auf die Außenwelt, oder wenn er es tut, reagiert er nicht entsprechend *ihrer* Realität, sondern entsprechend seinen eigenen Denk- und Gefühlsprozessen. Der Narzißmus ist der Gegenpol zu Objektivität, Vernunft und Liebe.

Die Tatsache, daß ein völliges Scheitern der Bezogenheit auf die Welt zur Geisteskrankheit (Psychose) führt, weist auf die andere Tat-

[2] Diese Liebe empfindet das Kind gewöhnlich zuerst seinen Altersgenossen und nicht seinen Eltern gegenüber. Die angenehme Vorstellung, daß Kinder ihre Eltern »lieben«, bevor sie irgend jemanden sonst lieben, muß man unter die zahlreichen Illusionen rechnen, die dem Wunschdenken entstammen. Für ein Kind in diesem Alter sind Vater und Mutter mehr Objekte seiner Abhängigkeit und Furcht als seiner Liebe, die ihrer ganzen Natur nach sich auf Gleichheit und Unabhängigkeit gründet. Wenn wir die Liebe zu den Eltern von einer zärtlichen, aber passiven Anhänglichkeit an sie, von inzestuösen Bindungen und einer herkömmlichen oder furchtsamen Unterwerfung unterscheiden, dann entwickelt sie sich – wenn es überhaupt dazu kommt – erst in einem späteren Alter und nicht in der Kindheit, obwohl man ihre Anfänge – unter glücklichen Umständen – auch bereits in einem früheren Alter feststellen kann. (Die gleiche Ansicht vertritt in einer noch etwas schärferen Formulierung H. S. Sullivan in seinem Buch ›Interpersonal Theory of Psychiatry‹, 1953.) Viele Eltern sind jedoch nicht bereit, diese Tatsache zu akzeptieren und reagieren auf die ersten wirklichen Liebesbeziehungen ihres Kindes, indem sie sie entweder offen übelnehmen oder indem sie sich darüber lustig machen, was noch schlimmer ist. Ihre bewußte oder unbewußte Eifersucht ist eines der stärksten Hindernisse für die Entwicklung der Liebesfähigkeit des Kindes.

sache hin: daß irgendeine Form von Bezogenheit die Voraussetzung dafür ist, überhaupt seelisch gesund zu leben. Aber unter den vielen Formen der Bezogenheit erfüllt nur die produktive Form, die liebende Bezogenheit, die Bedingung, daß man seine Freiheit und Integrität behält, wenn man sich mit einem Mitmenschen vereinigt.

2. Transzendenz durch Kreativität oder Destruktivität

Ein weiterer Aspekt der menschlichen Situation, der eng mit dem Bedürfnis nach Bezogenheit zusammenhängt, ist die Situation des Menschen als *Geschöpf* und sein Bedürfnis, diesen Zustand des passiven kreatürlichen Seins zu überwinden. Der Mensch wird in die Welt hineingeworfen ohne sein Wissen, ohne seine Zustimmung oder seinen Wunsch, und er wird wieder aus ihr genommen, ebenfalls ohne seine Zustimmung oder seinen Wunsch. In dieser Hinsicht unterscheidet er sich nicht von Tieren, Pflanzen oder von der anorganischen Materie. Da er aber mit Vernunft und Vorstellungsvermögen begabt ist, kann er sich nicht mit der passiven Rolle der Kreatur zufriedengeben, mit der Rolle des aus einem Becher herausgeworfenen Würfels. Es drängt ihn, die Rolle des Geschöpfs, die Zufälligkeit und Passivität der kreatürlichen Existenz dadurch zu überwinden, daß er selbst zu einem »Schöpfer« wird.

Der Mensch kann Leben schaffen. Das ist die wunderbare Eigenschaft, die er zwar mit allen Lebewesen gemeinsam hat, jedoch mit dem Unterschied, daß er allein sich bewußt ist, zugleich Geschöpf und Schöpfer zu sein. Der Mensch kann Leben erzeugen, oder vielmehr, die Frau kann Leben erzeugen, indem sie ein Kind zur Welt bringt und das Kind versorgt, bis es groß genug geworden ist, um für seine Bedürfnisse selbst zu sorgen. Die Menschen – Mann wie Frau – können etwas erzeugen, indem sie Samen säen, indem sie materielle Gegenstände produzieren, indem sie Kunstwerke schaffen, indem sie Ideen erzeugen und indem sie einander lieben. Im Schöpfungsakt transzendiert der Mensch sich selbst als Geschöpf, erhebt er sich über die Passivität und Zufälligkeit seiner Existenz in den Bereich der Zielgerichtetheit und Freiheit. Im Bedürfnis des Menschen nach Transzendenz liegt eine der Wurzeln der Liebe wie auch der Kunst, der Religion und der materiellen Produktion.

Etwas zu schaffen setzt Tätigsein und Fürsorge voraus. Es setzt voraus, daß man das liebt, was man schafft. Wie sonst könnte der Mensch das Problem, sich zu transzendieren, lösen, wenn nicht durch die Fähigkeit, schöpferisch zu sein und zu lieben? *Es gibt noch eine andere Antwort auf dieses Bedürfnis nach Transzendenz: Wenn ich kein Leben schaffen kann, dann kann ich es zerstören. Auch indem ich das Leben zerstöre, kann ich es transzendieren.* Daß der Mensch

Leben zerstören kann, ist in der Tat etwas genauso Wunderbares, wie daß er es erzeugen kann, denn das Leben ist das Wunder, das Unerklärliche. Im Akt des Zerstörens setzt sich der Mensch über das Leben hinweg; er transzendiert sich als Geschöpf. Auf diese Weise sieht sich der Mensch, insofern er sich getrieben fühlt, sich selbst zu transzendieren, vor die letzte Wahl gestellt, entweder etwas zu schaffen oder zu zerstören, zu lieben oder zu hassen. Die enorme Macht des Zerstörungswillens, die wir in der Geschichte der Menschheit am Werk sehen und deren Zeugen wir auch in unserer Zeit auf so schreckliche Weise wurden, wurzelt genauso in der Natur des Menschen, wie der Trieb, etwas zu schaffen, in ihr verwurzelt ist. Wenn man sagt, der Mensch sei fähig, sein ursprüngliches Potential zur Liebe und Vernunft zu entwickeln, so impliziert das nicht den naiven Glauben, daß der Mensch von Natur aus gut ist. Die Destruktivität ist eine sekundäre Entwicklungsmöglichkeit, die in der menschlichen Existenz selbst wurzelt und die die gleiche Intensität und Macht besitzt, wie sie jede Leidenschaft haben kann.[3] Aber – und das ist der wesentliche Punkt, auf den ich hinaus will – sie ist nur die *Alternative* zu seiner Kreativität. Schaffen und Zerstören, Lieben und Hassen sind nicht zwei unabhängig voneinander existierende Größen. Es sind beides Antworten auf das gleiche Bedürfnis nach Transzendenz. Der Wille zu zerstören muß entstehen, wenn der Wille, etwas zu schaffen, nicht befriedigt werden kann. Die Befriedigung des Bedürfnisses, etwas zu schaffen, führt jedoch zum Glück; die Destruktivität führt zum Leiden, vor allem für den Zerstörer selbst.

3. Verwurzelung durch Brüderlichkeit oder Inzest

Die Geburt des Menschen als Menschen ist der Anfang seines Ausgangs aus seiner natürlichen Heimat, der Anfang der Lösung aus seinen natürlichen Bindungen. Aber diese Loslösung ist angsterregend. Wenn der Mensch seine natürlichen Wurzeln verliert, wo befindet er sich dann, und wer ist er? Er würde allein stehen, ohne eine Heimat. Er wäre wurzellos und könnte die Isolierung und Hilflosigkeit seiner Lage nicht ertragen. Er würde wahnsinnig. Auf seine *natürlichen* Wurzeln kann er nur verzichten, wenn er neue *menschliche* Wurzeln findet, und nur nachdem er diese menschliche Verwurzelung gefunden hat, kann er sich wieder in der Welt zu

[3] Diese Formulierung widerspricht nicht der Feststellung, die ich in ›Man for Himself‹ (E. Fromm, 1947a) gemacht habe, daß die Destruktivität die Folge eines ungelebten Lebens sei. In der hier dargelegten Auffassung versuche ich genauer zu zeigen, welcher Aspekt des ungelebten Lebens zur Destruktivität führt.

Hause fühlen. Ist es demnach verwunderlich, daß wir beim Menschen eine tiefe Sehnsucht feststellen, die natürlichen Bedingungen nicht abzubrechen und sich dagegen zu wehren, von der Natur, der Mutter, dem Blut und dem Boden hinweggerissen zu werden?

Die elementarste aller natürlichen Bindungen ist die Bindung des Kindes an die Mutter. Das Kind beginnt sein Leben im Mutterschoß und lebt darin weit länger, als das bei den meisten Tieren der Fall ist. Selbst noch nach der Geburt bleibt das Kind körperlich hilflos und völlig von der Mutter abhängig. Auch diese Periode der Hilflosigkeit und Abhängigkeit zieht sich bei ihm im Vergleich zu den Tieren viel länger hin. In den ersten Jahren seines Lebens kommt es noch nicht zu einer vollen Trennung des Kindes von seiner Mutter. Die Befriedigung all seiner körperlichen Bedürfnisse, seines vitalen Bedürfnisses nach Wärme und Zuneigung hängt von ihr ab. Sie hat ihrem Kind nicht nur einmal das Leben geschenkt, sie schenkt es ihm auch weiterhin. Ihre Fürsorge ist in keiner Weise davon abhängig, was das Kind für sie tut, und auch nicht von irgendeiner Verpflichtung, die das Kind ihr gegenüber hätte. Sie ist bedingungslos. Sie kümmert sich um das Kind, weil dieses neue Geschöpf eben ihr Kind ist. Das Kind erlebt in diesem entscheidenden ersten Lebensjahr seine Mutter als die Quelle des Lebens, als eine allumhüllende, beschützende, nährende Macht. Die Mutter ist die Nahrung, sie ist die Liebe, sie ist die Wärme, sie ist die Erde. Von ihr geliebt zu werden, bedeutet lebendig, verwurzelt, zu Hause zu sein.

Genauso wie die Geburt bedeutet, daß das Kind den umhüllenden Schutz des Mutterleibs verläßt, bedeutet das Heranwachsen, daß es den schützenden Bereich der Mutter verlassen muß. Aber selbst beim reifen Erwachsenen hört die Sehnsucht nach jenem Zustand, wie er einst gegeben war, nie völlig auf, und dies trotz der Tatsache, daß zwischen dem Erwachsenen und dem Kind doch ein so großer Unterschied besteht. Der Erwachsene besitzt die Mittel, auf eigenen Füßen zu stehen, für sich selbst zu sorgen, für sich selbst und sogar auch für andere die Verantwortung zu übernehmen, während das Kind zu all dem noch nicht fähig ist. Aber angesichts der größeren Schwierigkeiten des Lebens, angesichts der fragmentarischen Natur unseres Wissens und aller Zufälligkeiten, denen der Erwachsene ausgesetzt ist, angesichts der unvermeidlichen Fehler, die wir machen, ist die Situation des Erwachsenen keineswegs so verschieden von der des Kindes, wie man im allgemeinen annimmt. Jeder Erwachsene braucht Hilfe, Wärme, Schutz. Seine Bedürfnisse unterscheiden sich in mannigfacher Weise von denen des Kindes und sind diesen doch auch wieder sehr ähnlich. Ist es dann verwunderlich, daß wir beim durchschnittlichen Erwachsenen eine tiefe Sehnsucht nach der Sicherheit und Verwurzelung finden, die ihm die Beziehung zu seiner

Mutter einst gab? Ist es überraschend, daß er diese intensive Sehnsucht nicht aufgeben kann, wenn er nicht andere Möglichkeiten zu seiner Verwurzelung findet?

In der Psychopathologie finden wir viele Beispiele dafür, daß jemand sich weigert, den allumhüllenden mütterlichen Bereich zu verlassen. In der extremsten Form treffen wir auf das Verlangen, in den Mutterschoß zurückzukehren. Jemand, der von diesem Wunsch völlig besessen ist, kann das Krankheitsbild der Schizophrenie bieten. Er fühlt und handelt dann wie das Kind im Mutterleib und ist unfähig, auch nur die elementarsten Funktionen eines kleinen Kindes auszuführen. In vielen der schwereren Neurosen stoßen wir auf das gleiche Verlangen, jedoch in Form eines verdrängten Wunsches, der nur in Träumen, Symptomen und in neurotischem Verhalten zum Ausdruck kommt. Er entsteht aus dem Konflikt zwischen dem tiefen Wunsch, im Mutterschoß zu bleiben, und dem erwachsenen Persönlichkeitsteil, der ein normales Leben leben möchte. Dieses Verlangen taucht in Träumen in Form von Symbolen auf, wie zum Beispiel, daß man sich in einer dunklen Höhle, in einem in die Tiefe tauchenden Einmann-Unterseeboot oder dergleichen befindet. Aus dem Verhalten eines solchen Menschen spricht eine Lebensangst und eine tiefe Faszination durch den Tod (den Tod, der in der Phantasie gleichbedeutend ist mit der Rückkehr in den Mutterschoß, zur Mutter Erde).

Die weniger schwere Form der Mutterbindung findet man in jenen Fällen, in denen jemand es sich sozusagen gestattet hat, geboren zu werden, aber dann Angst hat, den nächsten Schritt in diesem Geburtsprozeß zu tun und sich der Mutterbrust zu entwöhnen. Menschen, die in diesem Stadium der Geburt steckenbleiben, haben eine tiefe Sehnsucht danach, von einer Mutterfigur bemuttert, umsorgt und beschützt zu werden. Es sind die ewig Abhängigen, die angstvoll und unsicher sind, wenn ihnen der mütterliche Schutz entzogen wird, und die optimistisch und aktiv werden, wenn ihnen eine liebevolle Mutter oder ein Muttterersatz entweder in der Realität oder in der Phantasie zur Verfügung steht.

Diese pathologischen Phänomene im Leben des einzelnen haben ihre Parallele in der Evolution der menschlichen Rasse. Am deutlichsten kommt das in der universalen Verbreitung des Inzesttabus zum Ausdruck, das wir selbst in den primitivsten Gesellschaften finden. Das Inzesttabu ist die notwendige Voraussetzung für jede menschliche Entwicklung, und dies nicht wegen seines sexuellen, sondern wegen seines affektiven Aspekts. Um geboren zu werden, um Fortschritte machen zu können, muß der Mensch die Nabelschnur durchtrennen; er muß sein tiefes Verlangen, an die Mutter gebunden zu bleiben, überwinden. Das inzestuöse Verlangen bezieht seine Macht nicht aus der sexuellen Anziehungskraft der Mutter, sondern aus dem tiefen

Verlangen, in dem allumhüllenden Mutterschoß oder an der allnährenden Mutterbrust zu bleiben oder dorthin zurückzukehren. Das Inzesttabu ist nichts anderes als die beiden Cherubim mit dem Flammenschwert, die den Eingang zum Paradies bewachen und den Menschen daran hindern, in seine vorindividuelle Existenz des Einsseins mit der Natur zurückzukehren.

Das Inzestproblem beschränkt sich jedoch nicht auf die Bindung an die Mutter. Die Bindung an sie ist nur die elementarste Form aller natürlichen Blutsbindungen, die dem Menschen das Gefühl des Verwurzeltseins und der Zugehörigkeit geben. Die Blutsbindungen werden auch auf andere Blutsverwandtschaften ausgedehnt, die jeweils dem System entsprechen, in dem solche Beziehungen angeknüpft werden. Die *Familie* und die *Sippe* und später der Staat, die Nation oder die Kirche übernehmen die gleiche Funktion, welche die individuelle Mutter ursprünglich für das Kind hatte. Der einzelne lehnt sich dann an diese Institutionen an, er fühlt sich darin verwurzelt, er identifiziert sich mit ihnen und fühlt sich als Teil von ihnen und nicht als ein von ihnen getrenntes Individuum. Wer nicht zur gleichen Sippe gehört, wird als fremd und gefährlich angesehen – als jemand, der nicht die gleichen menschlichen Eigenschaften besitzt, wie sie nur die eigene Sippe hat.

Freud sah in der Mutterbindung das entscheidende Problem in der Entwicklung sowohl der menschlichen Rasse als auch des Individuums. Seinem System entsprechend erklärte er, die Intensität der Bindung an die Mutter komme daher, daß der kleine Junge sich *sexuell* zu ihr hingezogen fühle. Hierin komme das der menschlichen Natur innewohnende inzestuöse Begehren zum Ausdruck. Er führte die Fortdauer der Mutterbindung im späteren Leben auf die Fortdauer des sexuellen Begehrens zurück. Indem er diese Annahme zu seinen Beobachtungen, daß der Sohn sich gegen den Vater auflehnt, in Beziehung setzte, brachte er seine Annahme und seine Beobachtungen auf höchst geistreiche Art als »Ödipuskomplex« miteinander in Einklang. Die Feindschaft des Sohnes gegen den Vater erklärte er als Folge seiner sexuellen Rivalität zu ihm.

Aber während Freud die ungeheure Bedeutung der Bindung an die Mutter richtig erkannte, schwächte er seine Entdeckung durch die eigentümliche Interpretation, die er ihr gab, ab. Er projizierte in den kleinen Jungen das sexuelle Empfinden des erwachsenen Mannes. Da der kleine Junge, wie Freud erkannte, sexuelle Wünsche hat, soll er sich seiner Meinung nach von der Frau, die ihm am nächsten steht, sexuell angezogen fühlen und sich nur durch die überlegene Macht seines Rivalen in diesem Dreiecksverhältnis gezwungen sehen, seine Wünsche aufzugeben, ohne sich jedoch jemals ganz von dieser Versagung zu erholen. Freuds Theorie ist eine merkwürdig rationalistische

Interpretation beobachtbarer Tatsachen. Dadurch, daß er den Nachdruck auf den *sexuellen* Aspekt des inzestuösen Begehrens legt, erklärt Freud das Begehren des kleinen Jungen als etwas an sich Vernünftiges, wodurch ihm das wahre Problem entgeht: die Tiefe und Intensität der *irrationalen, affektiven* Bindung an die Mutter, der Wunsch, in ihren Bereich zurückzukehren, ein Teil von ihr zu bleiben, die Angst, sich ganz von ihr zu lösen. Nach Freuds Erklärung kann der inzestuöse Wunsch durch die Gegenwart des Vater-Rivalen nicht erfüllt werden. In Wirklichkeit steht dieser inzestuöse Wunsch im Gegensatz zu allen Erfordernissen des Lebens des Erwachsenen.

So ist die Theorie des Ödipuskomplexes zugleich die Anerkennung und die Verleugnung des entscheidenden Phänomens: der Sehnsucht des Mannes nach der Liebe der Mutter. Indem er dem inzestuösen Verlangen eine überragende Bedeutung zuerkennt, anerkennt Freud die Wichtigkeit der Bindung an die Mutter; dadurch daß er sie als sexuell bezeichnet, verleugnet er ihre wahre, nämlich emotionale Bedeutung.

Wenn die Bindung an die Mutter *auch* sexueller Art ist, was zweifellos vorkommt, so kommt das daher, daß die affektive Fixierung so stark ist, daß sie auch das sexuelle Begehren mit beeinflußt, nicht aber daher, daß das sexuelle Begehren dieser Fixierung zugrunde liegt. Ganz im Gegenteil ist das sexuelle Begehren bekanntlich hinsichtlich seiner Objekte nicht festgelegt, und im allgemeinen ist es genau die Kraft, die dem Adoleszenten hilft, sich von der Mutter zu *trennen,* und nicht die, welche ihn an sie bindet. Wo wir aber finden, daß die intensive Mutterbindung die normale Funktion des Sexualtriebs verändert hat, müssen wir zwei Möglichkeiten in Betracht ziehen. Die eine besteht darin, daß das sexuelle Begehren nach der Mutter eine Abwehrmaßnahme gegen den Wunsch ist, in den Mutterschoß zurückzukehren. Dieser Wunsch führt in die Psychose oder zum Tod, während das sexuelle Begehren wenigstens mit dem Leben vereinbar ist. Man rettet sich vor der Angst vor dem bedrohlichen Mutterschoß durch die dem Leben nähere Phantasie, mit dem entsprechenden Organ in die Vagina einzudringen.[4] Die andere in Erwägung zu ziehende Möglichkeit ist, daß die Phantasie vom Geschlechtsverkehr mit der Mutter nicht die Qualität der Sexualität des erwachsenen Mannes besitzt, daß sie keine freiwillige, lustbetonte Aktivität ist, sondern daß es sich selbst in der Sexualsphäre um ein passives Erobert- und Inbesitzgenommenwerden durch die Mutter handelt. Neben diesen beiden Möglichkeiten, die auf eine ziemlich schwere Erkrankung

[4] Dieser Ausweg kommt zum Beispiel in Träumen zum Ausdruck, in denen der Träumende sich in einer Höhle befindet und Angst hat, darin zu ersticken, worauf er Geschlechtsverkehr mit seiner Mutter hat. Dies gibt ihm ein Gefühl der Erleichterung.

hinweisen, gibt es auch Beispiele von inzestuösen sexuellen Wünschen, die von einer verführerischen Mutter animiert werden und die zwar auch eine Mutterbindung erkennen lassen, aber auf eine weniger schwere Erkrankung hinweisen.

Daß Freud selbst seine große Entdeckung so entstellt hat, könnte auf ein ungelöstes Problem in seiner Beziehung zur eigenen Mutter zurückzuführen sein, ist aber ganz sicher weitgehend von seiner streng patriarchalischen Einstellung beeinflußt, die für Freuds Epoche so kennzeichnend war und die er so vollkommen teilte. Die Mutter wurde als höchstes Liebesobjekt entthront, und an ihre Stelle trat der Vater, von dem man annahm, daß er im Gefühlsleben des Kindes die größte Rolle spielte. Es klingt heute, in einer Zeit, in der die patriarchalische Auffassung so viel von ihrer Überzeugungskraft eingebüßt hat, fast unglaublich, wenn wir bei Freud lesen: »Ein ähnlich starkes Bedürfnis aus der Kindheit wie das *nach dem Vaterschutz* wüßte ich nicht anzugeben.« (S. Freud, 1930a, S. 430. – Hervorhebung E. F.) Ähnlich schrieb er 1908 über den Tod seines Vaters, der Tod des Vaters sei »das wichtigste Ereignis und der einschneidendste Verlust im Leben eines Menschen«. (Zit. nach E. Jones, 1957, Band 1, S. 324.) Damit räumt Freud dem Vater den Platz ein, der in Wirklichkeit der Mutter gebührt, und degradiert die Mutter zu einem Gegenstand sexueller Lust. Die Göttin wird in eine Prostituierte verwandelt, und der Vater wird zur zentralen Figur des Universums erhoben. (Mit dieser Ausschaltung der Mutterfigur tut Freud in der Psychologie das, was Luther in der Religion getan hat. Freud ist gleichsam der protestantische Psychologe.)

Eine Generation vor Freud lebte ein anderer genialer Forscher, der die zentrale Bedeutung der Mutterbindung in der Entwicklung des Menschen erkannte: Johann Jakob Bachofen (1954). Da Bachofen nicht durch die rationalistische sexuelle Interpretation der Mutterbindung eingeengt war, konnte er die Tatsachen tiefer und objektiver sehen. In seiner Theorie von der matriarchalischen Gesellschaft nimmt er an, daß die Menschheit vor dem Patriarchat ein Stadium durchmachte, in dem die Bindung an die Mutter und an Blut und Boden sowohl für den einzelnen wie auch für die Gesellschaft die wichtigste Form der Bezogenheit war. In dieser Form der gesellschaftlichen Organisation war – wie bereits angedeutet – die Mutter in der Familie, im gesellschaftlichen Leben und in der Religion die zentrale Figur. Wenn auch viele von Bachofens historischen Konstruktionen nicht haltbar sind, hat er doch zweifellos eine Form der gesellschaftlichen Organisation und eine psychologische Struktur entdeckt, die von den Psychologen und Anthropologen deshalb nicht erkannt worden war, weil von ihrem patriarchalischen Standpunkt aus die Idee von einer von Frauen und nicht von Männern regierten Gesellschaft einfach absurd erschien. Trotzdem spricht vieles dafür, daß Griechenland und Indien vor der Invasion aus dem Norden Kulturen von matriarchalischer Struktur besaßen. Die große Zahl und die Bedeutung von Muttergottheiten weist in die gleiche Richtung. (Die Venus von Willendorf, die Muttergottheit zu Mohendscho Daro, Isis, Ischtar, Rhea, Kybele, Hathor, die Schlangengöttin zu Nippur, die Wassergöttin Ai der Akkader, Demeter und die indische Göttin Kali, die Spenderin und Zerstörerin des Lebens – das sind nur einige Beispiele.) Selbst in vielen zeitgenössischen primitiven Gesellschaften können wir noch Überreste der matriarchalischen Struktur in matrilinearen Formen der Blutsverwandtschaft oder in matrilokalen Formen der Ehe finden. Noch bedeutsamer ist, daß selbst dort, wo die gesellschaftlichen Formen nicht mehr matriarchalisch sind, noch viele Beispiele einer matriarchalischen Bezogenheit zu Mutter, Blut und Boden anzutreffen sind.

Während Freud in der inzestuösen Fixierung nur ein negatives, krankhaftes Element sah, erkannte Bachofen deutlich sowohl den negativen wie auch den positiven Aspekt der Bindung an die Mutterfigur. *Der positive Aspekt ist ein Gefühl der Lebensbejahung, der Freiheit und Gleichheit, das die gesamte matriarchalische Struktur kennzeichnet.* Insofern die Menschen Kinder der Natur und Kinder von Müttern sind, sind sie alle gleich, haben sie die gleichen Rechte und Ansprüche, und der einzige Wert, auf den es ankommt, ist das Leben. Anders ausgedrückt, die Mutter liebt ihre Kinder nicht deshalb, weil das eine besser ist als das andere, nicht weil das eine ihre Erwartungen mehr erfüllt als das andere, sondern weil sie alle ihre Kinder sind und weil sie sich in dieser Eigenschaft alle gleich sind und das gleiche Anrecht auf ihre Liebe und Fürsorge haben. Bachofen hat auch den *negativen* Aspekt der matriarchalischen Struktur klar erkannt: *Dadurch daß der Mensch an die Natur, an Blut und Boden gebunden ist, ist die Entwicklung seiner Individualität und seiner Vernunft blokkiert.* Er bleibt ein Kind und ist zu keinem Fortschritt fähig.[5]

Bachofen hat auch die Rolle des Vaters ausführlich und tiefschürfend interpretiert und auch hier sowohl auf die positive wie auf die negative Seite der Funktion des Vaters hingewiesen. Mit einer leichten Umschreibung und Erweiterung von Bachofens Ideen möchte ich sa-

[5] Es ist interessant zu beobachten, wie diese beiden Aspekte der matriarchalischen Struktur von zwei gegensätzlichen Weltanschauungen während der letzten hundert Jahre aufgegriffen wurden. Die marxistische Schule begrüßte Bachofens Theorien mit großer Begeisterung, weil in der matriarchalischen Struktur das Element der Freiheit und Gleichheit enthalten ist. (Vgl. F. Engels, 1884.) Nachdem Bachofens Theorien viele Jahre lang kaum Beachtung gefunden hatten, griffen die Nazi-Philosophen sie mit der gleichen Begeisterung auf, wenn auch aus ganz anderen Gründen. Sie fühlten sich von den irrationalen Bindungen an Blut und Boden angezogen, die den anderen Aspekt der matriarchalischen Struktur ausmachen, wie sie Bachofen darstellt.

gen, daß der Mann, der von Natur aus nicht imstande ist, Kinder zu erzeugen (natürlich spreche ich hier vom *Erlebnis* der Schwangerschaft und Geburt und nicht von der Tatsache, daß der männliche Same für die Zeugung des Kindes notwendig ist), und da er nicht die Aufgabe hat, sie aufzuziehen und zu versorgen, steht er der Natur ferner als die Frau. Da er in der Natur weniger verwurzelt ist, sieht er sich gezwungen, seine Vernunft zu entwickeln und eine vom Mann geschaffene Welt der Ideen, der Prinzipien und all der vom Mann geschaffenen Dinge aufzubauen, welche die Natur als den Urgrund der Existenz und Sicherheit ersetzen. Die Beziehung des Kindes zum Vater ist nicht von der gleichen Intensität wie die zur Mutter, weil der Vater nie die all-umhüllende, all-beschützende, all-liebende Rolle spielt, welche die Mutter in den ersten Jahren des Lebens ihres Kindes spielt. Ganz im Gegenteil beruht in allen patriarchalischen Gesellschaften die Beziehung des Sohnes zum Vater einerseits auf Unterwerfung, aber andererseits auf Rebellion, was an sich ein ständiges Element der Auflösung enthält. Die Unterwerfung unter den Vater ist etwas anderes als die Bindung an die Mutter. Letztere stellt eine Fortsetzung der natürlichen Bindung, die Fixierung an die Natur dar. Erstere ist vom Mann geschaffen und künstlich und basiert auf Macht und Gesetz, weshalb sie weniger zwingend und mächtig ist als die Bindung an die Mutter. Während die Mutter die Natur und die bedingungslose Liebe repräsentiert, repräsentiert der Vater die Abstraktion, das Gewissen, die Pflicht, das Gesetz und die Hierarchie. Die Liebe des Vaters zu seinem Sohn ist nicht dasselbe wie die bedingungslose Liebe der Mutter zu ihren Kindern, *weil sie nun einmal ihre Kinder sind,* sondern es handelt sich um die Liebe zu dem Sohn, der ihm der liebste ist, weil er seinen Erwartungen am meisten entspricht und die besten Anlagen dazu hat, das Erbe des Besitzes und der weltlichen Aufgaben des Vaters anzutreten.

Hieraus ergibt sich ein wichtiger Unterschied zwischen der mütterlichen und der väterlichen Liebe. In der Beziehung des Kindes zu seiner Mutter gibt es nur wenig, was es von sich aus regulieren und beeinflussen könnte. Die mütterliche Liebe ist wie ein Akt der Gnade; ist sie vorhanden, so ist sie ein Segen – ist sie nicht vorhanden, kann man sie nicht erzeugen. Dies ist auch der Grund, weshalb die Menschen, welche von der Mutterbindung nicht losgekommen sind, oft auf neurotische, magische Weise sich mütterliche Liebe zu verschaffen suchen, indem sie sich selbst hilflos und krank machen oder emotional auf die Stufe eines Kindes regredieren. Die magische Idee lautet: Wenn ich mich in ein hilfloses Kind verwandle, muß meine Mutter wieder auftauchen und für mich sorgen. Die Beziehung zum Vater dagegen kann man beeinflussen. Er möchte, daß sein Sohn heranwächst, um die Verantwortung zu übernehmen, zu denken und etwas aufzubauen, und/oder er soll dem Vater gehorchen, ihm dienen und so sein wie er. Ob die Erwartungen des Vaters sich mehr auf die Entwicklung seines Sohnes oder auf dessen Gehorsam richten, stets hat dieser eine Chance, sich die Liebe des Vaters zu erwerben und sich die Zuneigung des Vaters dadurch zu gewinnen, daß er tut, was dieser von ihm will. Um es noch einmal zusammenzufassen: *Die positiven Aspekte des patriarchalischen Komplexes sind Vernunft, Disziplin, Gewissen und Individualismus; die negativen Aspekte sind Hierarchie, Unterdrückung, Ungleichheit und Unterwerfung.*[6]

Der enge Zusammenhang zwischen der Vater- und Mutterfigur und *moralischen* Grundsätzen ist besonders bemerkenswert. In seinem Begriff des Über-Ichs setzt Freud nur die Vaterfigur in Beziehung zur Entwicklung des Gewissens. Er nimmt an, daß der kleine Junge, erschreckt durch die ihm vom rivalisierenden Vater drohende Kastration, sich den männlichen Elternteil – oder vielmehr dessen Gebote und Verbote – in Form des Gewissens internalisiert.[7] Aber es gibt nicht nur ein *väterliches,* es gibt auch ein *mütterliches* Gewissen; es gibt eine Stimme, die uns befiehlt, unsere Pflicht zu tun, und es gibt eine Stimme, die uns lieben und verzeihen heißt – anderen wie auch uns selbst. Es trifft zwar zu, daß beide Arten des Gewissens ursprünglich von der Vater- und der Mutterfigur beeinflußt waren, doch wird das Gewissen im Reifungsprozeß immer unabhängiger von dieser ursprünglichen Vater- und Mutterfigur. Wir werden gleichsam *unser eigener Vater und unsere eigene Mutter,* und wir werden *auch unser eigenes Kind.* Der Vater in uns sagt zu uns: »Das solltest du tun« und »Das solltest du nicht tun.« Er tadelt uns, wenn wir uns falsch verhalten haben, und wenn wir uns richtig verhalten haben, lobt er uns. Aber während der Vater in uns sich auf diese Weise äußert, spricht die Mutter in uns eine ganz andere Sprache. Es ist, als ob sie sagte: »Dein Vater hat ganz recht, wenn er dich tadelt, aber nimm ihn nicht allzu ernst; was du auch immer getan haben magst, du bist mein Kind. Ich liebe dich, und ich verzeihe dir. Nichts, was du getan hast, kann dich um deinen Anspruch auf Leben und Glück bringen.« Die Stimmen von Vater und Mutter sprechen eine verschiedene Sprache; ihre Äußerungen scheinen sich sogar zu widersprechen. Aber der Widerspruch zwischen dem Prinzip der Pflicht und dem Prinzip der Liebe, zwischen dem väterlichen und dem mütterlichen Gewissen ist ein mit der menschlichen Existenz gegebener Widerspruch, und wir müssen seine

[6] Diese negativen Aspekte sind nirgends klarer zum Ausdruck gebracht als in der Gestalt des Kreon in der ›Antigone‹ des Äschylus. (Vgl. E. Fromm, 1951a.)

[7] In Kapitel IV, 2 von E. Fromm, 1947a, habe ich den relativistischen Charakter von Freuds Konzeption des Über-Ichs erörtert und zwischen einem autoritären und einem humanistischen Gewissen unterschieden. Dabei ist letzteres die Stimme, die uns zu uns selbst zurückruft.

beiden Seiten akzeptieren. Das nur den Befehlen der Pflicht folgende Gewissen ist genauso entstellt wie das, welches nur den Geboten der Liebe folgt. Die innere Vaterstimme und die innere Mutterstimme äußern sich nicht nur bezüglich der Einstellung des Menschen zu sich selbst, sondern auch bezüglich seiner Einstellung zu den Mitmenschen. Der Mensch kann seinen Mitmenschen entsprechend seinem väterlichen Gewissen beurteilen, aber er sollte gleichzeitig auch auf die Stimme der Mutter in seinem Inneren hören, die allen Mitgeschöpfen, allem Lebendigen liebevoll begegnet und die alle Fehltritte verzeiht.[8]

Bevor ich nun mit der Erörterung der Grundbedürfnisse des Menschen fortfahre, möchte ich noch kurz auf die verschiedenen Phasen der Verwurzelung eingehen, wie man sie in der Geschichte der Menschheit beobachten kann, wenn auch der Hauptgedankengang dieses Kapitels dadurch eine Unterbrechung erfährt.

Genau wie das Kind in der Mutter verwurzelt ist, ist der Mensch in seiner historischen Kindheit (die zeitlich den weitaus größten Teil seiner Geschichte ausmacht) in der Natur verwurzelt. Wenn er auch aus der Natur herausgetreten ist, bleibt doch die Welt der Natur seine Heimat, in ihr ist er noch immer verwurzelt. Er sucht durch Regression und durch Identifizierung mit der Natur, mit der Welt der Pflanzen und Tiere Sicherheit zu erlangen. Dieser Versuch, sich auch weiterhin an die Natur zu klammern, ist in vielen Mythen und religiösen Ritualen deutlich zu erkennen. Wenn der Mensch Bäume und Tiere als seine Idole anbetet, so verehrt er Teilerscheinungen der Natur. Es sind die mächtigen schützenden Kräfte, deren Verehrung die Verehrung der Natur selbst bedeutet. Tritt der einzelne mit ihnen in Beziehung, so fühlt er sich mit der Natur identisch und zugehörig zu ihr, ist er ein Teil der Natur. Das gleiche gilt für seine Beziehung zum *Boden,* auf dem er lebt. Das Einigende in einem Stamm ist oft nicht nur das gemeinsame Blut, sondern auch der gemeinsame Boden, und erst diese Kombination von Blut und Boden macht den Stamm zur wahren Heimat und zum Orientierungsrahmen für jedes einzelne Mitglied.

In dieser Phase der menschlichen Entwicklung fühlt sich der Mensch noch immer als Teil der Welt der Natur, der Welt der Tiere

[8] Es ist interessant, das jeweilige Gewicht des väterlichen und des mütterlichen Prinzips in der jüdischen und der christlichen Gottesvorstellung zu verfolgen. Der Gott, der die Sintflut schickt, weil alle außer Noah böse sind, repräsentiert das väterliche Gewissen. Der Gott, der zu Jonas sagt: »Mir aber sollte es nicht leid sein um Ninive, die große Stadt, in der mehr als hundertzwanzigtausend Menschen leben, die nicht einmal rechts und links unterscheiden können – und außerdem noch so viel Vieh?« (Jon 4, 11), spricht mit der Stimme der allverzeihenden Mutter. Die gleiche Polarität zwischen der väterlichen und der mütterlichen Funktion Gottes läßt sich auch deutlich in der weiteren Entwicklung der jüdischen wie auch der christlichen Religion, insbesondre in der Mystik feststellen.

und Pflanzen. Erst wenn er den entscheidenden Schritt getan hat, ganz aus der Natur herauszutreten, versucht er eine definitive Demarkationslinie zwischen sich und der Tierwelt zu ziehen. Dies veranschaulicht zum Beispiel der Glaube der Winnebago-Indianer, daß die Geschöpfe zu Anfang noch keine dauernde Gestalt hatten. Sie waren alle so etwas wie ein neutrales Wesen, das sich entweder in einen Menschen oder in ein Tier verwandeln konnte. In einer bestimmten Periode entschieden sie sich, sich endgültig zu einem Tier oder einem Menschen zu entwickeln. Seit dieser Zeit sind die Tiere Tiere und die Menschen Menschen geblieben (vgl. P. Radin, 1953, S. 30). Die gleiche Idee drückt sich in dem Glauben der Azteken aus, daß die Welt vor der Ära, in der wir jetzt leben, nur von Tieren bevölkert war, bis dann mit Quetzalcoatl das Zeitalter der menschlichen Wesen anbrach. Das gleiche Gefühl kommt auch in dem Glauben zum Ausdruck, den man noch heute bei einigen mexikanischen Indianern findet, daß ein bestimmtes Tier einer bestimmten Person entspricht, oder auch im Glauben der Maori, daß ein bestimmter (bei der Geburt eines Menschen gepflanzter) Baum diesem einen Menschen entspricht. Es kommt auch in vielen Ritualen zum Ausdruck, in denen sich der Mensch mit einem Tier identifiziert, indem er sich als solches verkleidet oder indem er sich ein Tier-Totem wählt.

Diese passive Beziehung zur Natur entspricht der jeweiligen wirtschaftlichen Tätigkeit des Menschen. Er begann als Sammler und Jäger, und hätte er nicht primitive Werkzeuge besessen und Feuer machen können, so könnte man von ihm wohl sagen, daß er sich kaum vom Tier unterschieden hätte. Im Verlauf seiner Geschichte nahmen dann seine Fertigkeiten zu, und seine Beziehung zur Natur verwandelte sich aus einer passiven in eine aktive: Er zähmte sich Haustiere, lernte das Land bebauen und erwarb sich eine immer größere Geschicklichkeit in Kunst und Handwerk. Er tauschte seine Erzeugnisse gegen solche fremder Länder aus und wurde so zum Reisenden und Handelsmann.

Entsprechend verwandelten sich auch seine Götter. Solange sich der Mensch noch weitgehend mit der Natur identifizierte, waren auch seine Götter Teil der Natur. Als er dann eine größere handwerkliche Geschicklichkeit erlangte, bildete er sich Götzenbilder aus Stein oder aus Holz oder Gold. Nachdem er sich noch weiter entwickelte und sich ein stärkeres Gefühl der eigenen Kraft erworben hatte, verlieh er seinen Göttern menschliche Gestalt. Zuerst – und dies entsprach offenbar der Stufe des Ackerbauern – erschien ihm die Gottheit in Gestalt der all-schützenden und all-nährenden »Großen Mutter«. Schließlich begann er Vatergottheiten zu verehren, welche Vernunft, Prinzipien und Gesetze repräsentierten. Diese letzte und entscheidende Abwendung von der Verwurzelung in der Natur und von der

Abhängigkeit von einer liebenden Mutter dürfte mit dem Aufkommen der großen rationalen und patriarchalischen Religionen begonnen haben – in Ägypten mit der religiösen Revolution des Echnaton im vierzehnten Jahrhundert v. Chr., in Palästina etwa zur gleichen Zeit mit der Entwicklung der Mosaischen Religion, in Indien und Griechenland bald danach mit dem Einbruch der Eroberer aus dem Norden. Viele neue Rituale verliehen dieser neuen Idee Ausdruck. Im Tieropfer wurde das Tier im Menschen Gott zum Opfer gebracht. Im biblischen Tabu, das den Genuß des Blutes eines Tieres verbot (weil »das Blut sein Leben ist«), wird zwischen Mensch und Tier eine scharfe Trennungslinie gezogen. In der Vorstellung eines Gottes, der das einigende Prinzip allen Lebens repräsentiert, der unsichtbar und unendlich ist, hat man den Gegenpol zur endlichen, mannigfaltigen Welt der Natur, zur Welt der Dinge errichtet. Der als Ebenbild Gottes geschaffene Mensch hat an dessen Eigenschaften teil; er tritt aus der Natur heraus und strebt danach, ganz geboren zu werden und vollständig zu erwachen.[9] Dieser Prozeß erreichte um die Mitte des ersten Jahrtausends v. Chr. in China mit Konfuzius und Lao-tse eine neue Phase; in Indien geschah es mit Buddha, in Griechenland mit den Philosophen der griechischen Aufklärung und in Palästina mit den biblischen Propheten. Dann wurde mit dem Christentum und der Stoa im Römischen Imperium, mit Quetzalcoatl in Mexiko[10] und noch ein halbes Jahrtausend später mit Mohammed in Afrika ein neuer Höhepunkt erreicht.

Unsere westliche Kultur baut sich auf zwei Fundamenten auf: auf der jüdischen und der griechischen Kultur. Was die jüdische Tradition betrifft, deren Fundamente im Alten Testament gelegt wurden, so spiegelt sie eine relativ reine Form einer patriarchalischen Kultur, die sich auf die Macht des Vaters in der Familie, auf die des Priesters und des Königs in der Gesellschaft und auf die des väterlichen Gottes im Himmel aufbaut. Trotz dieses extremen Patriarchats kann man immer noch die alten matriarchalischen Elemente erkennen, wie sie in den erd- und naturgebundenen (tellurischen) Religionen vorhanden waren, die während des zweiten Jahrtausends v. Chr. von den rationalen, patriarchalischen Religionen verdrängt wurden.

In der biblischen Schöpfungsgeschichte finden wir den Menschen noch in einer urtümlichen Einheit mit dem Boden. Noch braucht er nicht zu arbeiten, noch besitzt er kein Bewußtsein seiner selbst. Die

[9] Während der Durchsicht des Manuskripts finde ich in A. Weber, 1953, S. 9f., ein Schema der historischen Entwicklung, das mit meinem eine gewisse Ähnlichkeit hat. Alfred Weber nimmt eine »chthonische Periode« von 4000 bis 1200 v. Chr. an, die durch die Bindung von Ackerbau treibenden Völkern an den Boden gekennzeichnet war.

[10] Bei dieser unorthodoxen Datierung schließe ich mich L. Séjournée, 1954, und ihren persönlichen Mitteilungen an.

Frau ist die klügere, aktivere und mutigere von beiden, und erst nach dem »Sündenfall« verkündet der patriarchalische Gott den Grundsatz, daß der Mann über die Frau herrschen solle. Das gesamte Alte Testament ist die Entfaltung des patriarchalischen Prinzips durch die Errichtung eines hierarchischen theokratischen Staates und durch eine strenge patriarchalische Familienorganisation. In der Familienstruktur, wie sie im Alten Testament beschrieben wird, finden wir stets die Gestalt des *Lieblingssohnes:* Abel im Gegensatz zu Kain, Jakob im Gegensatz zu Esau, Joseph im Gegensatz zu seinen Brüdern, und in einem weiteren Sinn ist auch das Volk Israel der Lieblingssohn Gottes. Anstelle der Ebenbürtigkeit aller Kinder in den Augen ihrer Mutter finden wir hier den Lieblingssohn, der dem Vater am ähnlichsten ist und den dieser als seinen Nachfolger und Erben seines Besitzes am meisten liebt. Im Kampf um die Stellung des Lieblingssohnes und damit um das Erbe werden die Brüder zu Feinden, die Ebenbürtigkeit macht der Hierachie Platz.

Das Alte Testament gebietet nicht nur ein strenges Inzest-Tabu, es verbietet auch die Bindung an den Boden. Nach der Schilderung der Bibel beginnt die *Menschheitsgeschichte* mit der Austreibung des Menschen aus dem Paradies, von dem Boden, in dem er verwurzelt war und mit dem er sich eins gefühlt hatte. Die *jüdische* Geschichte beginnt mit der Beschreibung, wie Abraham das Gebot erhält, das Land, in dem er geboren wurde, zu verlassen: »Zieh weg aus deinem Land, aus deiner Heimat und aus deinem Vaterhaus in das Land, das ich dir zeigen werde!« (Gen 12,1.) Von Palästina wandert der Stamm nach Ägypten; von dort kehrt er wieder nach Palästina zurück. Aber auch die neue Seßhaftwerdung ist noch nicht die endgültige. Die Lehren der Propheten richten sich gegen die neue inzestuöse Bindung an Boden und Natur, wie sie sich im kanaanitischen Götzendienst zeigt. Sie verkünden, daß ein Volk, das von den Grundsätzen der Vernunft und Gerechtigkeit zu der inzestuösen Bindung an den Boden regrediert sei, von diesem Boden vertrieben werde und heimatlos und ohne eigene Scholle in der Welt umherwandern müsse, bis es die Grundsätze der Vernunft voll entwickelt und die inzestuöse Bindung an Boden und Natur überwunden habe. Erst dann werde das Volk in seine Heimat zurückkehren können, erst dann werde der Heimatboden ein Segen sein, eine *menschliche* Heimat, die frei sein werde vom Fluch des Inzests. Die Vorstellung von der Messianischen Zeit bedeutet den vollständigen Sieg über alle inzestuösen Bindungen und die endgültige Errichtung eines geistigen Reichs des moralischen und intellektuellen Gewissens, nicht nur unter den Juden, sondern unter allen Völkern der Erde. Die Krönung und das Zentrum der patriarchalischen Entwicklung des Alten Testaments ist natürlich die Gottesvorstellung. Dieser Gott repräsentiert das einigende Prinzip hinter der Mannigfaltigkeit der Erscheinungen. Der Mensch wird als Ebenbild Gottes geschaffen; daher sind alle Menschen gleich – gleich in bezug auf ihre gemeinsamen geistigen Eigenschaften, ihre Vernunft und ihre Fähigkeit zur Nächstenliebe.

Das frühe Christentum stellt eine Weiterentwicklung dieses Geistes dar, nicht so sehr, weil es den Nachdruck auf die Idee der Liebe legt, die wir in vielen Teilen des Alten Testaments bereits vorfinden, sondern weil es den übernationalen Charakter der Religion hervorhebt. So wie die Propheten die Existenzberechtigung ihres eigenen Staates in Frage stellten, weil er den Gewissensforderungen nicht entsprach, so stellten die frühen Christen die moralische Existenzberechtigung des Römischen Reiches in Frage, weil es die Prinzipien der Liebe und Gerechtigkeit verletzte.

Die jüdisch-christliche Tradition betonte den *moralischen* Aspekt des patriarchalischen Geistes. Das griechische Denken dagegen fand seinen schöpferischen Ausdruck in dessen *intellektuellem* Aspekt. In Griechenland wie in Palästina finden wir eine patriarchalische Welt, die in gesellschaftlicher wie auch in religiöser Hinsicht siegreich aus einer früheren matriarchalischen Struktur hervorgegangen war. Genauso wie Eva nicht von einer Frau geboren, sondern aus Adams Rippe gemacht wurde, so war auch Athene nicht das Kind einer Frau, sondern dem Haupte des Zeus entsprungen. Wie Bachofen gezeigt hat, sind Überreste einer älteren matriarchalischen Welt noch in den Gestalten der Göttinnen zu finden, die der patriarchalischen Götterwelt des Olymp untergeordnet sind. Die Griechen legten das Fundament für die intellektuelle Entwicklung der westlichen Welt. Sie legten die »ersten Prinzipien« des wissenschaftlichen Denkens fest, sie waren die ersten, die eine »Theorie« als Grundlage der Naturwissenschaft aufbauten und die eine systematische Philosophie entwickelten, wie sie noch in keiner Kultur zuvor existiert hatte. Sie schufen eine Theorie des Staates und der Gesellschaft, die sich auf ihre Erfahrungen in der griechischen Polis gründete und die in Rom auf der gesellschaftlichen Grundlage eines riesigen geeinten Imperiums weiterentwickelt wurde.

Da das Römische Reich zu einer weiter voranschreitenden gesellschaftlichen und politischen Entfaltung nicht fähig war, kam die Entwicklung etwa im 4. Jahrhundert n. Chr. zum Stillstand, jedoch erst nachdem eine neue mächtige Institution, die Katholische Kirche, aufgebaut worden war. War das frühe Christentum noch eine geistig revolutionäre Bewegung der Armen und Enterbten, die dem bestehenden Staat die moralische Existenzberechtigung absprachen, der Glaube einer Minderheit, die Verfolgung und Tod als Zeugen Gottes auf sich nahm, so wurde nun in unglaublich kurzer Zeit daraus die offizielle Religion des Römischen Staates. Während die gesellschaftliche Struktur des Römischen Reiches langsam zu einer Feudalordnung erstarrte, die in Europa noch tausend Jahre weiterleben sollte, begann sich auch die gesellschaftliche Struktur der katholischen Religion zu wandeln. Die prophetische Haltung, welche die Menschen ermutigt hatte, die weltliche Macht in Frage zu stellen und zu kritisieren, wenn sie die Grundsätze der Liebe und Gerechtigkeit verletzte, verlor an Bedeutung. Die neue Haltung forderte die kritiklose Unterstützung der Macht der Kirche als einer Institution. Psychologisch gewährte man aber den Volksmassen eine derartige Befriedigung, daß sie ihre Abhängigkeit und Armut ergeben hinnahmen und kaum Anstrengungen unternahmen, ihre soziale Lage zu bessern.[11]

Für unseren Gedankengang ist die wichtigste Veränderung die Verschiebung der Betonung, die bisher auf den rein patriarchalischen Elementen lag, auf eine Mischung aus matriarchalischen und patriarchalischen Zügen. Der jüdische Gott des Alten Testaments war ein streng patriarchalischer Gott; im Katholizismus wurde nun die Idee der all-liebenden und all-verzeihenden Mutter wieder eingeführt. Die Katholische Kirche selbst – als all-umfassende Mutter – und die jungfräuliche Muttergottes symbolisieren den mütterlichen Geist der Vergebung und Liebe, während Gottvater das hierarchische Prinzip der Autorität verkörpert, dem sich der Mensch, ohne sich zu beklagen oder sich aufzulehnen, zu unterwerfen hat. Zweifellos war diese Mischung aus väterlichen und mütterlichen Elementen einer der Hauptfaktoren, denen die Kirche ihre große Anziehungskraft und ihren starken Einfluß auf die Menschen verdankte. Die von den patriarchalischen Autoritäten unterdrückten Massen konnten sich an die liebende Mutter wenden, die sie tröstete und für sie eintrat.

Die historische Funktion der Kirche bestand keineswegs nur darin, eine feudale Gesellschaftsordnung aufbauen zu helfen. Ihre wichtigste

[11] Die veränderte gesellschaftliche Rolle und Funktion des Christentums ging mit tiefgreifenden Veränderungen in seinem Geist einher: Die Kirche wurde zu einer hierarchischen Organisation. Die Betonung verschob sich immer mehr von der Erwartung der Wiederkehr Christi und der Errichtung eines neuen Reiches der Liebe und Gerechtigkeit auf die Tatsache seines historischen Auftretens und auf die apostolische Botschaft von der Erlösung des Menschen von der Erbsünde. Im Zusammenhang hiermit stand eine weitere Veränderung. Die ursprüngliche Auffassung von Christus entsprach dem adoptianischen Dogma, welches besagte, Gott habe den Menschen Jesus als seinen Sohn adoptiert, das heißt, daß ein armer, leidender Mensch ein Gott geworden war. In diesem Dogma hatten die revolutionären Hoffnungen und Sehnsüchte der Armen und Niedergetretenen ihren religiösen Ausdruck gefunden. Ein Jahr, nachdem das Christentum zur Staatsreligion des Römischen Reiches erklärt worden war, wurde das Dogma, daß Gott und Jesus miteinander identisch, von gleichem Wesen seien und daß Gott nur im Menschen Fleisch geworden sei, offiziell anerkannt. In dieser neuen Auffassung war die revolutionäre Idee von der Erhebung des Menschen zu einem Gott ersetzt durch Gottes Akt der Liebe, zum Menschen sozusagen herabzusteigen und ihn so von seiner Verderbtheit zu erlösen. (Vgl. E. Fromm, 1930a)

Leistung, an der die Araber und Juden stark beteiligt waren, war die Übermittlung der wesentlichen Elemente jüdischen und griechischen Denkens an die primitive Kultur Europas. Es ist, als ob die Geschichte des Westens etwa tausend Jahre lang stillgestanden hätte, um zu warten, bis Nordeuropa zu Beginn des frühen Mittelalters den gleichen Entwicklungsstand erreicht hatte wie die Mittelmeerwelt. Als das geistige Erbe von Athen und Jerusalem den Völkern Nordeuropas zugänglich gemacht war und sie damit gesättigt waren, begann auch die erstarrte Gesellschaftsstruktur aufzubrechen, und es setzte aufs neue eine explosive gesellschaftliche und geistige Entwicklung ein.

Die katholische Theologie des 13. und 14. Jahrhunderts, die Ideen der italienischen Renaissance – die Entdeckung des Individuums und der Natur, die Ideen des Humanismus, der Naturrechtsgedanke und die Reformation sind die Grundlagen der neuen Entwicklung. Die bedeutendste und nachhaltigste Wirkung auf die Entwicklung in Europa und der ganzen Welt hatte allerdings die Reformation. Protestantismus und Calvinismus kehrten zu dem rein patriarchalischen Geist des Alten Testaments zurück und entfernten das mütterliche Element aus ihren religiösen Vorstellungen. Der Mensch war nicht mehr von der mütterlichen Liebe der Kirche und der Jungfrau umfangen. Er fand sich allein einem ernsten, strengen Gott gegenübergestellt, dessen Gnade er nur durch einen Akt vollkommener Unterwerfung erringen konnte. Die Fürsten und der Staat wurden allmächtig, und ihre Macht war von Gott sanktioniert. Die Befreiung aus der feudalen Knechtschaft führte zu einem verstärkten Gefühl der Isolation und Machtlosigkeit, während sich gleichzeitig der positive Aspekt des väterlichen Prinzips im Wiederaufleben des rationalen Denkens und des Individualismus geltend machte. (Vgl. hierzu die gründliche und bestechende Analyse von M. N. Roy, 1952.)

Die Neubelebung des patriarchalischen Geistes seit dem 16. Jahrhundert besonders in den protestantischen Ländern weist sowohl den *positiven* wie auch den *negativen* Aspekt des Patriarchats auf. Der negative Aspekt manifestierte sich in einer neuerlichen Unterwerfung unter den Staat und die weltliche Macht, und in der ständig wachsenden Bedeutung der von den Menschen geschaffenen Gesetze und der weltlichen Hierarchien. Der positive Aspekt kam im Geist wachsender Rationalität und Objektivität und in der zunehmenden Ausprägung des individuellen und sozialen Gewissens zum Ausdruck. Die Blüte der Naturwissenschaft in unseren Tagen ist eine der eindrucksvollsten Manifestationen des rationalen Denkens, die die menschliche Rasse je zustande gebracht hat. Aber der *matriarchalische Komplex* ist sowohl in seinem positiven wie auch in seinem negativen Aspekt keineswegs von der westlichen Szene verschwunden. Sein positiver Aspekt, die Idee von der Gleichheit aller Menschen, von der Heilig-

Verehrung - obožavanje, poštovanje

keit des Lebens und vom Recht aller auf ihren Anteil an den Früchten der Natur fand seinen Ausdruck in den Ideen des Naturrechts, des Humanismus, der Aufklärungsphilosophie und in den Zielsetzungen des demokratischen Sozialismus. Allen diesen Ideen gemeinsam ist die Vorstellung, daß alle Menschen Kinder der Mutter Erde sind und ein Recht darauf haben, von ihr ernährt zu werden und glücklich zu sein, ohne zuvor dieses Recht durch Leistungen von bestimmtem Rang nachweisen zu müssen. Die Bruderschaft aller Menschen impliziert, daß sie alle die Söhne derselben Mutter sind und daß sie ein unveräußerliches Recht auf Liebe und Glück haben. Aus dieser Vorstellung ist die inzestuöse Bindung an die Mutter ausgemerzt. Durch seine Beherrschung der Natur, wie sie in der industriellen Produktion zum Ausdruck kommt, befreit sich der Mensch von seiner Bindung an Blut und Boden, er humanisiert die Natur und naturalisiert sich selbst.

Aber neben der Entwicklung der positiven Aspekte des matriarchalischen Komplexes besteht in der europäischen Entwicklung auch der negative Aspekt – die Regression auf die Bindung an Blut und Boden – weiter und verstärkt sich sogar noch. Der von den Bindungen des mittelalterlichen Gemeinschaftslebens befreite Mensch fürchtete sich vor der neuen Freiheit, die ihn in ein isoliertes Atom verwandelte, und flüchtete sich in einen neuen Götzendienst an Blut und Boden, zu dessen augenfälligsten Ausdrucksformen Nationalismus und Rassismus gehören. Hand in Hand mit der fortschrittlichen Entwicklung, die eine Mischung des positiven Aspekts sowohl des patriarchalischen wie auch des matriarchalischen Geistes ist, ging die Entwicklung der negativen Aspekte beider Prinzipien: die Verehrung des Staates, die mit der Vergötzung von Rasse oder Nation verquickt wurde. Faschismus, Nazismus und Stalinismus sind die drastischsten Erscheinungen dieser Mischung aus Staats- und Clanverehrung, wobei beide Prinzipien in der Figur eines »Führers« verkörpert sind.

Aber die neuen totalitären Systeme sind keineswegs die einzigen Manifestationen der inzestuösen Bindungen unserer Zeit. Der Zusammenbruch der übernationalen Welt der mittelalterlichen Katholischen Kirche hätte zu einer höheren Form des »Katholizismus« führen können, zu einem humanen Universalismus, der die Sippen- und Clan-Verehrung überwunden hätte, wenn die Entwicklung so weitergegangen wäre, wie es die Absicht der geistigen Führer des humanistischen Denkens seit der Renaissance war. Aber wenn auch Wissenschaft und Technik die Vorbedingungen für eine solche Entwicklung schufen, fiel die westliche Welt in neue Formen der Clan-Verehrung zurück, eben in jene Orientierung, welche die Propheten des Alten Testaments und die frühen Christen auszurotten versucht hatten. Der Nationalismus, der ursprünglich eine progressive Bewegung gewesen war, trat mit seinen Bindungen an die Stelle des Feudalismus und des Absolutismus. Der Durchschnittsmensch von heute erhält sein Identitätsgefühl aus seiner Zugehörigkeit zu einer Nation und nicht aus dem Gefühl, ein »Menschensohn« zu sein. Seine Objektivität, das heißt seine Vernunft, wird durch diese Fixierung verfälscht. Er beurteilt den »Fremden« nach anderen Kriterien als die Mitglieder des eigenen Clans. Auch seine Gefühle dem Fremden gegenüber sind verfälscht. Wer uns nicht durch die Bande von Blut und Boden »vertraut« ist (wie sie in der gemeinsamen Sprache, in gemeinsamen Sitten, gleicher Ernährungsweise, gemeinsamen Liedern und dergleichen zum Ausdruck kommen), wird voller Argwohn angeschaut, und bei der geringsten Provokation kann es zu paranoiden Wahnvorstellungen kommen. Diese inzestuöse Fixierung vergiftet nicht nur die Beziehung des einzelnen zum Fremden, sondern auch die zu den Mitgliedern des eigenen Clans und zu sich selbst. Wer sich nicht aus den Bindungen an Blut und Boden gelöst hat, ist als menschliches Wesen noch nicht ganz geboren; seine Fähigkeit zur Liebe und Vernunft ist verkrüppelt; er erlebt weder sich selbst noch den Mitmenschen in seiner vollen menschlichen Realität.

Der Nationalismus ist unsere Form des Inzests, unser Götzendienst und unser Irrsinn. Sein Kult ist der »Patriotismus«. Ich brauche kaum hinzuzufügen, daß ich unter »Patriotismus« jene Haltung verstehe, die die eigene Nation über die Menschheit stellt, über die Prinzipien von Wahrheit und Gerechtigkeit. Ich meine nicht das liebevolle Interesse am eigenen Volk, das dessen geistiger und materieller Wohlfahrt gilt und das nie nach der Macht über andere Völker strebt. Genauso wie die Liebe zu einem bestimmten Menschen, welche die Liebe zu anderen ausschließt, keine Liebe ist, so ist auch die Liebe zum eigenen Land, die die Liebe zur ganzen Menschheit nicht einschließt, keine Liebe, sondern Götzendienst. (Zum Problem des Nationalismus vgl. R. Rocker, 1937.)

Daß das nationalistische Gefühl den Charakter des Götzendienstes hat, kann man an der Reaktion erkennen, den eine Verletzung von Clan-Symbolen nach sich zieht und die sich wesentlich von der Reaktion auf die Verletzung religiöser oder moralischer Symbole unterscheidet. Stellen wir uns einen Menschen vor, der in einer der Städte unserer westlichen Welt die Flagge seines Landes mit auf die Straße nimmt und vor den Augen anderer darauf herumtrampelt. Er hat Glück, wenn er nicht gelyncht wird. Fast jeder wäre derart empört darüber, daß er kaum noch zu einem objektiven Gedanken fähig wäre. Der Mann, der die Flagge entweihte, hätte etwas Unaussprechliches begangen: Er hätte sich nicht *eines* Verbrechens unter anderen schuldig gemacht, sondern *des* Verbrechens, das nicht vergeben und verziehen werden kann. Nicht ganz so drastisch, aber der Art nach gleich wäre die Reaktion auf einen Menschen, der sagte: »Ich liebe mein

Vaterland nicht«, oder im Kriegsfall: »Es ist mir gleich, ob mein Land gewinnt oder nicht.« Eine solche Äußerung ist ein echtes Sakrileg, und wer so etwas sagt, ist im Gefühl seiner Mitmenschen ein Ungeheuer und ein Gächteter.

Um die besondere Qualität der auf diese Weise erregten Gefühle zu verstehen, wollen wir diese Reaktion einmal mit der vergleichen, zu der es käme, wenn einer aufstünde und sagte: »Ich bin dafür, daß man alle Neger oder alle Juden umbringt. Ich bin dafür, daß wir einen Krieg anfangen, um neue Gebiete zu erobern.« Die meisten würden das zwar unmoralisch und unmenschlich finden. Der springende Punkt ist aber, daß es nicht zu dem besonderen Gefühl einer unkontrollierbaren, tiefsitzenden Empörung und Wut käme. Eine solche Einstellung ist zwar »schlecht«, aber sie ist kein Sakrileg, sie stellt keinen Angriff auf »das Heilige« dar. Selbst wenn jemand sich verächtlich über Gott äußerte, würde er damit kaum das gleiche Gefühl der Empörung hervorrufen, wie wenn er *das* Verbrechen, das Sakrileg beginge, welches eine Verletzung der Symbole der Nation ist. Es fällt nicht schwer, diese Reaktion auf eine Verletzung der nationalen Symbole verstandesmäßig damit zu erklären, daß ein Mensch, der sein eigenes Land nicht respektiert, damit einen Mangel an menschlicher Solidarität und an sozialem Gefühl bekundet. Aber gilt das nicht auch für den, der für einen Krieg eintritt, oder dafür, daß man unschuldige Menschen umbringt, oder für den, der andere zu seinem eigenen Vorteil ausbeutet? Zweifellos kommt in der Gleichgültigkeit gegen das eigene Land ein Mangel an sozialem Verantwortungsgefühl und an menschlicher Solidarität genauso zum Ausdruck wie in den übrigen in diesem Zusammenhang erwähnten Handlungen, aber die Reaktion auf die Schändung der Flagge unterscheidet sich grundsätzlich von der Reaktion auf die Bekundung eines mangelnden sozialen Verantwortungsgefühls in irgendeiner anderen Beziehung. Die Flagge ist als einziges Symbol »heilig«, sie ist ein Symbol der Clan-Verehrung; die anderen Symbole sind es nicht.

Nachdem es den großen europäischen Revolutionen des 17. und 18. Jahrhunderts nicht gelungen war, die »Freiheit von« in eine »Freiheit zu« umzuwandeln, wurden der Nationalismus und die Verehrung des Staates zu den Symptomen einer Regression auf die inzestuöse Fixierung. Erst wenn es dem Menschen gelingt, seine Vernunft und seine Liebe weiter zu entwickeln, als es bisher gelungen ist, erst wenn er eine Welt aufbauen kann, die sich auf menschliche Solidarität und Gerechtigkeit gründet, erst wenn er sich im Erlebnis einer universalen Menschenliebe verwurzelt fühlt, wird er zu einer neuen Form menschlicher Verwurzelung hingefunden haben, wird er seine Welt in eine wahrhaft menschliche Heimat verwandelt haben.

4. Identitätserleben durch Individualität oder Herdenkonformität

Man kann den Menschen als das Lebewesen definieren, das »ich« sagen kann, das sich seiner selbst als einer eigenständigen Größe bewußt werden kann. Da das Tier innerhalb der Natur steht und sie nicht transzendiert, ist es sich seiner selbst nicht bewußt und hat kein Bedürfnis nach Identitätserleben. Da der Mensch aus der Natur herausgerissen ist, da er mit Vernunft und Vorstellungsvermögen begabt ist, muß er sich eine Vorstellung von sich selber bilden, muß er sagen und fühlen können: »Ich bin ich.« Weil er nicht *gelebt wird,* sondern *lebt,* weil er die ursprüngliche Einheit mit der Natur verloren hat, weil er daher Entscheidungen treffen, sich seiner selbst und seiner Mitmenschen als unterschiedlicher Personen bewußt sein muß, muß er in der Lage sein, sich als das Subjekt seines Handelns zu empfinden. Genau wie sein Bedürfnis nach Bezogenheit, nach Verwurzelung und Transzendenz ist auch dieses Bedürfnis nach Identitätserleben so lebenswichtig und gebieterisch, daß der Mensch nicht gesund bleiben könnte, wenn er nicht irgendeine Möglichkeit fände, es zu befriedigen. Das Identitätsgefühl des Menschen entwickelt sich in dem Prozeß, in dem er sich aus den »primären Bindungen« löst, die ihn an die Mutter und die Natur binden. Das Kind, das sich mit der Mutter noch eins fühlt, kann noch nicht »ich« sagen und hat auch noch nicht das Bedürfnis danach. Erst wenn es die Außenwelt als etwas Getrenntes und von sich Unterschiedenes begriffen hat, gelangt es auch zu einem Bewußtsein seiner selbst als eines separaten Wesens, und »ich« ist eines der letzten Worte, die es gebrauchen lernt, wenn es von sich selbst spricht.

In der Entwicklung *der menschlichen Rasse* hängt der Grad, in dem der Mensch sich seiner selbst als eines gesonderten Wesens bewußt ist, davon ab, bis zu welchem Ausmaß er sich vom Clan gelöst hat und wieweit der Individuationsprozeß fortgeschritten ist. Das Mitglied eines primitiven Clans wird sein Identitätsgefühl in der Formel ausdrücken: »Ich bin wir«. Ein solcher Mensch kann sich selbst noch nicht als »Individuum« begreifen, das außerhalb der Gruppe existiert. In der mittelalterlichen Welt wurde der einzelne mit seiner gesellschaftlichen Rolle in der feudalen Hierarchie identifiziert. Der Bauer war kein Mensch, der zufällig ein Bauer war, der Feudalherr war nicht ein Mensch, der zufällig ein Feudalherr war. *Er* war ein Bauer oder ein Feudalherr, und dieses Gefühl seines unveränderlichen Standes war ein wesentlicher Bestandteil seines Identitätserlebens. Als dann das Feudalsystem zusammenbrach, kam es zu einer Erschütterung dieses Identitätsgefühls, und es erhob sich die akute Frage: »Wer bin ich?« – oder genauer gesagt: »Woher weiß ich, daß ich ich bin?« Es ist dies die Frage, die sich Descartes in philosophischer Form gestellt hat. Er hat die Frage nach seiner Identität damit beantwortet, daß er sagte: »Ich zweifle – deshalb denke ich, ich denke – deshalb bin ich.« Die Antwort legt den Nachdruck allein auf die Erfahrung des »Ich« als dem Subjekt einer jeden *Denktätigkeit* und sieht nicht, daß man sein »Ich« auch im Prozeß des Fühlens und der schöpferischen Tätigkeit erlebt.

Die westliche Kultur entwickelte sich so, daß sie die Grundlage für eine volle Erfahrung der Individualität schuf. Durch die politische und wirtschaftliche Befreiung des Individuums, durch seine Erziehung zu selbständigem Denken und seine Befreiung von jedem autoritären Druck hoffte man jeden einzelnen in die Lage zu versetzen, sich in dem Sinn als »Ich« zu fühlen, daß er der Mittelpunkt und das tätige Subjekt seiner Kräfte war und sich auch so fühlte. Aber nur eine Minderheit gelangte zu dieser neuen Erfahrung des »Ich«. Für die meisten war der Individualismus nicht viel mehr als eine Fassade, hinter der man verbarg, daß es einem nicht gelungen war, zu einem individuellen Identitätserleben zu gelangen.

Es wurden mancherlei Ersatzlösungen für ein echtes individuelles Identitätserleben gesucht und auch gefunden. Nation, Religion, Klasse und Beruf dienen als Lieferanten dieses Identitätsgefühls. »Ich bin Amerikaner«, »ich bin Protestant«, »ich bin Geschäftsmann«, das sind die Formeln, die zu einem Identitätsgefühl verhelfen, nachdem die ursprüngliche Clan-Identität verlorenging und bevor man sich ein echtes individuelles Identitätsgefühl erworben hat. In unserer heutigen Gesellschaft werden diese verschiedenen Identifikationen gewöhnlich gemeinsam verwendet. Es handelt sich dabei in einem weiten Sinn um Statusidentifikationen, und sie sind wirksamer, wenn sie – wie in den europäischen Ländern – mit Überresten aus der Feudalzeit verquickt werden. In den Vereinigten Staaten, wo es nur noch so wenig feudale Überbleibsel gibt und wo eine starke Mobilität herrscht, sind diese Statusidentifikationen natürlich nicht so wirksam, und das Identitätserleben verschiebt sich mehr und mehr in Richtung auf ein Konformitätserleben.

Insofern ich nicht von der Norm abweiche, insofern ich genauso bin wie die anderen und ich von ihnen als »einer wie wir« anerkannt werde, kann ich mich als »Ich« fühlen. Ich bin »Einer, Keiner, Hunderttausend«, entsprechend dem Titel, den Pirandello einem seiner Stücke gegeben hat. Anstelle der vor-individualistischen Clan-Identität entwickelt sich eine neue Herden-Identität, in welcher das Identitätserleben auf dem Gefühl beruht, unbezweifelbar zur Herde zu gehören. Daß diese Uniformität und Konformität oft nicht als solche erkannt und durch die Illusion der Individualität verdeckt wird, ändert nichts an den Tatsachen.

Das Problem des Identitätserlebens ist nicht, wie meist angenommen wird, ein rein philosophisches Problem oder ein Problem, das nur unseren Geist und unser Denken betrifft. Das Bedürfnis nach einem gefühlsmäßigen Erleben von Identität entstammt den Bedingungen der menschlichen Existenz selbst und ist der Ursprung unseres intensivsten Strebens. Da ich ohne ein »Ich-Gefühl« nicht geistig und seelisch gesund bleiben kann, treibt es mich, alles zu versuchen, um mir dieses Gefühl zu verschaffen. Hinter dem leidenschaftlichen Streben nach Status und Konformität steckt eben dieses Bedürfnis, und es ist manchmal sogar noch stärker als das Bedürfnis nach körperlichem Überleben. Was könnte das deutlicher beweisen, als daß die Menschen bereit sind, ihr Leben aufs Spiel zu setzen, ihre Liebe zu opfern, ihre Freiheit aufzugeben, auf eigenes Denken zu verzichten, nur um zur Herde zu gehören, mit ihr konform zu gehen und sich auf diese Weise ein Identitätsgefühl zu erwerben, auch wenn es nur ein illusorisches ist.

5. *Suche nach einem Rahmen der Orientierung und nach einem Objekt der Hingabe durch Vernunft oder durch Irrationalität*

Die Tatsache, daß der Mensch Vernunft und Vorstellungsvermögen besitzt, führt nicht nur dazu, daß er ein Gefühl seiner eigenen Identität braucht, er muß sich auch geistig und gefühlsmäßig in der Welt orientieren. Man kann dieses Bedürfnis mit dem körperlichen Orientierungsprozeß vergleichen, den das Kind in seinen ersten Lebensjahren durchmacht und der abgeschlossen ist, wenn das Kind selbständig laufen, wenn es die Dinge anfassen und mit ihnen umgehen kann und über sie Bescheid weiß. Aber wenn das Kind laufen und sprechen kann, hat es damit erst den ersten Schritt in Richtung auf eine Orientierung getan. Der Mensch findet sich von vielen rätselhaften Erscheinungen umgeben, und da er mit Vernunft begabt ist, muß er sie irgendwie einordnen, muß er sie in einen Zusammenhang bringen, den er begreifen kann und der es ihm ermöglicht, sich in seinen Gedanken damit zu befassen. Je weiter sich seine Vernunft entwickelt, um so angemessener wird sein Orientierungssystem, das heißt um so näher kommt es der Realität. Aber selbst wenn der Orientierungssinn eines Menschen völlig illusorisch ist, so befriedigt er doch sein Bedürfnis, sich ein Bild zu machen, das für ihn einen Sinn hat. Ob er an die Macht eines Totemtiers, an einen Regengott oder an die Überlegenheit und schicksalhafte Bestimmung seiner Rasse glaubt, sein Bedürfnis nach einem Orientierungsrahmen ist damit befriedigt. Natürlich hängt sein Weltbild vom Entwicklungsstand seiner Vernunft und seines Wissens ab. Wenn biologisch auch das Volumen des menschlichen Gehirns seit Tausenden von Generationen gleich geblieben ist, so bedurfte es doch eines langen Evolutionsprozesses, um zur *Objektivität* zu gelangen, das heißt zur Fähigkeit, die Welt, die Natur, andere Menschen und sich selbst so zu sehen, wie sie sind, und nicht entstellt durch Wünsche und Ängste. Je mehr der Mensch diese Objektivität entwickelt, je mehr er mit der Wirklichkeit in Kontakt kommt, um so reifer wird er, um so besser kann er eine humane Welt schaffen, in der er zu Hause ist. Die Vernunft ist die Fähigkeit des Menschen, die Welt gedanklich *zu begreifen,* im Gegensatz zur Intelligenz, worunter die Fähigkeit zu verstehen ist, die Welt mit Hilfe des Verstandes zu *manipulieren.* Die Vernunft ist das Instrument, mit dessen Hilfe der Mensch zur Wahrheit gelangt, die Intelligenz ist das Instrument, das ihm hilft, die Welt erfolgreicher zu manipulieren; erstere ist ihrem Wesen nach menschlich; letztere gehört zum animalischen Teil des Menschen.

Die Vernunft ist eine Fähigkeit, die man üben muß, um sie zu entwickeln, und sie ist unteilbar. Ich möchte damit sagen, daß die Fähigkeit zur Objektivität sich sowohl auf die Kenntnis der Natur, wie auch auf die Kenntnis des Menschen, der Gesellschaft und der eigenen Person bezieht. Wenn wir uns Illusionen in einem bestimmten Lebensbereich machen, so ist hierdurch unsere Fähigkeit zu vernünftigem Denken beschränkt und beeinträchtigt, und wir sind auch auf allen übrigen Gebieten im Gebrauch unserer Vernunft behindert. In dieser Hinsicht ist es mit der Vernunft wie mit der Liebe. Genauso wie die Liebe eine Orientierung ist, die sich auf alle Objekte bezieht und nicht auf ein bestimmtes Objekt beschränkt werden kann, so ist auch die Vernunft eine menschliche Fähigkeit, welche die gesamte Welt umfassen muß, der sich der Mensch gegenübergestellt sieht.

Das Bedürfnis nach einem Rahmen der Orientierung besteht auf zwei Ebenen. Das erste und grundlegendere Bedürfnis ist, überhaupt irgendeinen Orientierungsrahmen zu besitzen, gleichgültig, ob er richtig oder falsch ist. Wenn der Mensch keinen solchen subjektiv befriedigenden Orientierungsrahmen besitzt, kann er nicht in seelischer Gesundheit leben. Auf der zweiten Ebene besteht das Bedürfnis, mit Hilfe seiner Vernunft mit der Realität in Kontakt zu kommen, die Welt objektiv zu begreifen. Aber die Notwendigkeit, seine Vernunft zu entwickeln, ist nicht so unmittelbar gefordert wie die, sich überhaupt einen Rahmen der Orientierung zu verschaffen. Denn hierbei geht es um die seelische Gesundheit überhaupt, während die Entwicklung der Vernunft über Glück und Gelassenheit des Menschen entscheidet. Das erkennen wir deutlich, wenn wir die Funktion der *Rationalisierung* untersuchen. Wie unvernünftig oder unmoralisch eine Handlungsweise auch immer sein mag, der Mensch hat ein unüberwindliches Bedürfnis, sie zu rationalisieren, das heißt sich selbst und anderen zu beweisen, daß sie von der Vernunft, vom gesunden Menschenverstand oder wenigstens von der herkömmlichen Moral bestimmt war. Es fällt ihm nicht schwer, unvernünftig zu handeln, aber es ist ihm fast unmöglich, seiner Handlungsweise den Anschein einer vernünftigen Motivation zu versagen.

Wäre der Mensch nur ein körperloser Intellekt, so hätte er sein Ziel erreicht, wenn er über ein umfassendes Denksystem verfügte. Aber da er eine Einheit von Körper und Geist ist, muß er auf die Dichotomie seiner Existenz nicht nur denkend, sondern mit seinem gesamten Lebensprozeß, mit seinem Fühlen und Handeln reagieren. Daher enthält jedes befriedigende Orientierungssystem nicht nur intellektuelle Elemente, sondern auch solche des Fühlens und der sinnlichen Wahrnehmung, die in der Beziehung zu einem Objekt der Hingabe zum Ausdruck kommen.

Die Antworten auf das Bedürfnis des Menschen nach einem Rahmen der Orientierung und einem Objekt der Hingabe unterscheiden sich weitgehend nach Inhalt und Form. Es gibt primitive Systeme wie den Animismus und den Totemismus, in denen Gegenstände der Natur oder die Ahnen die Antwort auf der Suche nach Sinn sind. Es gibt nicht-theistische Systeme wie den Buddhismus, die man gewöhnlich als Religion bezeichnet, obwohl sie in ihrer ursprünglichen Form keine Gottesvorstellung enthielten. Es gibt rein philosophische Systeme wie die Stoa, und es gibt monotheistische religiöse Systeme, die dem Menschen auf seiner Suche nach Sinn mit der Vorstellung eines Gottes antworten.

Aber wie verschieden diese Antworten in bezug auf ihren Inhalt auch sein mögen, sie alle entsprechen dem Bedürfnis des Menschen, nicht nur irgendein Denksystem zu besitzen, sondern auch ein Objekt für seine Hingabe zu finden, das seinem Leben und seiner Stellung in der Welt Sinn verleiht. Nur die Analyse der verschiedenen Formen der Religion kann zeigen, welche Antworten die besseren und welche die schlechteren Lösungen für die Suche nach Sinngebung und Hingabe sind – »besser« oder »schlechter« immer im Hinblick auf die Natur und die Entwicklung des Menschen gesehen. (Eine ausführliche Behandlung des Problems findet sich in E. Fromm, 1950a. Auf das Bedürfnis nach einem Rahmen der Orientierung und nach einem Objekt der Hingabe komme ich im achten Kapitel dieses Buches noch einmal zurück.)

4 Seelische Gesundheit und Gesellschaft

Unsere Vorstellung von seelischer Gesundheit hängt von unserer Vorstellung von der Natur des Menschen ab. Im vorigen Kapitel habe ich zu zeigen versucht, daß die Bedürfnisse und Leidenschaften des Menschen aus den besonderen Bedingungen seiner Existenz stammen. Diejenigen Bedürfnisse, die er mit dem Tier gemeinsam hat – Hunger, Durst und das Bedürfnis nach Schlaf und sexueller Befriedigung – sind deshalb wichtig, weil sie im chemischen Haushalt seines Körpers wurzeln und übermächtig werden können, wenn sie unbefriedigt bleiben. (Dies gilt natürlich mehr für das Bedürfnis nach Nahrung und Schlaf als für den Geschlechtstrieb, der auch dann, wenn er nicht befriedigt wird, nie so gebieterisch wird wie die anderen Bedürfnisse, wenigstens nicht aus physiologischen Gründen.) Aber selbst die volle Befriedigung dieser Bedürfnisse gewährleistet noch nicht die geistige und seelische Gesundheit. Diese hängt von der Befriedigung jener Bedürfnisse und Leidenschaften ab, die spezifisch menschlich sind und den Bedingungen der menschlichen Situation entstammen: des Bedürfnisses nach Bezogenheit, nach Transzendenz, nach Verwurzelung, nach Identitätserleben und nach einem Rahmen der Orientierung und einem Objekt der Hingabe.

Die großen Leidenschaften des Menschen, sein Machthunger, seine Eitelkeit, sein Wahrheitsdrang, sein leidenschaftliches Sehnen nach Liebe und Brüderlichkeit, seine Destruktivität wie auch seine Kreativität, jedes mächtige Verlangen, das das Tun des Menschen motiviert, hat diesen spezifisch menschlichen Ursprung und wurzelt nicht – wie Freud annimmt – in den verschiedenen Stadien der Libido.

Psychologisch gesehen ist die Lösung, die der Mensch für seine physiologischen Bedürfnisse gefunden hat, höchst einfach; es gibt hier nur gesellschaftliche und wirtschaftliche Schwierigkeiten. Dagegen ist es äußerst kompliziert, eine Lösung für seine menschlichen Bedürfnisse zu finden. Es hängt von vielen Faktoren und nicht zuletzt von der Art ab, wie seine Gesellschaft organisiert ist, und davon, welchen Einfluß diese Organisation auf die menschlichen Beziehungen hat, die in ihr bestehen.

Die psychischen Grundbedürfnisse, die den Besonderheiten der menschlichen Existenz entstammen, müssen in der einen oder anderen Form befriedigt werden, wenn der Mensch nicht psychisch krank werden soll, genauso wie seine physiologischen Bedürfnisse befriedigt werden müssen, wenn er am Leben bleiben soll. Aber die psychischen Bedürfnisse können *auf vielfältige Art* befriedigt werden, und die verschiedenen Arten der Befriedigung unterscheiden sich voneinander, je nach dem Grad der seelischen Gesundheit. Wenn eines der Grundbedürfnisse unerfüllt bleibt, ist die Folge eine Geisteskrankheit [Psychose]. Wenn es nur auf eine für die menschliche Natur unbefriedigende Weise erfüllt wird, so hat das eine Neurose zur Folge (entweder in manifester Form oder in Form eines gesellschaftlich vorgeprägten Defekts). Der Mensch muß auf andere Menschen bezogen sein. Ist er dies jedoch auf eine symbiotische oder entfremdete Weise, so verliert er seine Unabhängigkeit und Integrität. Er ist dann schwach, er leidet und wird feindselig und apathisch. Nur wenn er liebend mit anderen in Beziehung treten kann, fühlt er sich eins mit ihnen und bewahrt sich gleichzeitig seine Integrität. Mit der Natur tritt er nur durch produktive Arbeit in Beziehung, nur so wird er eins mit ihr und geht trotzdem nicht in ihr unter. Solange der Mensch inzestuös an die Natur, an die Mutter oder an die Sippe beziehungsweise den Clan gebunden bleibt, ist die Entwicklung seiner Individualität und seiner Vernunft blockiert. Er bleibt dann die hilflose Beute der Natur und kann sich trotzdem niemals eins mit ihr fühlen. Nur wenn er seine Vernunft und seine Liebe entwickelt, nur wenn er die natürliche und die gesellschaftliche Welt auf menschliche Weise erfahren kann, kann er sich auch in sich selbst zu Hause und sicher und als Herr seines Lebens fühlen. Es erübrigt sich fast, darauf hinzuweisen, daß von den beiden möglichen Formen der Transzendenz die Destruktivität zum Leiden und die Kreativität zum Glück führt. Es ist auch leicht einzusehen, daß nur ein in der Erfahrung der eigenen Kräfte gründendes Identitätserleben den Menschen stark macht, während alle Formen des Identitätsgefühls, die auf der Gruppe basieren, den Menschen abhängig und daher schwach bleiben lassen. Schließlich kann er ja nur in dem Maß, wie er die Realität wirklich erfaßt, die Welt *zu seiner eigenen* machen. Solange er in Illusionen lebt, wird er niemals die Bedingungen ändern, die diese Illusionen notwendig machen.

Zusammenfassend kann man sagen, daß sich der Begriff »seelische Gesundheit« aus den Bedingungen der menschlichen Existenz selbst ergibt und daß er für alle Menschen gilt, unabhängig von allen Zeiten und Kulturen. *Seelische Gesundheit ist gekennzeichnet durch die Fähigkeit zu lieben und etwas zu schaffen, durch die Loslösung von den inzestuösen Bindungen an Clan und Boden, durch ein Identitätserleben, das sich auf die Erfahrung seiner selbst als dem Subjekt und dem Urheber der eigenen Kräfte gründet, durch das Begreifen der Realität innerhalb und außerhalb von uns selbst, das heißt durch die Entwicklung von Objektivität und Vernunft.*

Diese Auffassung von seelischer Gesundheit stimmt im wesentlichen mit den von den großen geistigen Lehrern der Menschheit geforderten Normen überein. In dieser Übereinstimmung sehen einige unserer modernen Psychologen den Beweis dafür, daß unsere psychologischen Prämissen nicht »wissenschaftlich«, sondern philosophische oder religiöse »Ideale« sind. Es fällt ihnen offensichtlich schwer, den Schluß zu ziehen, daß sich die großen Lehrer aller Kulturen auf die rationale Einsicht in die Natur des Menschen und in die Bedingungen für seine volle Entwicklung gründen. Und doch spricht für diese Schlußfolgerung, daß an den verschiedensten Orten unseres Erdballs und in den verschiedensten geschichtlichen Epochen die »Erwachten« die gleichen Normen verkündet haben und dabei kaum oder überhaupt nicht voneinander beeinflußt waren. Echnaton, Moses, Konfuzius, Lao-tse, Buddha, Jesaja, Sokrates und Jesus haben mit nur geringen und unwesentlichen Unterschieden dieselben Normen für das menschliche Leben verkündet.

Es gibt eine spezielle Schwierigkeit, mit der viele Psychiater und Psychologen erst fertigwerden müssen, bevor sie die Ideen der *humanistischen Psychoanalyse* akzeptieren können. Ihr Denken geht immer noch von den philosophischen Prämissen des Materialismus des 19. Jahrhunderts aus, der annahm, daß alle wesentlichen psychischen Phänomene in entsprechenden *physiologischen* somatischen Prozessen verwurzelt seien (oder durch sie verursacht würden). So glaubte Freud, dessen philosophische Grundorientierung von dieser Art von Materialismus geformt worden war, dieses physiologische Substrat der menschlichen Leidenschaft in der Libido gefunden zu haben. In der hier dargelegten Theorie gibt es für das Bedürfnis nach Bezogenheit, nach Transzendenz und so weiter kein entsprechendes *physiologisches* Substrat. Das Substrat ist kein physisches, sondern es ist die menschliche Gesamtpersönlichkeit in ihrer Interaktion mit der Welt, mit Natur und Mensch; *es ist die menschliche Lebenspraxis, wie sie sich aus den Bedingungen der menschlichen Existenz ergibt.* Unsere philosophische Prämisse ist nicht die des Materialismus des 19. Jahrhunderts, sondern eine solche, die das Tun des Menschen und seine Interaktion mit seinen Mitmenschen und mit der Natur für die grundlegende empirische Gegebenheit bei der Erforschung des Menschen hält.

Bei der Betrachtung der menschlichen Evolution führt unser Begriff der seelischen Gesundheit zu einer theoretischen Schwierigkeit. Es besteht Grund zur Annahme, daß die Geschichte der Menschheit vor Hunderttausenden von Jahren mit einer wirklich »primitiven« Kultur begonnen hat, in der die Vernunft des Menschen noch nicht über die rudimentärsten Anfänge hinausgekommen war und sein Orientierungsrahmen noch wenig mit der Realität und Wahrheit zu tun hatte. Sollen wir dann von diesem primitiven Menschen sagen, er sei seelisch nicht gesund gewesen, nur weil ihm noch die Eigenschaften fehlten, die ihm allein eine weitere Evolution geben konnte? Es gibt eine Antwort auf die Frage, die eine einfache Lösung aufzeigt. Sie besteht in dem Hinweis auf die offensichtliche Analogie zwischen der Evolution der menschlichen Rasse und der Evolution des Individuums. Wenn ein Erwachsener das Verhalten und die Art der Orientierung eines Kleinkindes von einem Monat aufwiese, so würden wir ihn bestimmt für schwer krank, vermutlich für schizophren halten. Für das einen Monat alte Baby dagegen ist das gleiche Verhalten normal und gesund, weil es seiner psychischen Entwicklungsstufe entspricht. Die seelische Erkrankung des Erwachsenen kann man demnach, wie Freud gezeigt hat, als Fixierung oder als eine Regression auf eine Orientierung bezeichnen, die zu einem früheren Entwicklungsstadium gehört und die nicht dem Entwicklungsstand entspricht, den der Betreffende inzwischen erreicht haben sollte. Ebenso könnte man sagen, daß die menschliche Rasse genau wie das Kleinkind mit einer primitiven Orientierung beginnt, und man würde dann alle Formen der menschlichen Orientierung als gesund bezeichnen, die dem entsprechenden Stadium der menschlichen Entwicklung angemessen sind. Man würde dann jene »Fixierungen« oder »Regressionen« als krankhaft bezeichnen, welche frühere Entwicklungsstadien repräsentieren, die die menschliche Rasse bereits hinter sich hat. So einleuchtend eine solche Lösung sein mag, übersieht sie doch eine Tatsache: Das einen Monat alte Kind besitzt noch nicht die organische Basis für ein reifes Verhalten. Es könnte unter keinen Umständen so denken, fühlen oder handeln wie ein reifer Erwachsener. Dagegen besitzt der Mensch seit Hunderttausenden von Jahren die vollständige organische Ausrüstung für die Reife. Sein Gehirn, sein körperliches Koordinationsvermögen und seine Körperkraft haben sich während der ganzen Zeit nicht verändert. Seine Evolution hing lediglich von seiner Fähigkeit ab, sein Wissen den folgenden Generationen weiterzugeben und auf diese Weise Wissen anzuhäufen. Die menschliche Evolution ist das Ergebnis einer kulturellen Entwicklung und nicht einer organischen Veränderung. Ein Kind aus der primitivsten Kultur würde sich, wenn man es in eine hochentwickelte Kultur versetzte, genauso wie alle anderen Kinder in dieser Kultur entwickeln, weil seine Entwicklung allein durch den kulturellen Faktor bestimmt wird. Mit anderen Worten: Während das einen Monat alte Kind niemals die geistige Reife eines Erwachsenen erreichen könnte – wie die kulturellen Bedingungen auch immer beschaffen sein mögen –, hätte jeder Mensch vom Primitiven an die Fertigkeiten eines Menschen auf der Höhe der Evolution erreichen können, vorausgesetzt, daß ihm die kulturellen Vorbedingungen für diese Reife gegeben gewesen wären. Hieraus folgt, daß es etwas anderes ist, wenn man von einem primitiven, inzestuösen, unvernünftigen Menschen sagt, er befinde sich in einer normalen Entwicklungsphase, als wenn man das gleiche von einem kleinen Kind sagt. Andererseits ist die kulturelle Entwicklung eine notwendige

Vorbedingung für die menschliche Entwicklung. So scheint es also keine voll befriedigende Antwort auf unser Problem zu geben. Vom einen Standpunkt aus können wir von einer krankhaften seelischen Verfassung sprechen; vom anderen Standpunkt aus können wir von einer Frühphase der Entwicklung sprechen. Aber die Schwierigkeit ist nur so groß, wenn wir uns mit dem Problem in seiner allgemeinsten Form befassen. Sobald wir die konkreteren Probleme unserer Zeit ins Auge fassen, wird es weit weniger kompliziert. Wir haben ein Stadium der Individuation erreicht, in dem nur die vollentwickelte, reife Persönlichkeit ihre Freiheit auf fruchtbare Weise nutzen kann. Wenn der einzelne seine Vernunft und seine Liebesfähigkeit nicht entwickelt hat, ist er nicht imstande, die Last der Freiheit und Individualität zu tragen und versucht, sich in künstliche Bindungen zu flüchten, die ihm ein Gefühl der Zugehörigkeit und des Verwurzeltseins geben. Heute ist jede Regression in eine künstliche Verwurzelung im Staat oder in der Rasse ein Zeichen seelischer Erkrankung, da eine derartige Regression nicht dem Evolutionsstand entspricht, den wir bereits erreicht haben, und daher zu unverkennbar pathologischen Erscheinungen führt.

Gleichgültig, ob wir von »seelischer Gesundheit« oder von einer »reifen Entwicklung« der Menschheit sprechen, der Begriff der seelischen Gesundheit oder der Reife ist ein objektiver Begriff, zu dem wir durch die Untersuchung der »Situation des Menschen« und der sich daraus ergebenden menschlichen Notwendigkeiten und Bedürfnisse gelangt sind. Wie bereits im zweiten Kapitel dargelegt, folgt hieraus, daß man die seelische Gesundheit nicht als »Anpassung« des einzelnen an die Gesellschaft definieren kann, sondern daß man sie ganz im Gegenteil *als die Anpassung der Gesellschaft an die Bedürfnisse des Menschen definieren muß* und daß es dabei darum geht, ob die Gesellschaft ihre Rolle erfüllt, die Entwicklung der seelischen Gesundheit zu fördern, oder ob sie dieser Entwicklung hinderlich ist. Ob ein Mensch gesund ist oder nicht, ist in erster Linie keine individuelle Angelegenheit, sondern hängt von der Struktur seiner Gesellschaft ab. Eine gesunde Gesellschaft fördert die Fähigkeit des einzelnen, seine Mitmenschen zu lieben, schöpferisch zu arbeiten, seine Vernunft und Objektivität zu entwickeln und ein Selbstgefühl zu besitzen, das sich auf die Erfahrung der eigenen produktiven Kräfte gründet. Ungesund ist eine Gesellschaft, wenn sie zu gegenseitiger Feindseligkeit und zum Mißtrauen führt, wenn sie den Menschen in ein Werkzeug verwandelt, das von anderen benutzt und ausgebeutet wird, wenn sie ihn seines Selbstgefühls beraubt und es ihm nur insoweit läßt, als er sich anderen unterwirft und zum Automaten wird. Die Gesellschaft kann beide Funktionen erfüllen: Sie kann die gesunde Entwicklung des Menschen fördern, und sie kann sie behindern. Tatsächlich tun die meisten Gesellschaften beides, und die Frage ist nur, in welchem Maß und in welcher Richtung sie ihren positiven und ihren negativen Einfluß ausüben.

Die Auffassung, daß die seelische Gesundheit sich *objektiv* bestimmen läßt und daß die Gesellschaft sowohl einen fördernden als auch einen schädlichen Einfluß auf den Menschen ausübt, widerspricht nicht nur der relativistischen Ansicht, die wir oben erwähnten, sondern auch zwei anderen Auffassungen, auf die ich jetzt zu sprechen kommen möchte. Die eine, und zwar die heute populärste, möchte uns einreden, daß die gegenwärtige westliche Gesellschaft und insbesondere der *american way of life* den tiefsten Bedürfnissen der menschlichen Natur entspricht und daß die Anpassung an diese Lebensweise seelische Gesundheit und Reife verbürgt. Anstatt sich zu einem Werkzeug der Gesellschaftskritik zu machen, werden die Sozialpsychologen hierdurch zu Apologeten des *status quo.* Ihre Vorstellung von »Reife« und »seelischer Gesundheit« entspricht der wünschenswerten Einstellung eines Arbeiters oder Angestellten in der Industrie oder in der Geschäftswelt. Die Definition, die Dr. Strecker von emotionaler Reife gibt, ist ein Beispiel für diese Auffassung von Anpassung. Er sagt: »Ich definiere die Reife als die Fähigkeit, es bei seinem Job auszuhalten, als die Fähigkeit, bei jedem beliebigen Job immer bessere Leistungen zu zeigen als verlangt werden, als Zuverlässigkeit, als Ausdauer bei der Ausführung eines Plans ohne Rücksicht auf auftretende Schwierigkeiten, als die Fähigkeit, mit anderen Menschen in einer Organisation und unter einer Autorität zusammenzuarbeiten, als die Fähigkeit, Entscheidungen zu treffen, als Lebenswille, als Wendigkeit, Unabhängigkeit und Toleranz« (E. A. Strecker, 1951, S. 211). Was E.A. Strecker hier als Reife beschreibt, sind zweifellos die Tugenden eines guten Arbeiters, Angestellten oder Soldaten in den großen gesellschaftlichen Organisationen unserer Zeit. Es sind genau die Eigenschaften, die gewöhnlich in Annoncen erwähnt werden, in denen ein jüngerer leitender Angestellter gesucht wird. Für diesen Autor wie für viele andere, die wie er denken, ist Reife gleichbedeutend mit Anpassung an unsere Gesellschaft, wobei niemals die Frage gestellt wird, ob man sich an eine gesunde oder an eine krankhafte Lebensweise anpassen soll.

Im Gegensatz zu dieser Auffassung steht eine andere, die von Hobbes bis Freud reicht und die annimmt, *daß zwischen der menschlichen Natur und der Gesellschaft* ein grundsätzlicher und unauflöslicher Widerspruch besteht, ein Widerspruch, der aus der angeblich asozialen Natur des Menschen folgt. Nach Freud wird der Mensch von zwei biologisch verwurzelten Impulsen beherrscht: dem heftigen Verlangen nach sexueller Lust und dem nach Zerstörung. Das Ziel der sexuellen Wünsche des Mannes ist eine vollständige sexuelle Freiheit, das heißt der unbeschränkte sexuelle Zugang zu allen von ihm für begehrenswert gehaltenen Frauen. In seiner Abhandlung ›Das Unbehagen in der Kultur‹ (1930a, S. 461) heißt es: »Wir sagten, die Erfahrung, daß die geschlechtliche (genitale) Liebe dem Menschen die stärksten Befriedigungserlebnisse gewähre, ihm eigentlich das Vorbild für alles Glück gebe, müßte es nahegelegt haben, die Glücksbefriedigung im Leben auch weiterhin auf dem Gebiet der geschlechtlichen Beziehungen zu suchen, die genitale Erotik in den Mittelpunkt des Lebens zu stellen.«

Das andere Ziel des natürlichen sexuellen Begehrens ist das inzestuöse Verlangen nach der Mutter, das seiner ganzen Natur nach mit dem Vater in Konflikt gerät und Feindseligkeit gegen ihn weckt. Freud weist auf die Bedeutung dieses Aspekts der Sexualität mit der Feststellung hin, das Inzestverbot sei »vielleicht die einschneidendste Verstümmelung, die das menschliche Liebesleben im Laufe der Zeiten erfahren hat«. (S. Freud, 1930a, S. 463.)

In völliger Übereinstimmung mit Rousseau behauptet Freud, der primitive Mensch habe sich noch keine oder nur außerordentlich wenige Beschränkungen bei der Befriedigung dieser Bedürfnisse auferlegen müssen. Er konnte seinen Aggressionen noch freien Lauf lassen, und es gab für die Befriedigung seiner sexuellen Impulse nur wenige Einschränkungen: »Der Urmensch hatte es in der Tat darin besser, da er keine Triebeinschränkungen kannte ... Der Kulturmensch hat für ein Stück Glücksmöglichkeit ein Stück Sicherheit eingetauscht.« (A.a.O., S. 474.)

Während Freud sich mit seiner Vorstellung vom »glücklichen Wilden« an Rousseau anschließt, folgt er Hobbes mit seiner Annahme von der grundsätzlichen Feindschaft zwischen den Menschen: »*Homo homini lupus;* wer hat nach allen Erfahrungen des Lebens und der Geschichte den Mut, diesen Satz zu bestreiten?« (A.a.O., S. 470.) Nach Freud kommt die Aggressivität des Menschen aus zwei Quellen. Einmal stammt sie aus dem angeborenen Streben nach Zerstörung (dem Todestrieb) und zum anderen aus der Frustrierung seiner triebhaften Wünsche, die ihm von der Zivilisation auferlegt wird. Obwohl der Mensch einen Teil seiner Aggressionen mit Hilfe des Über-Ichs gegen sich selbst wenden kann und obwohl eine Minderheit ihre sexuellen Wünsche in Nächstenliebe sublimieren kann, bleibt die Aggressivität jedoch unausrottbar. Die Menschen werden stets miteinander rivalisieren und sich gegenseitig angreifen, und wenn es dabei nicht um materielle Dinge geht, dann geht es um »das Vorrecht aus sexuellen Beziehungen, das die Quelle der stärksten Mißgunst und der heftigsten Feindseligkeit und den sonst gleichgestellten Menschen werden muß. Hebt man auch dieses auf durch die völlige Befreiung des Sexuallebens, beseitigt also die Familie, die Keimzelle der Kultur, so läßt sich zwar nicht vorhersehen, welche neuen Wege die Kulturentwicklung einschlagen kann, aber eines darf man erwarten, daß der unzerstörbare Zug der menschlichen Natur ihr auch dorthin folgen wird.« (S. Freud, 1930a, S. 473.) Da die Liebe für Freud ihrem Wesen nach sexuelles Begehren ist, sieht er sich gezwungen, einen Widerspruch zwischen der Liebe und dem gesellschaftlichen Zusammenhalt anzunehmen. Nach ihm ist die Liebe ihrer ganzen Natur nach egoistisch und antisozial, und das Solidaritätsgefühl und die Menschenliebe sind keine primären Gefühle, die in der Natur des Menschen wurzeln, sondern zielgehemmte sexuelle Begierden.

Entsprechend dem Bild vom Menschen mit seinem ihm angeborenen Verlangen nach uneingeschränkter Destruktivität mußte Freud den *Konflikt* zwischen Kultur und seelischer Gesundheit und menschlichem Glück für unvermeidlich halten. Der primitive Mensch ist gesund und glücklich, weil er in bezug auf seine Grundtriebe nicht frustriert ist, aber ihm fehlen die Segnungen der Kultur. Der zivilisierte Mensch lebt in größerer Sicherheit, er kann sich an Kunst und Wissenschaft erfreuen, aber er muß wegen des ständigen Triebverzichts, der ihm durch die Zivilisation aufgezwungen wird, neurotisch werden.

Für Freud stehen Gesellschaftsleben und Zivilisation ihrem Wesen nach im Gegensatz zu den Bedürfnissen der menschlichen Natur, so wie er sie sieht. Der Mensch sieht sich vor die tragische Alternative gestellt, zwischen einem Glück, das sich auf die uneingeschränkte Befriedigung seiner Triebe gründet, und der Sicherheit und den kulturellen Leistungen zu wählen, die auf dem Triebverzicht basieren und daher zur Neurose und allen anderen Formen seelischer Erkrankung führen. Für Freud ist die Kultur das Produkt des Triebverzichts und daher die Ursache seelischer Erkrankungen.

Freuds Auffassung, daß die menschliche Natur ihrem Wesen nach auf Rivalität eingestellt (und asozial) sei, finden wir bei den meisten Autoren, die meinen, die Charakterzüge des Menschen in der kapitalistischen Gesellschaft seien seine natürlichen Charaktermerkmale. Freuds Theorie vom Ödipuskomplex basiert auf der Annahme von dem »natürlichen« Antagonismus und der »natürlichen« Rivalität zwischen Vater und Sohn in bezug auf die Liebe der Mutter. Diese Rivalität soll wegen der naturgegebenen inzestuösen Strebungen bei Söhnen unvermeidlich sein. Freud folgt ähnlichen Gedankengängen, wenn er annimmt, daß jeder Mann von seinen Trieben her das Verlangen hat, in sexueller Beziehung stets die erste Rolle zu spielen, was zu einer heftigen Feindschaft der Männer untereinander führt. Hieraus geht eindeutig hervor, daß Freuds gesamte Sexualtheorie auf der anthropologischen Voraussetzung beruht, daß Rivalität und gegenseitige Feindseligkeit der menschlichen Natur innewohnend seien.

Im Bereich der *Biologie* hat Darwin mit seiner Theorie vom wettstreitenden »Kampf ums Dasein« diesem Prinzip Ausdruck verliehen. Nationalökonomen wie Ricardo und die Manchester-Schule haben es in den Bereich der *Wirtschaft* übernommen. Unter dem Einfluß der gleichen anthropologischen Voraussetzungen hat Freud dann später behauptet, dieses Prinzip gelte auch für den Bereich der *sexuellen Wünsche.* Seine Grundauffassung ist die eines *homo sexualis,* so wie die Auffassung der Nationalökonomen die eines *homo oeconomicus* war. Sowohl der »ökonomische« als auch der »sexuelle« Mensch sind für den Kapitalismus gut zu gebrauchen, weil sie angeblich von Natur aus isoliert, asozial, habgierig und auf Konkurrenzkampf eingestellt sind. Deshalb erscheint der Kapitalismus als das System, das der menschlichen Natur vollkommen entspricht, und wird so jeder Kritik entzogen.

Beide Positionen, die Auffassung von der »Anpassung« und die Hobbes-Freudsche Auffassung vom unausweichlichen Konflikt zwischen der menschlichen Natur und der Gesellschaft verteidigen die gegenwärtige Gesellschaft und sind einseitige Entstellungen. Außerdem ignorieren sie beide die Tatsache, daß die Gesellschaft nicht nur im Konflikt mit den *asozialen* Aspekten des Menschen steht, die teilweise von ihr selbst erst hervorgerufen werden, sondern oft auch mit den wertvollsten menschlichen Eigenschaften, die sie eher unterdrückt als fördert.

Eine objektive Untersuchung der Beziehung zwischen der Gesellschaft und der menschlichen Natur muß sowohl den fördernden als auch den hemmenden Einfluß der Gesellschaft auf den Menschen in Betracht ziehen, indem sie die Natur des Menschen und seine daraus entspringenden Bedürfnisse berücksichtigt. Da die meisten Autoren den positiven Einfluß der modernen Gesellschaft auf den Menschen in den Vordergrund stellen, werde ich diesem Aspekt im vorliegenden Buch weniger Aufmerksamkeit widmen und mich mehr mit den vernachlässigten pathogenen Funktionen der modernen Gesellschaft befassen.

5 Der Mensch in der kapitalistischen Gesellschaft

a) Der Gesellschafts-Charakter

Es ist nicht sinnvoll, den Begriff der seelischen Gesundheit wie eine abstrakte Eigenschaft und unabhängig von bestimmten Menschen zu erörtern. Wenn wir uns jetzt mit dem seelischen Gesundheitszustand des heutigen westlichen Menschen beschäftigen und untersuchen, welche Faktoren in seiner Lebensweise zur Erkrankung führen und welche anderen der Gesundheit zuträglich sind, so müssen wir festzustellen versuchen, welchen Einfluß die spezifischen Bedingungen unserer Produktionsweise und unserer gesellschaftlichen und politischen Ordnung auf die Natur des Menschen haben. Wir müssen zu einem Persönlichkeitsbild des Durchschnittsmenschen gelangen, der unter diesen Bedingungen lebt und arbeitet. Nur wenn es uns gelingt, uns ein solches Bild vom *Gesellschafts-Charakter* zu machen, so vorläufig und unvollständig es auch sein mag, besitzen wir eine Basis, von der aus wir die seelische und geistige Gesundheit des modernen Menschen beurteilen können.

Was ist unter dem Gesellschafts-Charakter zu verstehen? Ich meine mit diesem Begriff *den Kern der Charakterstruktur, den die meisten Mitglieder ein und derselben Kultur miteinander gemeinsam haben, im Unterschied zum individuellen Charakter, in welchem sich Menschen ein und derselben Kultur voneinander unterscheiden.* Es handelt sich dabei um keinen statistischen Begriff in dem Sinne, daß der Gesellschafts-Charakter einfach die Summe aller Charakterzüge wäre, die man bei der Mehrheit der Menschen ein und derselben Kultur findet. Es geht vielmehr um die *Funktion* des Gesellschafts-Charakters, die wir nunmehr erörtern wollen.[1]

Jede Gesellschaft ist auf eine bestimmte Weise strukturiert und funktioniert entsprechend einer Anzahl von objektiv gegebenen Bedingungen. Zu diesen Bedingungen gehören Produktions- und Verteilungsmethoden, die ihrerseits von Rohmaterialien, industriellen Verfahren, vom Klima, von der Größe der Bevölkerung und von politischen und geographischen Faktoren sowie von kulturellen Traditionen und Einflüssen abhängen, die auf diese Gesellschaft einwirken. Es gibt keine »Gesellschaft« im allgemeinen Sinn, sondern lediglich spezifische gesellschaftliche Strukturen, die auf unterschiedliche, nach-

[1] Für die folgenden Ausführungen habe ich auf meine Abhandlung E. Fromm, 1949c, zurückgegriffen. Meine Auffassung vom Gesellschafts-Charakter habe ich erstmals in E. Fromm, 1932a, dargelegt.

weisbare Weise funktionieren. Wenn auch diese gesellschaftlichen Strukturen sich im Laufe der historischen Entwicklung ändern, so sind sie doch während der jeweiligen geschichtlichen Periode relativ stabil, und die Gesellschaft kann nur existieren, wenn sie sich im Rahmen ihrer speziellen Struktur bewegt. Die Mitglieder der Gesellschaft beziehungsweise die verschiedenen Klassen oder Standesgruppen in ihr müssen sich so verhalten, daß sie in der Weise funktionieren, wie es das Gesellschaftssystem erfordert. Der Gesellschafts-Charakter hat die Funktion, die Energien der einzelnen Mitglieder der Gesellschaft so zu formen, daß ihr Verhalten nicht von der bewußten Entscheidung abhängt, ob sie sich nach dem gesellschaftlichen Modell richten wollen oder nicht, sondern daß sie *so handeln wollen, wie sie handeln müssen* und daß es ihnen gleichzeitig eine gewisse Befriedigung gewährt, wenn sie sich den Erfordernissen ihrer Kultur entsprechend verhalten. Mit anderen Worten, es ist die Funktion des Gesellschafts-Charakters, *die menschliche Energie in einer bestimmten Gesellschaft so zu formen und zu kanalisieren, daß diese Gesellschaft auch weiterhin funktioniert.*

So hätte die moderne Industriegesellschaft zum Beispiel ihre Ziele nicht erreichen können, wenn sie nicht die Energie freier Menschen in einem nie dagewesenen Maß in die Arbeit eingespannt hätte. Der Mensch mußte so umgewandelt werden, daß er geradezu erpicht darauf war, den größten Teil seiner Energie auf die Arbeit zu verwenden. Auf diese Weise gewöhnte er sich Disziplin und insbesondere Ordentlichkeit und Pünktlichkeit in einem bei den meisten anderen Kulturen unbekannten Grad an. Es hätte nicht genügt, daß jeder einzelne immer von neuem bewußt den Entschluß gefaßt hätte, jeden Tag pünktlich am Arbeitsplatz zu erscheinen und seine Arbeit zu tun und so weiter und so weiter, da es bei solchen bewußten Entscheidungen stets mehr Ausnahmen gegeben hätte, als die Gesellschaft sich hätte leisten können, wenn sie reibungslos funktionieren wollte. Auch Drohungen und Zwang hätten als Motiv nicht ausgereicht, da die hochdifferenzierten Aufgaben in der modernen Industriegesellschaft auf die Dauer nur von freien Menschen und nicht von Zwangsarbeitern gelöst werden können. Die *Notwendigkeit,* daß gearbeitet wird – und zwar pünktlich und ordentlich – mußte in einen inneren *Trieb* zur Erreichung dieser Ziele umgewandelt werden. Das bedeutet, daß die Gesellschaft einen Gesellschafts-Charakter schaffen mußte, dem diese Strebungen inhärent waren.

Man kann die *Genese* des Gesellschafts-Charakters nicht verstehen, wenn man nur einen seiner Aspekte in Betracht zieht; man muß vielmehr die Wechselwirkung der soziologischen und der ideologischen Faktoren zu verstehen suchen. Da die ökonomischen Faktoren sich weniger leicht ändern lassen, besitzen sie in diesem Wechselspiel ein gewisses Übergewicht. Das bedeutet aber nicht, daß das Verlangen nach materiellem Gewinn das einzige oder auch nur das stärkste Motiv im Menschen ist. Es bedeutet, daß es dem einzelnen und der Gesellschaft in erster Linie darum geht zu überleben und daß erst, wenn das Überleben gesichert ist, sie sich um die Befriedigung anderer gebieterischer menschlicher Bedürfnisse kümmern können. Die Aufgabe zu überleben bringt es mit sich, daß der Mensch produzieren muß, das heißt, daß er sich das Mindestmaß an Nahrung und Obdach, das er für sein Überleben braucht, sowie die Werkzeuge verschaffen muß, die er selbst für die rudimentärsten Produktionsprozesse braucht. Die Produktionsmethode bestimmt dann ihrerseits die sozialen Beziehungen innerhalb einer bestimmten Gesellschaft. Sie bestimmt Lebensweise und Lebenspraxis. Aber die religiösen, politischen und philosophischen Ideen sind nicht nur sekundäre projektive Systeme. Sie sind zwar im Gesellschafts-Charakter verankert, bestimmen aber ihrerseits den Gesellschafts-Charakter mit und systematisieren und stabilisieren ihn.

Wenn wir sagen, daß die sozio-ökonomische Struktur der Gesellschaft den Charakter des Menschen prägt, dann möchte ich darauf hinweisen, daß wir nur von dem einen Pol dieses Wechselspiels zwischen gesellschaftlicher Organisation und Mensch sprechen. Der andere Pol, mit dem wir uns beschäftigen müssen, ist die Natur des Menschen, die ebenfalls den gesellschaftlichen Bedingungen, unter denen er lebt, ein bestimmtes Gepräge gibt. Man kann den gesellschaftlichen Prozeß nur verstehen, wenn man die reale Situation des Menschen, seine psychischen und auch seine physiologischen Eigenschaften kennt und dann das Wechselspiel zwischen seiner Natur und den spezifischen äußeren Bedingungen untersucht, unter denen er jeweils lebt und die er meistern muß, wenn er überleben will.

Obwohl es zutrifft, daß der Mensch sich an fast alle Bedingungen anpassen kann, ist er doch kein unbeschriebenes Blatt, auf das die Kultur ihren Text schreibt. Bedürfnisse wie das Streben nach Glück, nach Harmonie, Liebe und Freiheit sind mit seiner Natur gegeben. Sie wirken auch im historischen Prozeß als dynamische Faktoren, die, wenn sie nicht zu ihrem Recht kommen, dazu tendieren, psychische Reaktionen hervorzurufen, die schließlich genau die Bedingungen erzeugen, welche den ursprünglichen Strebungen entsprechen. Solange die objektiven Bedingungen von Gesellschaft und Kultur stabil bleiben, hat auch der Gesellschafts-Charakter in erster Linie eine stabilisierende Funktion. Ändern sich die äußeren Bedingungen in einer Weise, daß sie nicht mehr zum herkömmlichen Gesellschafts-Charakter passen, dann kommt es gleichsam zu einer Verschiebung. Der Gesellschafts-Charakter wird dann zu einem Element der Desintegration und nicht mehr der Stabilisierung – er wirkt gleichsam als Dynamit und nicht als gesellschaftlicher Kitt.

Wenn diese Auffassung von der Genese und Funktion des Gesellschafts-Charakters richtig ist, stehen wir vor einem verwirrenden Problem. Steht nicht die Annahme, daß die Charakterstruktur durch die Rolle geprägt wird, die der einzelne in seiner Kultur zu spielen hat, im Widerspruch zu der Annahme, daß der Charakter eines Menschen sich in seiner Kindheit bildet? Können beide Auffassungen Anspruch auf Richtigkeit erheben angesichts der Tatsache, daß das Kind in seinen frühen Lebensjahren relativ wenig Kontakt mit der Gesellschaft als solcher hat? Diese Frage ist nicht so schwer zu beantworten, wie es auf den ersten Blick scheinen mag. Wir müssen zwischen den Faktoren, die für die speziellen *Inhalte* des Gesellschafts-Charakters verantwortlich sind, und den *Methoden,* durch die der Gesellschafts-Charakter gebildet wird, unterscheiden. Man darf annehmen, daß die Gesellschaftsstruktur und die Funktion des Individuums in der Gesellschaftsstruktur den Inhalt des Gesellschafts-Charakters bestimmen. Andererseits kann man die Familie als die *psychische Agentur der Gesellschaft,* als die Institution ansehen, deren Funktion es ist, die Erfordernisse der Gesellschaft dem heranwachsenden Kind zu übermitteln. Die Familie erfüllt diese Funktion auf zweierlei Weise. Einmal – und das ist der wichtigste Faktor – durch den Einfluß des Charakters der Eltern auf die Charakterbildung des heranwachsenden Kindes. Da im Charakter der meisten Eltern der Gesellschafts-Charakter zum Ausdruck kommt, vermitteln sie auf diese Weise ihrem Kind die wesentlichen Züge der gesellschaftlich wünschenswerten Charakterstruktur. Auf das Kind werden sowohl die Liebe und das Glück der Eltern als auch deren Ängste und Feindseligkeiten übertragen. Außer dem Charakter der Eltern haben auch die in einer Kultur üblichen Methoden der Kindererziehung die Funktion, den Charakter des Kindes in einer für die Gesellschaft wünschenswerten Richtung zu formen. Es gibt verschiedene Methoden und Techniken der Kindererziehung, die das gleiche Ziel erreichen können, aber es gibt andererseits auch Methoden, die äußerlich identisch scheinen, sich jedoch aufgrund der Charakterstruktur derjenigen, die diese Methoden anwenden, unterscheiden. Wenn wir unsere Aufmerksamkeit ausschließlich auf die Methoden der Kindererziehung richten, können wir niemals den Gesellschafts-Charakter erklären. Die Methoden der Kindererziehung sind nur bedeutend als *Übermittlungsmechanismen,* und man versteht sie nur richtig, wenn man sich zunächst überlegt, welche Arten der Persönlichkeit in einer bestimmten Kultur wünschenswert und notwendig sind.[2]

[2] In der Annahme, daß die Methoden der Kindererziehung schon an und für sich die Ursache für die Herausbildung einer Kultur seien, liegt die Schwäche der Methode, die Kardiner, Gorer und andere vertreten und deren Arbeiten sich in dieser Hinsicht auf orthodoxe Freudsche Prämissen gründen.

Hieraus ergibt sich, daß wir zum Verständnis des Problems der sozio-ökonomischen Bedingungen in der modernen Industriegesellschaft, welche die Persönlichkeit des modernen westlichen Menschen prägen und für die Störungen seiner seelischen Gesundheit verantwortlich sind, jene Elemente verstehen lernen müssen, die für die kapitalistische Produktionsmethode und für eine auf Erwerb ausgerichtete Gesellschaft im Industriezeitalter kennzeichnend sind. So skizzenhaft und vorläufig eine solche Beschreibung durch einen Nicht-Ökonomen auch notwendigerweise sein muß, so hoffe ich trotzdem, daß sie für die folgende Analyse des Gesellschafts-Charakters des Menschen in der heutigen westlichen Gesellschaft eine ausreichende Grundlage bilden wird.

b) Die Struktur des Kapitalismus und der Charakter des Menschen

1. Der Kapitalismus des 17. und 18. Jahrhunderts

Das Wirtschaftssystem, das im 17. und 18. Jahrhundert im Westen die Vorherrschaft gewann, ist der Kapitalismus. Trotz großer Veränderungen, die in diesem System vor sich gingen, gibt es doch gewisse Merkmale, die sich durch seine ganze Geschichte hindurch erhalten haben. Angesichts dieser gemeinsamen Merkmale ist es wohl legitim, den Begriff Kapitalismus auf das Wirtschaftssystem dieser ganzen Periode anzuwenden.

Kurz gesagt handelt es sich um folgende Merkmale: erstens um die Existenz von politisch und rechtlich freien Menschen, zweitens um die Tatsache, daß freie Menschen (Arbeiter und Angestellte) ihre Arbeitskraft dem Besitzer von Kapital auf dem Arbeitsmarkt durch einen Vertrag verkaufen, drittens um das Bestehen des Gebrauchsgütermarktes als einem Mechanismus, durch den die Preise bestimmt werden und der Austausch des Sozialprodukts reguliert wird, viertens um das Prinzip, daß jeder einzelne den eigenen Profit im Auge hat und daß trotzdem durch den Wettbewerb aller angeblich der größtmögliche Vorteil für alle erzielt wird.

Während diese Merkmale den Kapitalismus in den letzten Jahrhunderten durchweg kennzeichnen, sind die in dieser Zeit mit ihm vorgegangenen Veränderungen ebenso bedeutend wie die genannten Merkmale. Wenn wir uns in unserer Analyse auch hauptsächlich mit dem Einfluß der gegenwärtigen sozio-ökonomischen Struktur auf den Menschen befassen, wollen wir doch wenigstens kurz auf die Merkmale des Kapitalismus des 17. und 18. Jahrhunderts und auf die des 19. Jahrhunderts eingehen, die sich von der Entwicklung der Gesellschaft und des Menschen im 20. Jahrhundert unterscheiden.

Für die frühe Periode des Kapitalismus im 17. und 18. Jahrhundert sind zwei Aspekte besonders kennzeichnend. Erstens steckten Technik und Industrie – verglichen mit der Entwicklung im 19. und 20. Jahrhundert – noch in den Anfängen, und zweitens hatten damals die Gewohnheiten und Ideen der mittelalterlichen Kultur noch einen beträchtlichen Einfluß auf die wirtschaftlichen Praktiken dieser Epoche. So wurde es als unchristlich und unsittlich angesehen, wenn ein Kaufmann versuchte, einem anderen durch niedrige Preise oder andere Machenschaften die Kunden abspenstig zu machen (vgl. W. Sombart, 1923, S. 203). »In der fünften Aufgabe des ›Complete English Trademan‹ (1745) findet sich eine Anmerkung der Herausgeber folgenden Inhalts: ›Seit unser Autor schrieb (Defoe starb 1731), ist die Unsitte des Unterbietens so schamlos entwickelt, daß gewisse Leute öffentlich bekanntmachen: daß sie ihre Waren billiger als die übrige Kaufmannschaft abgeben.‹« (Zit. nach W. Sombart, 1923, S. 205.) In der gleichen Auflage des ›Complete English Trademan‹ wird ein »reicher Mann« vorgestellt, »der mehr Geld als seine Nachbarn hat und infolgedessen keinen Kredit in Anspruch zu nehmen braucht« (a. a. O., S. 206). Dieser kaufe seine Waren direkt beim Erzeuger, transportiere sie selbst und »weil er vielleicht bar bezahlt, gibt ihm der Tuchfabrikant die Tuche einen Penny pro Elle billiger ... Und was ist der Gewinn, der bei diesem ganzen Beraubungssysteme herausspringt? Ausschließlich dieser: einen habsüchtigen Mann reich zu machen« und einem anderen die Möglichkeit zu geben, daß dieser »den Stoff für seine Anzüge um so und so viel die Elle billiger einkauft: ein ganz belangloser Vorteil für ihn, den er gar nicht übermäßig hoch bewertet, und der sicher in keinem Verhältnis zu den Wunden steht, die der Handel empfangen hat« (a. a. O., S. 206 f.). In Deutschland und Frankreich finden wir während des ganzen 18. Jahrhunderts darum Verbote einer Preisunterbietung.

Es ist bekannt, wie skeptisch die Menschen jener Zeit gegenüber neuen Maschinen waren, da sie ihnen ihre Arbeitsplätze zu nehmen drohten. »Colbert erblickt in dem Erfinder arbeitssparender Maschinen einen ›Feind der Arbeit‹« und Montesquieu sagte (im ›Esprit de Loi‹, XXIII, 15), daß jene Maschinen, die die Zahl der Arbeiter verminderten, verwerflich seien (zit. nach W. Sombart, 1923, S. 210 f.). Alle diese Aussagen basieren auf Grundsätzen, die das Leben der Menschen viele Jahrhunderte lang beherrscht hatten. Der wichtigste dieser Grundsätze lautete, daß die Gesellschaft und die Wirtschaft für den Menschen da sind und nicht der Mensch für sie. Kein wirtschaftlicher Fortschritt wurde als gesund angesehen, wenn er irgendeiner Gruppe innerhalb der Gesellschaft zum Schaden gereichte. Es erübrigt sich, darauf hinzuweisen, daß diese Auffassung eng mit dem traditionalistischen Denken zusammenhing, insofern auf diese Weise das gesellschaftliche Gleichgewicht erhalten werden sollte und man jede Störung dieses Gleichgewichts als schädlich ansah.

2. Der Kapitalismus des 19. Jahrhunderts

Im neunzehnten Jahrhundert ändert sich die traditionalistische Einstellung des achtzehnten Jahrhunderts zunächst langsam, dann aber rasch. Der lebendige Mensch mit seinen Wünschen und Kümmernissen verliert mehr und mehr seine zentrale Stellung im System, und Geschäft und Produktion nehmen nun diesen Platz ein. Im ökonomischen Bereich hört der Mensch auf, das Maß aller Dinge zu sein. Das am meisten charakteristische Merkmal des Kapitalismus des neunzehnten Jahrhunderts ist die skrupellose Ausbeutung des Arbeiters. Man hält es für ein Naturgesetz oder auch für ein gesellschaftliches Gesetz, daß Hunderttausende von Arbeitern am Rande des Hungertodes lebten. Man glaubt, der Kapitaleigner befinde sich moralisch im Recht, wenn er auf seiner Jagd nach Profit die von ihm eingestellten Arbeiter soviel wie möglich ausbeute. Zwischen dem Kapitaleigner und seinen Arbeitern gibt es kaum ein Gefühl menschlicher Solidarität. Auf wirtschaftlichem Gebiet herrscht das Gesetz des Dschungels. Alle Beschränkungen früherer Jahrhunderte läßt man hinter sich. Man sucht sich seinen Kunden und versucht die Konkurrenz zu unterbieten, und der Konkurrenzkampf gegen Gleichgestellte ist ebenso skrupellos und hemmungslos wie die Ausbeutung des Arbeiters. Mit der Einführung der Dampfmaschine nimmt die Arbeitsteilung zu, Hand in Hand mit der Vergrößerung der Unternehmen. Das kapitalistische Prinzip, daß ein jeder den eigenen Profit sucht und auf diese Weise zum Glück aller beiträgt, wird zum Leitprinzip menschlichen Verhaltens.

Der Markt als der Hauptregulator wird von allen herkömmlichen Beschränkungen befreit und kommt im neunzehnten Jahrhundert zu voller Macht. Während jedermann im eigenen Interesse zu handeln glaubt, wird er in Wirklichkeit von den anonymen Gesetzen des Marktes und der Wirtschaftsmaschinerie in seinem Handeln bestimmt. Der einzelne Kapitalist vergrößert sein Unternehmen noch mehr, und zwar in erster Linie nicht deshalb, weil er das gerne *möchte*, sondern weil er es *muß*, denn – wie Carnegie in seiner Autobiographie feststellt – würde die Verzögerung einer weiteren Expansion einen Rückschritt bedeuten. Tatsächlich muß man sein Geschäft, wenn es wächst, immer weiter ausdehnen, ob man will oder nicht. In dieser Funktion des ökonomischen Gesetzes, das hinter dem Rücken der Menschen arbeitet und das sie dazu zwingt, bestimmte Dinge zu tun, ohne selbst darüber entscheiden zu können, sehen wir den Anfang einer Konstellation, die dann im zwanzigsten Jahrhundert ihre Früchte trägt.

In unserer Zeit besitzt nicht nur das Gesetz des Marktes sein eigenes Leben und regiert die Menschen, sondern das gleiche gilt auch für die Entwicklung von Naturwissenschaft und Technik. Aus einer Reihe von Gründen sind die Probleme der Naturwissenschaft samt ihrer Organisation heute derart, daß sich ein Wissenschaftler seine Probleme nicht mehr selbst aussuchen kann, sondern die Probleme zwingen sich ihm auf. Er löst ein Problem, aber er gewinnt hierdurch nicht größere Sicherheit und Gewißheit, sondern zehn andere Probleme treten an die Stelle des einen, das er gelöst hat. Sie zwingen ihn, sie zu lösen; er muß in einem immer schnelleren Tempo weitermachen. Das gleiche gilt für die industrielle Fertigung. Das Tempo des wissenschaftlichen Fortschritts überträgt sich auf das Tempo der technischen Entwicklung. Die theoretische Physik zwingt uns die Atomenergie auf; die erfolgreiche Herstellung der Atombombe zwingt uns, die Wasserstoffbombe herzustellen. *Wir* wählen uns unsere Aufgaben nicht aus, wir wählen auch unsere Produkte nicht selbst aus. Wir werden vorangetrieben, wir werden gezwungen – wovon? Von einem System, das über sich selbst hinaus weder Zweck noch Ziel hat und das den Menschen zu einem bloßen Anhängsel macht.

In unserer Analyse des heutigen Kapitalismus werden wir noch mehr über diesen Aspekt der menschlichen Ohnmacht zu sagen haben. Hier jedoch sollten wir noch ein wenig bei der Bedeutung des modernen Marktes als dem zentralen Verteilungsmechanismus des Sozialproduktes verweilen, denn der Markt ist die Basis für die Bildung menschlicher Beziehungen in der kapitalistischen Gesellschaft.

Wenn der Wohlstand der Gesellschaft den tatsächlichen Bedürfnissen aller ihrer Mitglieder entspräche, gäbe es bei seiner Verteilung keine Probleme. Jedes Mitglied der Gesellschaft könnte sich dann vom Sozialprodukt das nehmen, was ihm gefällt oder was er braucht, und man brauchte nichts zu steuern als die Verteilung im rein *technischen* Sinn. Aber von den primitiven Gesellschaften abgesehen, hat es diese Situation in der Menschheitsgeschichte bis zum heutigen Tag nie gegeben. Die Bedürfnisse waren stets größer als die Gesamtsumme des Sozialprodukts, weshalb man festlegen mußte, wie verteilt werden sollte, wie viele und wer seine Bedürfnisse optimal befriedigt bekommen sollte und welche Klassen mit weniger zufrieden sein mußten. In den höchstentwickelten Gesellschaften der Vergangenheit wurde diese Entscheidung meist gewaltsam getroffen. Bestimmte Klassen besaßen die Macht, sich den Löwenanteil am Sozialprodukt zu sichern und den anderen Klassen die schwerere und schmutzigere Arbeit und einen geringeren Anteil am Sozialprodukt zuzuweisen. Vielfach wurde dieser Zwang von der gesellschaftlichen und religiösen Tradition ausgeübt, die ein so starker psychischer Zwang im Menschen war, daß sie oft die Androhung physischen Zwangs überflüssig machte.

Der moderne Markt ist ein sich selbst regulierender Verteilungsmechanismus, der es überflüssig macht, das Sozialprodukt nach einem vorgegebenen oder traditionellen Plan zu verteilen, wodurch die Notwendigkeit der Gewaltanwendung innerhalb der Gesellschaft abgeschafft wird. Natürlich wird nur scheinbar und nicht *realiter* keine Gewalt mehr angewandt. Der Arbeiter, der den ihm auf dem Arbeitsmarkt angebotenen Tariflohn akzeptieren muß, sieht sich gezwungen, die Marktbedingungen anzunehmen, weil er sonst nicht überleben könnte. So ist die »Freiheit« des Individuums weitgehend illusorisch. Der einzelne ist sich klar, daß es keine *äußere* Macht gibt, die ihn zwingen könnte, auf bestimmte Arbeitsverträge einzugehen; er ist sich aber weniger klar über die Gesetze des Marktes, die gleichsam hinter seinem Rücken wirksam sind. Deshalb glaubt er, frei zu sein, obwohl er es tatsächlich nicht ist. Aber obwohl das so ist, ist doch die kapitalistische Methode der Verteilung durch den Marktmechanismus besser als jede andere Methode, die bis jetzt in einer Klassengesellschaft praktiziert wurde, da sie die Grundlage für eine relative politische Freiheit des einzelnen bildet, welche die kapitalistische Demokratie kennzeichnet.

Daß der Markt funktioniert, beruht auf dem *Wettbewerb* vieler einzelner, die ihre Waren auf dem Gebrauchswarenmarkt verkaufen wollen, so wie sie auch ihre Arbeitskraft und ihre Dienstleistungen auf dem Arbeits- und Personenmarkt verkaufen. Diese wirtschaftliche Notwendigkeit des Wettbewerbs führte besonders in der zweiten Hälfte des 19. Jahrhunderts charakterologisch gesehen zu einer immer stärkeren Wettbewerbshaltung. Die Menschen wurden von dem Wunsch getrieben, ihren Konkurrenten zu übertreffen, was eine völlige Umkehrung der für die Feudalzeit kennzeichnenden Einstellung bedeutete, wo jeder seinen traditionellen Platz in der Gesellschaftsordnung gehabt hatte und sich damit zufriedengeben mußte. Im Gegensatz zur gesellschaftlichen Stabilität des mittelalterlichen Systems entwickelte sich eine bis dahin unerhörte gesellschaftliche Mobilität, in der alle um die besten Plätze kämpften, obwohl nur einige wenige Auserwählte sie errangen. In diesem allgemeinen Gerangel um Erfolg brachen die gesellschaftlichen und moralischen Regeln der menschlichen Solidarität zusammen. Das einzig Wichtige im Leben war, in diesem Wettlauf der Erste zu sein.

Ein weiterer Faktor, der die kapitalistische Produktionsweise bestimmt, ist der *Profit*, denn der Profit ist in diesem System das Ziel einer jeden wirtschaftlichen Aktivität. Nun ist aber um dieses »Profitmotiv« des Kapitalismus herum beabsichtigt und unbeabsichtigt eine

beiS. zugegen sein – prisustvovati
bedürfen – trebati, potrebovati,

große Verwirrung angestiftet worden. Man sagt uns – und das mit Recht –, daß jede wirtschaftliche Tätigkeit nur dann sinnvoll sei, wenn sie zu einem Profit führt, das heißt, wenn wir bei der Produktion mehr verdienen, als wir hineingesteckt haben. Selbst in der vorkapitalistischen Zeit durfte der Handwerksmeister, um seinen Lebensunterhalt zu verdienen, für sein Rohmaterial und den Gesellenlohn nur weniger ausgeben, als er hinterher für sein Erzeugnis verlangte. In jeder Gesellschaft mit einer einfachen oder komplexen Industrie muß der Verkaufswert der Ware höher sein als die reinen Fertigungskosten, damit das Kapital bereitgestellt werden kann, das für neue Maschinen oder Werkzeuge, die zur Weiterentwicklung und Steigerung der Produktion benötigt werden, erforderlich ist. Aber es geht uns hier nicht um das Problem der Rentabilität der Produktion. Es geht uns darum, daß das Motiv für die Gütererzeugung nicht deren Nutzen für die Gesellschaft, nicht die Befriedigung des Arbeiters im Arbeitsprozeß, sondern allein der Profit ist, den die Kapitalanlage abwirft. Ob sein Produkt für den Verbraucher von Nutzen ist, braucht den einzelnen Kapitalisten überhaupt nicht zu interessieren. Das heißt nicht, daß der Kapitalist psychologisch gesehen von einer unersättlichen Geldgier getrieben wird. Das kann der Fall sein oder auch nicht, doch ist es kein wesentliches Merkmal der kapitalistischen Produktionsweise. Tatsächlich war in der früheren Phase des Kapitalismus die Habgier des Kapitalisten ein häufigeres Motiv als heute, wo die Eigentümer und die Manager eines Unternehmens weitgehend nicht mehr miteinander identisch sind und wo es weniger darum geht, höhere Profite zu erzielen als darum, das Unternehmen immer weiter auszudehnen und für ein reibungsloses Funktionieren zu sorgen.

Wieviel einer verdient, kann unter dem gegenwärtigen System völlig unabhängig von seiner persönlichen Anstrengung oder Leistung sein. Der Kapitaleigner kann verdienen, ohne zu arbeiten. Die der menschlichen Natur gemäße Funktion des Austauschs von Anstrengung gegen Lohn kann zur abstrakten Manipulation von Geld für noch mehr Geld werden. Das zeigt am deutlichsten der Fall, wo der Eigentümer eines Industrieunternehmens dort überhaupt nicht zugegen ist. Dabei macht es keinen Unterschied, ob das Unternehmen ihm ganz oder nur teilweise gehört. In jedem Fall hat er von seinem Kapital und von der Arbeit anderer den Profit, ohne sich selbst irgendwie anstrengen zu müssen. Für diesen Zustand hat man viele fromme Rechtfertigungen gefunden. So hat man gesagt, der Profit sei eine Entschädigung für das Risiko, das der Betreffende bei seiner Investition eingeht, oder dafür, daß er nur durch persönliche Verzichtleistungen das Kapital habe ansammeln können, das er dann investiert habe. Es bedarf jedoch kaum eines Beweises, daß diese peripheren Faktoren an der Grundtatsache nichts ändern, daß der Kapitalismus die Möglichkeit gibt, ohne

OPRAVDANJA

persönliche Anstrengung und ohne eine produktive Funktion Gewinne zu erzielen. Aber selbst bei denen, die wirklich arbeiten und Dienstleistungen verrichten, steht das Einkommen in keinem Verhältnis zu der von ihnen aufgewendeten Mühe. So verdient zum Beispiel eine Lehrerin nur den Bruchteil des Einkommens eines Arztes, obwohl ihre gesellschaftliche Funktion ebenso wichtig ist und sie sich persönlich kaum weniger anstrengen muß. Der Grubenarbeiter verdient nur einen Bruchteil des Gehalts des Betriebsleiters der Kohlenmine, obwohl er härter arbeiten muß und mit seiner Arbeit größere Gefahren und Unbequemlichkeiten verbunden sind.

Kennzeichnend für die Einkommensverteilung im Kapitalismus ist das Mißverhältnis zwischen der Schwere der Arbeit, die einer leistet, und der gesellschaftlichen Anerkennung, die ihm in Form einer finanziellen Entschädigung zugestanden wird. Dieses Mißverhältnis würde in einer ärmeren Gesellschaft als der unseren zu größeren Extremen in bezug auf Luxus und Armut führen als unsere Moralbegriffe es zulassen. Mir geht es hier jedoch nicht um die materiellen Auswirkungen dieses Mißverhältnisses, sondern um seine moralischen und psychologischen Folgen. Die eine Auswirkung ist die Unterbewertung der Arbeit, der menschlichen Anstrengung und Geschicklichkeit; die andere ist, daß, solange ich mit meiner Arbeit nur einen bestimmten Gewinn erringen kann, auch meine Wünsche sich in Grenzen halten. Steht dagegen mein Einkommen in keinem Verhältnis mehr zu meiner Arbeitsleistung, dann kennen auch meine Wünsche keine Grenzen mehr, weil ihre Erfüllung dann nur von den Gelegenheiten abhängt, die mir bestimmte Marktsituationen bieten, und nicht von meinen eigenen Fähigkeiten.[3]

Der Kapitalismus des neunzehnten Jahrhunderts war ein wirklich *privater* Kapitalismus. Die einzelnen erkannten und ergriffen neue Gelegenheiten, die sich ihnen boten, sie handelten ökonomisch, sie erfanden neue Methoden, sie erwarben Besitz, den sie sowohl für die Produktion als auch für den eigenen Verbrauch nutzten und an dem sie ihre Freude hatten. Diese Freude am Besitz ist neben der Lust am Wettbewerb und neben dem Profitstreben eines der grundlegenden Merkmale des Charakters der Mittel- und Oberklasse des neunzehnten Jahrhunderts. Es ist um so wichtiger, diese Freude am Besitz und

[3] Wir haben hier den gleichen Unterschied wie zwischen den physischen Bedürfnissen und solchen, die nicht in körperlichen Bedürfnissen wurzeln. Mein Verlangen nach Nahrung reguliert sich zum Beispiel selbst durch meine physiologische Organisation, und nur in pathologischen Fällen wird dieses Bedürfnis nicht durch einen physiologischen Sättigungspunkt reguliert. Ehrgeiz, Machtgelüste und dergleichen Begierden, die nicht in physiologischen Bedürfnissen des Organismus begründet sind, besitzen keine derartigen sich selbst regulierenden Mechanismen, weshalb sie ständig zunehmen und so gefährlich sind.

an Ersparnissen nicht zu übersehen, weil sich der heutige Mensch darin deutlich von seinen Großvätern unterscheidet. Die Sucht nach Ersparnissen und nach Besitz ist tatsächlich zum wichtigsten Merkmal der rückständigsten Klasse, nämlich des unteren Mittelstandes geworden, und sie ist in Europa viel leichter zu finden als in Amerika. Wir haben hier ein Beispiel dafür, daß ein Zug des Gesellschafts-Charakters, der einmal für die fortgeschrittenste Klasse kennzeichnend war, im Prozeß der ökonomischen Entwicklung gleichsam altmodisch wurde und nur von den Gruppen noch beibehalten wurde, die den geringsten Anteil am sozialen Aufstieg haben.

Charakterologisch ist die Freude an Besitz und Eigentum von Freud als ein wichtiger Aspekt des »analen Charakters« beschrieben worden. Ich selbst gehe von einer anderen theoretischen Voraussetzung aus und habe das gleiche klinische Bild als »hortende Orientierung« bezeichnet. Wie alle anderen Charakter-Orientierungen hat auch das Horten seine positiven und seine negativen Aspekte. Ob die positiven oder die negativen Aspekte dominieren, hängt von der relativen Stärke der produktiven Orientierung des Betreffenden beziehungsweise des Gesellschafts-Charakters ab. Die positiven Aspekte dieser Orientierung, wie ich sie in ›Man for Himself‹ (E. Fromm, 1947a) beschrieben habe, sind folgende: Der Betreffende ist praktisch, sparsam, sorgsam, reserviert, vorsichtig, verläßlich, gelassen, ordentlich, überlegt und loyal. Die entsprechenden negativen Eigenschaften sind folgende: Er ist phantasielos, geizig, argwöhnisch, kalt, ängstlich, eigensinnig, träge, pedantisch, zwanghaft und besitzgierig. Es ist leicht einzusehen, daß im achtzehnten und neunzehnten Jahrhundert, als die auf das Horten ausgerichtete Orientierung mit den Erfordernissen des wirtschaftlichen Fortschritts verzahnt war, die positiven Merkmale vorherrschten, während im zwanzigsten Jahrhundert, wo diese Züge die veralteten Merkmale einer veralteten Klasse sind, fast nur noch die negativen Aspekte übriggeblieben sind.

Der Zusammenbruch des traditionellen Prinzips menschlicher Solidarität führte zu neuen Formen der Ausbeutung. In der feudalen Gesellschaft nahm man an, daß der Feudalherr das von Gott gegebene Recht habe, von seinen Untertanen Dienst- und Sachleistungen zu verlangen. Gleichzeitig aber hatte er auch die herkömmliche Verpflichtung, daß er für seine Untertanen verantwortlich war, daß er sie beschützen und sie wenigstens mit dem Existenzminimum versehen mußte, welches dem traditionellen Lebensstandard entsprach. Die feudale Ausbeutung spielte sich in einem System gegenseitiger menschlicher Verpflichtungen ab, wodurch sie gewissen Beschränkungen unterlag. Die Ausbeutung, wie sie sich im neunzehnten Jahrhundert entwickelte, war etwas wesentlich anderes. Der Arbeiter, oder vielmehr seine Arbeitskraft, war eine Ware, die der Kapitalbesitzer kaufte, die sich nicht wesentlich von irgendeiner anderen Ware auf dem Markt unterschied und die vom Käufer nach Kräften ausgenutzt wurde. Da sie auf dem Arbeitsmarkt zum angemessenen Preis gekauft wurde, war von einer wechselseitigen Beziehung oder von irgendeiner Verpflichtung von seiten des Kapitalbesitzers über die Lohnzahlung hinaus nicht die Rede. Wenn Hunderttausende von Arbeitern arbeitslos und am Rande des Hungertodes waren, dann war das eben ihr Pech, die Folge ihrer mangelnden Begabung oder einfach ein soziales oder naturgegebenes Gesetz, an dem nichts zu ändern war. Die Ausbeutung war nichts Persönliches mehr, sondern sie war nun gleichsam etwas Anonymes geworden. Es war das Gesetz des Marktes, das einen Menschen dazu verdammte, für einen Hungerlohn zu arbeiten, und es war nicht die Absicht oder die Habgier eines einzelnen daran schuld. Niemand war dafür verantwortlich und daher konnte auch niemand diese Situation ändern. Es handelte sich um die ehernen Gesetze der Gesellschaft – oder jedenfalls schien es so.

Im zwanzigsten Jahrhundert ist eine kapitalistische Ausbeutung der Art, wie sie im neunzehnten Jahrhundert üblich war, weitgehend verschwunden. Das darf jedoch nicht darüber hinwegtäuschen, daß der Kapitalismus des zwanzigsten Jahrhunderts genauso wie der des neunzehnten sich auf ein Prinzip gründet, das man in allen Klassengesellschaften findet: *die Benutzung des Menschen durch den Menschen*.

Da der moderne Kapitalist den Arbeiter »anstellt«, hat sich die soziale und politische Form dieser Ausbeutung geändert. Dagegen hat sich nicht geändert, daß der Kapitaleigner andere Menschen zum Zweck des eigenen Profits benutzt. Dieses *Benutzen* hat grundsätzlich nichts damit zu tun, ob die Menschen auf grausame oder auf nicht grausame Weise behandelt werden, sondern es geht um die fundamentale Tatsache, daß ein Mensch einem anderen zu Zwecken dient, die nicht seine eigenen, sondern die seines Arbeitgebers sind. Bei der Vorstellung, daß der Mensch vom Menschen benutzt wird, geht es noch nicht einmal darum, ob der eine Mensch einen anderen Menschen oder sich selbst benutzt. Die Tatsache ändert sich nicht dadurch, daß ein Mensch, ein lebendiges Wesen, kein Selbstzweck mehr ist, sondern daß er zum Mittel für die ökonomischen Interessen eines anderen oder auch für seine eigenen Interessen oder für die eines unpersönlichen Giganten, der Wirtschaftsmaschinerie, wird.

Gegen diese Feststellung liegen zwei Einwände auf der Hand. Der eine lautet, daß es dem Menschen ja freistehe, einen Arbeitsvertrag zu akzeptieren oder abzulehnen, und daß er daher ein freiwilliger Partner in dieser sozialen Beziehung mit seinem Arbeitgeber und kein »Ding« sei. Aber dieser Einwand übersieht die Tatsache, daß dem Arbeiter erstens nichts anderes übrigbleibt, als auf die gegebenen Bedingungen einzugehen, und zweitens, daß er – selbst wenn er nicht gezwungen wäre, diese Bedingungen zu akzeptieren – trotzdem »angestellt« wäre, das heißt, daß er für Zwecke benutzt würde, die nicht seine eigenen, sondern die des Kapitals sind, dessen Profit er dient.

Der andere Einwand lautet, daß das gesamte gesellschaftliche Leben, selbst in seiner primitivsten Form, ein gewisses Maß an gesellschaftlicher Kooperation und sogar an Disziplin erfordert und daß in der komplexeren Form der industriellen Produktion der einzelne ganz gewiß bestimmte notwendige und spezialisierte Funktionen zu erfüllen hat. Das trifft natürlich zu, aber man übersieht dabei den grundsätzlichen Unterschied: In einer Gesellschaft, in der niemand Macht über den anderen hat, erfüllt jeder seine Funktion auf der Grundlage der Kooperation und Gegenseitigkeit. Keiner kann einem anderen Befehle erteilen, insofern eine solche Beziehung sich lediglich auf Kooperation, auf Liebe, Freundschaft und natürliche Bindungen gründet. Tatsächlich gibt es das ja auch in vielen Situationen unserer heutigen Gesellschaft: Die normale Zusammenarbeit von Mann und Frau in ihrem Familienleben wird weitgehend nicht mehr von der Macht des Ehemannes über seine Frau bestimmt, der er Befehle erteilen kann, wie das in älteren Formen der patriarchalischen Gesellschaft der Fall war, sondern es herrscht das Prinzip der Zusammenarbeit und Gegenseitigkeit. Das gleiche gilt für die Beziehung zwischen Freunden, insofern diese sich gegenseitig gewisse Dienste leisten und zusammenarbeiten. In diesen Beziehungen würde keiner auch nur im Traum daran denken, dem anderen etwas vorzuschreiben; der einzige Grund, weshalb man von ihm Hilfe erwartet, ist in dem gegenseitigen Gefühl von Liebe, Freundschaft oder einfach in der menschlichen Solidarität begründet. Daß ich einem anderen helfe, geschieht, weil ich mich als menschliches Wesen aktiv um seine Liebe, Freundschaft und Sympathie bemühe. Das ist in der Beziehung zwischen Arbeitgeber und Arbeitnehmer nicht der Fall. Der Arbeitgeber hat sich die Dienstleistungen des Arbeiters gekauft, und er mag ihn noch so menschlich behandeln, er wird ihm immer Befehle erteilen, und zwar nicht auf der Grundlage von Gegenseitigkeit, sondern weil er sich seine Arbeitszeit so und so viele Stunden täglich gekauft hat.

Die Benutzung des Menschen durch den Menschen ist Ausdruck des *Wertsystems,* das dem kapitalistischen System zugrunde liegt. *Das Kapital, die tote Vergangenheit, stellt die Arbeitskraft – die lebendige Vitalität und Kraft der Gegenwart – für seine Zwecke an.* In der kapitalistischen Hierarchie der Werte steht das Kapital höher als die Arbeitskraft; angehäufte Dinge stehen höher als die Manifestationen des Lebens. Das Kapital bedient sich der Arbeitskraft, und nicht die Arbeitskraft des Kapitals. Wer Kapital besitzt, befiehlt dem, der »nur« sein eigenes Leben, seine menschliche Geschicklichkeit, seine Vitalität und seine kreative Produktivität besitzt. Die »Dinge« werden höher

gereichen zu – služiti, činiti
es gereicht mir zum Vergnügen – imam zadovoljstvo da ...

bewertet als der Mensch. Der Konflikt zwischen Kapital und Arbeitskraft bedeutet viel mehr als der Konflikt zwischen zwei Klassen, viel mehr als deren Kampf um einen größeren Anteil am Sozialprodukt. Es handelt sich um den Konflikt zwischen zwei Wertprinzipien: *zwischen der Welt der Dinge und ihrer Anhäufung und der Welt des Lebens und seiner Produktivität.* (Vgl. R. M. Tawney, 1920, S. 99.)

Eng verwandt mit dem Problem der Ausbeutung und der Benutzung, wenngleich noch komplizierter, ist das Problem der *Autorität* beim Menschen des neunzehnten Jahrhunderts. Jedes Gesellschaftssystem, in dem eine Bevölkerungsgruppe von einer anderen beherrscht wird, muß sich – besonders wenn letztere eine Minderheit ist – auf ein starkes Gefühl der *Autorität* gründen, ein Gefühl, das in einer stark patriarchalischen Gesellschaft noch intensiver ist, wo vom männlichen Geschlecht angenommen wird, daß es dem weiblichen überlegen ist und es beherrschen soll. Da das Autoritätsproblem für unser Verständnis der menschlichen Beziehungen in jeder Art von Gesellschaft so ausschlaggebend ist und da sich die autoritäre Einstellung vom neunzehnten zum zwanzigsten Jahrhundert grundlegend geändert hat, möchte ich die Diskussion dieses Problems damit beginnen, daß ich auf eine Unterscheidung hinweise, die ich in meinem Buch ›Escape from Freedom‹ (E. Fromm, 1941 a) getroffen habe und die mir immer noch gültig genug scheint, um als Grundlage für die folgenden Ausführungen zu dienen: Autorität ist nicht eine Eigenschaft, die jemand »hat« in dem Sinn, wie er Eigentum oder körperliche Eigenschaften hat. Die Autorität bezieht sich auf eine zwischenmenschliche Beziehung, bei welcher der eine den anderen als jemand ansieht, der ihm überlegen ist. Aber es besteht ein grundsätzlicher Unterschied zwischen einer Art der Überlegenheits-Unterlegenheits-Beziehung, die man als *rationale* Autorität, und einer, die man als *hemmende* oder *irrationale* Autorität bezeichnen kann.

Ein Beispiel soll zeigen, was ich damit sagen will. Die Beziehung zwischen Lehrer und Schüler und die zwischen dem Sklavenhalter und dem Sklaven basieren beide auf der Überlegenheit des einen über den anderen. Die Interessen von Lehrer und Schüler gehen in gleiche Richtung. Der Lehrer ist zufrieden, wenn es ihm gelingt, den Schüler zu fördern; gelingt es ihm nicht, dann ist er ebenso wie der Schüler gescheitert. Der Sklavenhalter dagegen möchte den Sklaven soviel wie möglich ausbeuten; je mehr er aus ihm herausholt, um so befriedigter ist er. Gleichzeitig versucht der Sklave sich, so gut er kann, wenigstens ein Minimum an Glück zu erkämpfen. Diese Interessen sind eindeutig entgegengesetzter Art, denn das, was dem einen von Vorteil ist, gereicht dem anderen zum Schaden. Die Überlegenheit besitzt in beiden Fällen eine unterschiedliche Funktion: Im ersteren Fall ist sie die Voraussetzung dafür, daß demjenigen, der der Autorität unterworfen ist, geholfen wird; im zweiten Fall ist sie die Voraussetzung für seine Ausbeutung.

Die Dynamik ist bei diesen beiden Arten der Autorität ebenfalls unterschiedlicher Art. Je mehr der Schüler lernt, um so mehr schließt sich die Kluft zwischen ihm und seinem Lehrer. Er wird dem Lehrer immer ähnlicher. Mit anderen Worten: *die rationale Autoritätsbeziehung hat die Tendenz sich aufzulösen.* Dient die Überlegenheit dagegen als Grundlage für die Ausbeutung, so wird der Abstand auf die Dauer immer größer.

Die psychologische Situation ist ebenfalls in diesen beiden Autoritätssituationen verschieden. In ersterer herrschen die Elemente von Liebe, Bewunderung und Dankbarkeit vor. Die Autoritätsperson ist gleichzeitig ein Vorbild, mit dem man sich teilweise oder ganz identifizieren möchte. In der zweiten Situation werden sich Groll und Feindseligkeit gegen den Ausbeuter entwickeln, da die Unterordnung unter ihn im Widerspruch zu den eigenen Interessen steht. Aber oft würde der Haß – wie im Fall des Sklaven – nur zu Konflikten führen, unter denen der Sklave zu leiden hätte, ohne daß er eine Chance hätte, sich durchzusetzen. Er wird daher meist dazu neigen, das Gefühl des Hasses zu verdrängen und wird es manchmal sogar durch ein Gefühl blinder Bewunderung ersetzen. Diese Bewunderung hat zwei Funktionen: erstens das schmerzhafte und gefährliche Gefühl des Hasses zu beseitigen und zweitens das Gefühl der Demütigung abzuschwächen. Wenn der Betreffende, der mich beherrscht, so wunderbar und vollkommen ist, dann brauche ich mich nicht zu schämen, wenn ich ihm gehorche. Ich kann nicht seinesgleichen werden, weil er ja soviel stärker, klüger und besser ist als ich. Die Folge ist, daß bei der hemmenden Art der Autorität entweder das Element des Hasses oder das der Überschätzung und übermäßigen Bewunderung der irrationalen Autorität dazu tendieren wird, noch *zuzunehmen.* Dagegen wird bei der rationalen Art von Autorität die Tendenz bestehen, daß die Stärke der emotionalen Bindungen im gleichen Verhältnis *abnimmt,* wie der der Autorität Unterworfene stärker und damit der Autorität ähnlicher wird.

Der Unterschied zwischen rationaler und hemmender Autorität ist nur relativ. Selbst in der Beziehung zwischen Sklave und Herr sind für den Sklaven vorteilhafte Elemente enthalten. Er erhält ein Minimum an Nahrung und Unterkunft, was ihm die Möglichkeit gibt, für seinen Herrn zu arbeiten. Andererseits fehlt der Widerstreit der Interessen in der Beziehung zwischen Lehrer und Schüler nur dann ganz, wenn es sich um eine ideale Beziehung handelt. Es gibt zwischen diesen beiden Extremfällen viele Abstufungen, wie zum Beispiel in der Beziehung eines Fabrikarbeiters zu seinem Chef, in der eines Bauernsohns zu seinem Vater oder einer Hausfrau zu ihrem Ehemann. Aber wenn auch in der Wirklichkeit die beiden Autoritätstypen miteinander verquickt sind, so sind sie doch ihrem Wesen nach verschieden, und man muß daher bei der Analyse einer konkreten Autoritätssituation stets das spezifische Gewicht der jeweiligen Autorität bestimmen.

Der Gesellschafts-Charakter des neunzehnten Jahrhunderts ist ein gutes Beispiel für eine Mischung aus rationaler und irrationaler Autorität. Der Gesellschafts-Charakter war im wesentlichen noch hierarchischer Art, wenn es sich auch nicht mehr um den hierarchischen Charakter einer Feudalgesellschaft handelte, die sich auf ein gottgegebenes Gesetz und auf die Tradition gründete, sondern vielmehr auf den Kapitalbesitz. Wer Kapital besaß, konnte die Arbeitskraft der Besitzlosen kaufen und darüber verfügen, und letztere hatten zu gehorchen, wenn sie nicht verhungern wollten. Das neue und das alte hierarchische Prinzip hatten sich bis zu einem gewissen Grad miteinander vermischt. Der Staat pflegte – besonders in seiner monarchischen Form – die alten Tugenden des Gehorsams und der Unterwürfigkeit in der Absicht, sie auf neue Inhalte und Werte anzuwenden. Der Gehorsam war im Mittelstand des neunzehnten Jahrhunderts immer noch eine der fundamentalen Tugenden, und Ungehorsam war eines der Grundlaster.

Gleichzeitig hatte sich jedoch die rationale Autorität Seite an Seite mit der irrationalen weiterentwickelt. Seit der Renaissance und der Reformation hatte der Mensch angefangen, sich auf die eigene Vernunft als Leitfaden seines Handelns und Werturteils zu verlassen. Er war stolz darauf, eigene Überzeugungen zu besitzen, und respektierte die Autorität von Wissenschaftlern, Philosophen und Geschichtsschreibern, die ihm behilflich waren, sich ein eigenes Urteil zu bilden und sich seiner Überzeugungen sicher zu sein. Die Entscheidung zwischen wahr und unwahr, zwischen richtig und falsch war von höchster Bedeutung, und das moralische und intellektuelle Gewissen nahm in der Charakterstruktur des Menschen des neunzehnten Jahrhunderts einen hervorragenden Platz ein. Mag sein, daß er seine Gewissensgrundsätze nicht auf Menschen von anderer Hautfarbe und vielleicht nicht einmal auf Angehörige einer anderen Gesellschaftsklasse anwandte, aber er ließ sich doch bis zu einem gewissen Grad von seinem Gefühl für Recht und Unrecht leiten; zum mindesten verdrängte er das Bewußtsein, unrecht zu tun, wenn er es schon nicht vermeiden konnte.

Nahe verwandt mit dieser intellektuellen und moralischen Gewissenhaftigkeit ist ein anderer Charakterzug des neunzehnten Jahrhunderts: das Gefühl des Stolzes und des meisterlichen Könnens. Wenn wir uns heute Bilder aus dem Leben des neunzehnten Jahrhunderts anschauen und die Herren mit ihrem Bart, ihrem Zylinder und Spazierstock sehen, dann kommt uns dieser männliche Stolz lächerlich vor, und wir sehen darin eine negative Seite des neunzehnten Jahrhunderts – diese männliche Eitelkeit und dieser naive Glaube an sich selbst als die höchste Vollendung von Natur und Geschichte. Aber besonders wenn wir bedenken, wie uns dieser Charakterzug heute völlig abgeht, erkennen wir auch die positiven Seiten dieses Stolzes. Der Mensch hatte damals das Gefühl, sich sozusagen selbst in den Sattel gehoben zu haben, sich von der Beherrschung durch die Naturkräfte befreit zu haben und zum erstenmal in der Geschichte selbst ihr Herr geworden zu sein. Er hatte sich von den Fesseln mittelalterlichen Aberglaubens befreit, und es war ihm in den hundert Jahren zwischen 1814 und 1914 sogar gelungen, eine der friedlichsten Perioden der Geschichte zu schaffen, die es je gegeben hat. Er fühlte sich als Individuum, das nur den Gesetzen der Vernunft zu gehorchen und seinen eigenen Entschlüssen zu folgen hatte.

Zusammenfassend läßt sich sagen, daß der Gesellschafts-Charakter des neunzehnten Jahrhunderts im wesentlichen von Konkurrenzkampf, vom Horten, von der Ausbeutung und einer autoritären, aggressiven und individualistischen Einstellung geprägt war. Unserer späteren Diskussion vorgreifend, können wir schon hier nachdrücklich auf den großen Unterschied zwischen dem Kapitalismus des neunzehnten und dem des zwanzigsten Jahrhunderts hinweisen. Anstelle der Orientierung auf Ausbeutung und Horten finden wir jetzt den rezeptiven und den Marketing-Charakter. Anstelle des Konkurrenzkampfes finden wir eine wachsende Tendenz zur »Teamarbeit«. Man strebt nicht mehr nach einem ständig wachsenden Profit, sondern man möchte ein ständiges sicheres Einkommen haben. Anstatt andere auszubeuten, sucht man den Reichtum unter mehr Menschen zu verbreiten und sie daran teilnehmen zu lassen. Andererseits zeigt sich die Tendenz, andere – und sich selbst – zu manipulieren. An die Stelle einer rationalen oder irrationalen, aber *offenen* Autorität ist die *anonyme* Autorität der öffentlichen Meinung und des Marktes getreten.[4] Das individuelle Gewissen wird durch das Bedürfnis, sich anzupassen und die Billigung der anderen zu finden, ersetzt; an die Stelle des Gefühls des Stolzes und der Herrschaft über die Welt ist ein ständig zunehmendes, wenngleich meist unbewußtes Gefühl der Ohnmacht getreten.[5]

[4] Wie die Sowjetunion und Deutschland zeigen, kann die Flucht vor der Freiheit allerdings noch im zwanzigsten Jahrhundert die Form einer völligen Unterwerfung unter eine offene irrationale Autorität annehmen.

[5] Es muß hinzugefügt werden, daß diese Beschreibung hauptsächlich für den Mittelstand des neunzehnten Jahrhunderts gilt. Der Arbeiter und der Bauer wiesen in vielen wesentlichen Aspekten Unterschiede auf. Es ist eines der für die Entwicklung im zwanzigsten Jahrhundert kennzeichnenden Merkmale, daß die Charakterunterschiede zwischen den verschiedenen sozialen Klassen, besonders bei den Stadtbewohnern, fast völlig verschwunden sind.

Blicken wir auf die pathologischen Probleme des Menschen des neunzehnten Jahrhunderts zurück, so hängen diese natürlich eng mit den Besonderheiten des Charakters seiner Gesellschaft zusammen. Die Ausbeutung und das Horten führten zu menschlicher Not und zu einem Mangel an Respekt vor der Würde des Menschen. Dies veranlaßte Europa dazu, Afrika und Asien und die eigene Arbeiterklasse bedenkenlos und ohne Rücksicht auf menschliche Werte auszubeuten. Die andere pathogene Erscheinung, die Rolle, welche die irrationale Autorität und das Bedürfnis, sich ihr unterzuordnen, spielten, führte zur Verdrängung von Gedanken und Gefühlen, die von der Gesellschaft für tabu erklärt waren. Das augenfälligste Symptom war die Verdrängung von Sexualität und allem Natürlichen am Körper, an Bewegung, in der Kleidung, im Architekturstil und so weiter. Nach Freud führte diese Verdrängung zu verschiedenen Formen neurotischer Erkrankungen.

Die Reformbewegungen im neunzehnten und zu Anfang des zwanzigsten Jahrhunderts, welche die gesellschaftlichen Krankheitserscheinungen zu heilen suchten, gehen von diesen Hauptsymptomen aus. Sämtliche Formen des Sozialismus – vom Anarchismus bis zum Marxismus – betonten die Notwendigkeit, die Ausbeutung abzuschaffen und den Arbeiter in einen unabhängigen, freien und geachteten Menschen zu verwandeln. Sie glaubten, wenn die wirtschaftliche Not beseitigt sei und der Arbeiter nicht mehr vom Kapitalisten beherrscht werde, würden alle positiven Errungenschaften des neunzehnten Jahrhunderts voll zur Reife gelangen, und seine schlechten Eigenschaften würden verschwinden. Ähnlich glaubte Freud, wenn die sexuelle Verdrängung beträchtlich vermindert werde, würden die Neurosen und alle möglichen Formen von seelischen Krankheiten hierdurch erheblich zurückgehen (wenn auch sein ursprünglicher Optimismus in seinem späteren Leben mehr und mehr gedämpft wurde). Die Liberalen waren der Meinung, die völlige Befreiung von irrationalen Autoritäten würde ein neues Goldenes Zeitalter heraufführen. Die Vorschläge, welche die Liberalen, die Sozialisten und die Psychoanalytiker für die Heilung menschlicher Übel zu bieten hatten, unterschieden sich zwar voneinander, paßten aber nichtsdestoweniger in die Pathologie und Symptomatologie hinein, die für das neunzehnte Jahrhundert kennzeichnend waren. Was war auch natürlicher als zu erwarten, daß durch die Abschaffung der Ausbeutung und der wirtschaftlichen Not oder durch die Beseitigung sexueller Verdrängungen und irrationaler Autoritäten der Mensch in ein Zeitalter eintreten würde, das freier, glücklicher und fortschrittlicher wäre, als es das neunzehnte Jahrhundert war?

Nun ist ein halbes Jahrhundert vergangen, und die Hauptforderungen der Reformer des neunzehnten Jahrhunderts sind erfüllt. Was das wirtschaftlich am meisten fortgeschrittene Land, die Vereinigten Staaten, betrifft, so ist dort die Ausbeutung der Massen in einem Maß zurückgegangen, wie es noch zu Marx' Zeiten phantastisch erschienen wäre. Anstatt daß die Arbeiterklasse bei der wirtschaftlichen Entwicklung der Gesamtgesellschaft immer mehr ins Hintertreffen geriet, hat sie in wachsendem Maß am nationalen Wohlstand teil, und die Annahme ist völlig berechtigt, daß es in ein oder zwei Generationen in den Vereinigten Staaten keine ausgesprochene Armut mehr geben wird, vorausgesetzt, daß keine größeren Katastrophen eintreten. In enger Beziehung zu der zunehmenden Beseitigung der wirtschaftlichen Not steht die Tatsache, daß die menschliche und politische Situation des Arbeiters sich drastisch verändert hat. Hauptsächlich dank seiner Gewerkschaften ist er zu einem sozialen »Partner« des Managements geworden. Man kann ihn jetzt nicht mehr herumkommandieren, entlassen oder schlecht behandeln, wie das noch vor dreißig Jahren der Fall war. Er blickt jetzt sicherlich nicht mehr zum »Chef« auf, als ob dieser ein höheres Wesen sei. Er verehrt ihn weder, noch haßt er ihn, wenn er ihn auch vielleicht darum beneidet, daß er es in bezug auf die gesellschaftlich erstrebenswerten Ziele schon weitergebracht hat. Was die Unterwürfigkeit gegenüber einer irrationalen Autorität betrifft, so hat sich seit dem neunzehnten Jahrhundert das Bild auch in bezug auf die Eltern-Kind-Beziehungen drastisch verändert. Die Kinder haben keine Angst mehr vor ihren Eltern. Es sind ihre Kameraden, und wenn sich jemand etwas unbehaglich fühlt, dann ist es nicht das Kind, sondern es sind die Eltern, die befürchten, altmodisch zu sein. In der Industrie wie auch in der Armee herrscht ein Geist der »Teamarbeit« und einer Gleichberechtigung, wie sie noch vor fünfzig Jahren unvorstellbar gewesen wären. Überdies ist auch die sexuelle Verdrängung in bemerkenswerter Weise zurückgegangen; nach dem Ersten Weltkrieg gab es eine sexuelle Revolution, bei der die alten Hemmungen und Prinzipien über Bord geworfen wurden. Der Gedanke, sich einen sexuellen Wunsch zu versagen, galt nun als altmodisch oder ungesund. Obwohl gegen diese Einstellung noch eine gewisse Reaktion vorhanden ist, ist doch insgesamt gesehen das für das neunzehnte Jahrhundert typische System von Tabus und Verdrängungen fast ganz verschwunden.

Vom Standpunkt des neunzehnten Jahrhunderts aus gesehen haben wir fast alles erreicht, was für eine gesündere Gesellschaft notwendig schien, und tatsächlich sind auch viele unter denen, die immer noch in den Begriffen von damals denken, davon überzeugt, daß wir immer weitere Fortschritte machen. Folglich glauben auch sie, daß das einzige, was den weiteren Fortschritt bedroht, in autoritären Gesellschaften wie der Sowjetunion zu finden ist, die mit ihrer skrupellosen

Ausbeutung der Arbeiter zum Zweck schnellerer Kapitalanhäufung und mit ihrer skrupellosen politischen Autoritätsausübung, die für eine Fortführung dieser Ausbeutung notwendig ist, in vieler Hinsicht der früheren Phase des Kapitalismus ähnlich ist. Wer jedoch unsere gegenwärtige Gesellschaft nicht mit den Augen des neunzehnten Jahrhunderts betrachtet, der erkennt deutlich, daß die Erfüllung der Hoffnungen dieses neunzehnten Jahrhunderts keineswegs zu den erwarteten Resultaten geführt hat. Tatsächlich hat es den Anschein, daß trotz allen materiellen Wohlstands, trotz aller politischen und sexuellen Freiheiten die Welt um die Mitte des zwanzigsten Jahrhunderts seelisch kränker ist, als sie es im neunzehnten Jahrhundert war. »Wir sind nicht mehr in Gefahr, zu Sklaven zu werden, sondern zu Robotern«, hat Adlai Stevenson sehr scharfsinnig in seiner Ansprache in der Columbia University 1954 festgestellt. Es gibt keine offene Autorität mehr, die uns einschüchtert, aber wir werden von der Angst vor der anonymen Autorität der Konformität beherrscht. Wir ordnen uns niemandem mehr persönlich unter; wir haben keine Auseinandersetzungen mehr mit Autoritätspersonen, aber wir haben auch keine eigenen Überzeugungen und fast keine Individualität und fast kein Selbstgefühl mehr. Es liegt auf der Hand, daß die Diagnose unserer Krankheitserscheinungen nicht nach Art des neunzehnten Jahrhunderts erfolgen kann. Wir müssen die spezifischen pathologischen Probleme unserer eigenen Zeit erkennen, um uns ein Bild davon machen zu können, was notwendig wäre, um die westliche Welt vor einer wachsenden seelischen Erkrankung zu bewahren. Ich will im folgenden diese Diagnose zu stellen versuchen, indem ich mich mit dem Gesellschafts-Charakter des westlichen Menschen im zwanzigsten Jahrhundert beschäftige.

c) Gesellschaftliche und ökonomische Veränderungen im 20. Jahrhundert

Im Kapitalismus haben sich zwischen dem neunzehnten und der Mitte des zwanzigsten Jahrhunderts bezüglich der Industrietechnik, der Wirtschaft und der Gesellschaftsstruktur drastische Veränderungen vollzogen. Nicht weniger drastisch sind die Veränderungen im Charakter der Menschen. Während wir bereits gewisse Wandlungen des Kapitalismus bezüglich der Formen der Ausbeutung, der Art der Autoritätsausübung und der Rolle, die das Besitzstreben spielte, vom neunzehnten zum zwanzigsten Jahrhundert feststellen konnten, wollen wir uns im folgenden mit jenen ökonomischen und charakterologischen Zügen des gegenwärtigen Kapitalismus beschäftigen, die in unserer Zeit von fundamentaler Bedeutung sind, auch wenn ihr

sich vollziehen – teci, nazvijati se

Ursprung im neunzehnten Jahrhundert oder einer noch früheren Zeit liegen mag.

Wenn wir mit einer negativen Feststellung beginnen, so ist zu sagen, daß die feudalen Merkmale in der gegenwärtigen westlichen Gesellschaft immer mehr verschwinden, wodurch die kapitalistische Gesellschaft in Reinkultur immer stärker in die Augen fällt. Allerdings ist das Fehlen von Überresten aus der Feudalzeit in den Vereinigten Staaten noch viel deutlicher zu erkennen als in Westeuropa. Der Kapitalismus ist in den Vereinigten Staaten nicht nur mächtiger und weiter fortgeschritten als in Europa, er ist auch das Modell, auf das sich der europäische Kapitalismus hinentwickelt. Er dient als Modell nicht etwa deshalb, weil Europa versucht, ihn nachzuahmen, sondern weil er die fortgeschrittenste Form des Kapitalismus darstellt, die von allen feudalen Überresten und Fesseln frei ist. Das feudale Europa hat jedoch neben seinen unverkennbaren negativen Eigenschaften auch viele humane Züge, die äußerst anziehend sind, wenn man sie mit der durch den reinen Kapitalismus erzeugten Einstellung vergleicht. Die Kritik Europas an den Vereinigten Staaten bezieht sich im wesentlichen auf die älteren humanen Werte des Feudalismus, soweit diese in Europa noch lebendig sind. Es ist eine Kritik an der Gegenwart im Namen einer Vergangenheit, die auch in Europa selbst schnell im Verschwinden begriffen ist. Deshalb ist der Unterschied zwischen Europa und den Vereinigten Staaten in dieser Hinsicht lediglich der Unterschied zwischen einer älteren und einer neueren Phase des Kapitalismus, zwischen einem noch mit feudalen Überresten untermischten Kapitalismus und seiner reinen Form.

Die augenfälligste Veränderung vom neunzehnten zum zwanzigsten Jahrhundert ist die technische Veränderung, die zunehmende Verwendung zunächst der Dampfmaschine, dann des Verbrennungsmotors, der Elektrizität und neuerdings auch der Atomenergie. Die Entwicklung ist dadurch gekennzeichnet, daß die Handarbeit mehr und mehr durch die Arbeit von Maschinen und darüber hinaus die menschliche Intelligenz durch die Intelligenz der Maschinen ersetzt wird. Während noch 1850 fünfzehn Prozent der für die Arbeit notwendigen Energie von Menschen aufgebracht wurde und Tiere neunundsiebzig Prozent und Maschinen sechs Prozent beisteuerten, wird das Verhältnis 1960 drei zu eins zu sechsundneunzig Prozent lauten. (Vgl. Th. Carskadom und R. Modley, 1949, S. 3.) Seit der Mitte des zwanzigsten Jahrhunderts finden wir eine wachsende Tendenz, automatisch gesteuerte Maschinen zu verwenden, die ihr eigenes »Gehirn« besitzen und die im gesamten Produktionsprozeß eine grundlegende Veränderung hervorrufen.

Die technische Veränderung in der Produktionsweise ist durch eine ständig zunehmende Konzentration des Kapitals bedingt, auf die sie ihrerseits auch wieder angewiesen ist. Die ständig abnehmende Zahl und Bedeutung kleinerer Firmen steht in direktem Verhältnis zur Zunahme der Wirtschaftskolosse. Ein paar Zahlen mögen das in seinen allgemeinen Umrissen wohlbekannte Bild noch etwas verdeutlichen. Von fünfhundertdreiundsiebzig unabhängigen amerikanischen Firmen, welche die meisten Aktien besaßen, die 1930 auf der New Yorker Börse gehandelt wurden, kontrollierten einhundertdreißig über achtzig Prozent des gesamten Anlagekapitals sämtlicher hier repräsentierter Firmen. Die zweihundert größten Gesellschaften, bei denen es sich nicht um Banken handelte, kontrollierten »fast die Hälfte des nicht von Banken verwalteten Kapitals, während die andere Hälfte dreihunderttausend kleineren Firmen gehörte«. (A. A. Berle und G. C. Means, 1940, S. 27f.) Außerdem sollte man sich darüber klar sein, daß der Einfluß einer dieser Riesenkonzerne weit über die ihrer direkten Kontrolle unterstehenden Vermögenswerte hinausgeht. »Kleinere Betriebe, die an die größeren Gesellschaften verkaufen oder etwas von ihnen beziehen, dürften von diesen in weit stärkerem Maß beeinflußt werden als von anderen kleineren Unternehmen, mit denen sie in Geschäftsbeziehung stehen. In vielen Fällen hängt das weitere Gedeihen der kleineren Firmen von der Gunst der größeren ab, und es ist fast unvermeidlich, daß die Interessen letzterer zu den Interessen ersterer werden. Der Einfluß der großen Unternehmen auf die Preise wird oft allein durch deren Größe stark erhöht, selbst wenn es sich keineswegs um ein Preismonopol handelt. Ihr politischer Einfluß kann ungeheuer sein. Wenn daher grob gesagt die Hälfte des in Aktien angelegten Kapitals von zweihundert Großunternehmen und die andere Hälfte von den kleineren Firmen kontrolliert wird, so darf man wohl annehmen, daß sehr viel mehr als die Hälfte der Industrie von diesen Großunternehmen beherrscht wird. Diese Konzentration hat um so größere Bedeutung, als sie zur Folge hat, daß annähernd zweitausend Personen aus einer Bevölkerung von insgesamt einhundertfünfundzwanzig Millionen in den Vereinigten Staaten in der Lage sind, die Hälfte der Industrie zu kontrollieren und zu lenken.« (A. a. O., S. 32f.) Diese Machtkonzentration ist seit 1933 ständig gewachsen und ist noch nicht zum Stillstand gekommen.

Die Zahl der selbständigen Unternehmer hat beträchtlich abgenommen. Während zu Beginn des neunzehnten Jahrhunderts etwa vier Fünftel der Beschäftigten selbständige Unternehmer waren, gehörte um 1870 nur noch ein Drittel dieser Gruppe an, und 1940 gehörte nur noch ein Fünftel aller Beschäftigten zu dieser alten Mittelklasse. Ihre relative Stärke betrug also nur noch fünfundzwanzig Prozent im Vergleich zu den Verhältnissen hundert Jahre zuvor. Siebenundzwanzigtausend Großunternehmen, die nur ein Prozent sämtlicher Firmen in den Vereinigten Staaten ausmachen, beschäftigen über fünfzig Prozent sämtlicher heute im Geschäftsleben tätigen Menschen, während andererseits eineinhalb Millionen (nicht-landwirtschaftliche) Einzelbetriebe nur sechs Prozent aller im Geschäftsleben Tätigen beschäftigen. (Die Zahlenangaben sind entnommen C. W. Mills, 1951, S. 63 ff.)

Wie aus diesen Zahlen bereits hervorgeht, geht eine ungeheure Zunahme der in diesen Großunternehmen Beschäftigten Hand in Hand mit deren Konzentration. Während die alte Mittelklasse, die sich aus Farmern, selbständigen Geschäftsleuten und Angehörigen freier Berufe zusammensetzte, früher fünfundachtzig Prozent des gesamten Mittelstandes ausmachte, sind es jetzt nur noch vierundvierzig Prozent. Die neuen Angehörigen der Mittelklasse haben sich im gleichen Zeitraum von fünfzehn auf sechsundfünfzig Prozent vermehrt. Diese neue Mittelschicht setzte sich zusammen aus Managern, deren Zahl von zwei auf sechs Prozent gestiegen ist, aus Angehörigen höherer Berufe mit festem Gehalt – früher vier, jetzt vierzehn Prozent –, aus Verkaufspersonal – früher sieben, jetzt vierzehn Prozent, und aus Büroangestellten, deren Zahl von zwei auf zweiundzwanzig Prozent angewachsen ist. Alles in allem ist diese neue Mittelklasse zwischen 1870 und 1940 von sechs auf fünfundzwanzig Prozent der Gesamtzahl aller Beschäftigten angewachsen, während die Zahl der Lohnarbeiter gleichzeitig von einundsechzig Prozent auf fünfundfünfzig Prozent gesunken ist. Mills formuliert das scharfsinnig so: *»... weniger Menschen handhaben Dinge, und mehr Menschen manipulieren Menschen und Symbole«* (a.a.O., S. 63).

Hand in Hand mit der wachsenden Bedeutung der Großunternehmen geht noch eine andere Entwicklung von größter Wichtigkeit: die fortschreitende Trennung des Managements von den Eigentümern. Dies veranschaulichen aufschlußreiche Zahlen in dem klassischen Werk von A. A. Berle und G. C. Means (1940). Von den einhundertvierundvierzig Unternehmen unter den zweihundert größten Gesellschaften (im Jahre 1930), von denen entsprechende Informationen zu bekommen waren, hatten nur zwanzig weniger als fünftausend Aktionäre, während einundsiebzig von ihnen zwischen zwanzigtausend und fünfhunderttausend Aktionäre hatten. Nur in kleinen Betrieben scheint das Management noch zu den wichtigen Aktionären zu gehören, während in den Großunternehmen, das heißt in den bedeutendsten Firmen, die Eigentümer und das Management völlig voneinander getrennt sind. In einigen der größten Eisenbahngesellschaften und Versorgungsbetriebe besaß 1929 kein einziger Aktionär mehr als 2,74 Prozent des Kapitals, und diese Situation herrscht nach Berle und Means im gesamten Industriebereich. »Wenn man die Industrien nach dem durchschnittlichen Aktienbesitz des Managements klassifiziert ... so findet man, daß der Anteil der Vorstandsmitglieder und Direktoren fast genau im umgekehrten Verhältnis zur durchschnittlichen Größe des betreffenden Unternehmens steht. Mit nur zwei größeren Ausnahmen war der Anteil des Managements am Aktienkapital um so kleiner, je größer das Unternehmen war. Bei der Eisenbahn besaß das Management 1,4 Prozent des Aktienkapitals der Gesellschaft, das durchschnittlich zweiundfünfzig Millionen Dollar pro Gesellschaft betrug ... und in verschiedenen Bergwerks- und Minenunternehmen waren es 1,8 Prozent. Nur bei kleinen Unternehmen scheint das Management einen beträchtlichen Aktienanteil zu besitzen. Es waren unter zwanzig Prozent außer in Betrieben, deren Kapitalbesitz im Durchschnitt unter einer Million Dollar lag, während nur drei Industriegruppen, die sich sämtlich aus Firmen zusammensetzten, welche im Durchschnitt über weniger als zweihunderttausend Dollar verfügten, Direktoren und Aufsichtsratsmitglieder hatten, die über die Hälfte der Aktien besaßen.« (A. A. Berle und G. C. Means, 1940, S. 52.)

Angesichts der beiden Tendenzen, der relativen Zunahme der Großunternehmen und des relativ geringen Aktienbesitzes des Managements in diesen Großunternehmen, zeigt sich deutlich der allgemeine Trend, daß die Kapitaleigner mit dem Management immer weniger identisch sind. Wie das Management das Unternehmen trotz der Tatsache unter Kontrolle hat, daß es keinen beträchtlichen Teil des Aktienkapitals selbst besitzt, ist ein soziologisches und psychologisches Problem, auf das wir noch zurückkommen werden.

Eine weitere grundsätzliche Veränderung, die den Kapitalismus des neunzehnten Jahrhunderts von unserem heutigen Kapitalismus unterscheidet, ist die wachsende Bedeutung des Binnenmarkts. Unser gesamter Wirtschaftsapparat beruht auf dem Prinzip der Massenproduktion und des Massenkonsums. Während im neunzehnten Jahrhundert die allgemeine Tendenz darauf hinauslief, zu sparen und keine Verpflichtungen einzugehen, die man nicht sofort bezahlen konnte, haben wir heute genau das entgegengesetzte System. Man versucht jedermann dazu zu veranlassen, soviel wie nur irgend möglich zu kaufen, und das noch bevor er das Geld dafür zusammengespart hat. Das Bedürfnis nach noch mehr Konsum wird von der Werbung und all den anderen Methoden, die einen psychologischen Druck auf uns ausüben, noch stark stimuliert. Diese Entwicklung geht Hand in Hand mit dem wirtschaftlichen und gesellschaftlichen Aufstieg der Arbeiterklasse. Besonders in den Vereinigten Staaten, aber auch in ganz Europa, hat die Arbeiterschaft Anteil an der vergrößerten Produktion des gesamten Wirtschaftssystems. Der Arbeitslohn und die zusätzlichen Sozialleistungen, die dem Arbeiter zugute kommen, ermöglichen ihm ein Konsumniveau, das noch vor hundert Jahren einfach unglaublich erschienen wäre. Seine gesellschaftliche und wirtschaftliche Macht ist in gleicher Weise gestiegen, und das nicht nur in bezug auf sein Einkommen und seine Sozialbezüge, sondern auch hinsichtlich seiner menschlichen und gesellschaftlichen Rolle im Betrieb.

Werfen wir noch einen Blick auf die wichtigsten Elemente im Kapitalismus des zwanzigsten Jahrhunderts. Es handelt sich um das Verschwinden der feudalen Züge, um die revolutionierende Zunahme der Industrieproduktion, um die wachsende Konzentration des Kapitals, um die ständige Vergrößerung der Betriebe und des Verwaltungsapparats, um die immer größere Zahl von Menschen, die Zahlen und Menschen manipulieren, um die Trennung von Eigentümern und Management in den Unternehmen, um den wirtschaftlichen und politischen Aufstieg der Arbeiterklasse, um die neuen Arbeitsmethoden in Fabrik und Büro. Ich möchte jetzt alle diese Veränderungen unter einem etwas anderen Gesichtspunkt untersuchen. Das Verschwinden der feudalen Faktoren bedeutet das Verschwinden der irrationalen Autorität. Von niemand wird mehr angenommen, daß er durch seine Geburt, durch den Willen Gottes oder das Naturgesetz etwas Besseres ist als sein Nachbar. Jedermann gilt als ebenbürtig und frei. Niemand darf ausgebeutet oder aufgrund eines angeblich natürlichen Rechtes herumkommandiert werden. Wenn jemand von einem anderen Befehle erhält, dann deshalb, weil dieser seine Arbeitskraft oder seine Dienstleistungen auf dem Arbeitsmarkt gekauft hat. Er befiehlt nur, weil sie beide frei und einander ebenbürtig sind und daher miteinander einen Vertrag abschließen konnten. Freilich überlebte sich zusammen mit der irrationalen auch die rationale Autorität. Wenn der Markt und der Vertrag die Beziehungen regulieren, dann braucht man nicht mehr zu wissen, was recht und unrecht und was gut und böse ist. Man braucht sich nur darum zu kümmern, daß alles *fair* zugeht – daß es sich um ein faires Tauschgeschäft handelt und daß alles glatt »läuft« und funktioniert.

Ein anderes entscheidendes Erlebnis des Menschen des zwanzigsten Jahrhunderts ist das Produktionswunder. Er verfügt jetzt über Kräfte, die tausendmal stärker sind als die, welche ihm die Natur zuvor in die Hand gab. Dampfkraft, Öl und Elektrizität sind zu seinen Dienern und Lasttieren geworden. Er überquert die Meere und die Kontinente – zuerst in Wochen, dann in Tagen und heute in Stunden. Er scheint das Gesetz der Schwerkraft überwunden zu haben und fliegt durch die Luft. Er verwandelt Wüsten in fruchtbares Land, er macht Regen, anstatt darum zu beten. Das Wunder der Produktion führt zum Wunder des Konsums. Es gibt die traditionellen Schranken nicht mehr, die jemand davon abhalten könnten, irgend etwas, wonach ihm gelüstet, zu kaufen. Er muß nur das Geld dazu haben. Aber mehr und mehr Menschen verfügen über dieses Geld – vielleicht nicht gerade für echte, aber doch für synthetische Perlen; sie können sich Fordwagen kaufen, die wie Cadillacs aussehen, oder billige Kleider, die wie teure aussehen, oder Zigaretten, und zwar die gleichen Marken, die auch der Millionär raucht. Alles nur irgend Erreichbare kann man sich kaufen, kann man konsumieren. Hat es jemals eine Gesellschaft gegeben, wo ein solches Wunder sich ereignet hätte?

Die Menschen arbeiten zusammen. Tausende strömen in die Fabriken und Büros – sie kommen in ihren Wagen, mit der U-Bahn, im Bus und mit der Eisenbahn – sie arbeiten zusammen nach einem von den Experten vorgeschriebenen Rhythmus, nach Methoden, welche die Experten ausgearbeitet haben – nicht zu schnell und nicht zu langsam, aber immer in Zusammenarbeit; jeder als Teil des Ganzen. Am Abend strömt alles wieder zurück. Sie lesen alle die gleichen Zeitungen, sie hören sich dieselben Radioprogramme an, sie sehen dieselben Filme. Es sind dieselben für die oben auf der Leiter und für die auf der untersten Stufe, für die Intelligenten und für die Dummen, für die Gebildeten und die Ungebildeten. Man produziert und konsumiert, man hat seinen Spaß miteinander, man marschiert im gleichen Schritt, ohne Fragen zu stellen. Das ist der allgemeine Lebensrhythmus.

Welche Art von Menschen braucht dann unsere Gesellschaft? Welche Art von Gesellschafts-Charakter paßt zum Kapitalismus des zwanzigsten Jahrhunderts?

Wir brauchen Menschen, die reibungslos in großen Gruppen zusammenarbeiten; die mehr und mehr konsumieren möchten, und deren Geschmack standardisiert und leicht zu beeinflussen und vorauszusagen ist.

Wir brauchen Menschen, die sich frei und unabhängig und keiner Autorität, keinerlei Prinzipien und keinem Gewissen unterworfen fühlen und die dennoch bereit sind, sich befehlen zu lassen, das zu tun, was von ihnen erwartet wird, sich reibungslos in den Gesellschaftsapparat einzuordnen. Wie kann der Mensch ohne Gewalt und ohne Führer und ohne Ziel gelenkt werden – zu keinem anderen Zweck als immer in Bewegung zu bleiben, zu funktionieren und voranzukommen …?

d) Die charakterologischen Veränderungen in der Gesellschaft des 20. Jahrhunderts

1. Quantifizierung und Abstraktion

Wenn man den Gesellschafts-Charakter des heutigen Menschen analysieren will, so kann man sich dabei genau wie bei der Beschreibung der Charakterstruktur eines einzelnen Menschen der verschiedensten Methoden bedienen. Diese Methoden können sich entweder in bezug auf die Tiefe unterscheiden, bis zu der die Analyse vordringt, oder sie können sich mit verschiedenen Aspekten befassen, die allesamt »in die Tiefe gehen«, aber vom Forscher je nach seinen speziellen Interessen ausgewählt werden.

In der folgenden Analyse habe ich mir die *Entfremdung* als Ausgangspunkt gewählt, von dem aus ich meine Untersuchung des gegenwärtigen Gesellschafts-Charakters entwickeln möchte. Der eine Grund hierfür ist, daß mir dieser Begriff an die tiefste Schicht der modernen Persönlichkeit zu rühren scheint. Außerdem scheint er mir am besten dazu geeignet, das Wechselspiel zwischen der heutigen sozio-ökonomischen Struktur und der Charakterstruktur des Durchschnittsmenschen aufzuzeigen. (Der mit dem in ›Man for Himself‹ [1947a] entwickelten Begriff der *Marketing-Orientierung* vertraute Leser wird erkennen, daß der Begriff der Entfremdung der allgemeinere ist, dem der Begriff der Marketing-Orientierung zugeordnet ist.)

Bevor wir jedoch die Entfremdung erörtern, müssen wir uns zunächst mit den grundlegenden ökonomischen Merkmalen des Kapitalismus befassen: mit dem Prozeß der *Quantifizierung* und dem der *Abstraktion.*

Der mittelalterliche Handwerker stellte seine Waren für einen relativ kleinen und ihm bekannten Kundenkreis her. Seine Preise bestimmte die Notwendigkeit, einen Gewinn zu erzielen, der es ihm erlaubte, in dem herkömmlichen Stil zu leben, der seinem gesellschaftlichen Stand entsprach. Er kannte seine Herstellungskosten aus Erfahrung, und selbst wenn er ein paar Gesellen und Lehrlinge beschäftigte, so brauchte er für seine Geschäftsführung doch keine komplizierte Buchhaltung oder Bilanzrechnung. Das gleiche galt für den Bauern, der für seine Erzeugnisse noch weniger quantifizierende, abstrahierende Methoden brauchte. Im Gegensatz dazu beruht der moderne Geschäftsbetrieb auf der Bilanz. Man kann sich hier nicht mehr auf die eigenen konkreten und unmittelbaren Feststellungen verlassen, wie das der Handwerker zu tun pflegte, wenn er sich seinen Gewinn ausrechnete. Heute kann man das Rohmaterial, die Maschinen, die Arbeitslöhne wie auch das Produkt selbst in gleicher Weise in bezug auf ihren Geldwert ausdrücken, so daß sie vergleichbar geworden sind und in die Gewinn- und Verlustrechnung hineinpassen. Alles, was im Betrieb geschieht, muß genau quantifizierbar sein, und nur die Bilanz, der exakte Vergleich der in Zahlen ausgedrückten wirtschaftlichen Prozesse, sagt dem Manager, ob und bis zu welchem Grad seine Geschäftsführung gewinnbringend und daher sinnvoll war.

Diese Umwandlung vom Konkreten ins Abstrakte geht heute weit über die Bilanz und die Quantifizierung der wirtschaftlichen Gegebenheiten im Produktionsbereich hinaus. Der moderne Geschäftsmann rechnet nicht nur mit Millionen von Dollar, sondern auch mit Millionen von Kunden, mit Tausenden von Aktionären und Tausenden von Arbeitern und Angestellten. Alle diese Menschen werden zu ebensovielen Teilchen in einer gigantischen Maschine, die man unter Kontrolle haben und deren Leistung man kalkulieren muß. Dabei kann jeder einzelne als eine abstrakte Größe, als eine Zahl ausgedrückt werden, und auf dieser Basis werden die wirtschaftlichen Gegebenheiten kalkuliert, werden Trends vorausgesagt und Entscheidungen getroffen.

Heute, wo nur noch zwanzig Prozent aller Berufstätigen selbständig sind, arbeiten alle übrigen für jemanden anderen, und ihr Leben hängt von jemandem ab, der ihnen einen Lohn oder ein Gehalt bezahlt. Aber wir sollten nicht von »jemand«, sondern lieber von »etwas« reden, weil nämlich der Arbeiter von einer Institution eingestellt und auch wieder entlassen wird, deren Manager unpersönliche Teile des Unternehmens und keine Menschen sind, die mit den Menschen, die sie beschäftigen, in persönlichem Kontakt stehen. Und auch etwas anderes dürfen wir nicht vergessen: In der vorkapitalistischen Gesellschaft bezog sich der Austausch weitgehend auf Waren und Dienstleistungen. Heute wird jede Arbeit mit Geld abgegolten. Die eng miteinander verquickten ökonomischen Beziehungen werden mit Geld, der abstrakten Ausdrucksform der Arbeit, geregelt – das heißt, daß wir für unterschiedliche Qualitäten unterschiedliche Quantitäten des gleichen erhalten; und wir geben Geld für das, was wir dafür empfangen –, wobei wir wiederum nur verschiedene Quantitäten von ein und demselben für unterschiedliche Qualitäten austauschen. Mit Ausnahme der Landbevölkerung könnte praktisch niemand auch nur ein paar Tage existieren, ohne Geld zu empfangen und wieder auszugeben, was für die abstrakte Qualität der konkreten Arbeit spricht.

Ein weiterer Aspekt der kapitalistischen Produktion, der zu einer immer stärkeren Abstraktion führt, ist die zunehmende Arbeitsteilung. An sich gibt es eine Arbeitsteilung in den meisten uns bekannten Wirtschaftssystemen. Wir finden sie selbst in den primitivsten Gemeinschaften in Form der Arbeitsteilung zwischen den Geschlechtern. Charakteristisch für die kapitalistische Produktion ist aber der

Grad, bis zu welchem sich diese Arbeitsteilung entwickelt hat. Während es in der mittelalterlichen Wirtschaft beispielsweise eine Arbeitsteilung zwischen der Landwirtschaft mit ihren Erzeugnissen und der Arbeit des Handwerkers gab, war innerhalb der einzelnen Produktionsbereiche kaum eine Arbeitsteilung zu finden. Der Tischler, der einen Stuhl oder einen Tisch herstellte, machte den ganzen Stuhl oder den ganzen Tisch, und selbst wenn gewisse vorbereitende Arbeiten von seinen Lehrlingen ausgeführt wurden, so kontrollierte er doch die Herstellung seines Erzeugnisses und übersah es als Ganzes. In modernen Industrieunternehmen kommt der Arbeiter nirgends mit dem Enderzeugnis in Berührung. Er ist mit einer Spezialarbeit beschäftigt; er kann zwar im Laufe der Zeit auch einmal auf eine andere Spezialarbeit hinüberwechseln, doch bringt ihn auch das in keine nähere Beziehung zum *Endprodukt*. Er wird auf einen bestimmten Arbeitsvorgang spezialisiert, und die Tendenz geht dahin, daß man die Funktion des modernen Industriearbeiters so definieren könnte, daß er nach Art einer Maschine Tätigkeiten ausführt, für die noch keine entsprechenden Maschinen erfunden sind oder bei denen die Maschinenarbeit teurer wäre als die menschliche Arbeit. Der einzige, der mit dem Endprodukt in Berührung steht, ist der Manager. Aber für ihn ist das Erzeugnis etwas Abstraktes, das seinem Wesen nach einen Tauschwert darstellt, während der Arbeiter, für den dieses Erzeugnis etwas Konkretes ist, niemals mit dem Endprodukt in Berührung kommt.

Zweifellos wäre die moderne Massenproduktion ohne diese Quantifizierung und Abstraktion undenkbar. Aber in einer Gesellschaft, wo die Beschäftigung in der Wirtschaft zur Hauptbestätigung der Menschen geworden ist, reicht dieser Quantifizierungs- und Abstraktionsprozeß weit über den Bereich der wirtschaftlichen Produktion hinaus und ist für die allgemeine Einstellung der Menschen zu den Dingen, zu anderen Menschen und zu sich selbst kennzeichnend geworden.

Um den Abstraktionsprozeß beim modernen Menschen verstehen zu können, müssen wir uns zunächst mit der zwiespältigen Funktion der Abstraktion im allgemeinen befassen. Es ist klar, daß Abstraktionen an und für sich keine moderne Erscheinung sind. Tatsächlich ist die wachsende Fähigkeit, Abstraktionen zu bilden, kennzeichnend für die kulturelle Entwicklung der menschlichen Rasse. Wenn ich von einem »Tisch« spreche, so bediene ich mich bereits einer Abstraktion. Ich beziehe mich nicht auf einen speziellen Tisch in seiner ganzen Konkretheit, sondern auf die Gattung »Tisch«, die alle möglichen konkreten Tische in sich begreift. Wenn ich von »dem Menschen« spreche, so spreche ich nicht von dieser oder jener Person in ihrer Konkretheit und Einzigartigkeit, sondern von der Gattung »Mensch«, die alle individuellen Personen umfaßt. Mit anderen Worten, ich abstrahiere. Die Entwicklung des philosophischen oder wissenschaftlichen Denkens gründet sich auf die zunehmende Fähigkeit zu abstrahieren. Darauf zu verzichten, würde einen Rückfall in die primitivste Art zu denken bedeuten.

Es gibt jedoch zwei verschiedene Arten, mit einem Gegenstand in Beziehung zu treten: Ich kann zu ihm in seiner vollen Konkretheit in Beziehung treten; dann tritt dieser Gegenstand mit allen seinen spezifischen Eigenschaften in Erscheinung, und es gibt keinen anderen Gegenstand, der ihm ganz gleich wäre. Und ich kann zu dem Gegenstand auf eine abstrakte Weise in Beziehung treten, das heißt, ich kann all jene Eigenschaften an ihm in den Vordergrund stellen, die er mit sämtlichen Gegenständen der gleichen Gattung gemeinsam hat, und so einige seiner Eigenschaften hervorheben und andere ignorieren. Wenn man mit einem Objekt eine volle, produktive Beziehung eingehen will, dann gehört hierzu die Polarität, daß man ihn in seiner Einzigartigkeit und gleichzeitig in seiner Allgemeinheit wahrnimmt, sowohl in seiner Konkretheit wie auch in seiner Abstraktheit.

In der heutigen westlichen Kultur ist diese Polarität einer fast ausschließlichen Beziehung zu den abstrakten Eigenschaften von Dingen und Menschen gewichen, und man versäumt, zu ihnen in ihrer Konkretheit und Einzigartigkeit in Beziehung zu treten. Anstatt sich nur da, wo es notwendig und angebracht ist, abstrakter Begriffe zu bedienen, wird alles, einschließlich unserer selbst, zu etwas Abstraktem gemacht. Die konkrete Realität von Menschen und Dingen, zu der wir mit der Realität unserer eigenen Persönlichkeit in Beziehung treten können, wird durch Abstraktionen, durch gespenstische Schatten ersetzt, die unterschiedliche Quantitäten, aber nicht unterschiedliche Qualitäten verkörpern.

Es ist üblich geworden, von einer »Drei-Millionen-Dollar-Brücke«, von einer »Zwanzig-Cent-Zigarre« oder von einer »Fünf-Dollar-Uhr« zu reden, und zwar nicht nur vom Standpunkt des Herstellers oder des Kunden beim Kaufvorgang, sondern so, als ob dies das Wesentliche sei, was darüber zu sagen ist. Wenn man von einer »Drei-Millionen-Dollar-Brücke« spricht, denkt man nicht in erster Linie an ihre Nützlichkeit oder Schönheit, das heißt an ihre konkreten Eigenschaften, sondern man spricht von ihr als von einer Ware, deren wesentlichste Eigenschaft ihr Tauschwert ist, der sich quantitativ, nämlich in Geld, ausdrücken läßt. Das heißt natürlich nicht, daß man sich überhaupt nicht mehr um die Nützlichkeit oder die Schönheit der Brücke kümmert, aber es bedeutet, daß ihr konkreter Gebrauchswert nur *sekundär* ist im Vergleich zu ihrem abstrakten Tauschwert – so erleben wir sie. Gertrude Steins berühmte Zeile »Eine Rose ist eine Rose ist eine Rose« ist ein Protest gegen diese abstrakte Form des

Erlebens. Für die meisten Menschen ist eine Rose eben gerade *nicht* eine Rose, sondern eine Blume einer bestimmten Preisklasse, wie man sie bei gewissen gesellschaftlichen Anlässen kauft. Selbst die schönste Feldblume, die nichts kostet, wird nicht in ihrer Schönheit im Vergleich zu einer Rose erlebt. Denn sie besitzt keinen Tauschwert.

Mit anderen Worten, die Dinge werden als Ware erlebt, als Verkörperungen des Tauschwerts, und dies nicht nur in dem Augenblick, wo wir sie kaufen oder verkaufen, sondern es entspricht unserer Gesamteinstellung zu ihnen auch dann noch, wenn die ökonomische Transaktion längst beendet ist. Selbst nachdem wir einen Gegenstand gekauft haben, verliert er doch nie ganz seine Eigenschaft als Ware in diesem Sinn; man kann ihn wieder verkaufen, er behält seine Eigenschaft als Tauschwert. Der Bericht des Geschäftsführers einer bedeutenden wissenschaftlichen Gesellschaft über seinen Tagesablauf ist ein gutes Beispiel für diese Einstellung. Die Gesellschaft hatte eben ein eigenes Gebäude gekauft und war eingezogen. Der Geschäftsführer berichtet, er sei bereits wenige Tage, nachdem sie eingezogen waren, von einem Grundstücksmakler angerufen worden, der sagte, es gebe da gewisse Leute, die daran interessiert seien, das Gebäude zu kaufen, und die es sich ansehen wollten. Obgleich er wußte, daß es höchst unwahrscheinlich war, daß seine Gesellschaft das Gebäude schon wieder verkaufen wollte, nachdem man erst vor wenigen Tagen eingezogen war, konnte er der Versuchung nicht widerstehen zu erfahren, ob der Wert des Gebäudes gestiegen war, seit sie es gekauft hatten, und so verwandte er eine oder zwei kostbare Stunden darauf, den Grundstücksmakler herumzuführen. Er schreibt: »Es ist in der Tat höchst interessant, daß man uns mehr bietet, als wir angelegt haben. Ein nettes Zusammentreffen war es, daß mir das Angebot gemacht wurde, als unser Schatzmeister zufällig in meinem Büro war. Alle sind sich darüber einig, daß es die Stimmung des Vorstands heben wird, wenn sie erfahren, daß wir für das Gebäude einen weit höheren Preis erzielen können, als es uns gekostet hat. Ich bin gespannt, was daraus wird.« Obwohl er auf das neue Gebäude sehr stolz war und sich sehr darüber freute, war es für ihn doch immer noch eine Ware, etwas, was man wieder verkaufen konnte, und er hatte nicht das Gefühl, es nun ganz zu besitzen und auch benutzen zu wollen. Die gleiche Einstellung haben die Leute zu ihren Autos. Der eigene Wagen wird nie ganz zu einem Gegenstand, an dem man hängt, sondern er behält seine Eigenschaft als eine Ware, die man gewinnbringend gegen eine andere eintauschen kann. So verkauft man seinen Wagen nach ein oder zwei Jahren wieder, lange bevor er seinen Gebrauchswert ganz oder auch nur in nennenswertem Ausmaß verloren hat.

Diese Abstraktion findet sich sogar bei Erscheinungen, die gar keine Waren sind, wie zum Beispiel bei Überschwemmungskatastrophen.

der Vordergrund – prvi plan

Die Schlagzeilen der Zeitungen bezeichnen dann die Überschwemmung als eine »Millionen-Dollar-Katastrophe«, womit sie das abstrakte, quantitative Element und nicht den konkreten Aspekt menschlichen Leidens in den Vordergrund stellen.

Aber die abstrahierende und quantifizierende Einstellung geht weit über den Bereich von Dingen hinaus. Auch Menschen werden als Verkörperung eines quantitativen Tauschwerts erlebt. Wenn man von einem Menschen sagt, er sei »eine Million Dollar wert«, dann spricht man nicht mehr von einer konkreten menschlichen Person, sondern von einer Abstraktion, deren Wesen sich in einer Zahl ausdrücken läßt. Die gleiche Haltung drückt es aus, wenn ein Nachruf in der Zeitung die Überschrift hat: »Schuhfabrikant gestorben«. Tatsächlich ist ein *Mensch* gestorben, ein Mensch mit bestimmten menschlichen Eigenschaften, mit Hoffnungen und Enttäuschungen, mit Frau und Kind. Zwar hat er auch Schuhe hergestellt, oder besser gesagt, er hat eine Fabrik besessen und geleitet, in der Arbeiter Maschinen bedienten, welche Schuhe herstellten; wenn es aber heißt: »Schuhfabrikant gestorben«, dann wird der Reichtum und die Konkretheit eines Menschenlebens in der abstrakten Formel einer ökonomischen Funktion ausgedrückt.

Die gleiche abstrahierende Einstellung spricht aus Formulierungen wie »Mr. Ford produziert soundso viele Automobile«, oder dieser oder jener General »hat eine Festung erobert«, oder wenn jemand sich ein Eigenheim zugelegt hat und sagt: »Ich habe mir ein Haus gebaut.« Konkret gesagt, hat Mr. Ford die Autos nicht hergestellt; er leitete die Produktion von Automobilen, die von Tausenden von Arbeitern hergestellt wurden. Der General hat die Festung niemals erobert; er hat in seinem Hauptquartier gesessen und Befehle gegeben, und seine Soldaten haben die Eroberung besorgt. Der Mann hat auch sein Haus nicht gebaut; er hat einem Architekten, der die Pläne entworfen hat, und den Arbeitern, die sie ausgeführt haben, das Geld dafür bezahlt. Ich sage das alles nicht, um die Bedeutung des Managements und einer leitenden Tätigkeit zu bagatellisieren. Ich möchte lediglich darauf hinweisen, daß man – wenn man die Dinge so erlebt – den Blick dafür verliert, was konkret vor sich geht, und daß man auf diese Weise zu einer abstrakten Auffassung gelangt, bei der eine Funktion, nämlich das Planen, das Anordnen und die Finanzierung einer Tätigkeit mit dem gesamten konkreten Prozeß der Produktion oder des Kämpfens oder des Hausbauens identifiziert wird.

Auf den gleichen Abstraktionsprozeß stoßen wir auch in allen anderen Bereichen. In der ›New York Times‹ stand neulich die Überschrift: »B.Sc. + PH.D = $ 40000.« Die Information mit dieser etwas verwirrenden Überschrift lautet: Aus statistischen Daten geht hervor, daß ein Ingenieurstudent, der den Doktorgrad dazu erwirbt, in seinem späteren Leben vierzigtausend Dollar mehr verdienen wird als jemand, der nur den Grad eines Bachelor of Science besitzt. Wenn das stimmt, ist es eine interessante sozio-ökonomische Feststellung, die es wert ist, daß man darüber berichtet. Ich erwähne sie in diesem Zusammenhang, weil sie als eine Gleichung zwischen einem wissenschaftlichen Grad und einem bestimmten Dollarbetrag ausgedrückt wird, was wiederum auf die abstrahierende und quantifizierende Denkweise hinweist, bei der das Wissen als Verkörperung eines bestimmten Tauschwerts auf dem Personalmarkt erlebt wird. Es läuft auf dasselbe hinaus, wenn in einem politischen Bericht in einem Nachrichtenmagazin festgestellt wird, daß die Regierung Eisenhower das Gefühl habe, ein so großes »Vertrauenskapital« zu besitzen, daß sie auch gewisse unpopuläre Maßnahmen riskieren könne, weil sie es »sich leisten« könne, etwas von diesem Vertrauenskapital zu verlieren. Auch hier wird eine menschliche Eigenschaft, nämlich die Vertrauenswürdigkeit, in einer abstrakten Form ausgedrückt, so als ob es sich um eine Kapitalanlage handele, mit der man an der Börse spekuliert. Auf wie drastische Weise kommerzielle Kategorien selbst in das religiöse Denken eingegangen sind, zeigt sich in der folgenden Stelle aus einem Artikel von Bischof Sheen über die Geburt Christi. »Unsere Vernunft sagt uns«, heißt es da, »daß, wenn irgendeiner der Anwärter (auf die Rolle des Gottessohnes) von Gott kam, das mindeste, was Gott tun konnte, um seinen Vertreter in seinem Anspruch zu unterstützen, doch wäre, daß er Seine Ankunft im voraus ankündigte. Automobilfabrikanten kündigen es uns vorher an, wenn wir ein neues Modell zu erwarten haben.« (›Collier's Magazine‹, 1953.) Noch drastischer drückt sich der Evangelist Billy Graham aus, wenn er sagt: »Ich verkaufe das größte Produkt der Welt; warum sollte ich nicht dafür werben, wie man für Seife wirbt?« (›Time Magazine‹, 25. Oktober 1954.)

Der Abstraktionsprozeß wurzelt jedoch noch viel tiefer und äußert sich noch auf ganz andere Weise als wir bisher beschrieben haben, wobei die Anfänge bis zum Beginn der Neuzeit zurückreichen. Dieser Prozeß führt zur Auflösung eines jeden konkreten Bezugsrahmens im Lebensvollzug.

In einer primitiven Gesellschaft ist die »Welt« mit dem Stamm identisch. Der Stamm steht sozusagen im Mittelpunkt des Universums; alles außerhalb von ihm ist schattenhaft und besitzt keine unabhängige Existenz. In der mittelalterlichen Welt war das Universum weit größer. Es umfaßte unseren Erdball, den Himmel und die Sterne über ihm. Aber die Erde stand im Mittelpunkt, und der Mensch war der Zweck der Schöpfung. Alles hatte seinen festen Platz, genau wie jedermann seine feste Position in der feudalen Gesellschaft hatte. Mit dem fünfzehnten und sechzehnten Jahrhundert eröffneten sich neue Horizonte. Die Erde verlor ihren Platz im Mittelpunkt des Universums und wurde zu einem der Satelliten der Sonne; neue Kontinente wurden entdeckt, neue Seewege wurden gefunden; das statische Gesellschaftssystem lockerte sich immer mehr auf, alles und jedermann geriet in Bewegung. Aber bis zum Ende des neunzehnten Jahrhunderts hatten Natur und Gesellschaft ihre Konkretheit und ihre umrissene Gestalt noch nicht verloren. Der Mensch hatte die Natur und die gesellschaftliche Welt noch fest in der Hand, sie besaßen noch ihre festen Konturen. Aber mit dem Fortschritt des wissenschaftlichen Denkens, mit den technischen Entdeckungen und der Auflösung aller traditionellen Bindungen gingen diese umrissene Gestalt und diese Konkretheit allmählich verloren. Ob wir an unser neues Weltbild oder an die theoretische Physik, an die atonale Musik oder die abstrakte Kunst denken – unser konkreter, fest umrissener Bezugsrahmen ist im Verschwinden begriffen. Wir stehen nicht mehr im Mittelpunkt des Universums, wir sind nicht mehr Zweck der Schöpfung, wir sind nicht mehr die Herren einer beherrschbaren und erkennbaren Welt – wir sind ein Staubkörnchen, ein Nichts irgendwo im Raum ohne eine konkrete Beziehung irgendwelcher Art zu irgend etwas. Wir sprechen davon, daß Millionen Menschen getötet werden, daß ein Drittel oder mehr unserer Bevölkerung ausgelöscht wird, wenn es zu einem dritten Weltkrieg kommen sollte; wir sprechen von einer nationalen Verschuldung von Milliarden Dollar, von Tausenden von Lichtjahren in bezug auf die interplanetarischen Entfernungen, von der Raumfahrt und von künstlichen Satelliten. Zehntausende arbeiten in einem einzigen Unternehmen. Hunderttausende leben in Hunderten von Städten.

Die Dimensionen, mit denen wir es zu tun haben, sind Zahlen und Abstraktionen; sie gehen weit über die Grenzen hinaus, die wir noch konkret erleben können. Wir haben kein Bezugssystem mehr, das wir beherrschen, das wir beobachten können und das unseren *menschlichen Dimensionen* angepaßt wäre. Während unsere Augen und Ohren nur Eindrücke aufnehmen, die den von uns beherrschbaren Proportionen entsprechen, hat unser Weltbild eben diese Qualität verloren; es entspricht nicht mehr unseren menschlichen Dimensionen.

Dies ist besonders bedeutsam im Zusammenhang mit unseren heutigen Vernichtungswaffen. Im modernen Krieg kann ein einzelner Mensch die Vernichtung von Hunderttausenden von Männern, Frauen und Kindern bewirken. Er braucht dazu nur auf einen Knopf zu drücken. Vielleicht hat er gar kein Gefühl dafür, was er damit anrichtet, da er ja die Menschen nicht sieht und nicht kennt, die er umbringt. Es ist fast so, als ob sein Druck auf den Knopf und ihr Tod in keinem realen Zusammenhang stünden. Vermutlich wäre derselbe Mensch nicht fähig, einen Hilflosen zu schlagen oder gar zu töten. In letzterem

Fall würde die konkrete Situation eine Gewissensreaktion in ihm hervorrufen, wie sie allen normalen Menschen eigentümlich ist. Beim Druck auf den Knopf bleibt diese Reaktion aus, weil dieser Akt und sein Objekt dem Täter entfremdet sind. Es handelt sich nicht mehr um *seine* Tat, sondern diese hat sozusagen ihr eigenes Leben und ihre eigene Verantwortung.

Wissenschaft, Geschäftsleben und Politik haben alle Grundlagen und Proportionen eingebüßt, die für den Menschen einen Sinn haben. Wir leben in Zahlen und Abstraktionen. Da nichts mehr konkret ist, ist nichts mehr real. Alles ist möglich – praktisch möglich und moralisch möglich. Die *science fiction* unterscheidet sich nicht mehr von den wissenschaftlichen Tatsachen, Alpträume und andere Träume unterscheiden sich nicht mehr von den Ereignissen des nächsten Jahres. Der Mensch hat seinen festen Platz verloren, von dem aus er sein Leben und das Leben seiner Gesellschaft überblicken und beherrschen konnte. Er wird von Kräften, die er ursprünglich selbst ins Leben gerufen hat, schneller und schneller vorangetrieben. In diesem wilden Wirbel denkt er und plant er eifrig in seinen Abstraktionen, die sich immer weiter vom konkreten Leben entfernen.

2. *Entfremdung*

Nach unserer Diskussion des Abstraktionsprozesses gelangen wir jetzt zu dem zentralen Problem der Auswirkungen des Kapitalismus auf die Persönlichkeit: zum Phänomen der Entfremdung.

Unter Entfremdung ist eine Art der Erfahrung zu verstehen, bei welcher der Betreffende sich selbst als einen Fremden erlebt. Er ist sozusagen sich selbst entfremdet. Er erfährt sich nicht mehr als Mittelpunkt seiner Welt, als Urheber seiner eigenen Taten – sondern seine Taten und deren Folgen sind zu seinen Herren geworden, denen er gehorcht, ja die er sogar möglicherweise anbetet. Der entfremdete Mensch hat den Kontakt mit sich selbst genauso verloren, wie er auch den Kontakt mit allen anderen Menschen verloren hat. Er erlebt sich und die anderen so, wie man Dinge erlebt – mit den Sinnen und dem gesunden Menschenverstand, aber ohne mit ihnen und der Außenwelt in eine produktive Beziehung zu treten.

Im Englischen war das Wort *alienation* ursprünglich die Bezeichnung für den Zustand eines Geisteskranken; im Französischen bezeichnete *aliéné* und im Spanischen *alienado* den psychotischen, vollkommen und absolut entfremdeten Menschen. (*Alienist* ist in England heute noch die Bezeichnung eines Arztes für Geisteskranke.)

Im letzten Jahrhundert haben Hegel und Marx das Wort »Entfremdung« nicht auf den Zustand eines Geisteskranken, sondern auf eine weniger drastische Form der Selbstentfremdung angewandt. Auch wenn der Betreffende in bezug auf praktische Dinge noch vernünftig handeln kann, so stellt sie doch einen der schwersten gesellschaftlichen Defekte dar. Im Marxschen System wird jener Zustand als Entfremdung bezeichnet, in dem »die eigene Tat des Menschen ihm zu einer fremden, gegenüberstehenden Macht wird, die ihn unterjocht, statt daß er sie beherrscht« (K. Marx, 1971, S. 361).

Das Wort »Entfremdung« in diesem allgemeinen Sinne ist neueren Datums, der Begriff selbst jedoch viel älter. Er bedeutet das gleiche wie das, was die Propheten des Alten Testaments unter *Götzendienst (idolatry)* verstanden. Es wird uns zu einem besseren Verständnis von »Entfremdung« verhelfen, wenn wir uns zunächst klarmachen, was unter »Götzendienst« zu verstehen ist.

Die Propheten des Monotheismus haben die heidnischen Religionen nicht in erster Linie deshalb als Götzendienst angeprangert, weil sie mehrere Götter statt des einen Gottes verehrten. Der wesentliche Unterschied zwischen dem Monotheismus und dem Polytheismus liegt nicht in der Anzahl der Götter, sondern in der Tatsache der Selbstentfremdung. Der Mensch verwendet seine Energie, seine künstlerischen Fähigkeiten darauf, ein Götzenbild herzustellen, das er dann anbetet und das doch nichts weiter ist als ein Gebilde seiner eigenen Hände. Seine Lebenskräfte sind in ein »Ding« eingeströmt, und dieses zum Götzen gewordene Ding wird nicht als Ergebnis des eigenen produktiven Bemühens, sondern als etwas außerhalb seiner selbst erlebt, das über dem Menschen steht, ja ihm feindlich gesinnt ist, das er verehrt und dem er sich unterwirft. Wie der Prophet Hosea (14,4) sagt: »Nicht von Assur wollen wir Rettung erwarten, wir wollen nicht mehr auf Pferden reiten, und *zu dem, was unsere Hände gemacht haben, sagen wir nie mehr: Unser Gott!* Denn nur bei Dir findet der Verwaiste Erbarmen.« Der Götzen dienende Mensch beugt sich vor dem Werk seiner Hände. *Der Götze repräsentiert seine eigenen Lebenskräfte in einer entfremdeten Form.* Im Gegensatz dazu besteht das Prinzip des Monotheismus darin, daß der Mensch unendlich ist, daß keine einzelne Eigenschaft in ihm zu einem Ganzen hypostasiert wird. Nach monotheistischer Auffassung ist Gott unergründlich und undefinierbar; Gott ist kein »Ding«. Wenn der Mensch als Ebenbild Gottes geschaffen wurde, so wurde er als Träger unendlicher Eigenschaften geschaffen. Beim Götzendienst beugt er sich vor der Projektion einer Teileigenschaft seiner selbst und unterwirft sich dieser. Er erlebt sich nicht als Zentrum, von dem lebendige Akte der Liebe und Vernunft ausstrahlen. Er wird zu einem Ding, sein Nachbar wird zu einem Ding, genauso wie seine Götter Dinge sind. »Die Götzen der Heiden sind nur Silber und Gold, ein Machwerk von Menschenhand. Sie haben einen Mund und reden nicht, Augen und sehen nicht; sie haben Ohren und hören nicht; auch ist kein Hauch in ihrem

Mund. Die sie gemacht haben, sollen ihrem Machwerk gleichen, alle, die den Götzen vertrauen.« (Psalm 135,15–18.)

Die monotheistischen Religionen sind weitgehend in diesen Götzendienst zurückgefallen. Der Mensch projiziert seine Kräfte der Liebe und der Vernunft auf Gott. Er empfindet diese Kräfte nicht mehr als seine eigenen, und dann betet er zu Gott, er möge ihm etwas von dem zurückgeben, was er, der Mensch, in Gott hineinprojiziert hat. Im frühen Protestantismus und Calvinismus bestand die vom Menschen verlangte religiöse Haltung darin, daß er sich leer und armselig fühlen *sollte* und daß er allein auf Gottes Gnade vertrauen sollte, das heißt, daß er darauf hoffen sollte, daß Gott ihm einen Teil der eigenen Eigenschaften zurückgeben würde, die er in Gott hineingelegt hatte.

Jeder Akt einer unterwürfigen Anbetung ist ein Akt der Entfremdung und des Götzendienstes in diesem Sinn. Was häufig als »Liebe« bezeichnet wird, ist oft nichts anderes als dieses götzendienerische Phänomen der Entfremdung; nur wird dabei nicht Gott oder ein Idol angebetet, sondern ein anderer Mensch. Der »Liebende« projiziert bei einer derartigen unterwürfigen Beziehung alle seine Liebe, seine ganze Kraft und alle seine Gedanken auf die geliebte Person. Er erlebt diese als ein höheres Wesen und findet seine Befriedigung, wenn er sich ihr ganz unterwirft und sie schrankenlos verehrt. Das bedeutet nicht nur, daß er diese geliebte Person gar nicht als menschliches Wesen in seiner vollen Realität erlebt, sondern daß er auch *sich selbst* nicht in seiner ganzen Wirklichkeit, als Träger produktiver menschlicher Kräfte erfährt. Genau wie beim religiösen Götzendienst hat er seinen inneren Reichtum in den anderen hineinprojiziert, und er erlebt diesen Reichtum nicht mehr als etwas Eigenes, sondern als etwas, das ihm fremd ist, als etwas, das er in den anderen hineingelegt hat und womit er nur in Kontakt kommen kann, wenn er sich dem anderen unterwirft oder wenn er ganz in ihm aufgeht. Das gleiche Phänomen finden wir bei der hingebungsvollen Unterwerfung unter einen politischen Führer oder unter den Staat. Tatsächlich sind ja Führer und Staat das, was sie durch den Konsensus der Regierten sind. Aber sie werden zu Götzen, wenn der einzelne alle seine Kräfte in sie hineinprojiziert und sie anbetet in der Hoffnung, durch diese Unterwerfung und hingebungsvolle Verehrung etwas von seinen eigenen Kräften zurückzuerhalten.

In Rousseaus Staatstheorie wird genau wie im modernen totalitären Staat vom einzelnen erwartet, daß er auf die eigenen Rechte verzichtet und sie dem Staat als dem einzigen Schiedsrichter überträgt. Beim Faschismus und im Stalinismus verrichtet der sich völlig entfremdete einzelne seine Andacht vor dem Altar seines Idols, und es macht kaum einen Unterschied, welchen Namen dieses Idol trägt: ob Staat, Klasse, Kollektiv oder welchen sonst.

Wir können von Götzendienst und Entfremdung nicht nur in Beziehung zu anderen Menschen sprechen, sondern auch in bezug auf uns selbst, wenn wir irrationalen Leidenschaften unterworfen sind. Wer hauptsächlich von seiner Gier nach Macht motiviert ist, erlebt sich nicht mehr in der ganzen Fülle und Grenzenlosigkeit eines menschlichen Wesens, sondern er wird zum Sklaven einer Teilstrebung in sich selbst, die er auf äußere Ziele projiziert, von denen er »besessen« ist. Wer immerzu auf der Jagd nach Geld ist, ist von dieser Leidenschaft besessen; das Geld ist der Götze, den er als Projektion eines isolierten Strebens in seinem Ich, nämlich seiner Geldgier, anbetet. In diesem Sinne ist der Neurotiker ein entfremdeter Mensch. Seine Handlungen sind nicht wirklich die eigenen. Er hat zwar die Illusion, das zu tun, was *er* will, wird aber in Wirklichkeit von Kräften getrieben, die sich von ihm selbst losgetrennt haben und hinter seinem Rücken wirken. Er ist sich selbst ein Fremder, genauso wie auch sein Nächster ihm fremd ist. Er erlebt den anderen und sich selbst nicht so, wie sie und er wirklich sind, sondern entstellt durch die unbewußten Kräfte, die in ihm arbeiten. Der Geisteskranke ist der *völlig entfremdete* Mensch; er hat sich als Mittelpunkt seines Erlebens völlig verloren.

Gemeinsam ist allen diesen Erscheinungen die Verehrung eines Idols, die götzendienerische Anbetung Gottes, die abgöttische Liebe zu einem anderen Menschen, die Verehrung des politischen Führers oder des Staates und die götzendienerische Verehrung der Äußerungen irrationaler Leidenschaften – all das entspricht dem Prozeß der Entfremdung. Tatsächlich *erfährt sich ein solcher Mensch nicht als aktiver Träger seiner eigenen Kräfte und seines eigenen Reichtums, sondern als ein verarmtes »Ding«, das von Kräften außerhalb seiner selbst abhängig ist, in die er seine lebendige Substanz hineinprojiziert hat.*

Wie aus der Bezugnahme auf den Götzendienst hervorgeht, ist die Entfremdung keineswegs eine moderne Erscheinung. Es ginge weit über den Rahmen dieses Buches hinaus, wollten wir hier eine Geschichte der Entfremdung zu entwerfen versuchen. So mag der Hinweis genügen, daß die Entfremdung in den verschiedenen Kulturen Unterschiede aufzuweisen scheint, und zwar sowohl in bezug auf die speziellen Bereiche, in denen sie auftritt, als auch in bezug auf die Schwere und Vollständigkeit des Prozesses.

Die Entfremdung in unserer modernen Gesellschaft ist fast total. Sie kennzeichnet die Beziehung des Menschen zu seiner Arbeit, zu den Dingen, die er konsumiert, zum Staat, zu seinen Mitmenschen und zu sich selbst. Der Mensch hat sich eine Welt von vom Menschen geschaffenen Dingen errichtet, wie sie nie zuvor existierte. Er hat eine komplizierte Gesellschaftsmaschinerie zur Bedienung des von ihm gebauten technischen Apparats geschaffen. Aber sein Werk steht hoch über ihm. Er fühlt sich nicht als Schöpfer und Mittelpunkt, sondern als Diener eines Golems, den seine Hände erschaffen haben. Je mächtiger und gigantischer die Kräfte werden, die er entfesselt, um so ohnmächtiger fühlt er sich als menschliches Wesen. Er konfrontiert sich mit seinen eigenen Kräften, welche in Dingen verkörpert sind, die er geschaffen hat und die ihm selbst entfremdet sind. Er ist zum Eigentum seiner eigenen Schöpfung geworden und besitzt sich selbst nicht mehr. Er hat sich ein goldenes Kalb geschaffen und sagt: »Das sind deine Götter, Israel, die dich aus Ägypten heraufgeführt haben!« (Ex 32,4.)

Und was geschieht mit dem *Arbeiter*? Ein nachdenklicher und gründlicher Beobachter der Industrieszene meint dazu: »In der Industrie wird der Mensch zu einem ökonomischen Atom, das zur Melodie des atomistischen Managements tanzt. Hier und nirgend anders hast du deinen Platz, so hast du zu sitzen, deine Arme haben sich x Zoll in einem Umkreis vom Radius y zu bewegen, und zwar in einem Tempo von z Minuten. Die Arbeit wird immer einförmiger und gedankenloser in dem Maße, wie Planer, Mikroprozessoren und wissenschaftliche Manager dem Arbeiter mehr und mehr das Recht nehmen, frei zu denken und sich frei zu bewegen. Ein eigenes Leben wird ihm versagt. Das Bedürfnis, seine Arbeit zu beherrschen, schöpferisches Schaffen, Neugier und unabhängiges Denken werden erstickt, und das Ergebnis, die unausweichliche Folge von seiten des Arbeiters, ist Flucht und Kampf, Apathie oder Destruktivität – psychische Regression.« (J. J. Gillespie, 1948.)

Auch die Rolle des *Managers* ist eine entfremdete. Zwar leitet er das Ganze und arbeitet nicht nur an einem Teil, aber auch er ist seinem Produkt als etwas Konkretem und Nützlichem entfremdet. Sein Ziel ist, das von anderen investierte Kapital nutzbringend einzusetzen, obgleich das moderne Management im Vergleich mit dem älteren Typ des Unternehmers, dem das Werk selbst gehörte, weit weniger an der Höhe der an die Aktionäre auszuzahlenden Dividende interessiert ist als an einem effizienten Arbeiten und einer immer weiteren Ausdehnung des Betriebes. Es ist kennzeichnend, daß innerhalb des Managements diejenigen, die sich um die Arbeitsverhältnisse und den Verkauf zu kümmern haben – das heißt: die mit der Manipulation von Menschen betraut sind – zunehmend an Bedeutung gewinnen gegenüber denjenigen, die für die technische Seite der Produktion verantwortlich sind.

Genau wie der Arbeiter, genau wie jeder andere hat es auch der Manager mit unpersönlichen Giganten zu tun: mit riesigen Konkurrenzunternehmen, mit dem riesigen Binnen- und Weltmarkt, mit der Riesenverbraucherschaft, die es zu überreden und zu manipulieren gilt, mit Riesengewerkschaften und mit einer gigantischen öffentlichen

Verwaltung. Alle diese Giganten haben sozusagen ihr eigenes Leben. Sie bestimmen sowohl die Tätigkeit des Managers als auch die der Arbeiter und Angestellten.

Das Problem des Managers führt uns hin zu einer der bedeutsamsten Erscheinungen in einer entfremdeten Kultur, zur *Bürokratisierung.* Sowohl die Großunternehmen als auch der staatliche Verwaltungsapparat werden von einer Bürokratie in Gang gehalten. Bürokraten sind Spezialisten in bezug auf die Verwaltung von Dingen *und von Menschen.* Infolge der Größe des zu verwaltenden Apparats und der daraus resultierenden Abstraktion steht der Bürokrat zu den Menschen in einer Beziehung totaler Entfremdung. Die zu verwaltenden Menschen sind Objekte, denen die Bürokraten weder mit Liebe noch mit Haß, sondern völlig unpersönlich gegenüberstehen. Der Manager-Bürokrat darf – soweit es seine berufliche Tätigkeit betrifft – keine Gefühle haben; er muß die Menschen so manipulieren, als ob es sich um Zahlen oder Dinge handelte. Da die Größe des Unternehmens und die extreme Arbeitsteilung verhindern, daß irgendein einzelner das Ganze übersieht, da es keine organische, spontane Zusammenarbeit zwischen den verschiedenen Individuen oder Gruppen in der Industrie gibt, braucht man diese Manager-Bürokraten. Ohne sie würde das Unternehmen in kurzer Zeit zusammenbrechen, da niemand das Geheimnis kennt, wie es funktioniert. Die Bürokraten sind ebenso unentbehrlich wie die Tonnen von Papier, die unter ihrer Leitung verbraucht werden. Und weil jeder aus einem Gefühl der eigenen Ohnmacht heraus spürt, welche lebenswichtige Rolle die Bürokraten spielen, erweist man ihnen eine beinahe göttliche Verehrung. Man hat das Gefühl, wenn sie nicht wären, würde alles zusammenbrechen und wir müßten alle verhungern. So wie in der mittelalterlichen Welt die Großen als Vertreter einer gottgewollten Ordnung angesehen wurden, genießt im modernen Kapitalismus der Bürokrat eine kaum geringere Verehrung – da er für den Fortbestand des Ganzen unentbehrlich ist.

Karl Marx hat für den Bürokraten eine tiefsinnige Definition gefunden, denn für ihn tritt der Bürokrat zur Welt als dem Objekt seiner Tätigkeit in Beziehung. Es ist interessant zu beobachten, daß der Geist der Bürokratie nicht nur in die Verwaltung von Wirtschaft und Regierung eingedrungen ist, sondern ebenso in die Gewerkschaften und die großen sozialistischen demokratischen Parteien in England, Deutschland und Frankreich. Auch in Rußland haben die bürokratischen Manager mit ihrer entfremdeten Einstellung das Land erobert. Rußland könnte – unter gewissen Bedingungen – vielleicht ohne Terror auskommen, aber es könnte ohne sein System einer totalen Bürokratisierung, das heißt ohne Entfremdung, nicht existieren. (Vgl. den interessanten Artikel von W. Huhn, ›Der Bolschewismus als Manager-Ideologie‹, 1954).

prägnant – klar, treffend

Welche Einstellung hat nun aber der *Besitzer* des Unternehmens, der Kapitalist? Der kleine Geschäftsmann scheint in der gleichen Lage zu sein wie sein Vorgänger vor hundert Jahren. Er besitzt und leitet seinen kleinen Betrieb, er steht in enger Fühlung mit der gesamten kommerziellen und industriellen Tätigkeit und hat persönlichen Kontakt mit seinen Mitarbeitern. Da er aber in allen anderen wirtschaftlichen und sozialen Hinsichten in einer entfremdeten Welt lebt und außerdem stärker unter dem ständigen Druck der größeren Konkurrenzunternehmen steht, ist er keineswegs so frei, wie es noch sein Großvater im gleichen Betrieb war.

Aber was in der heutigen Wirtschaft eine immer größere Rolle spielt, ist das *big business*, der große Konzern. Peter F. Drucker bringt das sehr prägnant zum Ausdruck, wenn er sagt: »Kurz gesagt, es ist der große Konzern – die spezielle Form, in der das *big business* in einer freien Marktwirtschaft organisiert ist, der zur repräsentativen und entscheidenden sozio-ökonomischen Institution geworden ist, der das große Vorbild ist und sogar das Verhalten des Besitzers des kleinen Tabakladens an der Ecke, der nie eine Aktie besessen hat, ebenso bestimmt wie das seines Laufburschen, der noch nie eine Fabrik betreten hat. So kommt es, daß der Charakter unserer Gesellschaft von der Struktur und der Organisation des *big business*, von der Technologie der Fabrikbetriebe mit ihrer Massenproduktion bestimmt und geformt wird, und daher werden unsere sozialen Überzeugungen und Versprechungen in einem so weiten Ausmaß von den großen Unternehmen und innerhalb derselben realisiert.« (P. F. Drucker, 1946, S. 8f.)

Wie aber steht nun der »Besitzer« des Großunternehmens zu »seinem Besitz«? Seine Einstellung dazu ist die einer nahezu totalen Entfremdung. Sein Besitzrecht besteht in einem Stück Papier, das einen bestimmten, der Kursschwankung unterworfenen Geldwert darstellt. Er ist für das Unternehmen weder verantwortlich, noch unterhält er irgendwelche konkreten Beziehungen zu ihm. Diese entfremdete Haltung kommt sehr deutlich in der Beschreibung der Einstellung des Aktionärs zum Unternehmen zum Ausdruck, die wir bei A. A. Berle und G. C. Means (1940, S. 66–68) finden:

»(1) Die Position des Eigentümers hat sich aus einer aktiven in eine passive Rolle verwandelt. An die Stelle eines tatsächlichen materiellen Besitzes, über den er selbst verfügen konnte und für den er verantwortlich war, hat der Eigentümer jetzt ein Stück Papier in der Hand, welches gewisse Rechtsansprüche und Erwartungen in bezug auf das Unternehmen dokumentiert. Dagegen hat der Eigentümer das Unternehmen selbst und den damit verbundenen materiellen Besitz – die Produktionsmittel, an denen er ein Interesse hat – kaum unter seiner Kontrolle. Er ist auch weder für das Unternehmen noch für dessen materiellen Besitz verantwortlich. Man sagt oft, der Besitzer eines Pferdes sei für das Pferd verantwortlich. Solange dieses am Leben ist, muß er es füttern, und wenn es stirbt, muß er es begraben. Eine Aktie beinhaltet keinerlei Verantwortung dieser Art. Der Besitzer ist praktisch außerstande, von sich aus einen Einfluß auf das dahinterstehende Eigentum auszuüben.

(2) Es gibt auch keine geistigen Werte mehr, die wie früher mit dem Besitz verbunden wären. Der materielle Besitz, den der Eigentümer früher selbst aufbauen konnte, vermochte ihm eine unmittelbare Befriedigung zu gewähren, ganz abgesehen von den Einkünften, die dieser in konkreter Form abwarf. Er stellte sozusagen eine Erweiterung der eigenen Persönlichkeit dar. Mit der Umwandlung in eine Aktiengesellschaft ging dies dem Besitzer auf ähnliche Weise verloren, wie es dem Arbeiter durch die industrielle Revolution verlorenging.

(3) Es ist dahin gekommen, daß der Wert des Reichtums eines Menschen von Kräften abhängt, die völlig außerhalb von ihm wirken und auf die er keinerlei Einfluß hat. Statt dessen hängt der Wert seines Besitzes einerseits von der Tätigkeit der Männer ab, die das Unternehmen leiten und über die der Besitzer in der Regel keine Macht hat, und zum anderen von der Tätigkeit anderer auf einem empfindlichen und oft ziemlich launenhaften Markt. Der Wert seines Besitzes hängt demnach von Zufälligkeiten und Manipulationen ab, wie sie für den Markt kennzeichnend sind. Darüber hinaus hängt dieser Wert auch noch von den beträchtlichen Schwankungen in der Meinung der Gesellschaft, wie sich ihre nächste Zukunft gestalten wird, ab, was sich im allgemeinen Niveau der Werte auf dem organisierten Markt spiegelt.

(4) Der Wert des individuellen Reichtums schwankt nicht nur ständig – das gilt ja für beinahe jeden Besitz – er wird auch ständig anders eingeschätzt. Der einzelne kann diese Einschätzung seines Besitzes, die sich von einem Augenblick zum anderen ändern kann, beobachten, was nicht nur die Art, wie er über sein Einkommen verfügt, sondern auch seine Freude daran merklich beeinflußt.

(5) Der individuelle Reichtum ist durch die organisierten Märkte äußerst mobil geworden. Der einzelne Besitzer kann ihn im Nu in eine andere Form des Besitzes umwandeln, und vorausgesetzt, daß die Marktmaschinerie in Ordnung ist, kann er dies ohne ernste Einbußen tun, wie sie etwa durch Zwangsverkäufe bedingt sind.

(6) Der Reichtum ist immer weniger in einer Form vorhanden, in der ihn der Besitzer direkt verwenden kann. Wenn Reichtum zum Beispiel in Landbesitz besteht, so kann der Eigentümer sich ihn nutzbar machen, auch wenn er nur einen geringen Marktwert besitzt. Die materielle Qualität eines derartigen Reichtums macht es möglich, daß er für den Eigentümer einen subjektiven Wert besitzt, der von seinem etwaigen Marktwert völlig unabhängig ist. Die heutige Form des

Reichtums dagegen macht diesen für einen direkten Gebrauch völlig untauglich. Der Besitzer kann ihn nur unmittelbar für sich nutzbar machen, wenn er ihn auf dem Markt verkauft. Er ist hierdurch wie nie zuvor an den Markt gebunden.

(7) Schließlich hat der »Eigentümer« in einer Aktiengesellschaft nur ein Symbol seines Besitzes in der Hand, während die Macht, die Verantwortung und die reale Substanz, die einst ein integraler Bestandteil des Besitzes waren, jetzt auf eine separate Gruppe übergegangen sind, in deren Händen die Kontrolle liegt.«

Ein anderer wichtiger Aspekt der entfremdeten Position des Aktionärs ist die Art, wie er sein Unternehmen unter Kontrolle hat. Dem Gesetz nach üben die Aktionäre über das Unternehmen die Kontrolle aus, das heißt, sie wählen den Vorstand etwa auf die gleiche Weise, wie das Volk in einem demokratischen Staat seine Vertreter wählt. Praktisch jedoch besitzen sie kaum eine Möglichkeit der Kontrolle, denn die Anteile des einzelnen sind so außerordentlich geringfügig, daß er kaum daran interessiert ist, zu den Aktionärsversammlungen zu gehen und sich aktiv einzuschalten. A. A. Berle und G. C. Means (a.a.O., S. 70) unterscheiden zwischen fünf Hauptarten der Kontrolle: »(1) Die Kontrolle durch fast alleinigen Aktienbesitz, (2) die Kontrolle durch Mehrheitsbesitz, (3) die Kontrolle durch juristische Kunstgriffe ohne Mehrheitsbesitz, (4) die Kontrolle durch eine Minderheit und (5) die Kontrolle durch das Management.« Die ersten beiden dieser fünf Kontrollarten – bei denen sich das Aktienkapital ganz oder mehrheitlich in einer Hand befindet – waren (um 1930) nur bei sechs Prozent der zweihundert (am Kapital gemessen) größten Unternehmen zu finden, während bei den übrigen vierundneunzig Prozent die Kontrolle entweder vom Management ausgeübt wurde oder unter Anwendung von juristischen Kunstgriffen durch Heranziehen eines kleinen Teils des Aktienbesitzes oder durch eine Minderheit der Aktionäre das Geschehen bestimmt wurde (vgl. a.a.O., S. 94 u. 114–117). Wie ein solches Wunder ohne Gewalt und Betrug und ohne direkte Verletzung der Gesetze zustande gebracht wird, ist im klassischen Werk von Berle und Means hochinteressant beschrieben.

Der Prozeß des *Konsums* ist ebenso entfremdet wie der Prozeß der Produktion. Vor allem erwerben wir die Dinge mit Geld, und wir sind daran so gewöhnt, daß wir es für selbstverständlich halten. In Wirklichkeit ist dies jedoch eine höchst merkwürdige Art, sich Dinge zu verschaffen. Das Geld repräsentiert Arbeit und Mühe in einer abstrakten Form; es muß sich dabei nicht unbedingt um meine eigene Arbeit und Mühe handeln, denn ich kann ja mein Geld durch Erbschaft, durch einen Glücksfall oder auch durch Betrug und auf vielerlei andere Weise erworben haben. Aber selbst wenn ich es durch eigene Anstrengung erworben habe (wobei wir einen Augenblick vergessen

angeben – sich durch entsprechendes Verhalten (Reden, Tun) den Anschein von Bedeutsamkeit zu geben versuchen

wollen, daß *meine* Anstrengung mir das Geld vielleicht nicht eingebracht hätte, wenn ich nicht andere Menschen für mich hätte arbeiten lassen), so habe ich es doch auf eine besondere Weise erworben, wie sie meinen Fähigkeiten und Fertigkeiten entsprach, während sich das Geld, wenn ich es ausgebe, in eine abstrakte Form von Arbeit verwandelt und gegen alles mögliche andere eingetauscht werden kann. Wenn ich im Besitz von Geld bin, so brauche ich mich nicht anzustrengen oder zu bemühen, um mir etwas zu kaufen. Wenn ich Geld habe, kann ich mir zum Beispiel ein wundervolles Gemälde kaufen, auch wenn ich von Kunst nicht das geringste verstehe. Ich kann mir den besten Plattenspieler kaufen, auch wenn ich kein Musikverständnis besitze. Ich kann mir eine Bibliothek kaufen, auch wenn ich lediglich damit angeben möchte; ich kann mir Bildung kaufen, auch wenn ich damit nichts anfangen kann, außer daß sie ein gesellschaftliches Plus für mich darstellt. Ich kann sogar die Gemälde oder die Bücher, die ich mir gekauft habe, zerstören, ohne dadurch – vom Geldverlust abgesehen – irgendeinen Schaden zu erleiden. Der bloße Besitz des Geldes gibt mir das Recht, mir alles, was ich will, zu kaufen und damit zu machen was ich will. Die menschliche Art des Erwerbs wäre, daß damit für mich eine Anstrengung verbunden wäre, die in einem qualitativ richtigen Verhältnis zu meinem Erwerb stünde. Der Erwerb von Brot und Kleidung hätte dann keine andere Voraussetzung als die, daß ich lebe; der Erwerb von Büchern und Bildern würde zur Voraussetzung haben, daß ich mich bemühe, sie zu verstehen und daß ich die Fähigkeit besitze, auch Gebrauch davon zu machen. Es ist hier nicht der Ort, darüber zu diskutieren, wie man dieses Prinzip in die Praxis umsetzen könnte. Worauf es mir ankommt, ist zu zeigen, daß die Art, wie wir die Dinge erwerben, in keiner Beziehung zu der Art steht, wie wir davon Gebrauch machen.

Marx hat die entfremdete Funktion des Geldes im Prozeß seines Erwerbs und Verbrauchs vorzüglich beschrieben: »Das Geld ... verwandelt ebenso sehr die wirklichen menschlichen und natürlichen Wesenskräfte in bloß abstrakte Vorstellungen und darum Unvollkommenheiten, qualvolle Hirngespinste, wie es andererseits die wirklichen Unvollkommenheiten und Hirngespinste, die wirklich ohnmächtigen, nur in der Einbildung des Individuums existierenden Wesenskräfte desselben zu wirklichen Wesenskräften und Vermögen verwandelt ... Es verwandelt die Treue in Untreue, die Liebe in Haß, den Haß in Liebe, die Tugend in Laster, das Laster in Tugend, den Knecht in den Herrn, den Herrn in den Knecht, den Blödsinn in Verstand, den Verstand in Blödsinn ... Wer die Tapferkeit kaufen kann, der ist tapfer, wenn er auch feig ist ... Setze den *Menschen* als *Menschen* und sein Verhältnis zur Welt als ein menschliches voraus, so kannst du Liebe nur gegen Liebe austauschen, Vertrauen nur gegen

 Hirngespinst (m) – fantazija, iluzija

Vertrauen etc. Wenn du die Kunst genießen willst, mußt du ein künstlerisch gebildeter Mensch sein; wenn du Einfluß auf andre Menschen ausüben willst, mußt du ein wirklich anregend und fördernd auf andre wirkender Mensch sein. Jedes deiner Verhältnisse zum Menschen – und zu der Natur – muß eine bestimmte, dem Gegenstand deines Willens entsprechende *Äußerung* deines *wirklichen individuellen* Lebens sein. Wenn du liebst, ohne Gegenliebe hervorzurufen, das heißt wenn dein Lieben als Lieben nicht die Gegenliebe produziert, wenn du durch eine *Lebensäußerung* als liebender Mensch dich nicht zum *geliebten Menschen* machst, so ist deine Liebe ohnmächtig, ein Unglück.« (K. Marx, 1971, S. 300f.)

Aber wie gebrauchen wir – von der Art ihres Erwerbs abgesehen – die Dinge, nachdem wir sie erworben haben? Bei vielen Dingen geben wir uns nicht einmal den Anschein, als ob wir sie auch benutzten. Wir erwerben sie, um sie zu *haben*. Der nutzlose Besitz allein gewährt uns Befriedigung. Das kostbare Tafelservice oder die Kristallvase, die wir nie benutzen aus Angst, sie könnte zerbrechen, das herrschaftliche Haus mit seinen unbenutzten Räumen, die überflüssigen Wagen und Dienstboten, genau wie die häßlichen Nippesfiguren in den Familien aus dem unteren Mittelstand – das sind alles Beispiele für die Freude an einem Besitz, für den man keine Verwendung hat. Allerdings war diese Freude am Besitz als solchem im vorigen Jahrhundert noch auffälliger; heute haben wir mehr Spaß an Dingen, die wir auch benutzen, als an solchen, die wir lediglich verwahren. Das ändert aber nichts an der Tatsache, daß selbst bei der Freude an Dingen, die wir auch benutzen, die Befriedigung des Prestigebedürfnisses im Vordergrund steht. Der eigene Wagen, der Kühlschrank, der Fernseher sind nicht nur zum praktischen Gebrauch bestimmt, sie erhöhen auch das Ansehen des Besitzers. Sie heben seinen Status.

Wie benutzen wir die Dinge, die wir erwerben? Fangen wir mit Essen und Trinken an. Wir essen ein Brot ohne Geschmack und ohne Nährwert, weil es dem entspricht, was wir uns unter reich und vornehm vorstellen – weil es so weiß und »frisch« ist. In Wirklichkeit verzehren wir ein Phantasieprodukt, und den Kontakt mit dem, was wir tatsächlich essen, haben wir verloren. Unser Gaumen, unser Körper, sie haben mit diesem Akt des Konsums, der sie doch in erster Linie betrifft, nichts mehr zu tun. Wir trinken Etiketten. Mit einer Flasche Coca-Cola trinken wir das Bild eines netten Jungen und Mädchens, die wir auf dem Werbeplakat trinken sehen, wir trinken den Werbeslogan »Mach mal Pause!«, wir trinken eine in ganz Amerika verbreitete Gewohnheit; am allerwenigsten aber trinken wir mit unserem Gaumen. All das wird noch schlimmer, wenn es sich um den Konsum von Dingen handelt, deren Realität in der

Hauptsache darin besteht, was die Werbung über sie behauptet, wie zum Beispiel die »gesunde« Seife oder Zahnpasta.

Ich könnte weitere Beispiele *ad infinitum* anführen. Aber ich brauche nicht weiter darauf einzugehen – jeder kennt alle Beispiele, die ich anführen könnte, aus eigener Anschauung. Ich möchte nur auf das Prinzip hinweisen, daß nämlich der Akt des Konsums ein konkreter humaner Akt sein sollte, an dem unsere Sinne, unsere körperlichen Bedürfnisse, unser ästhetischer Geschmack beteiligt sind – das heißt, wobei *wir* konkrete, empfindende, fühlende und selbständig urteilende Menschen sind. Der Akt des Konsums sollte ein sinnvolles, humanes, produktives Erlebnis sein. Davon ist in unserer Kultur nur wenig übrig geblieben. Wenn wir etwas konsumieren, so bedeutet das im wesentlichen die Befriedigung von künstlich stimulierten Phantasievorstellungen, die unserem konkreten wirklichen Selbst entfremdet sind.

Zu erwähnen ist noch ein anderer Aspekt der Entfremdung von den Dingen, die wir konsumieren. Wir sind umgeben von lauter Dingen, über deren Wesen und Ursprung wir nichts wissen. Telefon, Radio, Plattenspieler und all die vielen anderen komplizierten Apparate sind für uns kaum weniger geheimnisvoll, als sie es für einen Menschen aus einer primitiven Kultur wären; wir können sie bedienen, das heißt wir wissen, an welchem Schalter wir drehen müssen; aber wir wissen nicht, nach welchem Prinzip sie funktionieren, außer auf die nebelhafte Weise, in der wir uns an etwas erinnern, was wir einmal in der Schule gelernt haben. Aber auch die Dinge, die nicht auf komplizierten wissenschaftlichen Prinzipien beruhen, sind uns beinahe ebenso fremd. Wir wissen nicht, wie unser Brot gebacken, wie Stoff gewebt, wie unser Tisch gezimmert, wie unser Glas hergestellt wird. Wir konsumieren – genau wie wir produzieren – ohne irgendeine konkrete Beziehung zu den Dingen, mit denen wir umgehen. Wir leben in einer Welt der Dinge, und unsere Verbindung mit ihnen besteht darin, daß wir sie zu manipulieren oder zu konsumieren verstehen.

Unsere Art des Konsums führt zwangsläufig dazu, daß wir niemals befriedigt sind, da es ja nicht unsere reale, konkrete Person ist, die etwas Reales und Konkretes konsumiert. So entsteht in uns ein ständig wachsendes Bedürfnis nach immer mehr Dingen, nach immer mehr Konsum. Zwar herrscht ein natürliches Bedürfnis nach mehr Konsum, solange der Lebensstandard unter einem menschenwürdigen Existenzniveau liegt. Und es trifft auch zu, daß ein legitimes Bedürfnis nach einem erhöhten Konsum vorhanden ist, wenn der Mensch sich kulturell weiterentwickelt und verfeinerte Bedürfnisse nach besserer Nahrung, nach Gegenständen ästhetischen Genusses, nach Büchern und so weiter hat. Aber unsere Konsumsucht hat jeden Zusammenhang mit den realen Bedürfnissen des Menschen verloren. Ursprünglich glaubte man, man könne durch den Konsum von mehr und besseren Dingen dem Menschen zu einem glücklicheren, zufriedeneren Leben verhelfen. Der Konsum war ein Mittel zu einem Zweck, nämlich dem Glück. Er ist heute zum Selbstzweck geworden. Die ständige Zunahme unserer Bedürfnisse zwingt uns zu immer größeren Anstrengungen, sie macht uns abhängig von diesen Bedürfnissen und von den Menschen und Einrichtungen, mit deren Hilfe wir sie befriedigen können.

»Jeder Mensch spekuliert darauf, dem anderen ein neues Bedürfnis zu schaffen, um ihn zu einem neuen Opfer zu zwingen, um ihn in eine neue Abhängigkeit zu versetzen und ihn zu einer neuen Weise des Genusses und damit des ökonomischen Ruins zu verleiten ... Mit der Masse der Gegenstände wächst daher das Reich der fremden Wesen, denen der Mensch unterjocht ist, und jedes neue Produkt ist eine neue *Potenz* des wechselseitigen Betrugs und der wechselseitigen Ausplünderung.« (K. Marx, 1971, S. 254.)

Der Mensch von heute ist geradezu fasziniert von der Möglichkeit, noch mehr, noch bessere und vor allem neuartige Dinge zu kaufen. Er ist konsumsüchtig. Der Akt des Kaufens und Konsumierens ist zu einem zwanghaften, irrationalen Ziel geworden, weil er zum Selbstzweck ohne Beziehung zum Gebrauch der gekauften und konsumierten Dinge oder zu der Freude an ihnen geworden ist. Den »letzten Schrei«, das neueste Modell von irgend etwas zu kaufen, was auf dem Markt zu haben ist, ist Traum eines jeden, mit dem verglichen die echte Freude an seiner Benutzung völlig sekundär ist. Wenn der moderne Mensch auszusprechen wagte, was er sich unter dem Himmel vorstellt, so würde er vermutlich eine Vision des größten Warenhauses der Welt beschreiben, in dem alle letzten Neuheiten ausgestellt wären und wo er Geld genug hätte, um sie alle zu kaufen. Er würde mit offenem Mund in diesem Himmel der Apparate und Gebrauchswaren herumlaufen, wenn es nur immer mehr und immer modernere Dinge darin zu kaufen gäbe und wenn der Nachbar vielleicht ein klein bißchen weniger Geld dafür zur Verfügung hätte als er.

Höchst bedeutsam ist es, daß eines der ältesten Merkmale des Mittelstandes, das Hängen an Besitz und Eigentum, einen tiefgreifenden Wandel durchgemacht hat. Bei der früheren Einstellung existierte so etwas wie eine liebevolle Anhänglichkeit des Menschen an seinen Besitz. Er war stolz auf ihn. Er pflegte ihn gut, und es tat ihm weh, wenn er sich schließlich davon trennen mußte, weil er keine Verwendung mehr dafür hatte. Heute ist von diesem Gefühl für Besitz nicht mehr viel übrig geblieben. Man freut sich an der Neuheit der Dinge, die man sich gekauft hat, und ist bereit, sie wieder abzustoßen, sobald etwas noch Neueres auftaucht.

eine Arbeit verrichten – ordnungsgemäß ausführen, tun/verwirkli

In bezug auf den Charakter ist die gleiche Veränderung vor sich gegangen. Ich erinnere nur an die oben erwähnte *hortende* Charakter-Orientierung, die für das neunzehnte Jahrhundert so kennzeichnend ist. Um die Mitte des zwanzigsten Jahrhunderts hat die hortende Orientierung einer *rezeptiven* Orientierung Platz gemacht, deren Ziel es ist, immerzu etwas zu empfangen, es sich einzuverleiben, immer wieder etwas Neues zu besitzen, sozusagen ständig mit offenem Mund zu leben. Diese rezeptive Orientierung geht Hand in Hand mit der Marketing-Orientierung, während im neunzehnten Jahrhundert das Horten mit der ausbeuterischen Orientierung verquickt war.

Diese entfremdete Einstellung zum Konsum kennzeichnet nicht nur den Erwerb und Konsum unserer Gebrauchswaren, sondern sie bestimmt auch weit darüber hinaus die Art, wie wir unsere Freizeit verwenden. Was ist hier zu erwarten? Wenn jemand seine Arbeit verrichtet, ohne eine echte Beziehung zu ihr zu haben, wenn er Waren auf eine abstrakte und entfremdete Weise kauft und verbraucht, wie kann er dann seine Freizeit aktiv und sinnvoll verbringen? Er bleibt stets der passive und entfremdete Verbraucher. Er »konsumiert« Sportveranstaltungen, Filme, Zeitungen und Illustrierte, Bücher, Vorträge, Landschaften und gesellige Veranstaltungen allesamt auf die gleiche entfremdete und abstrakte Art, wie er die von ihm gekauften Dinge konsumiert. Er nimmt keinen aktiven Anteil daran, er möchte alles, was da zu haben ist, »einkassieren« und sich soviel wie möglich an Vergnügen, Kultur und was sonst noch allem verschaffen. Tatsächlich steht es ihm gar nicht frei, »seine« Freizeit zu genießen. Sein Freizeitkonsum wird ihm von der Industrie genauso vorgeschrieben wie die Ware, die er sich kauft. Sein Geschmack ist manipuliert, er will das sehen und hören, worauf er konditioniert ist, es sehen und hören zu wollen. Die Vergnügungsindustrie ist eine Industrie wie jede andere. Der Kunde wird genauso dazu verführt, sich das Vergnügen zu kaufen, wie er dazu verführt wird, sich Kleider und Schuhe zu kaufen. Der Wert des Vergnügens richtet sich nach seinem Erfolg auf dem Markt und nicht nach irgend etwas, was mit menschlichen Maßstäben zu messen wäre.

Bei jeder produktiven und spontanen Tätigkeit – wenn ich lese, eine Landschaft betrachte, mich mit Freunden unterhalte und dergleichen – geht etwas in mir vor. Ich bin nach dem Erlebnis nicht mehr derselbe wie zuvor. Bei der entfremdeten Form des Vergnügens geht nichts in mir vor. Ich habe dann dies oder jenes konsumiert; in meinem Innern hat sich nichts verändert, und mir bleibt höchstens die Erinnerung daran, was ich getan habe. Eines der augenfälligsten Beispiele für diese Art von Vergnügungs-Konsum ist die Herstellung von Schnappschüssen, die zu einer unserer bezeichnendsten Freizeitbeschäftigungen geworden ist. Der Kodak-Werbespruch »Drücken Sie auf den Knopf, alles Übrige besorgen wir«, der seit 1889 soviel dazu beigetragen hat, die Fotografie auf der ganzen Welt populär zu machen, ist symbolisch dafür. Er ist einer der ersten Appelle an das Machtgefühl, das der Druck auf den Knopf verleiht; man braucht selbst nichts zu tun, man braucht über nichts Bescheid zu wissen, es wird alles für einen getan; man braucht lediglich auf den Knopf zu drücken. Tatsächlich sind solche Momentaufnahmen höchst bezeichnend für die entfremdete visuelle Wahrnehmung, für den bloßen Konsum. Der »Tourist« mit seiner Kamera ist ein Musterbeispiel für eine entfremdete Beziehung zur Welt. Da er ständig mit dem Aufnehmen von Bildern beschäftigt ist, sieht er *selbst* praktisch überhaupt nichts außer durch das Medium seines Fotoapparates. Die Kamera sieht für ihn, und das Ergebnis seiner »Vergnügungsreise« ist eine Sammlung von Schnappschüssen anstelle eines Erlebnisses, das er hätte haben können, aber nicht hatte.

Der heutige Mensch ist nicht nur seiner eigenen Arbeit und den Dingen und Vergnügungen, die er konsumiert, entfremdet, sondern auch den *gesellschaftlichen Kräften*, die unsere Gesellschaft und das Leben jedes einzelnen von uns bestimmen, der ihr angehört.

Wie hilflos wir tatsächlich gegenüber den Kräften sind, die uns beherrschen, zeigt sich noch drastischer bei jenen sozialen Katastrophen, die bis jetzt immer wieder unfehlbar eingetreten sind, wenn sie auch jedesmal als bedauerliche Pannen bezeichnet wurden. Ich meine die Wirtschaftskrisen und die Kriege. Diese gesellschaftlichen Phänomene treten auf, als ob es sich um Naturkatastrophen handelte, obwohl es sich doch in Wirklichkeit um von den Menschen – wenn auch unbeabsichtigt und unbewußt – herbeigeführte Vorgänge handelt.

Diese Anonymität der gesellschaftlichen Kräfte ist ein wesentliches Merkmal der Struktur der kapitalistischen Produktionsform. Im Gegensatz zu den meisten anderen Gesellschaftsformen, wo die sozialen Gesetzmäßigkeiten klar ersichtlich sind und auf politischer Macht oder Tradition beruhen, besitzt der Kapitalismus keine solchen expliziten Gesetze. Er gründet sich auf das Prinzip, daß für die Allgemeinheit das Beste herauskommen wird, wenn nur jeder auf dem Markt seinen eigenen Vorteil sucht, und daß Ordnung und nicht Anarchie das Resultat sein wird. Natürlich gibt es ökonomische Gesetze, die den Markt beherrschen, aber diese wirken hinter dem Rücken all derer, die sich um nichts als ihre eigenen Interessen kümmern. Man versucht etwa so hinter die Gesetze des Marktes zu kommen, wie ein Calvinist in Genf dahinterzukommen suchte, ob Gott für ihn das Heil oder die ewige Verdammnis vorherbestimmt habe. Aber wie der Wille Gottes, so entziehen sich auch die Gesetze des Marktes unserem Willen und Einfluß.

Die Entwicklung des Kapitalismus hat weitgehend bewiesen, daß dieses Prinzip funktioniert; und es ist tatsächlich das reine Wunder, daß die antagonistische Zusammenarbeit in sich abgeschlossener wirtschaftlicher Einheiten zu einer blühenden, sich ständig weiter ausbreitenden Gesellschaft führte. Tatsächlich ist die kapitalistische Produktionsweise der politischen Freiheit förderlich, während eine zentral geplante Gesellschaftsordnung Gefahr läuft, zu einer politischen Reglementierung und schließlich zur Diktatur zu führen. Es ist hier nicht der Ort, die Frage zu diskutieren, ob es noch andere Alternativen als die Wahl zwischen dem »freien Unternehmertum« und der politischen Reglementierung gibt, doch muß in diesem Zusammenhang gesagt werden, daß eben die Tatsache, daß wir von Gesetzen beherrscht werden, die wir nicht unter Kontrolle haben und nicht einmal kontrollieren wollen, eine der offenkundigsten Manifestationen der Entfremdung ist. Wir sind die Urheber unserer wirtschaftlichen und gesellschaftlichen Vorkehrungen, und gleichzeitig lehnen wir absichtlich und enthusiastisch die Verantwortung dafür ab und warten je nachdem hoffnungsvoll oder angsterfüllt ab, was »die Zukunft« bringen wird. Unser eigenes Tun ist in den Gesetzen verkörpert, die uns regieren, aber diese Gesetze stehen hoch über uns, und wir sind ihre Sklaven. Der riesige Staat und das riesige Wirtschaftssystem unterstehen nicht mehr der Kontrolle des Menschen. Sie sind außer Kontrolle geraten, und ihre Führer gleichen einem Reiter auf einem durchgehenden Pferd, der stolz darauf ist, daß er sich im Sattel halten kann, obgleich er die Herrschaft über das Tier längst verloren hat.

In welcher Beziehung steht der heutige Mensch *zu seinen Mitmenschen?* Es ist eine Beziehung zwischen zwei Abstraktionen, zwischen zwei lebenden Menschen, die sich gegenseitig benutzen. Der Arbeitgeber benutzt seine Arbeitnehmer, der Kaufmann benutzt seine Kunden. Jedermann stellt für den anderen eine Ware dar, die man mit einer gewissen Liebenswürdigkeit behandeln muß, weil sie einem später irgendwann einmal von Nutzen sein könnte, selbst wenn das im Augenblick nicht der Fall ist. Man findet heutzutage nicht viel Liebe oder Haß in den zwischenmenschlichen Beziehungen. Es herrscht da vielmehr eine oberflächliche Verbindlichkeit und eine mehr als oberflächliche Fairneß, aber unter dieser Oberfläche stoßen wir auf Distanz und Gleichgültigkeit. Es herrscht auch ein weitverbreitetes gründliches Mißtrauen. Wenn man zu jemandem sagt: »Reden Sie mit John Smith – er ist in Ordnung«, so kommt darin zum Ausdruck, daß man sein generelles Mißtrauen beschwichtigen will. Selbst die Liebe und die Liebesbeziehungen zwischen Mann und Frau haben diesen Charakter angenommen. Die große sexuelle Emanzipation, zu der es nach dem Ersten Weltkrieg kam, stellte einen verzweifelten Versuch dar, ein tieferes Gefühl der Liebe durch wechselseitige sexuelle Lust zu ersetzen. Als sich das als Enttäuschung herausstellte, hat man die erotische Polarität zwischen den Geschlechtern auf ein Minimum reduziert und durch eine freundschaftliche Partnerschaft ersetzt, durch eine kleine Interessengemeinschaft, bei der man seine Kräfte zusammentut, um den täglichen Lebenskampf besser zu bestehen und um das Gefühl der Isolierung und Vereinsamung, das wir alle haben, etwas zu mildern.

Die Entfremdung von Mensch zu Mensch hat den Verlust jener allgemeinen gesellschaftlichen Bindungen zur Folge, die sowohl die mittelalterliche wie auch die meisten anderen vorkapitalistischen Gesellschaften kennzeichnen. (Vgl. den Begriff »Gemeinschaft« im Gegensatz zur »Gesellschaft« im Sinne von Ferdinand Tönnies, 1926.) Die moderne Gesellschaft besteht aus »Atomen« (wenn wir dieses Wort im Sinne des griechischen Wortes für »Individuum« gebrauchen), aus kleinen, einander fremden Partikeln, die durch selbstsüchtige Interessen und durch die Notwendigkeit, voneinander Nutzen zu ziehen, zusammengehalten werden. Dennoch ist aber der Mensch ein soziales Wesen mit einem tiefen Bedürfnis, mit anderen zu teilen, einander zu helfen, sich als Glied einer Gruppe zu fühlen. Was ist aus diesen sozialen Strebungen des Menschen geworden? Sie manifestieren sich in der besonderen Sphäre des *öffentlichen* Bereiches, der vom privaten Bereich streng getrennt ist. Unser privater Umgang mit den Mitmenschen ist vom Prinzip des Egoismus beherrscht. »Jeder für sich, Gott für uns alle«, lautet das Motto, das in flagrantem Widerspruch zur christlichen Lehre steht. Der einzelne wird von seinen egoistischen Interessen motiviert und nicht von seiner Solidarität mit den Mitmenschen und der Liebe zu ihnen. Diese Gefühle können sich zwar sekundär in privaten Taten der Philanthropie oder der Freundlichkeit äußern, aber sie sind kein Bestandteil der Grundstruktur unserer sozialen Beziehungen. Streng getrennt von unserem Privatleben als Individuum ist der Bereich unseres sozialen Lebens als »Bürger«. In diesem Bereich ist der Staat die Verkörperung unserer sozialen Existenz; in unserer Eigenschaft als Bürger erwartet man von uns, daß wir ein Gefühl für unsere sozialen Verpflichtungen und ein soziales Verantwortungsgefühl an den Tag legen, und tatsächlich tun wir das ja auch. Wir bezahlen unsere Steuern, wir gehen zur Wahl, wir befolgen die Gesetze, und im Kriegsfall opfern wir freiwillig unser Leben. Könnte man sich ein deutlicheres Beispiel für die Trennung von privatem und öffentlichem Leben vorstellen als die Tatsache, daß derselbe Mensch, der nicht daran denken würde, hundert Dollar auszugeben, um die Not eines Fremden zu lindern, ohne Zögern sein Leben einsetzt, um denselben Fremden zu retten, wenn sie beide zufällig als Soldaten in der gleichen Uniform stecken? Die Uniform ist die Verkörperung unserer sozialen und die Zivilkleidung die unserer egoistischen Natur.

Eine interessante Illustration dieser These findet sich im neuesten

Werk von S.A. Stouffer (1955). Bei der Befragung eines Querschnitts durch die amerikanische Bevölkerung nannte die überwiegende Mehrheit auf die Frage »Was macht Ihnen am meisten Sorgen?« persönliche, wirtschaftliche, gesundheitliche und ähnliche Probleme; nur acht Prozent waren über Weltprobleme einschließlich Krieg beunruhigt und ein Prozent wegen der Gefahr des Kommunismus oder wegen einer Bedrohung der bürgerlichen Freiheiten. Andererseits hielt beinahe die Hälfte der Befragten den Kommunismus für eine ernste Gefahr und war der Meinung, daß es innerhalb der nächsten zwei Jahre wahrscheinlich zum Krieg kommen werde. Diese die ganze Gesellschaft betreffenden Sorgen werden jedoch nicht als eine Realität empfunden, die den einzelnen persönlich berührt, weshalb man sich darüber keine weiteren Gedanken zu machen braucht, wenn sie auch eine erhebliche Intoleranz zur Folge haben. Interessant zu beobachten ist auch, daß zwar fast die ganze Bevölkerung an Gott glaubt, daß sich aber kaum einer über seine Seele, über seine Erlösung oder seine spirituelle Entwicklung Gedanken macht. Gott ist uns ebenso entfremdet wie die Welt als Ganzes. Unsere Angst und Sorge beschränkt sich auf den separaten privaten Sektor unseres Lebens und berührt kaum den gesellschaftlichen Bereich, der uns mit unseren Mitmenschen verbindet.

Der Trennungsstrich zwischen der Gemeinschaft mit den Mitmenschen und dem politischen Staat hat dazu geführt, daß man alle sozialen Gefühle auf den Staat projiziert, der so zu einem Idol wird, zu einer Macht, die hoch über den Menschen steht. Der Mensch unterwirft sich dem Staat als der Verkörperung seiner eigenen sozialen Gefühle, die er als ihm entfremdete Mächte anbetet; als Individuum leidet er unter der Isolierung und Vereinsamung, welche die notwendige Folge dieser Trennung ist. Die Vergötzung des Staates kann erst verschwinden, wenn der Mensch die sozialen Kräfte wieder in sich hineinnimmt und eine Gemeinschaft aufbaut, in der seine sozialen Gefühle nicht etwas *Zusätzliches* zum Privatleben sind, sondern wenn seine private und gesellschaftliche Existenz ein und dasselbe sind.

In welcher Beziehung steht der *Mensch zu sich selbst*? Ich habe die Beziehung in ›Man for Himself‹ (1947a) als Marketing-Orientierung bezeichnet.[6] Bei dieser Orientierung erlebt sich der Mensch als ein Ding, das auf dem Markt erfolgreich eingesetzt wird. Er erlebt sich

[6] Der Begriff der Entfremdung fällt nicht mehr mit dem der verschiedenen nicht-produktiven Charakter-Orientierungen (rezeptive, ausbeuterische, hortende, Marketing-Orientierung) zusammen. Entfremdung ist in jeder der genannten nicht-produktiven Orientierungen zu finden, doch hat sie eine besondere Affinität zur Marketing-Orientierung. Im gleichen Maß ist sie auch mit David Riesmans »außen-geleiteter Persönlichkeit« verwandt, die zwar »aus der Marketing-Orientierung entwickelt«, aber in wesentlichen Punkten ein anderer Begriff ist. (Vgl. D. Riesman, 1950, S. 23.)

nicht als tätiger Urheber *(active agent)*, als Träger menschlicher Kräfte. Er ist diesen Kräften entfremdet. Sein Ziel ist, sich gewinnbringend auf dem Markt zu verkaufen. Sein Selbstgefühl beruht nicht auf seiner Tätigkeit als liebender und denkender Einzelmensch, sondern auf seiner sozio-ökonomischen Rolle. Wenn Dinge sprechen könnten, so würde eine Schreibmaschine auf die Frage »Wer bist du?« antworten: »Ich bin eine Schreibmaschine.« Ein Auto würde antworten: »Ich bin ein Ford« oder »ein Buick« oder »ein Cadillac«. Fragte man einen Menschen: »Wer bist du?«, dann antwortet er: »Ich bin Fabrikant«, »Ich bin Büroangestellter«, »Ich bin Arzt« oder: »Ich bin ein verheirateter Mann«, »Ich bin Vater von zwei Kindern«, und seine Antwort hat ziemlich die gleiche Bedeutung, wie es die eines entsprechenden *Dinges* haben würde. Es ist dies die Art, wie man sich erlebt, nicht als einen Menschen mit seiner Liebe, seiner Angst, seinen Überzeugungen und Zweifeln, sondern als eine der realen Natur entfremdete Abstraktion, die im Gesellschaftssystem eine bestimmte Funktion erfüllt. Des Menschen Wertgefühl hängt von seinem Erfolg ab, ob er sich gewinnbringend verkaufen kann, ob er mehr aus sich zu machen weiß als er zu Anfang seiner Laufbahn war, kurz ob er »ein Erfolg ist«. Sein Körper, sein Geist und seine Seele sind sein Kapital, und seine Lebensaufgabe besteht darin, dieses vorteilhaft zu investieren, einen Profit aus sich zu ziehen. Menschliche Eigenschaften wie Freundlichkeit, Höflichkeit und Güte werden zu Gebrauchswaren, zu Aktivposten des »Persönlichkeitspakets«, die zu einem höheren Preis auf dem Personenmarkt verhelfen. Gelingt es jemandem nicht, sich gewinnbringend zu investieren, so hat er das Gefühl, daß *er* ein Versager ist; ist er erfolgreich, so ist es *sein* Erfolg. Natürlich hängt seine eigene Wertschätzung stets von Faktoren außerhalb seiner selbst ab, vom launenhaften Urteil des Marktes, der über seinen Wert genauso entscheidet wie über den Wert von Gebrauchswaren. Wie alle Waren, die auf dem Markt nicht vorteilhaft zu verkaufen sind, ist dann auch er – in bezug auf seinen Tauschwert – wertlos, selbst dann, wenn sein Gebrauchswert beträchtlich sein mag.

Die zum Verkauf stehende Persönlichkeit muß einen erheblichen Teil ihres Gefühls der eigenen Würde einbüßen, das selbst in den primitivsten Kulturen für den Menschen so charakteristisch ist. Ein solcher sich selbst entfremdeter Mensch muß fast sein ganzes Selbst-Gefühl, das Gefühl, ein einzigartiges und nicht wiederholbares Wesen zu sein, verlieren. Das Selbst-Gefühl entstammt der Erfahrung von mir selbst als dem Subjekt *meiner* Erfahrungen, *meiner* Gedanken, *meiner* Gefühle, *meiner* Entscheidungen, *meines* Urteilens und *meines* Handelns. Es hat zur Voraussetzung, daß meine Erfahrung wirklich meine eigene und kein entfremdetes Erlebnis ist.

Die *Dinge* besitzen kein Selbst, und Menschen, die zu Dingen geworden sind, können kein Selbst besitzen.

In diesem Verlust des Selbst-Gefühls des heutigen Menschen sieht der verstorbene H. S. Sullivan, einer der begabtesten und originellsten modernen Psychiater, ein natürliches Phänomen. Er meinte von den Psychologen, die – wie ich selbst – die Ansicht vertreten, daß das Fehlen dieses Selbst-Gefühls ein pathologisches Phänomen sei, sie litten unter einer »Täuschung«. Für ihn ist das Selbst nichts anderes als die zahlreichen Rollen, die wir in unseren Beziehungen zu anderen spielen, Rollen, welche die Funktion haben, Billigung zu ernten und die Angst zu vermeiden, die durch Mißbilligung hervorgerufen wird. Wie erstaunlich schnell ist der Begriff des Selbst seit dem neunzehnten Jahrhundert heruntergekommen, wo Ibsen in seinem ›Peer Gynt‹ noch den Verlust des Selbst zum Hauptthema seiner Kritik am modernen Menschen machte. Peer Gynt wird als ein Mensch geschildert, der hinter materiellem Gewinn herjagt und schließlich merkt, daß er sein Selbst dabei verloren hat, daß er einer Zwiebel aus lauter Schalen und ohne Kern gleicht. Ibsen schildert, wie Peer Gynt von der Angst vor dem Nichts ergriffen wird, als er diese Entdeckung macht, von einer Panik, die ihn veranlaßt, lieber in der Hölle zu landen als mit der Schmelzkelle ins Nichts zurückgeworfen zu werden. Tatsächlich geht ja mit dem Verlust des Selbst-Gefühls das Identitätserleben verloren – und wenn einem Menschen das geschieht, kann er wahnsinnig werden, sofern es ihm nicht gelingt, sich ein *sekundäres Selbst-Gefühl* zu erwerben. Er erwirbt es sich durch die Erfahrung, daß andere ihn anerkennen, daß sie sich für ihn interessieren – kurz daß er erfolgreich ist und eine gut verkäufliche Ware darstellt und die anderen in ihm keine einzigartige Persönlichkeit sehen, sondern jemanden, der in den allgemeinen Betrieb hineinpaßt.

Man kann das Wesen der Entfremdung nicht ganz verstehen, wenn man einen speziellen Aspekt unseres modernen Lebens außer acht läßt: *die Routinisierung und die Verdrängung der Grundprobleme menschlicher Existenz aus dem Bewußtsein*. Wir berühren hier ein universales Problem des Lebens. Der Mensch muß sich sein tägliches Brot verdienen, und das ist stets eine Aufgabe, die ihn mehr oder weniger in Anspruch nimmt. Er muß die vielen zeit- und energieverschlingenden Aufgaben des täglichen Lebens erfüllen und kommt dabei ohne eine gewisse Routine nicht aus. Er baut eine gesellschaftliche Ordnung, Konventionen, Gewohnheiten und Vorstellungen auf, die ihm das Notwendige vollbringen helfen und die es ihm ermöglichen, mit den Mitmenschen möglichst reibungslos zusammen zu leben. Es ist kennzeichnend für eine jede Kultur, daß sie als Überbau über der natürlichen Welt, in der wir leben, eine vom Menschen geschaffene künstliche Welt errichtet. Aber der Mensch kann nur zur Erfüllung seiner selbst gelangen, wenn er mit den Grundgegebenheiten seiner Existenz in Berührung bleibt, wenn er noch fähig ist, das Erregende von Liebe und Solidarität wie auch die tragische Tatsache seiner Einsamkeit und des fragmentarischen Charakters seiner Existenz zu erleben. Wenn er ganz in der Routine und in den künstlichen Machenschaften des Lebens verfangen ist, wenn er nichts anderes mehr sehen kann als das vom Menschen geformte Alltagsgesicht der Welt, dann verliert er den Kontakt mit sich selbst und mit der Welt. Wir finden den Konflikt zwischen der Routine und dem Versuch, zu den fundamentalen Realitäten des Lebens zurückzugelangen, in jeder Kultur. Dabei zu helfen, war von jeher eine der Funktionen von Kunst und Religion – wenn auch die Religion selbst gelegentlich zu einer neuen Form der Routine wurde.

Selbst auf der primitivsten Stufe der Menschheitsgeschichte finden wir den Versuch, durch künstlerisches Schaffen mit dem Wesen der Wirklichkeit in Berührung zu kommen. Der Primitive gibt sich mit dem rein praktischen Gebrauch seiner Werkzeuge und Waffen nicht zufrieden, sondern versucht sie über die Nützlichkeitsfunktion hinaus zu verzieren und zu verschönern. Neben der Kunst ist der bedeutsamste Weg, durch die Oberfläche der Routine durchzudringen und mit den letzten Wirklichkeiten des Lebens in Berührung zu kommen, in dem zu finden, was man ganz allgemein als »Ritual« bezeichnet. Ich gebrauche das Wort Ritual hier in seinem weitesten Sinn, wie wir es zum Beispiel bei den Vorführungen des griechischen Dramas finden, und nicht nur im religiösen Sinn. Welche Funktion hatte das griechische Drama? Es stellte fundamentale Probleme der menschlichen Existenz in einer künstlerischen und dramatischen Form dar, und der an der Vorführung teilnehmende Zuschauer – wenn auch nicht als Zuschauer im modernen Sinne des Konsumenten – wurde aus dem Bereich der täglichen Routine herausgerissen und mit sich selbst als einem menschlichen Wesen, mit den Wurzeln seiner Existenz in Berührung gebracht. Er berührte mit seinen Füßen den Boden und gewann dabei die Kraft, die ihn zu sich selbst zurückbrachte. Ob wir an das griechische Drama, an das mittelalterliche Mysterienspiel oder an einen indischen Tanz, an die hinduistischen, jüdischen oder christlichen Rituale denken, stets haben wir es mit verschiedenen Formen der Dramatisierung fundamentaler Probleme der menschlichen Existenz zu tun, bei der die gleichen Probleme *ausagiert* werden, die in der Philosophie und Theologie *zu Ende gedacht* werden.

Was ist in der modernen Kultur von einer solchen Dramatisierung des Lebens übrig geblieben? So gut wie nichts. Der Mensch kommt kaum je aus dem Bereich der von Menschen geschaffenen Konventionen und Dinge heraus, und er bricht kaum je durch die Oberfläche der Routine hindurch, außer bei grotesken Versuchen, das Bedürfnis nach einem Ritual zu befriedigen, wie es etwa in Logen und Bruderschaften praktiziert wird. Das einzige Phänomen, das der Bedeutung eines Rituals noch nahekommt, ist die Teilnahme der Zuschauer bei Sportwettkämpfen. Hier wenigstens geht es noch um ein fundamentales Problem der menschlichen Existenz, um den Kampf zwischen Menschen und um das fundamentale Erlebnis von Sieg und Niederlage. Aber was für ein primitiver und beschränkter Aspekt der menschlichen Existenz, bei dem der ganze Reichtum des menschlichen Lebens auf einen Teilaspekt reduziert ist!

Wenn irgendwo ein Brand ausbricht oder wenn es in einer Großstadt zu einem Verkehrsunfall kommt, laufen Scharen von Menschen zusammen und sehen zu. Millionen lassen sich täglich von Berichten über Verbrechen und von Kriminalgeschichten faszinieren. Sie gehen frommen Sinnes in Filme, deren zwei Hauptthemen Verbrechen und Leidenschaft sind. Dieses Interesse und diese Faszination sind nicht nur Ausdruck von schlechtem Geschmack und Sensationsbedürfnis, sondern es spricht daraus ein tiefes Verlangen nach einer Dramatisierung der letzten Dinge im Menschenleben, nämlich von Leben und Tod, von Verbrechen und Strafe, vom Kampf zwischen Mensch und Natur. Aber während das griechische Drama diese Probleme auf einem hohen künstlerischen und metaphysischen Niveau behandelte, sind unser modernes »Drama« und »Ritual« von roher Art und haben daher keinerlei kathartische Wirkung. Diese ganze Faszination durch Sportwettkämpfe, Verbrechen und Leidenschaft zeugt von dem Bedürfnis, die routinemäßige Oberfläche zu durchbrechen, aber aus der Art, wie dies geschieht, spricht die klägliche Armut unserer Lösung.

Die Marketing-Orientierung steht in enger Verbindung mit der Tatsache, daß das *Bedürfnis nach Tausch* zu einem Hauptantrieb für den modernen Menschen geworden ist. Natürlich tauschen selbst in einer primitiven Wirtschaft, die sich auf eine rudimentäre Form der Arbeitsteilung gründet, die Menschen innerhalb eines Stammes oder mit Nachbarstämmen Güter aus. Der Mann, der Kleidungsstücke herstellt, tauscht sie etwa gegen Getreide ein, das ein Nachbar anbaut, oder auch gegen eine Sichel oder ein Messer, die der Schmied gemacht hat. Mit zunehmender Arbeitsteilung kommt es auch zu einem zunehmenden Warenaustausch, doch ist dieser normalerweise nur ein Mittel zu einem wirtschaftlichen Zweck. In der kapitalistischen Gesellschaft dagegen *ist das Tauschen Selbstzweck geworden.*

Kein Geringerer als Adam Smith erkannte die fundamentale Rolle, die das Tauschbedürfnis spielt, und erklärte es für einen Grundtrieb im Menschen: »Die Arbeitsteilung, die so viele Vorteile mit sich bringt, ist in ihrem Ursprung nicht etwa das Ergebnis menschlicher Erkenntnis, welche den allgemeinen Wohlstand, zu dem erstere führt, voraussieht und anstrebt. Sie entsteht vielmehr zwangsläufig, wenn auch langsam und schrittweise, aus einer *natürlichen Neigung des Menschen,* zu handeln und Dinge gegeneinander auszutauschen.

Ob es sich bei dieser Neigung um eine jener angeborenen oder ursprünglichen Eigenschaften der menschlichen Natur handelt, die nicht weiter erklärt werden kann, oder ob sie, was wohl wahrscheinlicher sein dürfte, die notwendige Folge der menschlichen Fähigkeit, denken und sprechen zu können, ist, diese Frage wollen wir hier nicht näher untersuchen. *Jene Eigenschaft ist allen Menschen gemeinsam, und man findet sie nirgends in der Tierwelt,* wo es im übrigen weder einen Austausch noch eine andere Form gegenseitigen Übereinkommens zu geben scheint ... Niemand hat je erlebt, daß ein Hund mit einem anderen einen Knochen redlich und mit Bedacht gegen einen anderen Knochen ausgetauscht hätte ...« (A. Smith, 1974, S. 16. – Hervorhebungen E. F.)

Tatsächlich ist ja das Tauschprinzip auf dem Binnenmarkt wie auf dem Weltmarkt in ständig zunehmendem Maße eines der wirtschaftlichen Grundprinzipien, auf denen das kapitalistische System beruht; aber Adam Smith hat vorausgesehen, daß dieses Prinzip auch eines der tiefsten psychischen Bedürfnisse der modernen, entfremdeten Persönlichkeit werden würde. Das Tauschen hat seine rationale Funktion als Mittel zu wirtschaftlichen Zwecken eingebüßt und ist zum Selbstzweck geworden, der sich auch auf nicht-ökonomische Bereiche erstreckt. Ohne es selbst zu merken, weist Adam Smith auf die Irrationalität dieses Tauschbedürfnisses hin, wenn er das Beispiel mit den beiden Hunden anführt. Der Knochentausch könnte keinen realistischen Zweck haben, denn entweder wären die beiden Knochen gleichwertig, und dann wäre kein Grund vorhanden, sie auszutauschen, oder der eine wäre besser als der andere, dann aber würde der Hund mit dem besseren Knochen diesen nicht freiwillig austauschen. Das Beispiel hat nur dann einen Sinn, wenn wir annehmen, daß das Tauschen an sich ein Bedürfnis ist, selbst wenn es keinem praktischen Zweck dient – und eben dies vermutet Adam Smith.

Wie bereits in anderem Zusammenhang erwähnt, ist der Hang zum Tauschen an die Stelle der Freude am Besitz getreten. Man kauft sich einen Wagen oder ein Haus mit der Absicht, sie bei nächstbester Gelegenheit wieder zu verkaufen. Noch wichtiger aber ist, daß der Tauschbetrieb sich auch im Bereich der zwischenmenschlichen Beziehungen auswirkt. Die Liebe ist oft nichts anderes als ein günstiges Tauschgeschäft zwischen zwei Menschen, die dabei entsprechend ihrem Wert auf dem Personenmarkt soviel wie möglich für sich herausschlagen. Jeder stellt dabei ein »Paket« dar, in das mehrere Aspekte seines Tauschwertes zu einer »Persönlichkeit« zusammengepackt sind, worunter jene Eigenschaften zu verstehen sind, die ihn zu einem guten Verkäufer seiner eigenen Person machen: sein Aussehen, seine

Bildung, seine Einkünfte und seine Erfolgsaussichten – jedermann bemüht sich, soviel wie möglich für dieses Paket einzuhandeln. Selbst auf eine Party zu gehen und ganz allgemein gesellschaftlichen Verkehr zu pflegen, ist weitgehend eine Angelegenheit des Tauschens. Man bemüht sich eifrig, »Paketen«, die etwas mehr wert sind, zu begegnen, um mit ihnen in Kontakt und eventuell zu einem gewinnbringenden Tauschgeschäft zu kommen. Man möchte seine gesellschaftliche Stellung – was soviel heißt wie das eigene Selbst – gegen eine höhere austauschen, und bei diesem Tauschhandel tauscht man seinen alten Freundeskreis, seine alten Gewohnheiten und Gefühle gegen neue ein, genau wie man seinen Ford in einen Buick umtauscht. Während Adam Smith annahm, dieses Tauschbedürfnis sei der menschlichen Natur eingeboren, handelt es sich dabei in Wirklichkeit um ein Symptom der Abstraktion und Entfremdung, die dem Gesellschafts-Charakter des modernen Menschen eigentümlich ist.

Der gesamte Lebensprozeß wird analog der gewinnbringenden Investition von Kapital erlebt, wobei mein Leben und meine Person das investierte Kapital darstellen. Wenn jemand ein Stück Seife oder ein Pfund Fleisch kauft, erwartet er berechtigterweise, daß der von ihm bezahlte Geldbetrag dem Wert der von ihm gekauften Seife beziehungsweise des Fleisches entspricht. Es liegt ihm daran, daß die Gleichung »So und soviel Seife ist gleich so und soviel Geld« gemäß der gerade geltenden Preisstruktur stimmt. Aber nun hat man diese Erwartung auch auf alle anderen Arten der Tätigkeit ausgedehnt. Wenn jemand ins Konzert oder ins Theater geht, fragt er sich mehr oder weniger ausdrücklich, ob die Aufführung auch »das Geld wert ist«, das er bezahlt hat. Diese Frage hat zwar oberflächlich gesehen einen gewissen Sinn, doch ist sie im Grunde sinnlos, weil da nämlich zwei völlig unvergleichbare Dinge miteinander verglichen werden. Die Freude am Anhören eines Konzerts läßt sich unmöglich in einem Geldbetrag ausdrücken; das Konzert ist keine Ware, ebensowenig wie das Erlebnis, das man beim Zuhören hat. Das gleiche gilt, wenn jemand eine Vergnügungsreise macht, einen Vortrag besucht, eine Party veranstaltet oder sonst etwas von den vielen Dingen tut, für die man heute Geld ausgibt. Das Tätigsein als solches ist ein produktiver Akt unseres Lebens und ist nicht nach dem dafür ausgegebenen Geld zu bemessen. Das Bedürfnis, lebendiges Tun mit etwas Quantifizierbarem zu messen, kommt auch in der Tendenz zum Ausdruck, zu fragen, ob es »die Zeit lohne«. Wenn ein junger Mann den Abend mit seiner Freundin verbringt, wenn er Freunde besucht und bei vielen anderen Gelegenheiten, bei denen er Geld ausgibt – oder auch nicht –, erhebt sich die Frage, ob das dafür ausgegebene Geld oder die darauf verwandte Zeit es wert waren. (Vgl. K. Marx, 1959, S. 85: »Die Zeit ist alles, der Mensch ist nichts mehr, er ist höchstens noch die Verkörperung der Zeit.«) Auf jeden Fall hat man das Bedürfnis, seine Unternehmung damit zu rechtfertigen, daß man eine Gleichung aufstellt, aus der hervorgeht, daß man seine Energie nutzbringend investiert hat. Selbst die Hygiene und Gesundheit müssen dem gleichen Zweck dienen: Wenn jemand jeden Morgen einen Spaziergang macht, dann sieht er oft darin eine für seine Gesundheit vorteilhafte Investition und keineswegs eine entfremdete Tätigkeit, die keiner Rechtfertigung bedarf. Am prägnantesten und drastischsten hat Bentham diese Einstellung zu Freude und Schmerz beschrieben. Er geht aus von der Annahme, daß Lust das Ziel des Lebens sei, und schlägt eine Art Buchführung vor, aus der für jede Tätigkeit zu ersehen ist, ob die Lust dabei größer war als der Schmerz. War die Lust größer, so war es der Mühe wert. So wurde das ganze Leben für ihn zu einer Art Geschäft, bei dem jederzeit aufgrund der Bilanz der jeweilige Profit festzustellen war.

Wenn auch Benthams Ansichten heute nicht mehr vielen geläufig sind, so hat sich doch die Einstellung, die darin zum Ausdruck kommt, immer mehr festgesetzt.[7] Der moderne Mensch stellt sich aber noch eine weitere Frage, ob nämlich sein »Leben lebenswert« ist, und hat dementsprechend das Gefühl, daß es entweder »ein Fehlschlag« oder »ein Erfolg« ist. Diese Idee gründet sich auf eine Auffassung, die das Leben als ein Unternehmen betrachtet, welches einen Profit aufweisen sollte. Ein verfehltes Leben ist so etwas wie der Bankrott eines Geschäfts, dessen Verluste größer waren als seine Gewinne. Die Auffassung ist reiner Unsinn. Wir können glücklich oder unglücklich sein, gewisse Ziele erreichen und andere nicht erreichen; aber es gibt keine sinnvolle Bilanz, aus der hervorginge, ob ein Leben lebenswert war. Vielleicht ist kein Leben vom Standpunkt einer Bilanz aus lebenswert. Es endet unausweichlich mit dem Tode, viele unserer Hoffnungen werden enttäuscht, unser Leben bringt Leiden und Mühe. Vom Standpunkt der Bilanz aus möchte es scheinen, daß es sinnvoller gewesen wäre, überhaupt nicht geboren zu werden oder als kleines Kind zu sterben. Wer wollte aber andererseits behaupten, daß ein glücklicher Augenblick der Liebe oder die Lust zu atmen oder ein Gang in frischer Morgenluft nicht alles Leiden und alle Mühe wieder aufwiegt, die das Leben mit sich bringt? Das Leben ist eine einzigartige Gabe und eine unvergleichliche Herausforderung, die man nicht an etwas anderem messen kann, und auf die Frage, ob es »der Mühe wert« sei zu leben, kann es keine sinnvolle Antwort geben, weil die Frage selbst sinnlos ist.

Die Interpretation des Lebens als ein Unternehmen scheint mir der

[7] In Freuds Vorstellung vom Lustprinzip und seinen pessimistischen Ansichten hinsichtlich des Überwiegens des Leidens über die Lust in der zivilisierten Gesellschaft ist der Einfluß der Benthamschen Kalkulationen festzustellen.

Grund für eine typisch moderne Erscheinung zu sein, über die schon viel spekuliert wurde. Ich meine die *Zunahme der Selbstmorde* ist der modernen westlichen Gesellschaft. Zwischen 1836 und 1890 nahmen die Selbstmorde in Preußen um einhundertvierzig Prozent, in Frankreich um dreihundertfünfundfünzig Prozent zu. England hatte zwischen 1836 und 1845 zweiundsechzig Selbstmordfälle auf eine Million Einwohner, zwischen 1906 und 1910 waren es einhundertzehn. In Schweden waren die entsprechenden Zahlen sechsundsechzig beziehungsweise einhundertfünfzig. (Vgl. M. Halbwachs, 1930, S. 92 u. 481.) Wie läßt sich diese Zunahme der Selbstmordrate erklären, die mit dem wachsenden Wohlstand im neunzehnten Jahrhundert Hand in Hand ging?

Zweifellos sind die Motive für den Selbstmord höchst komplex, und man kann daher nicht ein einzelnes Motiv als *die* Ursache annehmen. Es gibt in China den »Selbstmord aus Rache«; den durch Melancholie verursachten Selbstmord finden wir auf der ganzen Welt. Aber diese Motivationen spielen beide bei der Zunahme der Selbstmordraten im neunzehnten Jahrhundert keine wesentliche Rolle. In seinem klassischen Werk über den Selbstmord bezeichnet Durkheim die von ihm vermutete Ursache als »Anomie«. Er meint damit die Zerstörung aller traditionellen gesellschaftlichen Bindungen, ferner die Tatsache, daß alle echten kollektiven Organisationen hinter dem Staat zurückgetreten seien und daß alles echte gesellschaftliche Leben ausgelöscht sei. (Vgl. E. Durkheim, 1897, S. 446.) Er glaubte, daß die im modernen politischen Staat lebenden Menschen »ein unorganisierter Staub von Individuen sind« (a.a.O., S. 448). Durkheims Erklärung liegt in der gleichen Richtung wie die hier von mir vertretene Auffassung, und ich werde später noch näher darauf eingehen. Ich glaube auch, daß die Langeweile und Monotonie des Lebens, die durch unsere entfremdete Lebensweise hervorgerufen wird, ein zusätzlicher Faktor ist. Die Selbstmordraten der skandinavischen Länder, der Schweiz und der Vereinigten Staaten scheinen – zusammen mit den Zahlen bezüglich des Alkoholismus – diese These zu bestätigen.[8] Aber es gibt noch

[8] Aus allen diesen Zahlen geht hervor, daß die protestantischen Länder weit höhere Selbstmordquoten aufweisen als die katholischen. Das kann auf mehrere Faktoren zurückgehen, die mit den Unterschieden zwischen der katholischen und der protestantischen Religion zusammenhängen, zum Beispiel auf den größeren Einfluß, den der Katholizismus auf das Leben seiner Anhänger hat, oder daß der Katholischen Kirche wirksamere Mittel zur Verfügung stehen, mit dem Schuldgefühl fertigzuwerden und so weiter. Aber man muß auch in Betracht ziehen, daß die protestantischen Länder diejenigen sind, in denen die kapitalistische Produktionsweise am weitesten fortgeschritten ist und daher den Charakter der Bevölkerung stärker geformt hat als in den katholischen Ländern, so daß der Unterschied zwischen den protestantischen und katholischen Ländern auch weitgehend dem Unterschied zwischen den verschiedenen Stadien in der Entwicklung des modernen Kapitalismus entspricht.

einen anderen Grund, den sowohl Durkheim wie auch andere Forscher, die sich mit dem Selbstmord beschäftigt haben, übersehen haben. Dieser Grund hängt damit zusammen, daß man das ganze Leben unter dem Gesichtspunkt einer Bilanz sieht, als ob es sich um ein Unternehmen handelte, das Konkurs machen kann. Viele Selbstmorde werden durch das Gefühl verursacht, daß »das Leben ein Fehlschlag war« und es sich nicht lohnt weiterzuleben. Man begeht Selbstmord, genau wie ein Geschäftsmann seinen Bankrott erklärt, wenn die Verluste größer sind als der Gewinn und wenn er keine Möglichkeit mehr sieht, die Verluste auszugleichen.

3. Verschiedene andere Aspekte

Bisher habe ich versucht, ein allgemeines Bild von der Entfremdung des modernen Menschen von sich selbst und seinen Mitmenschen im Prozeß der Produktion, des Konsums und der Ausfüllung der Freizeit zu entwerfen. Ich möchte mich jetzt mit einigen besonderen Aspekten des heutigen Gesellschafts-Charakters befassen, welche mit dem Phänomen der Entfremdung eng verwandt sind, deren Erörterung aber einfacher wird, wenn man sie gesondert und nicht als Teilaspekt der Entfremdung behandelt.

Anonyme Autorität und Konformität

Der erste dieser Aspekte, mit denen wir uns zu befassen haben, ist die Einstellung des heutigen Menschen zur *Autorität.*

Wir haben uns bereits mit dem Unterschied zwischen der rationalen und der irrationalen, der fördernden und der hemmenden Autorität beschäftigt und haben dabei festgestellt, daß die westliche Gesellschaft im achtzehnten und neunzehnten Jahrhundert durch die Vermischung beider Arten von Autorität gekennzeichnet war. Das Gemeinsame der beiden Arten ist, daß es sich hier wie dort um eine *offene Autorität* handelt. Man weiß, wer anordnet und verbietet: der Vater, der Lehrer, der Chef, der König, der Offizier, der Priester, Gott, das Gesetz, das moralische Gewissen. Die Gebote oder Verbote mögen vernünftig sein oder nicht, sie mögen streng oder milde sein, ich mag gehorchen oder mich dagegen auflehnen: Immer weiß ich, daß eine Autorität dahinter steht; ich weiß, wer es ist, was er will und was mein Gehorsam oder mein Aufbegehren für Folgen haben wird.

Um die Mitte unseres Jahrhunderts hat sich die Eigenart der Autorität geändert. Sie ist jetzt keine offene Autorität mehr, sondern eine *anonyme, unsichtbare, entfremdete Autorität.* Niemand stellt mehr eine Forderung an uns, weder eine Person noch eine Idee noch ein moralisches Gebot. Dennoch gehen wir alle ebensosehr oder sogar noch mehr mit allen anderen konform, als dies die Menschen in einer durch und durch autoritären Gesellschaft tun würden. Tatsächlich gibt es bei uns keine andere Autorität mehr als das Man. Was aber ist dieses Man? Es ist der Profit, die wirtschaftliche Notwendigkeit, der Markt, der gesunde Menschenverstand, die öffentliche Meinung, das was »man« tut, denkt und fühlt. Die Gesetze der anonymen Autorität sind ebenso unsichtbar wie die Gesetze des Marktes – und genauso unangreifbar. Wer kann das Unsichtbare angreifen? Wer kann sich gegen einen »Niemand« auflehnen?

Das Verschwinden der offenen Autorität ist in allen Lebensbereichen deutlich erkennbar. Die Eltern erteilen keine Befehle mehr; sie legen dem Kind nahe, daß es »das wohl gern tun möchte«. Da sie selber weder Prinzipien noch Überzeugungen besitzen, versuchen sie das Kind zu lenken, daß es tut, was das Konformitätsgesetz von ihm erwartet, und da sie älter sind und mit dem »Neuesten« weniger in Berührung stehen, lernen sie oft von ihren Kindern, welche Haltung von einem erwartet wird. Das gleiche gilt im Geschäftsleben sowie in der Industrie; man erteilt auch da keine Anordnungen, sondern man »macht Vorschläge«; man befiehlt nicht mehr, sondern überredet und manipuliert. Selbst in der amerikanischen Armee hat man weitgehend diese neue Form der Autorität akzeptiert. Man macht für die Armee Propaganda, als ob es sich um ein attraktives Geschäftsunternehmen handelte; der Soldat soll sich wie das Glied eines »Teams« fühlen, wenn auch die harte Tatsache damit nicht aus der Welt geschafft ist, daß er dazu ausgebildet werden muß zu töten und getötet zu werden.

Solange es noch offene Autoritäten gab, gab es Konflike und gab es Rebellion – gegen eine irrationale Autorität. Im Konflikt mit den Geboten des eigenen Gewissens, in der Auseinandersetzung mit der irrationalen Autorität entwickelte sich die Persönlichkeit – ganz besonders das Selbst-Gefühl. Ich erlebe mich als »Ich«, weil ich zweifle, protestiere, rebelliere. Selbst dann, wenn ich mich unterwerfe und geschlagen gebe, erlebe ich mich als »Ich« – als das besiegte Ich. Aber wenn ich nichts mehr von einer Unterwerfung oder einer Rebellion merke, wenn ich von einer anonymen Autorität beherrscht werde, verliere ich mein Selbst-Gefühl. Ich werde zu einem »man«, zu einem Teil des Man.

Der Mechanismus, mit dessen Hilfe die anonyme Autorität funktioniert, ist die *Konformität.* Es wird von mir erwartet, daß ich das tue, was alle anderen auch tun, daher muß ich mit ihnen konform gehen, ich darf nicht anders sein als sie, darf nicht von ihnen »abstechen«. Ich muß bereit und willens sein, mich mit den allgemeinen Verhaltensmustern zu ändern; ich darf nicht danach fragen, ob ich mich richtig oder falsch verhalte, sondern ob ich angepaßt bin, ob ich nichts »Besonderes« bin und aus dem Rahmen falle. Das einzig Beständige an mir ist meine Bereitschaft, mich zu ändern. Niemand hat Macht über mich außer die Herde, der ich angehöre, der ich mich aber zu unterwerfen habe.

Es erübrigt sich wohl, dem Leser vor Augen zu führen, welches Ausmaß diese Unterwerfung unter die anonyme Autorität durch die Konformität angenommen hat. Ich möchte gern noch einige Illustrationen dazu anführen, die ich dem hochinteressanten und aufschlußreichen Bericht über eine Siedlung in Park Forest, Illinois, entnehme. Sie scheint mir die Überschrift »Die Zukunft c/o Park Forest«, die der Autor einem seiner Kapitel gibt, voll zu rechtfertigen. (Die folgenden Zitate stammen aus W. H. Whyte, 1953.) Diese Vorstadtsiedlung bei Chicago wurde zur Unterbringung von 30000 Menschen erbaut, die teilweise in Gruppen von Apartmenthäusern mit Gärten zur Miete wohnen (die Miete für eine Wohneinheit mit zwei Schlafzimmern in einem Zweifamilienhaus beträgt zweiundneunzig Dollar) und teilweise in Eigenheimen vom Ranch-Typus (Preis: elftausendneunhundertfünfundneunzig Dollar). Die Bewohner sind vorwiegend jüngere Angestellte, dazu ein paar Chemiker und Ingenieure mit einem Durchschnittseinkommen von sechs- bis siebentausend Dollar. Sie sind zwischen fünfundzwanzig und fünfunddreißig Jahre alt und verheiratet und haben ein bis zwei Kinder.

Welcher Art sind nun die gesellschaftlichen Beziehungen, und welcher Art ist die »Anpassung« in diesem Gemeinschaftsgebilde? Während die Leute in der Hauptsache »einfach aus wirtschaftlichen Gründen und nicht aus einem brennenden Verlangen nach Geborgenheit« dorthin ziehen, meint der Verfasser, »daß manche in einer solchen Umgebung soviel menschliche Wärme und Unterstützung finden, daß ihnen andere Wohngegenden höchst ungemütlich und kalt vorkommen. So ist es zum Beispiel beinahe erschütternd, wenn man hört, wie die Bewohner der neuen Vorortsiedlung gelegentlich von der Welt ›da draußen‹ reden.« Dieses Gefühl von Wärme ist mehr oder weniger gleichbedeutend damit, daß man sich akzeptiert fühlt. »Ich könnte mir eine bessere Wohngegend als die Siedlung wünschen, in die wir jetzt einziehen«, sagte einer, »und ich muß zugeben, daß es nicht gerade eine Gegend ist, wohin man seinen Chef oder einen Geschäftskunden zum Essen einlädt. Aber in so einer Gemeinschaft fühlt man sich wenigstens richtig akzeptiert«. Diese Sehnsucht, von den anderen akzeptiert zu werden, ist ein für einen entfremdeten Menschen sehr charakteristisches Gefühl. Weshalb sollte jemand auch so dankbar dafür sein, daß man ihn akzeptiert, wenn er nicht Zweifel hätte, ob er auch annehmbar sei, und weshalb sollte ein junges, gebildetes und erfolgreiches Paar derartige Zweifel hegen, wenn nicht deshalb, weil sie sich selbst nicht akzeptieren können, weil *sie nicht sie selbst sind.* Sein Identitätsgefühl findet man nur im Hafen der Konformität. Annehmbarsein bedeutet in Wirklichkeit nichts anderes, als sich von den anderen nicht unterscheiden. Wenn man Minderwertigkeitsgefühle hat, so kommt das daher, daß man das Gefühl hat, anders zu sein, und man fragt erst gar nicht, ob man sich vorteilhaft oder unvorteilhaft von den anderen unterscheidet.

Die Anpassung beginnt schon früh. Ein Vater drückte recht treffend aus, was unter der anonymen Autorität zu verstehen ist, als er sagte: »Die Anpassung an die Gruppe scheint für sie (die Kinder) gar nicht so viele Probleme mit sich zu bringen. Ich habe beobachtet, daß sie offenbar bald das Gefühl bekommen, daß keiner der Boß ist – es herrscht ein Gefühl völliger Kooperation. Zum Teil kommt das daher, daß sie schon sehr zeitig auf dem Spielplatz miteinander spielen.« Aus dieser Äußerung spricht die ideologische Auffassung, daß das Nichtvorhandensein von Autorität ein positiver Wert im Sinne des Freiheitsbegriffs des 18. und 19. Jahrhunderts sei. In Wirklichkeit aber steht hinter diesem Freiheitsbegriff die anonyme Autorität bei fehlender Individualität. Könnte man diesen Begriff der Konformität besser formulieren als jene Mutter, die sagte: »Johnny macht sich in der Schule nicht besonders gut. Der Lehrer hat mir gesagt, er mache seine Sache zwar in mancher Hinsicht recht nett, *aber seine soziale Anpassung lasse einiges zu wünschen übrig. Er suche sich immer nur einen oder zwei Freunde zum Spielen aus, und manchmal wolle er am liebsten ganz für sich allein bleiben«.* (Hervorhebung E. F.). Tatsächlich ist es ja für einen sich selbst entfremdeten Menschen so gut wie unmöglich, mit sich allein zu sein, weil ihn dann eine panische Angst vor dem Nichts erfaßt. Daß dies so unverblümt ausgesprochen wird, ist allerdings erstaunlich und zeigt, daß wir uns unserer Herdenneigung nicht einmal mehr schämen.

Manchmal klagen Eltern darüber, die Schule sei zu »nachgiebig« und die Kinder hätten keine Disziplin, aber »welche Fehler die Eltern von Park Forest auch immer machen mögen, Härte und autoritäres Vorgehen gibt es bei ihnen nicht«. Gewiß gibt es das nicht, aber warum sollte man auch seine Autorität in offener Form geltend machen, wenn bereits die anonyme Autorität des Konformismus die Kinder veranlaßt, sich dem Man vollständig zu unterwerfen, selbst wenn sie den eigenen Eltern nicht gehorchen? Auch ist die Klage der Eltern über den Mangel an Disziplin nicht allzu ernst gemeint, denn »was wir in Park Forest haben, ist ganz offensichtlich die Apotheose des Pragmatismus. Vielleicht wäre es übertrieben zu sagen, daß die Bewohner die Gesellschaft – und den Job, sich ihr anzupassen – zu ihrem Gott erhoben haben, aber gewiß haben sie keinerlei Verlangen danach, sich mit ihr zu streiten. Sie sind, wie man heute sagt, die praktische Generation«.

Ein anderer Aspekt der entfremdeten Konformität ist der Nivellierungsprozeß von Geschmack und Urteil, den der Verfasser unter der Überschrift ›Der Schmelztiegel‹ beschreibt. »Zu einem meiner Besucher sagte neulich eine ›Intellektuelle‹ mit eigenem Stil: ›Ich weiß noch, wie entsetzt ich war, als ich eines Tages den jungen Frauen auf dem Hof erzählte, wie begeistert ich mir am Abend zuvor die ›Zauberflöte‹ angehört hatte. Sie wußten gar nicht, wovon ich redete. Ich merkte bald, daß ihnen eine Unterhaltung über Windeln weit wichtiger war. Ich höre mir immer noch die ›Zauberflöte‹ an, aber ich weiß jetzt, daß den meisten Leuten andere Dinge im Leben wichtiger erscheinen.‹« Eine andere Frau berichtet, eine dieser jungen Frauen habe sie unerwartet besucht und dabei ertappt, wie sie Platon gelesen habe. Ihre Besucherin sei äußerst verwundert gewesen, und sie meinte: »Jetzt halten sie mich bestimmt alle für ein bißchen verrückt.« Der Autor meint dazu, die arme Frau habe den angerichteten Schaden in Wirklichkeit überschätzt; die anderen würden sie nicht für übergeschnappt halten, »denn wenn sie auch anders ist, so besitzt sie doch genügend Takt und nimmt genügend Rücksicht auf die kleinen Gewohnheiten, die bewirken, daß das Leben auf dem Hof reibungslos abläuft, so daß das Gleichgewicht gewahrt bleibt«. Es kommt darauf an, Werturteile in Meinungen zu verwandeln. Ob man sich lieber die »Zauberflöte« anhört oder über Windeln redet, ob einem die Republikanische oder die Demokratische Partei lieber ist, darüber kann man sich unterhalten, und es kommt dabei lediglich darauf an, daß die Unterhaltung nicht zu ernst wird, daß man Meinungen austauscht und bereit ist, eine jede Meinung oder Überzeugung (wenn es so etwas überhaupt gibt) als ebensogut wie jede andere zu akzeptieren. Auf dem Meinungsmarkt nimmt man von jedem an, daß er eine gleichwertige Ware anbietet, und es wäre ungehörig und nicht fair, das zu bezweifeln.

In dem Ausdruck, mit dem man die entfremdete Konformität und Kontaktfreudigkeit bezeichnet, kommt natürlich eine äußerst positive Wertung zum Ausdruck: Wer den Umgang mit einem jeden ohne Unterschied pflegt und auf jede Individualität verzichtet, wird als jemand bezeichnet, der »aus sich herausgeht«. Hier bekommt die Sprache einen psychiatrischen Anstrich, und die Philosophie von Dewey dient dabei als ein guter Maßstab. »Man kann in der Tat hier viel dazu beitragen, viele Menschen glücklich zu machen«, sagt ein sozialer Aktivist. »Ich habe zwei Ehepaare dazu gebracht, aus sich herauszugehen. Ich habe Möglichkeiten in ihnen gesehen, von denen sie selbst keine Ahnung hatten. Immer wenn wir jemanden kennenlernen, der schüchtern und menschenscheu ist, geben wir uns besondere Mühe mit ihm.«

Ein weiteres Zeichen für die soziale »Anpassung« ist das völlige Fehlen einer privaten Sphäre und das hemmungslose Reden über seine persönlichen »Probleme«. Auch hier erkennen wir wieder den Einfluß der modernen Psychiatrie und Psychoanalyse. Sogar die dünnen Wände werden begrüßt, weil sie gegen das Gefühl des Alleinseins helfen. »Ich fühle mich, auch wenn Jim nicht zu Hause ist, nie allein«, lautet ein typischer Kommentar dazu. »Man merkt, daß man Freunde in der Nähe hat, weil man sie nachts durch die Wände hört.« Ehen, die sonst vielleicht auseinandergingen, werden gerettet, Depressionen werden davor bewahrt, schlimmer zu werden, indem man redet, redet und redet. »›Es ist einfach phantastisch‹, sagt eine junge Frau. ›Man bespricht alle seine Probleme mit den Nachbarn – auch Dinge, die wir drunten in Süddakota für uns behalten hätten.‹ Mit der Zeit fällt es immer leichter, aus seinem Herzen keine Mördergrube zu machen; und man bespricht auf dem Hof auch die intimsten Details des Familienlebens mit einer erstaunlichen Offenheit miteinander. Sie machen einem klar, daß niemand sich jemals mit einem Problem allein auseinanderzusetzen braucht.« Hinzuzufügen wäre, daß es richtiger wäre, wenn man sagte, daß sie sich in Wirklichkeit überhaupt niemals einem Problem stellen.

Sogar die Architektur erhält ihre Funktion im Kampf gegen die Vereinsamung. »Genau wie die Türen innerhalb der Häuser – von denen es gelegentlich heißt, sie seien das Zeichen für die Geburt der Mittelklasse gewesen – im Verschwinden begriffen sind, so verschwinden auch die Schranken, die uns vom Nachbarn trennen. So zeigen zum Beispiel die schaufenstergroßen Fenster, was *drinnen* vor sich geht – oder was bei den anderen Leuten hinter dem Schaufenster vor sich geht.«

Der Konformitätsstil entwickelt eine neue Art von Moral, eine neue Art des Über-Ichs. Aber bei der neuen Moral handelt es sich nicht um das Gewissen humanistischer Tradition, und das neue Über-Ich entspricht auch nicht der Vorstellung vom autoritären Vater. Tugendhaft sein, heißt angepaßt sein und so sein wie die anderen. Lasterhaft sein, heißt sich unterscheiden. Oft wird das in den Begriffen der Psychiatrie ausgedrückt, wo »tugendhaft« soviel wie gesund und »böse« soviel wie neurotisch bedeutet. »Dem Auge des Hofes entgeht nichts.« Aus diesem Grund sind auch Liebesaffären selten geworden, und das nicht etwa aus moralischen Gründen, oder weil eine Ehe etwas so Befriedigendes wäre. Noch gibt es schwache Versuche, sich eine kleine private Sphäre zu erhalten. Während man in der Regel ein Haus betritt, ohne anzuklopfen oder sich sonstwie bemerkbar zu machen, verschaffen sich jetzt manche Leute ein bißchen Privatleben dadurch, daß sie ihren Stuhl nach der Straße stellen anstatt nach dem Hof zu, um zu zeigen, daß sie nicht gestört werden möchten. »Aber derartige Bemühungen um eine private Sphäre weisen eine wichtige Begleiterscheinung auf – *die* Leute *fühlen sich dabei immer ein wenig schuldig*. Mit sehr seltenen Ausnahmen sieht man darin, daß sich jemand auf diese Weise von den anderen abschließt, entweder eine Kinderei oder – was wahrscheinlicher ist – einen Hinweis auf eine neurotische Erkrankung. Der einzelne und nicht die Gruppe befindet sich auf einem Irrweg. Dieses Gefühl scheinen wenigstens viele, die sich abweichend verhalten, zu haben, und sie haben oft ein heimliches Schuldgefühl wegen Dingen, von denen man sonst annimmt, daß sie niemand anders etwas angehen und völlig normal sind. ›Ich habe mir vorgenommen, es bei ihnen wiedergutzumachen‹, sagte neulich eine der Bewohnerinnen der Siedlung zu ihrer Vertrauten. ›Ich habe mich nicht wohlgefühlt und konnte es einfach nicht über mich bringen, die anderen dann zu mir hereinzulassen. Ich nehme es ihnen überhaupt nicht übel, daß sie so darauf reagiert haben. Ich werde es schon irgendwie bei ihnen wiedergutmachen!‹«

In der Tat, »Privatleben gibt es nur noch heimlich«. Auch hier sind die Begriffe, deren man sich bedient, die der progressiven politischen und philosophischen Tradition. Was könnte schöner klingen als der Satz: »Nicht in einsamer und selbstsüchtiger Kontemplation, sondern indem man etwas mit anderen gemeinsam tut, erfüllt man sich selbst.« In Wirklichkeit bedeutet es, daß man sich selbst aufgibt und zu einem Herdentier wird und daß man sich dabei wohlfühlt. Man bezeichnet diesen Zustand häufig mit dem netten Wort »Zusammengehörigkeit«. Am liebsten wird diese Einstellung in psychiatrischen Begriffen ausgedrückt: »›Wir haben gelernt, nicht mehr introvertiert zu sein‹, sagt ein junger, sehr nachdenklicher und erfolgreicher höherer Angestellter, und auf welche Weise, beschreibt er folgendermaßen: ›Bevor wir hierherkamen, haben wir ziemlich für uns gelebt. Sonntags sind wir beispielsweise bis gegen zwei Uhr im Bett geblieben und haben Zeitung gelesen und uns im Radio eine Symphonie angehört. Jetzt machen wir die Runde und besuchen unsere Nachbarn, oder die besuchen uns. Ich glaube wirklich, daß Park Forest unseren Horizont erweitert hat.‹«

Mangelnde Konformität wird nicht nur mit abfälligen Worten wie »neurotisch«, sondern gelegentlich mit grausamen Sanktionen bestraft. »›Estelle ist ein Fall für sich‹, sagt eine Bewohnerin eines besonders aktiven Blocks. ›Sie wäre ganz gern in unseren Kreis hineingekommen, als sie eingezogen ist. Sie ist ein sehr warmherziges Ding und versucht immer, den Leuten zu helfen, aber sie ist, na ja, ein bißchen eingebildet. Neulich wollte sie sich bei allen lieb Kind machen und hat unsere Frauen zu einer Nachmittagsparty eingeladen. Aber das arme Ding hat es ganz verkehrt angefangen. Unsere sind alle wie gewöhnlich im Badeanzug und in Hauskleidung hingegangen, und sie hatte lauter Tellerdeckchen und Silber und all so was gedeckt. Seitdem haben sie sich geradezu verschworen, sie aus allem herauszuhalten. Es ist wirklich ein Jammer. Sie sitzt da in ihrem Liegestuhl vorm Haus und möchte gar zu gern, daß einer kommt und mit ihr einen Kaffeeklatsch hält, und genau gegenüber sitzen vier oder fünf und tratschen miteinander. Und immer wenn sie über einen Spaß lachen, meint sie, sie lachten über sie. Gestern nachmittag ist sie zu uns rübergekommen und hat die ganze Zeit geweint. Sie meint, sie und ihr Mann überlegten, ob sie nicht lieber irgendwo anders hinziehen sollten, um einen neuen Anfang zu machen.‹« Andere Kulturen haben Menschen, die vom politischen oder religiösen Glaubensbekenntnis abwichen, zum Kerker oder zum Scheiterhaufen verurteilt. Hier bestraft man nur mit einem Scherbengericht, mit dem man eine arme Frau zur Verzweiflung treibt und mit einem intensiven Schuldgefühl erfüllt. Was für ein Verbrechen hat sie begangen? Sie hat einen einzigen Irrtum begangen, sie hat sich gegen den Gott der Konformität versündigt.

Es ist ein weiterer Aspekt der entfremdeten Art zwischenmenschlicher Beziehungen, daß Freundschaften nicht mehr aufgrund persönlicher Zuneigung oder Anziehung geschlossen werden, sondern daß sie davon abhängen, in welcher Nachbarschaft unser Haus oder unsere Wohnung liegt. Das geht etwa so vor sich: »Es fängt an mit den Kindern. Die neuen Vorstädte sind Matriarchate, aber die Kinder verhalten sich so diktatorisch, daß eine Bezeichnung wie Filiarchat keineswegs nur ein Witz wäre. Die Kinder geben den Ausschlag; ihre Freundschaften übertragen sich auf die Mütter und deren Freundschaften wiederum auf die ganze Familie. Die Väter trotten einfach mit.

Der Weg, den die Fahrräder der Jungen nehmen ... bestimmt, welches die Tür ist, der man zustrebt – das heißt, in den Einfamilienhäusern ist es die Haustür, in den Apartment-Wohnungen ist es die Hoftür. Dieser Weg der Kinderfahrräder bestimmt auch, wohin man von dieser Tür aus seine Schritte lenkt; denn wenn die jungen Frauen ihre Nachbarin besuchen, dann gehen sie lieber in die Häuser, die in Sicht- und Hörweite ihrer Kinder sind und von wo aus sie ihr Telefon hören können. Dies kristallisiert sich zur Bewegung auf dem Damebrett (das heißt zur regelmäßigen Kaffeeklatschrunde) und bildet die Basis für die Freundschaften der Erwachsenen.« Dieses Zustandekommen von Freundschaften geht so weit, daß der Verfasser dieses Artikels behauptet, seine Leser könnten allein aus der Lage der Häuser und ihrer Eingangs- und Ausgangstüren in diesem Sektor darauf schließen, welche Familien miteinander befreundet sind.

Wichtig an diesem Bild ist nicht nur die Tatsache, daß die Freundschaften entfremdet sind und daß eine automatenhafte Konformität herrscht, sondern auch wie die Leute darauf reagieren. Es scheint, daß sie die neue Form der Anpassung bewußt akzeptieren. »Früher hat man es durchaus nicht zugeben wollen, daß man sich in seinem Verhalten von etwas anderem als dem eigenen freien Willen bestimmen ließ. Nicht so die neuen Vorortbewohner – sie sind sich der alles durchdringenden Macht, die die Umgebung auf sie ausübt, voll bewußt. Tatsächlich gibt es nur wenige Gesprächsthemen, über die man sich so gern unterhält; und entsprechend der ständig wachsenden Neugier des Laien in bezug auf Psychologie, Psychiatrie und Soziologie diskutieren sie ihr gesellschaftliches Leben, wobei sie in erstaunlicher Weise mit klinischen Begriffen um sich werfen. Aber sie fühlen sich hierdurch nicht etwa bedrückt; es ist nun einmal nicht anders, scheinen sie sich zu sagen, und, worauf es ankommt, daß man sich nicht dagegen wehrt, sondern es versteht.«

Diese junge Generation hat ihre eigene Philosophie, mit der sie ihren Lebensstil erläutert. »Die kommende Generation von Führern ist im Begriff, die gesellschaftliche Zweckmäßigkeit zu ihrem Gott zu machen, und das nicht nur aus einem instinktiven Wunsch heraus, sondern um diese bestimmten Werte den eigenen Kindern weiterzugeben. *Ob etwas funktioniert,* und nicht aus welchem Grunde es das tut, ist *die* Hauptfrage. Nachdem die Gesellschaft zu etwas so Komplexem geworden ist, kann der einzelne nur noch insoweit etwas bedeuten, als er zur Harmonie der Gruppe beiträgt, erklären die Bewohner, und für sie, die ständig in Bewegung sind und sich mit immer neuen Gruppen konfrontiert sehen, ist die Anpassung an die Gruppe besonders notwendig geworden. Sie sitzen alle im gleichen Boot, wie sie sich selbst so oft ausdrücken.« Andererseits meint der Verfasser dazu: »Der Wert einsamen Nachdenkens, die Tatsache, daß Konflikte manchmal notwendig sind, derartige beunruhigende Gedanken drängen sich ihnen nur selten auf.« Das Wichtigste, oder besser gesagt, das einzig Wichtige, was Kinder wie Erwachsene lernen müssen, ist mit anderen Leuten auszukommen, was als Lehrfach in der Schule als »Gemeinschaftskunde« bezeichnet wird und was die Erwachsenen als »Aus-sich-Herausgehen« und als »Zusammengehörigkeit« bezeichnen.

Sind die Menschen wirklich glücklich, sind sie auch unbewußt so zufrieden, wie sie es von sich glauben? Wenn man die Natur des Menschen und die Voraussetzungen für sein Glücklichsein bedenkt, kann dies kaum der Fall sein. Aber sie haben auch bewußt gewisse Zweifel. Während sie einerseits das Gefühl haben, daß die Konformität und das Aufgehen in der Gruppe ihre Pflicht und Schuldigkeit ist, haben doch auch viele von ihnen das Gefühl, daß dabei »andere Bedürfnisse zu kurz kommen«. Sie meinen, daß »sich den Gruppengewohnheiten anzupassen so etwas wie eine moralische Pflicht ist, und so fahren sie zögernd und unsicher damit fort als *Gefangene ihrer Brüderlichkeit.* ›Es passiert mir immer wieder‹, sagt eine Bewohnerin in einem verstohlenen Augenblick des Nachdenkens, ›daß mir Fragen kommen. Ich möchte ja nichts tun, was die Leute hier kränkt: Sie sind freundlich und nett, und ich bilde mir etwas darauf ein, daß wir so gut miteinander auskommen – bei all unserer Verschiedenheit. Aber hier und da *denke ich an mich und meinen Mann und an all das, was wir nicht tun, und werde ganz deprimiert. Genügt es denn, sich nicht schlecht zu benehmen?*‹« (Hervorhebung E. F.) Tatsächlich ist dieses Leben voller Kompromisse, dieses Leben des »Aus-sich-Herausgehens« ein Leben in der Gefangenschaft, in Selbstverlust und Depression. Sie sitzen tatsächlich »alle im gleichen Boot«, aber – so fragt der Verfasser ironisch – *»wohin fährt das Boot? Niemand scheint auch nur die geringste Vorstellung davon zu haben;* und sie scheinen es auch kaum für sinnvoll zu halten, diese Frage überhaupt zu stellen.«

Das Bild der Konformität, wie wir es hier an den »aus sich herausgehenden« Bewohnern von Park Forest veranschaulicht haben, ist sicher nicht überall in Amerika das gleiche. Die Gründe dafür liegen auf der Hand. Diese Leute sind jung, sie gehören der Mittelklasse an und sind im sozialen Aufstieg begriffen. Es handelt sich meist um Menschen, die in ihrer Laufbahn Symbole und Menschen manipulieren und deren Vorankommen davon abhängt, ob sie sich selbst manipulieren lassen. Zweifellos gibt es viele ältere Menschen, die der gleichen sozialen Gruppe angehören, und auch viele junge Leute aus anderen Berufsgruppen, die weniger »fortschrittlich eingestellt« sind als zum Beispiel diese Ingenieure, Chemiker und Physiker und denen ihre Arbeit wichtiger ist, als daß sie so bald wie möglich in eine leitende Stellung kommen. Daneben gibt es Millionen von Farmern und Landarbeitern, deren Lebensstil sich durch die Lebensbedingungen des zwanzigsten Jahrhunderts nur zum Teil geändert hat. Schließlich sind da auch noch die Industriearbeiter, deren Einkommen sich nicht wesentlich von dem der Angestellten unterscheidet, wenn auch ihre Arbeitssituation eine andere ist. Wenn auch eine Diskussion der Bedeutung der Arbeit für den heutigen Industriearbeiter nicht hierhergehört, so darf ich doch dazu sagen, daß zweifellos ein Unterschied besteht zwischen Menschen, die andere Menschen manipulieren, und solchen, die Dinge schaffen, wenn auch ihre Rolle im Produktionsprozeß nur unbedeutend und in vielfacher Hinsicht entfremdet ist. Der Arbeiter in einem großen Stahlwerk arbeitet mit anderen Hand in Hand und muß das tun, wenn er sein Leben nicht gefährden will. Er ist gemeinsam mit anderen Gefahren ausgesetzt; seine Arbeitskollegen wie seine Vorarbeiter können seine Geschicklichkeit beurteilen, und es kommt dabei weniger auf sein Lächeln und sein »liebenswürdiges Wesen« an. Außerhalb seiner Arbeit verfügt er über ein beträchtliches Maß an Freiheit; er hat bezahlten Urlaub, er kann sich in seinem Garten oder mit einem Hobby, vielleicht auch in der Gemeindepolitik oder der Gewerkschaftsarbeit betätigen. (Vgl. W. Bloomberg, 1953 sowie 1934). Aber selbst wenn man alle diese Faktoren berücksichtigt, die den Industriearbeiter vom Angestellten und dem Angehörigen der oberen Mittelklasse unterscheiden, scheint die Chance doch gering, daß es dem Arbeiter schließlich gelingen wird, dem Schicksal zu entgehen, ebenfalls von dem herrschenden Konformitätsstil geformt zu werden. Einmal ändern selbst die eben erwähnten positiven Seiten seiner Arbeitssituation nichts an der Tatsache, daß seine Arbeit ihm entfremdet und nur in begrenztem Maße ein sinnvoller Ausdruck seiner Arbeitskraft und seiner Vernunft ist; zum anderen vermindert der Trend zu einer wachsenden Automatisierung der Industriearbeit die beiden letztgenannten Faktoren immer mehr. Schließlich ist er dem Einfluß unseres gesamten Kulturapparats, der Werbung, den Filmen, dem Fernsehen, den Zeitungen genauso wie alle anderen ausgesetzt und kann daher kaum vermeiden, in die Konformität hineingetrieben zu werden, wenn vielleicht auch etwas langsamer als andere Gruppen der Bevölkerung. (Eine ausführlichere Analyse des Industriearbeiters folgt später.) Dies gilt auch für den Farmer.

Das Prinzip, jede Frustration zu vermeiden

Wie bereits dargelegt, sind die anonyme Autorität und die automatenhafte Konformität weitgehend die Folge unserer Produktionsweise, die eine rasche Anpassung an die Maschine, ein diszipliniertes Massenverhalten, einen einheitlichen Geschmack und Gehorsam ohne Gewaltanwendung verlangt. Eine weitere Seite unseres Wirtschaftssystems, das Bedürfnis nach Massenkonsum, hat einen neuen Zug im Gesellschafts-Charakter des modernen Menschen erzeugt, der einen der auffälligsten Gegensätze zum Gesellschafts-Charakter des vorigen Jahrhunderts darstellt. Ich meine *den Grundsatz, daß jeder Wunsch sofort befriedigt werden muß und kein Verlangen frustriert werden darf.* Die augenfälligste Illustration hierzu ist das Kaufen auf Raten. Im neunzehnten Jahrhundert kaufte man das, was man brauchte, sobald man das Geld dafür zusammengespart hatte; heute kauft man, was man braucht – oder auch nicht braucht – auf Kredit, und die Werbung dient im wesentlichen dazu, uns zum Kaufen zu verführen und uns Appetit auf Dinge zu machen, so daß wir zu ihrem Kauf verführt werden. Wir leben sozusagen im Kreis. Wir kaufen nach einem Kreditplan, und wenn die letzte Rate bezahlt ist, verkaufen wir das Ding wieder und kaufen uns statt dessen das neueste Modell.

Das Grundgesetz, nach dem Wünsche ohne viel Zögern befriedigt werden müssen, bestimmt besonders seit dem Ende des Ersten Weltkriegs auch unser sexuelles Verhalten. Eine grobe Form eines mißverstandenen Freudianismus pflegte die geeigneten Rationalisierungen dafür zu liefern: die Idee, daß Neurosen die Folge »verdrängter« sexueller Begierden, daß Frustrationen »traumatisierend« sind und daß man um so gesünder ist, je weniger man verdrängt hat. Selbst Eltern entwickelten einen »Komplex« aus der Sorge heraus, ihren Kindern ja alles zu geben, was sie haben wollten, damit sie nur nicht »frustriert« würden. Leider landeten viele dieser Kinder samt ihren Eltern auf der Couch des Analytikers – vorausgesetzt sie konnten es sich leisten.

Daß die Gier nach bestimmten Dingen und die Unfähigkeit, die Befriedigung seiner Wünsche hinauszuschieben, für den modernen Menschen so charakteristisch sind, darauf haben nachdenkliche Menschen wie Max Scheler und Henri Bergson nachdrücklich hingewiesen. Am prägnantesten hat es Aldous Huxley in ›Brave New World‹ (1946) getan. Unter den Devisen, auf welche die Heranwachsenden in ›Brave New World‹ konditioniert werden, ist eine der wichtigsten: *»Schiebe nie das Vergnügen, das du heute haben kannst, auf morgen auf.«* Sie wird ihnen »zweimal die Woche von 14 bis $16^1/_2$ Uhr zweihundertmal« eingehämmert. Diese augenblickliche Wunscherfüllung wird als Glück empfunden. »Heutzutage ist jeder glücklich«, lautet eine andere Devise von ›Brave New World‹. Die Menschen »kriegen alles, was sie haben wollen, und sie wollen niemals etwas haben, was sie nicht kriegen können«. Dieses Bedürfnis nach dem unmittelbaren Konsum der Gebrauchsgüter und nach der unmittelbaren Befriedigung der sexuellen Wünsche sind in ›Brave New World‹ – genau wie in unserer Welt – miteinander gekoppelt. Es gilt als unmoralisch, seinen »Liebes«-Partner über eine relativ kurze Zeit hinaus zu behalten. Die »Liebe« ist eine kurzlebige sexuelle Begierde, die sofort befriedigt werden muß. »Man gibt sich die größte Mühe zu verhindern, daß jemand gar zu sehr liebt; so etwas wie eine gegenseitige Verpflichtung zur Treue gibt es nicht. Man wird darauf konditioniert, daß man gar nicht anders kann als das zu tun, was man tun sollte. Und was man tun sollte, ist im großen und ganzen so amüsant, und so vielen natürlichen Impulsen wird freies Spiel gewährt, daß man tatsächlich keinen Versuchungen mehr zu widerstehen braucht.« (A. Huxley, 1946, S. 196.)

Dieser Mangel, sich Wünsche versagen zu müssen, hat die gleichen Folgen wie das Fehlen einer offenen Autorität – es führt zur Lähmung und schließlich zur Zerstörung des Selbst. Wenn ich die Erfüllung meiner Wünsche nicht hinausschiebe (und ich bin darauf konditioniert, mir nur das zu wünschen, was ich bekommen kann), dann habe ich keine Konflikte, keine Zweifel, ich brauche keinen Entschluß zu fassen, ich bin nie mit mir selbst allein, weil ich immer beschäftigt bin – mit meiner Arbeit oder mit meinem Vergnügen. Ich brauche mir nicht als meiner selbst bewußt zu werden, weil ich immerzu mit meinem Vergnügen beschäftigt bin. *Ich bin – ein System von Wünschen und deren Befriedigung;* ich muß allerdings arbeiten, um mir meine Wünsche erfüllen zu können – und eben diese Wünsche werden von der Wirtschaft ständig stimuliert und gelenkt. Die meisten dieser Begierden sind künstlich erzeugt, selbst die sexuelle Begierde ist bei weitem nicht so »natürlich«, wie man behauptet. Sie ist zum Teil künstlich stimuliert. Und das kann auch gar nicht anders sein, wenn wir Menschen haben wollen, wie sie das gegenwärtige System braucht – Menschen, die sich »glücklich« fühlen, die keine Zweifel kennen, die keine Konflikte haben und die sich ohne Anwendung von Gewalt lenken lassen.

Seinen Spaß zu haben besteht hauptsächlich in der Befriedigung, zu konsumieren und sich etwas einzuverleiben. Gebrauchsgüter, Landschaften, Essen, Trinken, Zigaretten, Menschen, Vorlesungen, Bücher, Filme – alles wird konsumiert, verschlungen. Die Welt ist ein einziges großes Objekt für unseren Appetit, ein Riesenapfel, eine Riesenflasche, eine Riesenbrust. Wir sind die ewig wartenden, ewig hoffenden – und ewig enttäuschten Säuglinge. Wie könnten wir auch nicht enttäuscht sein, wenn unsere Geburt bei der Mutterbrust bereits endet, wenn wir doch nie entwöhnt werden und immer über ihr Alter hinausgewachsene Babys bleiben, wenn wir über die rezeptive Orientierung niemals hinauskommen?

So machen sich die Menschen Sorgen, fühlen sich minderwertig, unzulänglich und schuldbewußt. Sie fühlen, daß sie leben ohne richtig zu leben, daß das Leben ihnen wie Sand durch die Finger rinnt. Wie werden sie mit ihren Beschwerden fertig, die von ihrer passiven Haltung stammen, sich immer nur Dinge einzuverleiben? Es gelingt ihnen mit Hilfe einer anderen Form der Passivität, mit einem ständigen Überlaufen sozusagen, indem sie *reden*. Auch hier hat sich genau wie im Falle der Autorität und des Konsums eine einst produktive Idee in ihr Gegenteil verkehrt.

Freie Assoziation und freies Reden

Freud hat das Prinzip der *freien Assoziation* entdeckt. Dadurch daß man in Gegenwart eines erfahrenen Zuhörers seine Gedanken nicht mehr unter Kontrolle hält, kann man hinter seine unbewußten Gedanken und Gefühle kommen, ohne zu schlafen und ohne daß man verrückt, betrunken oder hypnotisiert ist. Der Psychoanalytiker liest dann zwischen den Zeilen und kann den Betreffenden besser verstehen, als dieser selbst es kann, denn jener erfährt die Gedanken seines Patienten ohne die Behinderungen durch die gewohnte Gedankenkontrolle. Aber die freie Assoziation ist genau wie die Freiheit und das Glück bald entartet. Zuerst entartete sie im orthodoxen psychoanalytischen Verfahren selbst – nicht immer, aber doch häufig. Anstatt dem Betreffenden zu helfen, seine gefangengehaltenen Gedanken sinnvoll zum Ausdruck zu bringen, kam es nur zu einem sinnlosen Geschwätz. Andere therapeutische Schulen beschränkten die Rolle des Analytikers auf die eines mitfühlenden Zuhörers, der die Worte des Patienten in leicht abgeänderter Form wiederholt, ohne den Versuch zu machen, sie zu interpretieren oder zu erklären. All das geschieht aus der Idee heraus, daß man dem Patienten seine volle Freiheit lassen soll. Die Freudsche Idee von der freien Assoziation ist zum Werkzeug vieler Psychologen geworden, die sich Berater nennen, wenngleich »beraten« das einzige ist, was sie nicht tun. Diese Berater spielen in der Privatpraxis und als Industrieberater eine immer größere Rolle. (Vgl. W. J. Dickson, 1948; G. Friedmann, 1950, S. 142ff. und H. W. Harrell, 1949, S. 372ff.) Welche Auswirkungen hat ein solches Verfahren? Ganz offensichtlich bringt es nicht die Heilung, die Freud im Sinne hatte, als er die freie Assoziation als Grundlage für ein Verständnis des Unbewußten erfand. Eher schon bewirkt sie ein Nachlassen der Spannung, wie es zustande kommt, wenn man sich in Gegenwart eines teilnehmenden Zuhörers ausspricht. Solange wir unsere Gedanken für uns behalten, können sie uns beunruhigen – doch kann sich aus dieser Beunruhigung Fruchtbares ergeben; man wälzt sie im Kopf hin und her, man denkt darüber nach, man hat das Gefühl, man könnte aufgrund dieser Denkarbeit auf neue Ideen kommen. Aber wenn wir einfach drauflosreden, wenn wir es erst gar nicht dazu kommen lassen, daß sich aus unseren Gedanken und Gefühlen sozusagen ein Druck aufbaut, dann werden sie nicht fruchtbar. Es ist genau das gleiche wie beim uneingeschränkten Konsum. Man ist dann ein System, in das die Dinge unaufhörlich hinein- und wieder herausströmen – und drinnen ist keine Spannung, keine Verdauung, kein Selbst. Freud wollte mit seiner Entdeckung der freien Assoziation herausfinden, was unter der Oberfläche vor sich geht, er wollte *entdecken, wer wir wirklich sind;* das moderne Gerede an die Adresse des mitfühlenden Zuhörers hat – wenngleich uneingestanden – den entgegengesetzten Zweck, es hat die Funktion, den Betreffenden *vergessen* zu lassen, wer er ist (falls er überhaupt noch ein Gedächtnis dafür besitzt), ihm alle Spannung und damit jedes Selbst-Gefühl zu nehmen. Genauso wie man Maschinen ölt, ölt man Menschen, und besonders die in den Massenorganisationen der Arbeit. Man ölt sie mit erfreulichen Devisen, mit materiellen Vorteilen und mit dem teilnehmenden Verständnis der Psychologen.

Das Reden und Zuhören ist schließlich zum häuslichen Sport von Leuten geworden, die sich keinen professionellen Zuhörer leisten können oder die aus dem einen oder anderen Grund dem Laien den Vorzug geben. »Sich auszusprechen« ist Mode geworden und zeugt von intellektueller Kultur. Man hat dabei keinerlei Hemmungen, kein Schamgefühl und übt keinerlei Zurückhaltung. Man spricht über tragische Vorkommnisse im eigenen Leben ebenso leichthin, wie man über einen anderen Menschen spricht, der einen nicht sonderlich interessiert, oder wie man über irgendwelche Schwierigkeiten reden würde, die man vielleicht mit seinem Wagen hat.

Psychologie und Psychiatrie sind in der Tat im Begriff, ihre Aufgabe von Grund auf zu ändern. Vom Delphischen Orakelspruch »Erkenne dich selbst« bis hin zu Freuds psychoanalytischer Therapie war es die Aufgabe der Psychologie, das Selbst zu entdecken, den einzelnen zu verstehen und »die Wahrheit, die uns freimacht«, zu finden. Heute besteht die Gefahr, daß Psychiatrie, Psychologie und Psychoanalyse zu Werkzeugen der Manipulation von Menschen werden. Die Spezialisten auf diesem Gebiet sagen uns, was unter einem »normalen Menschen« zu verstehen ist und was daher bei uns nicht in Ordnung ist; sie raten uns zu Methoden, die uns helfen sollen, uns anzupassen, glücklich und normal zu sein. In A. Huxleys ›Brave New World‹ (1946) erfolgt diese Konditionierung vom ersten Monat der Besamung (mit chemischen Mitteln) an bis nach der Pubertät. Bei uns fängt man erst etwas später damit an. Unsere Konditionierung geschieht größtenteils durch ständige Wiederholung in der Presse, im Rundfunk und im Fernsehen. Aber die Krönung der Manipulation ist die moderne Psychologie. Was Taylor für die Arbeit in der Industrie getan hat, leisten die Psychologen für die Gesamtpersönlichkeit – und das alles im Namen des Verständnisses und der Freiheit. Es gibt unter den Psychiatern, Psychologen und Psychoanalytikern viele Ausnahmen, aber es zeigt sich immer deutlicher, daß diese Berufe im Begriff sind, zu einer ernsten Gefahr für die Entwicklung des Menschen zu werden, daß diejenigen, welche diese Berufe ausüben, zu Priestern der neuen Religion des Vergnügens, des Konsums und des Selbst-Verlustes, zu Spezialisten der Manipulation und zu den Wortführern der entfremdeten Persönlichkeit werden.

Vernunft, Gewissen und Religion

Was wird in einer entfremdeten Welt aus *Vernunft, Gewissen und Religion?* Oberflächlich gesehen gedeihen sie. Es gibt in den Ländern des Westens kaum noch Analphabeten, und in den Vereinigten Staaten besuchen immer mehr Menschen ein College. Jedermann liest die Zeitung und unterhält sich vernünftig über die Weltprobleme. Was das Gewissen betrifft, so verhalten sich die meisten in ihrem engen persönlichen Kreis ziemlich anständig, ja erstaunlich anständig, wenn man die allgemeine Verwirrung der Begriffe bedenkt. Was die Religion angeht, so haben die Kirchen [in Amerika] heute mehr Mitglieder denn je, und die meisten Amerikaner glauben an Gott – wenigstens behaupten sie das bei den Meinungsumfragen. Man braucht jedoch nicht weit in die Tiefe zu gehen, um auf weniger erfreuliche Dinge zu stoßen.

Wenn wir von Vernunft reden, dann müssen wir uns zunächst einmal entscheiden, welche menschliche Fähigkeit wir damit meinen. Wie bereits erwähnt, haben wir zwischen Intelligenz und Vernunft zu unterscheiden. Unter Intelligenz verstehe ich die Fähigkeit, mit Vorstellungen zur Erreichung praktischer Ziele umzugehen. Der Schimpanse, der zwei Stäbe ineinandersteckt, um an die Banane heranzukommen, weil ein einzelner Stab allein nicht lang genug dafür ist, bedient sich seiner Intelligenz. Das tun wir alle, wenn wir unserer Arbeit nachgehen, wenn wir »uns ausdenken«, wie wir etwas am besten in Angriff nehmen. *Intelligenz* in diesem Sinne heißt die Dinge so nehmen, wie sie sind, und Kombinationen vornehmen, um ihre Handhabung zu vereinfachen; Intelligenz ist Denken im Dienst des biologischen Fortbestandes. *Vernunft* dagegen möchte verstehen; sie versucht dahinterzukommen, was unter der Oberfläche ist; sie möchte den Kern, das Wesen der uns umgebenden Wirklichkeit erkennen. Auch die Vernunft hat eine Funktion. Doch diese Funktion ist nicht so sehr, unsere physische, als unsere geistige und seelische Existenz zu fördern. Aber im individuellen wie auch im gesellschaftlichen Leben braucht man seine Vernunft oft auch, um etwas vorauszusehen (wobei die Voraussage oft davon abhängt, daß man Kräfte erkennt, die unter der Oberfläche wirken), und eine solche Voraussicht ist manchmal sogar für das physische Überleben unentbehrlich.

Vernunft erfordert Bezogenheit und Selbst-Gefühl. Wenn ich nur passiver Empfänger von Eindrücken, Gedanken und Meinungen bin, dann kann ich diese zwar miteinander vergleichen und sie manipulieren, aber ich kann sie nicht durchschauen. Descartes leitete die Tatsache, daß ich bin, davon ab, daß ich denke. »Ich zweifle«, so argumentierte er, »also denke ich; ich denke, also bin ich.« Aber auch das Umgekehrte gilt. Nur wenn ich bin, wenn ich meine Individualität nicht an das Man verloren habe, kann ich denken, das heißt, dann kann ich meine Vernunft gebrauchen.

In engem Zusammenhang hiermit steht der Mangel an Wirklichkeitssinn, der für die entfremdete Persönlichkeit kennzeichnend ist. Wenn man von einem »Mangel an Wirklichkeitssinn« beim heutigen Menschen spricht, so steht das im Widerspruch zu der weitverbreiteten Idee, daß wir uns durch unseren größeren Realismus von den meisten geschichtlichen Epochen unterscheiden. Aber von unserem Realismus zu reden, kommt beinahe einer paranoiden Entstellung gleich. Was sind das für Realisten, die mit Waffen spielen, welche zur Vernichtung der gesamten modernen Zivilisation, wenn nicht gar unserer Erde, führen können! Wenn ein einzelner bei so etwas ertappt würde, dann würde er sofort hinter Schloß und Riegel kommen, und wenn er sich mit seinem Realismus brüstete, so würden die Psychiater darin ein zusätzliches, und zwar ziemlich ernstes Symptom einer kranken Seele sehen. Aber ganz abgesehen davon ist unverkennbar, daß der heutige Mensch einen erstaunlichen Mangel an Realismus in bezug auf alle Gebiete, auf die es ankommt, aufweist: in bezug auf die Bedeutung von Leben und Tod, in bezug auf Glück und Leiden, auf

Gefühle und ernsthaftes Denken. Er hat die gesamte Wirklichkeit der menschlichen Existenz zugedeckt und durch ein künstliches, verniedlichtes Bild einer Pseudowirklichkeit ersetzt – so ähnlich wie die Eingeborenen ihr Land und ihre Freiheit für glitzernde Glasperlen hergegeben haben. Er hat sich tatsächlich so weit von der menschlichen Wirklichkeit entfernt, daß er mit den Bewohnern von ›Brave New World‹ sagen kann: »Wenn der einzelne fühlt, gerät die Gemeinschaft ins Wanken.«

Noch ein weiterer bereits erwähnter Faktor in der heutigen Gesellschaft wirkt sich destruktiv auf die Vernunft aus. Da niemals jemand die ganze Arbeit allein verrichtet, sondern nur einen Teil davon, da die Dimension der Dinge und die Organisation der Menschen zu groß ist, um noch als Ganzes verstanden zu werden, kann man nichts mehr in seiner Totalität übersehen. Daher kann man die den Erscheinungen zugrunde liegenden Gesetze nicht mehr beobachten. Die Intelligenz reicht aus, einen Teilbereich einer größeren Einheit richtig zu handhaben, ob es sich nun um eine Maschine oder um einen Staat handelt. Aber die Vernunft kann sich nur entwickeln, wenn sie mit dem Ganzen verzahnt ist, wenn sie es mit beobachtbaren und noch zu bewältigenden Größen zu tun hat. Genauso wie unsere Augen und Ohren nur innerhalb gewisser quantitativ begrenzter Wellenlängen funktionieren, ist auch unsere Vernunft an das als Ganzes und in seinem Gesamtmechanismus Übersehbare gebunden. Anders gesagt geht jenseits einer gewissen Größenordnung die Konkretheit zwangsläufig verloren, und es kommt zur Abstraktion; damit schwindet auch der Sinn für die Wirklichkeit. Aristoteles hat als erster dieses Problem gesehen. Er meinte, daß man in einer Stadt, deren Einwohnerzahl größer ist als die einer Siedlung, die man heute als Kleinstadt bezeichnen würde, nicht leben könne.

Wenn man beobachtet, wie ein so entfremdeter Mensch denkt, dann fällt einem auf, daß seine Intelligenz sich entwickelt hat, während seine Vernunft an Qualität verloren hat. Er nimmt seine Wirklichkeit als selbstverständlich hin; er möchte sie verzehren, konsumieren, berühren, manipulieren. Er fragt nicht einmal, was dahintersteckt, warum die Dinge so sind, wie sie sind, und wohin das alles führt. Die Bedeutung kann man nicht essen, den Sinn kann man nicht verkonsumieren, und was die Zukunft betrifft – *nach uns die Sintflut!* Sogar vom neunzehnten Jahrhundert bis heute scheint die Dummheit merklich zugenommen zu haben – wenn man darunter das Gegenteil von Vernunft und nicht von Intelligenz versteht. Wenngleich heute jeder brav die Tageszeitung liest, herrscht ein wahrhaft erschreckender Mangel an Verständnis für die Bedeutung der politischen Ereignisse, weil unsere Intelligenz uns ermöglicht, Waffen herzustellen, die unsere Vernunft nicht mehr unter Kontrolle zu halten vermag. Wir besitzen das *know-how*, aber wir wissen nicht, weshalb und wozu. Unter uns sind viele mit einem guten und hohen Intelligenzquotienten, aber die Intelligenztests messen nur unsere Fähigkeit, etwas auswendig zu lernen und Gedankenverbindungen rasch herzustellen – sie messen jedoch nicht unsere Vernunft. All das trifft zu, wenngleich Menschen von überragender Vernunft in unserer Mitte leben, deren Denken so tiefgründig und lebendig ist wie je zuvor in der Geschichte der Menschheit. Aber ihr Denken bewegt sich abseits des allgemeinen Herdendenkens, und man mißtraut ihnen, wenn man sie auch wegen ihrer überragenden Leistungen in den Naturwissenschaften nicht entbehren kann.

Die neuen automatischen Gehirne veranschaulichen vorzüglich, was hier unter Intelligenz zu verstehen ist. Sie manipulieren die Daten, die ihnen eingefüttert werden; sie vergleichen, wählen aus und bringen die Resultate schneller und fehlerfreier heraus, als dies der menschlichen Intelligenz möglich wäre. Die wesentliche Voraussetzung ist jedoch, daß sie zuvor mit den Grunddaten gefüttert werden. Aber das Elektronengehirn kann nicht schöpferisch denken. Es kann nicht zu einer Einsicht in das Wesen der beobachteten Tatsachen kommen und über die eingefütterten Daten hinausgelangen. Die Maschine kann die Intelligenz reproduzieren oder vielleicht sogar übertreffen, aber sie kann nicht die Vernunft simulieren.

Die *Ethik* ist – wenigstens nach griechisch-jüdisch-christlicher Tradition – von der Vernunft nicht zu trennen. Sittliches Verhalten gründet sich auf die Fähigkeit, Werturteile aufgrund vernünftiger Überlegungen zu fällen; es bedeutet, daß man zwischen Gut und Böse unterscheidet und seiner Entscheidung entsprechend auch handelt. Der Gebrauch der Vernunft setzt das Vorhandensein eines Selbst voraus; das gleiche gilt für das sittliche Urteilen und Handeln. Außerdem gründet sich die Ethik – ob es sich nun um eine monotheistische Religion oder um die des säkularen Humanismus handelt – auf das Prinzip, daß keine Institution und kein Ding höher steht als irgendein Mensch; daß es das Ziel des Lebens ist, die Liebe und Vernunft des Menschen zur Entfaltung zu bringen, und daß jede andere menschliche Aktivität diesem Ziel unterzuordnen ist. Wie aber kann die Ethik einen bedeutsamen Bestandteil in einem Leben ausmachen, in dem der Mensch zum Automaten wird, in dem er dem großen Man dient? Und wie kann sich das Gewissen entwickeln, wenn Konformität das Lebensprinzip ist? Das Gewissen ist seinem Wesen nach nicht-konformistisch; es muß »nein« sagen können, auch wenn jedermann sonst »ja« sagt; um aber dieses »Nein« sagen zu können, muß es sich der Richtigkeit des Urteils sicher sein, auf welches sich das Nein gründet. In dem Maße, wie ein Mensch sich gleichschaltet, kann er die Stimme seines Gewissens nicht mehr hören, geschweige denn danach handeln.

Ein Gewissen existiert nur, wo der Mensch sich als Mensch und nicht als Ding, als Ware erlebt. In bezug auf die Dinge, die auf dem Markt getauscht werden, existiert ein anderes, quasi-ethisches Gesetz, das Gesetz der *Fairneß*. Hierbei geht es darum, daß man Dinge zu einem fairen Preis tauscht und daß der Handel ohne üble Tricks und ohne Gewaltanwendung abgeschlossen wird. Diese Fairneß, die weder gut noch böse ist, ist das sittliche Prinzip des Marktes, und sie ist das sittliche Prinzip, welches das Leben der Marketing-Persönlichkeit beherrscht.

Das Prinzip der Fairneß führt zweifellos zu einem bestimmten Typ des sittlichen Verhaltens. Man lügt nicht, man betrügt nicht und wendet keine Gewalt an – man gibt sogar dem anderen eine Chance –, wenn man sich an das Gesetz der Fairneß hält. Aber seinen Nächsten zu lieben, sich mit ihm eins zu fühlen, sein Leben dem Ziel hinzugeben, seine geistigen Kräfte zu entwickeln, das gehört nicht zur Fairneß-Ethik. Wir leben in einer paradoxen Situation: Wir praktizieren die Fairneß-Ethik und bekennen uns zur christlichen Ethik. Müssen wir nicht über diesen offensichtlichen Widerspruch straucheln? Offensichtlich straucheln wir nicht. Aus welchem Grund? Teilweise weil das Erbe unseres in viertausend Jahren entwickelten Gewissens keineswegs ganz verlorengegangen ist. Ganz im Gegenteil hat es die Befreiung des Menschen von der Macht des Feudalstaates und der Kirche in mannigfacher Weise ermöglicht, daß dieses Erbe neue Früchte trug, und in der Epoche zwischen dem achtzehnten Jahrhundert und heute hat es eine Blütezeit wie vielleicht nie zuvor erlebt. Wir stehen noch immer in diesem Prozeß, aber angesichts unserer Lebensbedingungen im zwanzigsten Jahrhundert sieht es so aus, als ob keine neuen Knospen mehr aufblühen würden, wenn die Pflanze verwelkt ist.

Ein weiterer Grund, weshalb wir uns an dem Widerspruch zwischen der humanistischen Ethik und der Fairneß-Ethik stoßen, ist darin zu suchen, daß wir die religiöse und die humanistische Ethik im Licht der Fairneß-Ethik neu interpretieren. Ein gutes Beispiel dafür ist die Auslegung der Goldenen Regel. In ihrer ursprünglichen jüdischen und christlichen Bedeutung war sie eine volkstümliche Fassung des biblischen Gebots »Liebe deinen Nächsten wie dich selbst«. Im System der Fairneß-Ethik bedeutet sie schlicht und einfach: »Sei fair beim Tauschen. Gib, was du dafür zu bekommen erwartest. Betrüge nicht!« Kein Wunder, daß diese Goldene Regel heute der populärste religiöse Spruch ist. Sie vereinigt zwei entgegengesetzte ethische Systeme und hilft uns, den Widerspruch zu vergessen.

Während wir immer noch von unserem christlich-humanistischen Erbe zehren, ist es kaum verwunderlich, daß die jüngere Generation immer weniger von der traditionellen Ethik erkennen läßt, und daß wir bei ihr einer zunehmenden moralischen Barbarei begegnen, die zu dem wirtschaftlichen und bildungsmäßigen Niveau, das unsere Gesellschaft erreicht hat, in völligem Gegensatz steht. Während der Durchsicht dieses Manuskriptes las ich heute zwei Notizen. Eine stand in der ›New York Times‹ und betraf die Ermordung eines Mannes, der von vier Teenagern aus ganz normalen Familien der Mittelklasse auf grausame Weise zu Tode getrampelt wurde. Die andere aus dem ›Time Magazin‹ beschrieb den neuen Polizeichef von Guatemala, der als früherer Leiter der Polizei unter der Diktatur Ubicos »eine den Kopf zum Schrumpfen bringende stählerne Schädelkappe angewandt habe, um Geheimnisse herauszuholen und unangebrachte politische Ideen zu vernichten«. (›Time‹, 23. August 1954.) Sein Bild war beigefügt mit der Unterschrift »Ein Vernichter unangebrachter Ideen«. Kann man sich etwas Verrückteres, Gefühlloseres und Sadistischeres vorstellen als diese frivolen Worte? Ist es verwunderlich, daß in einer Kultur, wo das populärste Nachrichtenmagazin so etwas drucken kann, Teenager keine Gewissensbisse empfinden, wenn sie einen Menschen totschlagen? Genügt die Erklärung, daß wir Brutalität und Grausamkeit in Comic-Büchern und Filmen darstellen, weil man damit Geld machen kann, nicht als Erklärung für die wachsende Barbarei und den zunehmenden Vandalismus unserer Jugend? Unsere Filmzensoren wachen darüber, daß keine sexuellen Szenen gezeigt werden, weil das unerlaubte sexuelle Begierden wecken könnte. Wie harmlos wäre dieses Resultat im Vergleich zu der entmenschlichenden Wirkung dessen, was die Zensoren zulassen und wogegen die Kirchen anscheinend weniger einzuwenden haben als gegen die herkömmlichen Sünden. Ja, wir haben noch ein ethisches Erbe, aber es wird bald verschwendet und durch die Ethik der ›Brave New World‹ oder von Orwells ›1984‹ ersetzt sein, wenn es nicht aufhört, lediglich ein Erbe zu sein, und in unserer gesamten Lebensweise neu geschaffen wird. Im Augenblick dürfte sittliches Verhalten noch in der konkreten Situation vieler Einzelmenschen zu finden sein; die Gesellschaft aber marschiert auf die Barbarei zu. (Vgl. den gleichen Standpunkt, den auch A. Gehlen [1949] vertritt.)

Vieles, was hier über die Ethik gesagt wurde, läßt sich auch über die *Religion* sagen. Wenn man über die Rolle der Religion beim entfremdeten Menschen spricht, hängt natürlich alles davon ab, was man unter Religion versteht. Wenn wir die Religion im weitesten Sinne als Rahmen der Orientierung und als Objekt der Hingabe verstehen, dann ist tatsächlich jedes menschliche Wesen religiös, denn niemand kann ohne ein solches System leben, wenn er bei Verstand bleiben will. Demnach ist unsere Kultur ebenso religiös wie jede andere. Unsere Götter sind die Maschinen und der Leistungsgedanke; der Sinn unseres Lebens ist voranzukommen, vorwärtszudrängen und der Spitze so nahe wie möglich zu kommen. Aber wenn wir unter Religion den Monotheismus verstehen, dann ist unsere Religion tatsächlich nicht mehr als eine Ware in den Schaufenstern. Der Monotheismus ist mit der Entfremdung und mit unserer Fairneß-Ethik unvereinbar. Er macht die Entfaltung, die Erlösung zum höchsten Ziel des Lebens, ein Ziel, das niemals einem anderen untergeordnet werden kann. Insofern Gott unerkennbar und undefinierbar ist, und insofern der Mensch als Gottes Ebenbild erschaffen wurde, ist auch der Mensch undefinierbar – und dies bedeutet, daß er kein *Ding* ist und niemals als ein solches angesehen werden kann. Der Kampf zwischen Monotheismus und Götzendienst ist nichts anderes als der Kampf zwischen dem produktiven und dem entfremdeten Lebensstil. Unsere Kultur ist vielleicht die erste völlig säkularisierte Kultur in der Menschheitsgeschichte. Wir schieben die fundamentalen Probleme der menschlichen Existenz von uns weg und kümmern uns nicht mehr darum. Wir interessieren uns nicht für die Bedeutung des Lebens und bemühen uns nicht, eine Lösung dafür zu finden; wir gehen von der Überzeugung aus, daß unser Leben keinen anderen Zweck hat als den, es gewinnbringend zu investieren und es ohne größere Pannen hinter uns zu bringen. Die meisten von uns glauben an Gott, sie halten es für sicher, daß es ihn gibt. Die anderen, die nicht an Gott glauben, halten es für sicher, daß es ihn nicht gibt. In beiden Fällen aber nehmen sie den Begriff Gott als gegeben hin. Weder ihr Glaube noch ihr Unglaube verursacht ihnen schlaflose Nächte oder ernstes Kopfzerbrechen. Tatsächlich macht es in unserer Kultur weder vom psychologischen noch von einem ernsthaft religiösen Standpunkt aus einen wesentlichen Unterschied, ob jemand an Gott glaubt oder nicht. In beiden Fällen liegt ihm weder etwas an Gott noch an einer Antwort auf das Problem seiner eigenen Existenz. Genauso wie man die Nächstenliebe durch eine unpersönliche Fairneß ersetzt hat, hat man Gott in einen unerreichbaren Generaldirektor der Universum GmbH verwandelt; man weiß, daß Er da ist, daß Er den Laden schmeißt (wenn dieser vermutlich auch ohne Ihn laufen würde), man bekommt Ihn nie zu sehen, doch erkennt man Ihn als Chef an, während man selbst seine Arbeit tut.

Die religiöse »Renaissance«, die wir in diesen Tagen erleben, ist vielleicht der schlimmste Schlag, den der Monotheismus je erlitten hat. Kann man sich eine schlimmere Gotteslästerung vorstellen, als wenn man von »dem Mann da droben« redet, wenn man das Beten lehrt, um in Gott einen Geschäftspartner zu finden, wenn man die Religion mit Methoden und Werbesprüchen »verkauft«, wie man sie benutzt, um Seife an den Mann zu bringen?

Angesichts der Tatsache, daß die Entfremdung des heutigen Menschen mit dem Monotheismus unvereinbar ist, könnte man erwarten, daß die Pfarrer, Priester und Rabbiner allen voran an dem modernen

Kapitalismus Kritik üben würden. Es trifft zwar wirklich zu, daß von hohen katholischen Würdenträgern, von einigen hohen Stellen der evangelischen Kirche und von einer Anzahl Rabbiner eine derartige Kritik geäußert wurde, aber im wesentlichen gehören doch alle Kirchen zu den konservativen Kräften in der modernen Gesellschaft, und die Religion benutzen sie dazu, die Menschen zu veranlassen, immer ruhig weiterzumachen und sich mit einem zutiefst irreligiösen System zufriedenzugeben. Die meisten von ihnen scheinen nicht zu erkennen, daß diese Art von Religion schließlich zu einem unverhüllten Götzendienst entarten wird, wenn sie nicht endlich damit anfangen, den modernen Götzendienst beim Namen zu nennen und ihn zu bekämpfen, anstatt Verkündigungen von Gott von sich zu geben und auf diese Weise seinen Namen in mehr als einem Sinne zu mißbrauchen.

Arbeit

Welche Bedeutung erhält die Arbeit in einer entfremdeten Gesellschaft?

Wir haben uns zu dieser Frage bei unserer allgemeinen Erörterung der Entfremdung bereits kurz geäußert. Aber da das Problem nicht nur für das Verständnis der heutigen Gesellschaft, sondern auch für jeden Versuch, eine gesunde Gesellschaft zu schaffen, überaus wichtig ist, möchte ich auf das Wesen der Arbeit auf den folgenden Seiten gesondert und ausführlicher eingehen.

Wenn der Mensch nicht andere ausbeutet, muß er selbst arbeiten, um zu leben. Wie primitiv und einfach seine Arbeitsmethode auch immer sein mag, allein durch die Tatsache, daß er etwas produziert, hat er sich über das Tier erhoben, und man hat ihn mit Recht als »das Tier, das produziert« definiert. Aber die Arbeit ist für den Menschen nicht nur eine unentrinnbare Notwendigkeit. Sie befreit ihn auch von der Natur und macht ihn zu einem sozialen und unabhängigen Wesen. *Im Arbeitsprozeß, das heißt durch das Gestalten und Verändern der Natur außerhalb seiner selbst formt und verändert er auch sich selbst.* Er erhebt sich über die Natur, indem er sie meistert; er entwickelt seine Fähigkeiten zur Zusammenarbeit, seine Vernunft, seinen Sinn für Schönheit. Er sondert sich von der Natur ab und gibt seine ursprüngliche Einheit mit ihr auf, aber gleichzeitig vereinigt er sich auch wieder mit ihr als ihr Herr und Gestalter. Je weiter sich seine Arbeit entwickelt, um so weiter entwickelt sich auch seine Individualität. Indem er die Natur umgestaltet und neu-erschafft, lernt er seine Kräfte gebrauchen und Geschicklichkeit und Kreativität erhöhen. Ob wir an die herrlichen Höhlenmalereien in Südfrankreich, an die Verzierungen der Waffen primitiver Völker, an die Statuen und Tempel der Griechen, die Kathedralen des Mittelalters, an die von geschickten Handwerkern hergestellten Stühle und Tische oder an die von Bauern kultivierten Blumen, Bäume und Getreidearten denken – alles ist Ausdruck der schöpferischen Verwandlung der Natur durch die Vernunft und Geschicklichkeit des Menschen.

In der Geschichte des Westens stellt die Handwerkskunst – besonders so wie sie sich im dreizehnten und vierzehnten Jahrhundert entwickelte – einen der Höhepunkte in der Entwicklung schöpferischer Betätigung dar. Arbeit war nicht nur eine nützliche Tätigkeit, sie erfüllte den Schaffenden auch mit tiefer Befriedigung. C. W. Mills hat die Hauptmerkmale der handwerklichen Tätigkeit sehr klar zum Ausdruck gebracht:

»Diese Arbeit hat kein anderes Motiv als das Erzeugnis und den Prozeß der Herstellung. Die einzelnen Handgriffe der täglichen Arbeit sind sinnvoll, weil sie für den Handwerker nicht vom Produkt seiner Arbeit getrennt sind. Auf diese Weise behält er seine Arbeit ständig unter Kontrolle. Der Handwerker lernt hierdurch aus seiner Arbeit und gebraucht und entwickelt seine Fähigkeiten und seine Geschicklichkeit. Es existiert keine Trennung zwischen Arbeit und Spiel und zwischen Arbeit und Kultur. Die Art, wie der Handwerker seinen Lebensunterhalt erwirbt, bestimmt und durchdringt seine gesamte Lebensweise.« (C. W. Mills, 1951, S. 220.)

Mit dem Zusammenbruch der mittelalterlichen Struktur und dem Beginn der modernen Produktionsweise änderten sich der Sinn und die Funktion der Arbeit, besonders in den protestantischen Ländern, von Grund auf. Der Mensch fürchtete sich vor seiner neugewonnenen Freiheit und war von dem Bedürfnis besessen, seine Zweifel und Ängste dadurch zu unterdrücken, daß er eine fieberhafte Aktivität entwikkelte. Das Ergebnis dieser Aktivität, ihr Erfolg oder Mißerfolg, entschied über sein Heil, ob er zu den geretteten oder verlorenen Seelen zählte. *Aus einer in sich befriedigenden und erfreulichen Betätigung wurde die Arbeit zu einer Pflicht und einem Zwang.* Je mehr man mit ihr Reichtümer erwerben konnte, um so mehr wurde sie zu einem bloßen Mittel, zu Reichtum und Erfolg zu gelangen. Die Arbeit wurde, um mit Max Weber zu sprechen, zum Hauptfaktor in einem System der »innerweltlichen Askese«, zu einer Reaktion auf das Gefühl des Alleinseins und der Isolation des Menschen.

Allerdings gab es Arbeit in diesem Sinne nur für die Ober- und Mittelklasse, für die, welche Kapital ansammeln und andere für sich arbeiten lassen konnten. Für die große Mehrheit all derer, die nur ihre Körperkraft zu verkaufen hatten, wurde die Arbeit zu einer reinen Fron. Der Arbeiter des achtzehnten und neunzehnten Jahrhunderts, der sechzehn Stunden arbeiten mußte, wenn er nicht verhungern wollte, tat dies nicht, um auf diese Weise dem Herrn zu dienen und auch nicht deshalb, weil sein Erfolg beweisen sollte, daß er zu den »Auserwählten« gehörte, sondern weil er seine Arbeitskraft denen verkaufen mußte, die die Mittel besaßen, ihn auszubeuten. Zu Beginn der Neuzeit war der Sinn der Arbeit bei der Mittelklasse *Pflichterfüllung*, bei den Besitzlosen *Zwangsarbeit.*

Die religiöse Einstellung zur Arbeit als Pflichterfüllung, die im vorigen Jahrhundert noch durchaus vorherrschte, hat sich in den letzten Jahrzehnten beträchtlich gewandelt. Der heutige Mensch weiß nichts mehr mit sich anzufangen, er weiß nicht, wie er sein Leben sinnvoll verbringen soll, und er sieht sich zur Arbeit hingetrieben, um einer unerträglichen Langeweile zu entrinnen. Aber die Arbeit ist keine moralische und religiöse Verpflichtung mehr, wie sie es im achtzehnten und neunzehnten Jahrhundert in den Augen der Mittelklasse war. Etwas Neues ist aufgekommen. Die ständig wachsende Produktion, das Bedürfnis, immer größere und bessere Dinge herzustellen, sind zum Selbstzweck, zu den neuen Idealen geworden. Der Arbeitende ist seiner Arbeit entfremdet.

Und was geschieht mit dem Industriearbeiter? Er verwendet seine beste Energie sieben bis acht Stunden am Tag darauf, »etwas« herzustellen. Er braucht seine Arbeit, um seinen Lebensunterhalt zu verdienen, aber er spielt dabei eine im wesentlichen passive Rolle. Er erfüllt in einem höchst komplizierten und hochorganisierten Produktionsprozeß eine kleine, isolierte Funktion und hat nie »sein« Produkt als Ganzes vor Augen, wenigstens nicht als Hersteller, sondern höchstens als Verbraucher, sofern er das Geld hat, sich »sein« Erzeugnis in einem Laden zu kaufen. Ihn interessiert das Gesamtprodukt weder hinsichtlich seiner materiellen Beschaffenheit noch hinsichtlich seiner weiterreichenden ökonomischen und sozialen Aspekte. Er wird an einen bestimmten Arbeitsplatz verwiesen und hat eine bestimmte Aufgabe zu erfüllen, aber er hat keinen Anteil an der Organisation oder dem Management der Arbeit. Er weiß nicht, weshalb gerade diese und nicht eine andere Ware produziert wird, und interessiert sich auch nicht dafür, genausowenig wie er sich dafür interessiert, in welcher Beziehung diese Ware zu den Bedürfnissen der Gesellschaft als Ganzer steht. Die Schuhe, die Autos, die Glühbirnen werden »vom Werk« mit Hilfe der Maschinen hergestellt. Er ist eher ein Bestandteil der Maschine als ihr Herr und tätiger Urheber. Die Maschine steht nicht in seinem Dienst und verrichtet für ihn Arbeiten, die man früher mit seiner eigenen Körperkraft verrichten mußte, sondern sie ist zu seinem Herrn und Meister geworden. Nicht die Maschine ist zum Ersatz für menschliche Energie geworden, sondern der Mensch zum Ersatz für die Maschine. *Man kann seine Arbeit definieren als Ausführung von Tätigkeiten, die nicht von den Maschinen ausgeführt werden können.*

Die Arbeit ist ein Mittel zum Geldverdienen und nicht eine an sich sinnvolle menschliche Tätigkeit. P. F. Drucker, der Arbeiter in der

Automobilindustrie beobachtete, bringt diesen Gedanken scharfsinnig zum Ausdruck: »Für die allermeisten Automobilarbeiter liegt der einzige Sinn ihres Jobs in der Lohntüte und nicht in irgend etwas, das mit ihrer Arbeit oder dem Erzeugnis direkt zu tun hätte. In ihrer Arbeit sehen sie etwas Unnatürliches, eine unangenehme, bedeutungslose und verdummende Voraussetzung dafür, daß man seine Lohntüte erhält; etwas ohne jede Würde und Wichtigkeit. Kein Wunder, daß schlampige Arbeit, Verlangsamung des Tempos und andere Tricks, um gleichen Lohn für weniger Mühe zu erlangen, erstrebenswert erscheinen. Kein Wunder, daß das zu unzufriedenen, unglücklichen Arbeitern führt – weil man seine Selbstachtung nicht nur auf eine Lohntüte gründen kann.« (Peter F. Drucker, 1946, S. 179.)

Die Beziehung des Arbeiters zu seiner Arbeit ist ein Ergebnis der gesamten gesellschaftlichen Organisation, von der er ein Teil ist. Da er »eingestellt« ist (das Wort »eingestellt« beziehungsweise »angestellt« bezieht sich genau wie das entsprechende englische Wort *employed* eher auf Dinge als auf Menschen), ist der Arbeiter kein tätiger Urheber *(active agent)*, er trägt keine Verantwortung außer für die fehlerfreie Herstellung des Einzelteils, an dem er arbeitet; und er interessiert sich auch kaum für etwas anderes als dafür, daß er genug Geld mit nach Hause bringt, um sich und seine Familie ernähren zu können. Und man erwartet oder verlangt auch nicht mehr von ihm. Er ist ein Teil der mit dem Kapital angeschafften oder gemieteten Fertigungseinrichtung, und seine Rolle und Funktion wird eben dadurch bestimmt, daß er ein Teil der Einrichtung ist. In den letzten Jahrzehnten schenkt man der Psychologie des Arbeiters und seiner Einstellung zu seiner Arbeit – dem »menschlichen Problem der Industrie« – wachsende Aufmerksamkeit, aber schon diese Formulierung ist ein Hinweis auf die ihr zugrunde liegende Einstellung. Da ist ein menschliches Wesen, das den größten Teil seines Lebens seiner Arbeit widmet, und worüber man diskutieren sollte, wäre *das industrielle Problem menschlicher Wesen und nicht »das menschliche Problem der Industrie«.*

Die meisten Forschungsarbeiten auf dem Gebiete der Industrie-Psychologie beschäftigen sich mit der Frage, wie die Produktivität des einzelnen Arbeiters gesteigert werden kann und wie er dazu gebracht werden kann, reibungsloser zu funktionieren. Die Psychologie hat sich in den Dienst der »Menschentechnik« gestellt und versucht, den Arbeiter und den Angestellten als Maschine zu behandeln, die besser läuft, wenn sie gut geölt ist. Während Taylor sich in erster Linie für eine bessere Organisation der technischen Verwendung der körperlichen Kräfte des Arbeiters interessierte, interessieren sich die meisten Industrie-Psychologen in der Hauptsache für die Manipulation seiner Psyche. Die zugrunde liegende Idee könnte man etwa folgendermaßen formulieren: Wenn er, falls er glücklich ist, besser arbeitet, wollen wir ihn doch glücklich, sicher, zufrieden oder was sonst auch immer machen, vorausgesetzt, es erhöht seine Leistung und reduziert Reibungen. Im Namen der »zwischenmenschlichen Beziehungen« wird der Arbeiter mit allen Methoden behandelt, die sich für einen völlig entfremdeten Menschen eignen. Das Glück und die humanen Werte werden sogar als Mittel empfohlen, ein besseres Verhältnis zu den Kunden herzustellen. So soll zum Beispiel nach dem *Time Magazin* einer der bekanntesten amerikanischen Psychiater zu einer Gruppe von eintausendfünfhundert Angestellten eines Supermarkts gesagt haben: »Unsere Kunden werden zufriedener sein, wenn wir glücklicher sind ... Es würde sich mit harten Dollars und Cents für das Management bezahlt machen, wenn wir ein paar von diesen allgemeinen Wertprinzipien der zwischenmenschlichen Beziehungen wirklich in die Praxis umsetzen könnten.« Man redet von »zwischenmenschlichen Beziehungen« und meint damit die allerunmenschlichsten Beziehungen zwischen entfremdeten Automaten; man redet von Glück und meint damit die vollendete Routine, die den letzten Zweifel und jede Spontaneität ausgetrieben hat. (Ich komme im achten Kapitel noch einmal auf das Problem der Arbeit zurück.)

Der entfremdete und zutiefst unbefriedigende Charakter der Arbeit hat zwei Reaktionen zur Folge: einmal das Ideal vollkommener Faulheit, und zum anderen eine tiefsitzende, wenn auch häufig unbewußte feindselige Einstellung zur Arbeit und zu allem, was damit in Zusammenhang steht.

Die weitverbreitete Sehnsucht nach dem Zustand vollkommener Faulheit und Passivität ist nicht schwer zu erkennen. Unsere Werbung appelliert sogar noch mehr an sie als an den Sex. Natürlich gibt es auch viele nützliche und arbeitsparende Geräte. Aber diese Nützlichkeit dient dem Appell an eine vollkommene Passivität und Rezeptivität häufig nur als Ausrede. Ein Paket Frühstücksflocken wird angepriesen als *»neu – leichter zu essen«*. Ein elektrischer Brotröster wird folgendermaßen angepriesen: »... Der einzigartigste Toaster der Welt! Dieser neue Toaster tut alles für Sie. Sie brauchen nicht einmal das Brot einzulegen. Durch einen einzigartigen Elektromotor *wird Ihnen das Brot automatisch sanft aus den Fingern genommen.*« Sprachkurse oder Kurse auf anderen Gebieten werden mit dem Werbespruch angepriesen: »Müheloses Lernen – Schluß mit der alten Büffelei!« Jeder kennt das Bild des älteren Ehepaars in den Anzeigen der Lebensversicherungen, das sich mit sechzig Jahren zur Ruhe gesetzt hat und jetzt sein Leben in der vollen Glückseligkeit des Nichtstuns verbringt, vom Reisen abgesehen.

Rundfunk und Fernsehen demonstrieren ein weiteres Element dieser Sehnsucht nach Faulheit, die Idee, daß »man nur auf den Knopf zu drücken braucht«. Wenn ich auf einen Knopf drücke oder an einem Schalter meines Geräts drehe, kann ich Musik, Vorträge, Sportveranstaltungen produzieren, und ich kann Weltereignissen befehlen, vor meinen Augen auf dem Fernsehschirm zu erscheinen. Die Freude am Autofahren beruht bestimmt zum Teil auf der Befriedigung, nur auf den Knopf drücken zu müssen. Indem ich, ohne Kraft aufwenden zu müssen, auf einen Knopf drücke, setze ich eine machtvolle Maschine in Gang. Es gehört nur wenig Geschicklichkeit und Anstrengung dazu, und der Fahrer hat das Gefühl, Beherrscher des Raumes zu sein.

Aber die Sinnlosigkeit und Langeweile der Arbeit hat noch eine weit ernstere und tiefersitzende Reaktion zur Folge. Es ist eine feindselige Einstellung zur Arbeit, die uns weit weniger bewußt ist als unsere Sehnsucht nach Faulheit und Untätigkeit. Mancher Geschäftsmann hat das Gefühl, er sei der Gefangene seines Geschäfts und der Waren, die er verkauft; er hat das Gefühl, seine Erzeugnisse seien Schwindel, und er verachtet sie insgeheim. Er haßt seine Kunden, die ihn zwingen, eine Schau abzuziehen, wenn er ihnen etwas verkaufen will. Er haßt seine Konkurrenten, weil sie eine Gefahr für ihn sind; er haßt seine Untergebenen genauso wie seine Vorgesetzten, weil er mit ihnen in einem ständigen Konkurrenzkampf steht. Vor allem aber haßt er sich selbst, weil er sieht, wie ihm sein Leben entgleitet, ohne einen Sinn zu haben außer dem momentanen Rausch des Erfolges. Natürlich sind dieser Haß und diese Verachtung für andere und sich selbst wie auch für die Dinge, die man herstellt, in der Hauptsache unbewußt, und nur hie und da kommen sie uns flüchtig ins Bewußtsein, was dann so beunruhigend ist, daß wir solche Gedanken schleunigst wieder beiseite schieben.

Demokratie

Ebenso wie die Arbeit dem Menschen entfremdet wurde, ist auch die Art, wie der Wille des Bürgers in der modernen Demokratie zum Ausdruck kommt, entfremdet. Die *Demokratie* geht von der Idee aus, daß nicht ein Herrscher oder eine kleine Gruppe, sondern das Volk als Ganzes sein Schicksal bestimmt und seine die öffentlichen Belange betreffenden Entscheidungen trifft. Dadurch, daß jeder Bürger seine eigenen Vertreter wählt, die im Parlament die Gesetze des Landes beschließen, ist er angeblich an den öffentlichen Angelegenheiten aktiv und mitverantwortlich beteiligt. Mit der Gewaltenteilung wurde ein sinnreiches System geschaffen, das dazu dienen soll, die Integrität und Unabhängigkeit der Rechtspflege zu wahren und die Funktionen von Legislative und Exekutive im Gleichgewicht zu halten. Theoretisch trägt so jeder Bürger die gleiche Verantwortung für die Beschlußfassung und übt gleichen Einfluß darauf aus.

In Wirklichkeit aber litt das demokratische System von Anfang an an wichtigen inneren Widersprüchen. Da es in Staaten herrschte, in denen die Chancen und das Einkommen höchst ungleich verteilt waren, wollten die privilegierten Klassen dort natürlich die Vorrechte nicht aufgeben, die ihr Stand ihnen einräumte und die sie leicht hätten verlieren können, wenn der Wille der besitzlosen Masse voll zum Ausdruck gekommen wäre. Um diese Gefahr zu bannen, schloß man viele aus der Klasse der Besitzlosen vom Wahlrecht aus, und nur ganz allmählich akzeptierte man den Grundsatz, daß jedem Bürger ohne Einschränkung und Qualifikation das Wahlrecht zusteht.

Im neunzehnten Jahrhundert schien es so, als ob das allgemeine Wahlrecht alle Probleme der Demokratie lösen würde. O'Connor, einer der Chartistenführer, sagte 1838: »Das allgemeine Wahlrecht würde mit einem Schlage den gesamten Charakter der Gesellschaft aus einem Zustande des Argwohns, des Zweifels und der Verdächtigungen in einen Zustand bürgerlicher Liebe, gegenseitigen Interesses und allgemeinen Vertrauens verwandeln«, und 1842 sagte er: »... sechs Monate nach Annahme der Charta wird jeder Mann, jede Frau und jedes Kind im Lande wohlgenährt, gut untergebracht und gut gekleidet sein.« (Zit. nach J. R. M. Butler, 1928, S. 86.) Seitdem haben alle großen Demokratien (mit Ausnahme der Schweiz) das allgemeine Wahlrecht für Männer und Frauen eingeführt, aber selbst in den reichsten Ländern der Welt war immer noch ein Drittel der Bevölkerung nach Franklin D. Roosevelt »schlecht ernährt, schlecht untergebracht und schlecht gekleidet«.

Die Einführung des allgemeinen Wahlrechts enttäuschte nicht nur die Hoffnungen der Chartisten, sie enttäuschte auch alle jene, die geglaubt hatten, daß es dazu beitragen würde, die Bürger in verantwortungsbewußte, aktive und unabhängige Persönlichkeiten zu verwandeln. Es stellte sich heraus, daß das *Problem der Demokratie heute nicht mehr in der Einschränkung des Wahlrechts, sondern in der Art und Weise, wie dieses gehandhabt wird, besteht.*

Wie können Menschen »ihren« Willen zum Ausdruck bringen, wenn sie gar keinen eigenen Willen und keine eigene Überzeugung besitzen, wenn sie entfremdete Automaten sind, deren Geschmack, Meinungen und Vorlieben von den großen Konditionierungsapparaten manipuliert werden? Unter diesen Umständen wird das allgemeine Wahlrecht zu einem Fetisch. Wenn eine Regierung nachweisen kann, daß jedermann das Recht hat zu wählen und die Stimmen ehrlich gezählt werden, dann ist sie demokratisch. Wenn alle wählen, die Stimmen aber nicht ehrlich gezählt werden, oder wenn die Wähler Angst haben, gegen die regierende Partei zu stimmen, dann ist das Land undemokratisch. Es trifft natürlich zu, daß ein beträchtlicher Unterschied zwischen freien und manipulierten Wahlen besteht; aber auch wenn wir den Unterschied feststellen, so sollten wir doch darüber nicht vergessen, daß selbst freie Wahlen nicht unbedingt »den Willen des Volkes« zum Ausdruck bringen. Wenn eine Zahnpasta, für die viel Reklame gemacht wird, von den meisten deshalb benutzt wird, weil die Propaganda ihr phantastische Eigenschaften zuschreibt, wird kein verständiger Mensch sagen, die Leute hätten sich für diese Zahnpasta »entschieden«. Man könnte höchstens behaupten, daß die Werbung für sie so zugkräftig war, daß sie Millionen dazu verführt hat, das zu glauben, was von ihr behauptet wird.

In einer entfremdeten Gesellschaft ist die Art und Weise, wie die Menschen ihren Willen äußern, nicht viel anders als die Art, wie sie beim Kauf die Waren auswählen. Sie hören auf die Werbetrommeln, und die Tatsachen bedeuten ihnen wenig im Vergleich zu dem, was ihnen suggestiv und geräuschvoll eingehämmert wird. In den letzten Jahren konnten wir immer deutlicher beobachten, welchen Einfluß die Ratschläge der Public-Relations-Fachleute auf die politische Propaganda ausüben. Entsprechend der Taktik, wie sie das Publikum dazu bringen, alle Waren zu kaufen, für deren »Aufbau« das nötige Geld vorhanden ist, behandeln sie auch die politischen Ideen und die führenden Politiker. Sie bedienen sich des Fernsehens genauso, um politische Persönlichkeiten »aufzubauen«, wie sie das mit ihrer Waschmittelwerbung tun. Worauf es ihnen ankommt, ist der Effekt, mag es nun um den Absatz oder um die Wählerstimme gehen, und nicht die Vernünftigkeit oder Nützlichkeit dessen, was sie propagieren, ist maßgebend. Diese Erscheinung kam kürzlich mit erstaunlicher Offenheit in einer Äußerung über die Zukunft der Republikanischen Partei zum Ausdruck. Sie läuft darauf hinaus, daß man, da man nicht damit rechnen könne, die Stimmenmehrheit für die Republikanische Partei zu gewinnen, eine bekannte Persönlichkeit auftreiben müsse, welche bereit sei, die Partei zu repräsentieren – *diese* würde dann schon die nötigen Stimmen bekommen. Im Prinzip ist das nichts anderes, als wenn ein berühmter Sportler oder Filmstar dafür gewonnen wird, eine Zigarettenmarke zu empfehlen.

Tatsächlich unterscheidet sich ja auch die Art, wie der politische Apparat in einem demokratischen Land funktioniert, kaum von dem Verfahren auf dem Gebrauchtwagenmarkt. Die politischen Parteien unterscheiden sich nicht wesentlich von großen Wirtschaftsunternehmen, und auch die Berufspolitiker versuchen, der Wählerschaft ihre Waren zu verkaufen. Ihre Methode ähnelt mehr und mehr der Intensivwerbung. J. A. Schumpeter, ein scharfsinniger Beobachter der politischen und wirtschaftlichen Szene, hat für diesen Prozeß eine besonders klare Formulierung gefunden. Er geht von der klassischen Formulierung der Demokratie des achtzehnten Jahrhunderts aus: »Die demokratische Methode besteht in den institutionellen Vorkehrungen, die getroffen werden, um zu politischen Entscheidungen zu gelangen, die dem Gemeinwohl dienen, indem man das Volk selbst die Entscheidung durch die Wahl von Einzelpersönlichkeiten treffen läßt, welche zusammentreten, um seinen Willen zu vollziehen.« (J. A. Schumpeter, 1962, S. 250; vgl. dt. S. 397.) Schumpeter analysiert dann die Einstellung des modernen Menschen zum Problem der öffentlichen Wohlfahrt und kommt zu einem Resultat, das sich nicht wesentlich von dem oben erwähnten unterscheidet: »Wenn wir uns jedoch noch weiter von den privaten Anliegen der Familie und den Geschäftsinteressen entfernen und uns jenen Gebieten der nationalen und internationalen Angelegenheiten zuwenden, die mit diesen Privatinteressen in keiner direkten und unmißverständlichen Verbindung stehen, dann werden das individuelle Wollen, die unerbittlichen Tatsachen und die daraus zu ziehenden Folgerungen den Erfordernissen der klassischen Doktrin nicht mehr gerecht. Was mir am meisten auffällt und was ich für den Kern des Übels halte, ist die Tatsache, daß uns das Gefühl für die Realität so restlos verlorengegangen ist. Normalerweise nehmen die großen politischen Fragen im Seelenhaushalt des Durchschnittsbürgers einen ähnlichen Platz ein wie seine Freizeitinteressen, die noch nicht den Rang eines Hobbys erreicht haben, und wie unverbindliche Themen der Unterhaltung. All diese Dinge liegen irgendwie in weiter Ferne; sie sind etwas ganz anderes als zum Beispiel geschäftliche Überlegungen. Die Gefahren brauchen ja nicht Wirklichkeit zu werden, und wenn sie es doch tun sollten, können sie sich als halb so schlimm herausstellen. Man hat das Gefühl, sich in einer fiktiven Welt zu bewegen.

Dieses reduzierte Realitätsgefühl hat nicht nur ein vermindertes Verantwortungsgefühl zur Folge, sondern ist auch schuld daran, daß man seinen Willen nicht durchsetzt. Man verfügt natürlich über bestimmte Redensarten und hat seine Wünsche und Tagträume und auch seinen Ärger; besonders hat man seine Vorlieben und Abneigungen. Aber meistens kommt es dabei nicht zu dem, was wir als Willen bezeichnen – dem psychischen Gegenstück zu einem zielgerichteten, verantwortungsbewußten Handeln. Wenn der private Bürger tatsächlich einmal über die nationalen Angelegenheiten nachdenkt, so sind diese außerhalb der Reichweite seines Willens, und es gibt auch keine Aufgaben, an denen sich dieser entfalten könnte. Er ist Mitglied eines arbeitsunfähigen Komitees, des Komitees der gesamten Nation, und aus diesem Grund verwendet er weniger disziplinierte Anstrengung auf die Lösung politischer Probleme, als er auf eine Partie Bridge zu verwenden pflegt.

Das reduzierte Verantwortungsgefühl und das Fehlen eines festen Willens erklärt wiederum die Unwissenheit und mangelnde Urteilsfähigkeit des Durchschnittsbürgers in bezug auf Fragen der Innen- und Außenpolitik, was bei gebildeten Menschen und bei solchen, die in den nichtpolitischen Lebensbereichen aktiv und erfolgreich sind, noch unverständlicher ist als bei ungebildeten Menschen, die in bescheidenen Verhältnissen leben. Und wir brauchen uns auch nicht weiter darüber zu wundern. Wir brauchen nur einmal die Haltung eines Rechtsanwalts bei einem seiner Prozesse und die desselben Rechtsanwalts bei der Darstellung politischer Ereignisse in seiner Zeitung miteinander zu vergleichen, um zu sehen, wie die Dinge liegen. Im einen Fall hat der Rechtsanwalt sich in jahrelanger zielstrebiger Arbeit, angetrieben von seinem Streben nach beruflichem Erfolg, dafür qualifiziert, die Bedeutung der Gegebenheiten richtig einzuschätzen, und unter einem nicht weniger mächtigen Antrieb setzt er jetzt seine erworbenen Kenntnisse, seinen Verstand und seinen Willen für den ihm anvertrauten Prozeß ein. Im anderen Fall hat er sich nicht die Mühe gemacht, die nötigen Kenntnisse zu erwerben; es liegt ihm nichts daran, sich zu qualifizieren; er macht sich nicht die Mühe, die Informationen in sich aufzunehmen und sie einer kritischen Prüfung zu unterziehen, was er doch so vorzüglich versteht, und langes, kompliziertes Argumentieren macht ihn ungeduldig. All das beweist, daß man ohne die Initiative, welche einer unmittelbaren Verantwortung entspringt, trotz massenweise zur Verfügung stehender Informationen nicht im Bilde ist, so vollständig und korrekt die Informationen auch sein mögen. Diese mangelnde Unterrichtung auf politischem Gebiet wird auch durch die verdienstvollen Bemühungen nicht beseitigt, die gegenwärtig unternommen werden, über die bloße Vermittlung von Informationen hinaus, mit Hilfe von Vorträgen, Kursen und Diskussionsgruppen die Dinge an die Leute heranzubringen. Der Erfolg ist zwar nicht gleich null, aber doch recht gering. Man kann den Hund eben nicht zum Jagen tragen.

So kommt es, daß der typische Bürger auf ein niedrigeres geistiges Niveau herabsinkt, sobald er sich auf das politische Gebiet begibt. Er argumentiert und analysiert dann in einer Art, die er auf seinem eigentlichen Interessengebiet als kindisch bezeichnen würde. Er wird wieder zum Primitiven.« (J. A. Schumpeter, 1962, S. 261 f. – Vgl. dt. S. 415–417.)

Schumpeter weist auch darauf hin, daß der Wille der Öffentlichkeit in ganz ähnlicher Weise hergestellt wird wie bei der kommerziellen Werbung. Er sagt: »Die Art und Weise, wie der Wille des Volkes in bezug auf jede Art von Problemen künstlich fabriziert wird, entspricht genau den Methoden der kommerziellen Werbung. Auch hier treffen wir auf die gleichen Versuche, das Unbewußte anzusprechen. Wir treffen auf die gleiche Technik, vorteilhafte und unvorteilhafte Assoziationen zu erzeugen, die um so wirksamer sind, je weniger rational sie sind. Wir treffen auf die gleichen Ausflüchte, auf das gleiche Verschweigen und den gleichen Trick, durch immerzu wiederholte Behauptungen eine bestimmte Meinung zu erzeugen, was eben in dem Maße zum Erfolg führt, wie es vernünftigen Argumenten und damit der Gefahr entgegenwirkt, den kritischen Verstand der Leute zu wecken. Und so fort. Nur haben alle diese Kniffe im Bereich der öffentlichen Angelegenheiten einen unendlich größeren Wirkungsbereich als in der privaten und beruflichen Sphäre. Auf die Dauer wird es auch dem Bilde des allerhübschesten Mädchens nicht gelingen, die Leute zum Kauf einer schlechten Zigarette zu veranlassen. Bei politischen Entscheidungen gibt es keinen entsprechenden Schutz. Viele Entscheidungen von verhängnisvollen Konsequenzen lassen es ihrer Natur nach nicht zu, daß die Öffentlichkeit damit in aller Ruhe und mit nur geringen Kosten experimentiert. Selbst wenn diese Möglichkeit besteht, gelangt man hier in der Regel nicht so leicht zu einem Urteil, wie das bei einer Zigarette der Fall ist, da die Wirkungen weniger leicht zu beurteilen sind.« (A.a.O., S. 263; vgl. dt. S. 418f.) Aufgrund dieser Analyse kommt Schumpeter zu einer Definition der Demokratie, die zwar weniger großartig als seine zuerst angeführte, aber dafür zweifellos realistischer ist: »Die demokratische Methode ist jene institutionelle Einrichtung zur Herbeiführung politischer Entscheidungen, *bei der sich einzelne mit den Mitteln des Konkurrenzkampfes die Stimmen der Wähler sichern und damit die Entscheidungsgewalt gewinnen.*« (A.a.O., S. 269; vgl. dt. S. 428. – Hervorhebung E. F.)

Den Vergleich zwischen dem Prozeß der Meinungsbildung in der Politik und dem auf dem Warenmarkt kann man noch ergänzen, indem man ihn nicht so sehr auf die Meinungsbildung selbst, sondern vielmehr auf deren Ausdrucksformen bezieht. Ich denke hier an die Rolle, welche der Aktionär in den amerikanischen Großunternehmen spielt, und an den Einfluß, den er auf das Management ausübt.

Wie bereits angedeutet, gehören die Großunternehmen heute Hunderttausenden von Einzelaktionären, von denen jeder nur einen verschwindend geringen Bruchteil des gesamten Kapitals besitzt. Juristisch gesehen gehört das Unternehmen den Aktionären, und diese haben daher das Recht, seine Politik zu bestimmen und das Management zu berufen. Praktisch gesehen fühlen sie sich aufgrund ihres Eigentumsrechts kaum verantwortlich und sind mit dem, was das Management unternimmt, einverstanden, sofern sie nur ihre regelmäßige Dividende erhalten. Die überwiegende Mehrheit der Aktionäre macht sich nicht die Mühe, bei den Aktionärsversammlungen zu erscheinen, und begnügt sich damit, die erforderlichen Stellvertreter hinzuschicken. Wie bereits dargelegt, wurde 1930 nur bei sechs Prozent der Großunternehmen die Kontrolle ausschließlich von den eigentlichen Eigentümern oder von einer Majorität derselben ausgeübt.

In einer modernen Demokratie unterscheidet sich die Kontrollsituation kaum von der in den Großunternehmen. Zwar geben über die Hälfte der Stimmberechtigten ihre Stimme persönlich ab. Dabei entscheiden sie sich zwischen zwei Parteiapparaten, die um ihre Stimme konkurrieren. Sobald einer dieser Apparate gewählt und in die Ämter eingesetzt ist, werden die Beziehungen zum Wähler sehr distanziert. Die wirklichen Entscheidungen liegen oft nicht mehr bei den einzelnen Parlamentsmitgliedern, die die Interessen und Wünsche ihrer Wählerschaft vertreten, sondern beim Parteiapparat. (Vgl. R. H. S. Crossman, 1954.) Aber selbst dort werden die Entscheidungen von einflußreichen Schlüsselfiguren getroffen, die der Öffentlichkeit oft kaum bekannt sind. Tatsächlich meint der einzelne Bürger zwar, daß er die Entscheidungen seines Landes bestimmt, doch tut er dies in kaum höherem Maße, als ein durchschnittlicher Aktienbesitzer an der Kontrolle »seiner« Gesellschaft teilhat. Zwischen dem Akt des Wählens und den ausschlaggebenden Entscheidungen auf höchster politischer Ebene besteht ein undurchsichtiger Zusammenhang. Man kann nicht sagen, es bestünde überhaupt keine Verbindung zwischen beiden, ebensowenig wie man sagen kann, die endgültige Entscheidung sei ein Ergebnis des Willens der Wähler. Es ist dies genau die Situation, in der der Wille des Bürgers auf eine entfremdete Weise zum Ausdruck kommt. Er tut zwar etwas, er gibt seine Stimme ab und hat die Illusion, er sei der Urheber von Entscheidungen, die er akzeptiert, als ob es seine eigenen wären, aber in Wirklichkeit werden diese weitgehend von Kräften bestimmt, die außerhalb seiner Kontrolle und seines Wissens liegen. Kein Wunder, daß diese Situation dem Durchschnittsbürger ein tiefes Gefühl der Ohnmacht in politischen Dingen gibt (wenn ihm dies auch nicht unbedingt bewußt sein muß), und daß sein politisches Verständnis immer geringer wird. Denn genauso wie es zutrifft, daß man denken sollte, *bevor* man handelt, so trifft es auch zu, daß das Denken verkümmert, wenn man keine Chance zum Handeln hat; mit anderen Worten, wenn man nicht wirkungsvoll handeln kann, dann kann man auch nicht produktiv denken.

e) Entfremdung und seelische Gesundheit

Welche Wirkung übt die Entfremdung auf die seelische Gesundheit aus? Die Antwort hängt natürlich davon ab, was man unter Gesundheit versteht. Wenn Gesundheit bedeutet, daß jemand seine gesellschaftlichen Aufgaben zu erfüllen, der Produktion zu dienen und sich fortzupflanzen vermag, kann natürlich auch ein entfremdeter Mensch gesund sein. Schließlich haben wir ja den machtvollsten Produktionsapparat geschaffen, den es bisher je auf Erden gegeben hat, wenn wir auch zugleich den machtvollsten Vernichtungsapparat geschaffen haben, den sich ein Wahnsinniger nur ausdenken konnte. Wenn wir uns die üblichen Definitionen von seelischer Gesundheit seitens unserer Psychiater ansehen, könnten wir auch den Eindruck gewinnen, daß wir gesund sind. Natürlich entsprechen die Begriffe von Gesundheit und Krankheit den Vorstellungen derer, die sie formulieren – also der Kultur, in der diese Menschen leben. Entfremdete Psychiater werden die seelische Gesundheit mit den Begriffen der entfremdeten Persönlichkeit definieren und deshalb das für gesund halten, was vom Standpunkt des normativen Humanismus bereits als krank angesehen würde. In dieser Beziehung gilt die famose Schilderung der Psychiater und Chirurgen in H. G. Wells' ›The Country of the Blind‹ (1925) genauso für viele Psychiater in unserer Kultur. Der junge Mann, der bei einem völlig isoliert lebenden Stamm von Menschen, die unter angeborener Blindheit leiden, Zuflucht gefunden hat, wird von deren Ärzten untersucht. »Dann hatte schließlich einer der Ältesten nach tiefem Nachdenken eine Idee. Es handelte sich um den großen Arzt dieses Volkes, um ihren Medizinmann. Er besaß einen sehr philosophischen und erfinderischen Geist, und es kam ihm die Idee, Nunez von seinen Sonderbarkeiten zu heilen. Als eines Tages der alte Yakob anwesend war, kam er auf das Thema zurück.

›Ich habe Bogota untersucht‹, sagte er, ›und der Fall ist mir jetzt klarer. Ich glaube, daß man ihn höchstwahrscheinlich heilen könnte.‹

›Das habe ich schon immer gehofft‹, sagte der alte Yakob.

›Sein Gehirn ist nicht in Ordnung‹, sagte der blinde Doktor. Die Ältesten murmelten zustimmend.

›Aber was fehlt ihm denn?‹

›Ah‹, sagte der alte Yakob.

›Folgendes‹, sagte der Doktor als Antwort auf seine eigene Frage. ›Die komischen Dinger, die man Augen nennt und die dazu da sind, im Gesicht eine hübsche leichte Vertiefung zu erzeugen, sind im Falle Bogotas erkrankt, und zwar so, daß sein Gehirn davon mitbetroffen ist. Sie sind stark aufgequollen, er hat Wimpern, seine Lider bewegen sich, wodurch sich sein Gehirn in einem Zustand ständiger Erregung und Ablenkung befindet.‹

›Tatsächlich‹, sagte der alte Yakob, ›was du nicht sagst!‹

›Und ich glaube mit ziemlicher Gewißheit sagen zu können, daß wir, um ihn völlig zu heilen, nur einen einfachen und leichten chirurgischen Eingriff vorzunehmen brauchen; wir müssen ihm bloß diese störenden Dinger entfernen.‹

›Und dann wird er ganz gesund sein?‹

›Dann wird er vollkommen gesund und ein ganz prachtvoller Bürger sein.‹

›Dem Himmel sei Dank für die Wissenschaft‹, sagte der alte Yakob und ging sogleich zu Nunez, um ihm die erfreuliche Nachricht mitzuteilen.« (H. G. Wells, 1925.)

Unsere heutigen psychiatrischen Definitionen der seelischen Gesundheit heben alle jene Eigenschaften hervor, die zum entfremdeten Gesellschafts-Charakter unserer Zeit passen: Anpassung, Bereitschaft zur Zusammenarbeit, Aggressivität, Toleranz, Ehrgeiz und so weiter. Ich zitierte bereits Streckers Definition der »Reife« als Beispiel für die naive Übersetzung des Stellenangebots für einen jüngeren leitenden Angestellten in die Terminologie des Psychiaters. Aber wie ich bereits in anderem Zusammenhang kurz erwähnte, war selbst H. S. Sullivan, der doch einer der tiefgründigsten und glänzendsten Psychoanalytiker unserer Zeit war, in seinen theoretischen Vorstellungen von dieser alles durchdringenden Entfremdung beeinflußt. Gerade wegen seiner überragenden Bedeutung und wegen des wichtigen Beitrages, den er für die Psychiatrie geleistet hat, dürfte es aufschlußreich sein, hierauf ausführlicher einzugehen. Sullivan hielt die Tatsache, daß dem entfremdeten Menschen ein echtes Selbstgefühl fehlt, und daß er sich als Reaktion auf die Erwartungen anderer erlebt, für eine Eigentümlichkeit der menschlichen Natur, genau wie Freud den Wettbewerbsgeist, der für den Anfang des neunzehnten Jahrhunderts kennzeichnend war, für eine natürliche Erscheinung hielt. So bezeichnete Sullivan die Ansicht, daß es ein einzigartiges individuelles Selbst gäbe, als die »Täuschung der einzigartigen Individualität«. (H. S. Sullivan, 1953, S. 140.) Ebenso deutlich ist seine Formulierung der Grundbedürfnisse des Menschen vom entfremdeten Denken beeinflußt. Nach ihm gibt es folgende Bedürfnisse: »das Bedürfnis nach persönlicher Sicherheit – das heißt nach der Freiheit von Angst; das Bedürfnis nach Intimität – das heißt nach enger Zusammenarbeit mit mindestens einer anderen Person; und das Bedürfnis nach lustvoller Befriedigung, was sich auf die genitale Betätigung zur Erreichung des Orgasmus bezieht« (a. a. O., S. 264). Die drei Kriterien der seelischen Gesundheit, die Sullivan hier postuliert, werden weitgehend akzeptiert. Auf den ersten Blick wird ja auch niemand etwas dagegen einzuwenden haben, daß Liebe, Sicherheit und sexuelle Befriedigung völlig normale Ziele eines psychisch gesunden Menschen sind. Eine kritische Überprüfung dieser Begriffe zeigt jedoch, daß sie in einer entfremdeten Welt etwas anderes bedeuten, als was sie vielleicht in anderen Kulturen bedeutet hätten.

Der populärste Begriff im Arsenal der psychiatrischen Formeln ist der der *Sicherheit*. In den letzten Jahren stellt man den Begriff der Sicherheit als das oberste Ziel des Lebens und als den Inbegriff der seelischen Gesundheit mehr und mehr in den Vordergrund. Ein Grund für diese Einstellung liegt vielleicht darin, daß die Kriegsgefahr, die seit vielen Jahren über der Welt hängt, die Sehnsucht nach Sicherheit verstärkt. Ein anderer, wichtiger Grund ist darin zu suchen, daß die Menschen sich durch die wachsende Automatisierung und die übertriebene Konformität immer mehr verunsichert fühlen.

Das Problem wird noch komplizierter durch die Verwechslung der psychischen mit der wirtschaftlichen Sicherheit. Es ist eine der fundamentalen Veränderungen der letzten fünfzig Jahre, daß sich in allen westlichen Ländern das Prinzip durchgesetzt hat, daß jeder Bürger ein gewisses Minimum an materieller Sicherheit im Falle von Arbeitslosigkeit, Krankheit und Alter haben soll. Während man dies jedoch prinzipiell akzeptiert, sind doch noch viele Unternehmer heftig dagegen und bekämpfen erbittert seine immer weitergehende Anwendung; sie sprechen verächtlich vom »Wohlfahrtsstaat«, der die private Initiative und den Unternehmungsgeist abtöte, und während sie die sozialen Sicherheitsmaßnahmen attackieren, behaupten sie, für die Freiheit und Initiative des Arbeiters einzutreten. Daß ihre Argumente nichts weiter sind als bloße Rationalisierungen, zeigt sich daran, daß dieselben Leute keine Bedenken haben, die wirtschaftliche Sicherheit als eines der Hauptlebensziele zu preisen. Man braucht nur die Anzeigen der Versicherungsgesellschaften zu lesen mit ihren Versprechungen, ihre Kunden von allen Unsicherheiten zu befreien, die durch Unfall, Tod, Krankheit, Alter und so weiter eintreten könnten, und man wird merken, welch wichtige Rolle das Ideal wirtschaftlicher Sicherheit für die Begüterten spielt. Welchen Sinn könnte etwa das Sparen haben, wenn es nicht der wirtschaftlichen Sicherheit diente? Dieser Widerspruch zwischen der Verurteilung des Strebens nach Sicherheit unter der Arbeiterschaft und dem Lob des gleichen Zieles bei den höheren Einkommensklassen ist wieder einmal ein Beispiel für die unbegrenzte Fähigkeit des Menschen, widersprüchliche Meinungen zu haben, ohne auch nur einen schwachen Versuch zu unternehmen, sich über diesen Widerspruch klar zu werden.

Aber die Propaganda gegen den »Wohlfahrtsstaat« und das Prinzip der wirtschaftlichen Sicherheit ist deshalb noch wirksamer, weil man auf breiter Ebene *wirtschaftliche* Sicherheit mit *emotionaler* Sicherheit verwechselt.

Immer mehr Menschen haben das Gefühl, daß sie keine Zweifel und keine Probleme haben sollten, daß sie keinerlei Risiko eingehen sollten, und daß sie sich immer »sicher« fühlen sollten. Die Psychiatrie und die Psychoanalyse haben diesem Ziel erheblich Vorschub geleistet. Viele Autoren postulieren Sicherheit als Hauptziel der seelischen Entwicklung und halten ein Gefühl der Sicherheit für mehr oder weniger gleichbedeutend mit seelischer Gesundheit. (Sullivan ist der gründlichste und tiefgründigste unter ihnen.) So machen sich Eltern – und besonders solche, die sich in der diesbezüglichen Literatur auf dem laufenden halten – Sorgen, ihr kleiner Sohn oder ihr Töchterchen könnte sich schon in früher Kindheit ein Gefühl der »Unsicherheit« zuziehen. Sie versuchen daher, ihren Kindern Konflikte zu ersparen, ihnen alles leicht zu machen, ihnen alle Hindernisse möglichst aus dem Weg zu räumen, nur um ihnen ein Gefühl der »Sicherheit« zu geben. Genauso wie sie das Kind gegen alle möglichen Krankheiten impfen lassen und zu verhindern suchen, daß es mit Bazillen in Berührung kommt, meinen sie, sie könnten die Unsicherheit dadurch aus der Welt schaffen, daß sie jede Berührung damit verhindern. Das Ergebnis ist oft genau so bedauerlich, wie das gelegentlich bei einer übertriebenen Hygiene der Fall ist; wenn es tatsächlich zu einer Ansteckung kommt, ist der Betreffende noch anfälliger und hilfloser.

Wie kann ein empfindender und lebendiger Mensch sich auch je sicher fühlen? Die Bedingungen unserer Existenz bringen es mit sich, daß wir uns in keiner Hinsicht wirklich sicher fühlen können. Unsere Gedanken und Einsichten sind bestenfalls mit vielen Irrtümern untermischte Teilwahrheiten, von den unnötigen falschen Informationen über Leben und Gesellschaft, denen wir vom Tag unserer Geburt an ausgesetzt sind, ganz zu schweigen. Unser Leben und unsere Gesundheit sind von Unglücksfällen bedroht, die wir nicht unter Kontrolle haben. Wenn wir einen Beschluß fassen, sind wir nie sicher, was dabei herauskommen wird. Jegliche Entscheidung schließt das Risiko ein, daß sie falsch war, und wenn dies nicht mitgegeben ist, war es keine Entscheidung im eigentlichen Sinn des Wortes. Wir können nie sicher sein, was dabei herauskommt, und wenn wir uns noch so sehr Mühe geben. Das Ergebnis hängt stets von Faktoren ab, die wir nicht in der Hand haben. Genau wie ein empfindender und lebendiger Mensch es nicht vermeiden kann, gelegentlich traurig zu sein, so kann er es auch nicht vermeiden, sich unsicher zu fühlen. Die psychische Aufgabe, der man sich stellen kann und muß, *ist nicht, sich sicher zu fühlen, sondern zu lernen, die Unsicherheit ohne Panik und unangebrachte Angst zu ertragen.*

Das seelische und geistige Leben ist immer unsicher und ungewiß. Gewißheit gibt es nur darüber, daß wir geboren wurden und sterben werden. Vollkommene Sicherheit finden wir nur, wenn wir uns vollkommen Mächten unterwerfen, die als stark und beständig gelten und die den Menschen der Notwendigkeit entheben, selbst Entscheidungen zu treffen, Risiken zu übernehmen und Verantwortung auf sich zu nehmen. *Der freie Mensch ist notwendigerweise unsicher; der denkende Mensch ist sich notwendigerweise seiner Sache nicht gewiß.*

Wie aber kann der Mensch die mit seiner Existenz gegebene Unsicherheit ertragen? Eine Möglichkeit ist, daß er so stark in der Gruppe verwurzelt ist – sei es in der Familie, der Sippe, der Nation oder der Klasse –, daß die Zugehörigkeit zur Gruppe das Identitätsgefühl garantiert. Solange der Individuierungsprozeß noch nicht ein Stadium erreicht hat, wo der einzelne sich von diesen primären Bindungen löst, ist er noch »wir«, und solange die Gruppe funktioniert, ist er durch seine Zugehörigkeit zu ihr sich seiner eigenen Identität bewußt. Die Entwicklung der modernen Gesellschaft hat zur Auflösung dieser primären Bindungen geführt. Der heutige Mensch ist im wesentlichen allein, er ist auf sich allein gestellt, und man erwartet von ihm, daß er auf eigenen Füßen steht. Er kann nur dadurch zu einem Identitätsgefühl gelangen, daß er das Einzigartige und Besondere, das »er« ist, bis zu einem Punkt entwickelt, wo er wirklich fühlt: »Ich bin ich.« Diese Leistung kann er nur vollbringen, wenn er seine eigenen Kräfte so entwickelt, daß er zur Welt in Beziehung zu treten vermag, ohne in ihr unterzugehen, also nur, wenn er es zu einer produktiven Orientierung bringt. Der entfremdete Mensch dagegen versucht, das Problem auf eine andere Weise zu lösen, indem er sich den anderen anpaßt. Er fühlt sich sicher, wenn er seinen Mitmenschen möglichst ähnlich ist. Sein wichtigstes Ziel ist, von anderen bejaht zu werden; seine größte Angst, nicht bejaht zu werden. Anders zu sein, das Gefühl zu haben, einer Minderheit anzugehören, das sind Gefahren, die sein Sicherheitsgefühl bedrohen. Daher strebt er nach uneingeschränkter Konformität. Es liegt auf der Hand, daß gerade dieses Streben nach Konformität umgekehrt ein ständig, wenngleich im Verborgenen wirkendes Gefühl der Unsicherheit erzeugt. Jedes Abweichen vom gegebenen Schema, jede Kritik erregt Angst und Unsicherheit; man ist ständig von der Zustimmung anderer abhängig, genau wie ein Drogensüchtiger von seiner Droge abhängig ist, und genauso wird auch das Selbst-Gefühl und das Selbstvertrauen immer schwächer. An die Stelle des Schuldgefühls wegen begangener Sünden, das vor einigen Generationen noch das Leben der Menschen durchdrang, ist inzwischen ein Gefühl des Unbehagens und der Unzulänglichkeit getreten, weil man anders sein könnte als die anderen.

Ein weiteres Ziel der seelischen Gesundheit, die *Liebe,* hat – ebenso wie die Sicherheit – in der Situation der Entfremdung eine neue Bedeutung angenommen. Für Freud war die Liebe dem Geist seiner Zeit entsprechend wesentlich ein sexuelles Phänomen. »Wir sagten, die Erfahrung, daß die geschlechtliche (genitale) Liebe dem Menschen die stärksten Befriedigungserlebnisse gewähre, ihm eigentlich das Vorbild für alles Glück gebe, müßte es nahegelegt haben, die Glücksbefriedigung im Leben auch weiterhin auf dem Gebiet der geschlechtlichen Beziehungen zu suchen, die genitale Erotik in den Mittelpunkt des Lebens zu stellen. Wir setzten fort, daß man sich auf diesem Wege in bedenklicher Weise von einem Stück der Außenwelt, nämlich vom gewählten Liebesobjekt, abhängig mache und den stärksten Leiden aussetze, wenn man von diesem verschmäht werde oder es durch

Untreue oder Tod verliere.« (S. Freud, 1930a, S. 461.) Um sich vor der Gefahr zu schützen, daß man durch die Liebe leidet, können die Menschen – »aber nur eine geringe Minderzahl« – die Liebesfunktion dahingehend abändern, daß sie »den Hauptwert vom Geliebtwerden auf das eigene Lieben verschieben« und »ihre Liebe nicht auf einzelne Objekte, sondern in gleichem Maße auf alle Menschen richten«; so »vermeiden sie die Schwankungen und Enttäuschungen der genitalen Liebe dadurch, daß sie von deren Sexualziel ablenken, den Trieb in eine zielgehemmte Regung verwandeln ...« Aber »die zielgehemmte Liebe war eben ursprünglich vollsinnliche Liebe und ist es im Unbewußten des Menschen noch immer« (a.a.O., S. 462f.). Das Gefühl des Einsseins und der Vereinigung mit der Welt (das »ozeanische Gefühl«), welches das Wesen der religiösen Erfahrung und speziell der mystischen Erfahrung ausmacht, wie auch das Erlebnis des Einsseins und der Vereinigung mit der geliebten Person interpretiert Freud als eine Regression zu einem Zustand des frühkindlichen »uneingeschränkten Narzißmus« (a.a.O., S. 430).

Übereinstimmend mit seinen Grundauffassungen ist seelische Gesundheit für Freud gleichbedeutend mit der vollen Liebesfähigkeit, die gegeben ist, sobald die Libidoentwicklung die genitale Stufe erreicht hat.

In Sullivans psychoanalytischem System treffen wir im Gegensatz zu dem von Freud auf eine scharfe Trennung von Sexualität und Liebe. Was versteht Sullivan unter Liebe und Intimität? »Intimität ist jene Situation zwischen zwei Menschen, welche es ermöglicht, alle Komponenten des persönlichen Wertes voll zur Geltung zu bringen. Dies erfordert eine Art der Beziehung, die ich als Kollaboration bezeichnen möchte, worunter ich die klar umrissene Anpassung des Verhaltens des einen Partners an die zum Ausdruck gebrachten Bedürfnisse des anderen Partners verstehe, mit dem Ziel einer immer mehr identischen, das heißt nahezu gegenseitigen Befriedigung, wobei immer ähnlichere Mittel angewandt werden, um dem anderen ein Gefühl der Sicherheit zu geben.« (A.a.O., S. 246.) Mit etwas einfacheren Worten hat Sullivan das Wesen der Liebe als eine Situation der Kollaboration bezeichnet, in der zwei Menschen das Gefühl haben: »Wir halten uns an die Spielregeln, um unser Prestige zu wahren und uns das Gefühl zu erhalten, anderen überlegen zu sein und gewisse Verdienste zu haben.« Eine andere Definition der Liebe, in der Sullivan sagt, die Liebe beginne damit, daß ein Mensch das Gefühl habe, daß die Bedürfnisse des anderen ebenso wichtig seien wie seine eigenen, ist weniger von der Marketing-Orientierung geprägt als die oben erwähnte Formulierung.

Genau wie Freuds Vorstellung von der Liebe dem patriarchalischen Mann im Sinne des Materialismus des neunzehnten Jahrhunderts entspricht, bezieht sich Sullivans Definition auf die Erfahrung der entfremdeten Marketing-Persönlichkeit des zwanzigsten Jahrhunderts. Es handelt sich um die Beschreibung eines *»égoisme à deux«* von zwei Menschen, die ihre beiderseitigen Interessen in einen Topf werfen und gegen eine feindliche und entfremdete Welt zusammenstehen. Tatsächlich gilt seine Definition der Intimität im Prinzip für das Gefühl eines jeden zusammenarbeitenden Teams, »in dem jeder sein Verhalten den zum Ausdruck gebrachten Bedürfnissen des anderen in der Verfolgung gemeinsamer Ziele anpaßt« (a. a. O.). (Bemerkenswert ist, daß Sullivan hier von *zum Ausdruck gebrachten* Bedürfnissen spricht, wo doch das mindeste, was man über die Liebe sagen könnte, ist, daß dazu auch die Reaktion auf *nicht zum Ausdruck gebrachte Bedürfnisse* des anderen gehört.)

In populärerer Form begegnet man der am Markt orientierten Art der Liebe in Diskussionen über die eheliche Liebe und das Bedürfnis der Kinder nach Liebe und Zärtlichkeit. In vielen Artikeln, bei der Eheberatung und in Vorträgen wird die eheliche Liebe als ein Zustand gegenseitiger Fairneß und gegenseitiger Manipulation beschrieben, die man als »Verständnis füreinander« bezeichnet. Die Frau soll auf die Bedürfnisse und Empfindlichkeiten des Mannes Rücksicht nehmen und umgekehrt. Wenn er müde und verstimmt heimkommt, sollte sie ihm keine Fragen stellen – oder sollte sie ihm gerade Fragen stellen, je nachdem, womit sie ihn nach Ansicht des jeweiligen Verfassers am besten wieder »in Schwung bringt«. Und er sollte ihr ein paar anerkennende Worte über ihre Kochkünste oder ihr neues Kleid sagen – und das alles im Namen der Liebe. Man kann jetzt jeden Tag lesen, daß ein Kind »Liebe braucht«, um sich sicher zu fühlen, oder daß ein anderes Kind »von seinen Eltern nicht genug Liebe erfahren hat«, und daß es deshalb kriminell oder schizophren geworden ist. Es gibt gewissermaßen Rezepte für Liebe und Zärtlichkeit, ähnlich wie es Ratschläge fürs Kinderkriegen gibt oder wie man Empfehlungen erteilt, ein College zu besuchen oder sich den letzten Film »nicht entgehen zu lassen«. Man füttert die Menschen mit Liebe, wie man sie mit Sicherheit, Wissen und was sonst noch allem füttert – und man hat einen glücklichen Menschen!

Glücklich sein ist eine weitere Vorstellung, und zwar eine der populärsten, womit man heutzutage seelische Gesundheit definiert. So lautet auch die Formel in ›Brave New World‹ »Jeder ist heutzutage glücklich«.

Was versteht man unter Glück? Die meisten würden vermutlich auf diese Frage heute antworten, glücklich sein sei gleichbedeutend mit »sich amüsieren« oder »seinen Spaß haben«. Die Antwort auf die Frage, was man unter »sich amüsieren« verstehe, hängt bis zu einem gewissen Grade von der wirtschaftlichen Lage des Betreffenden und noch mehr von seinem Bildungsgrad und seiner Persönlichkeitsstruktur ab. Wirtschaftliche Unterschiede sind jedoch nicht mehr so wesentlich, wie es zunächst scheinen möchte. Das Amüsement der Oberen Zehntausend ist das Vorbild für alle jene, die es sich noch nicht leisten können, aber bestimmt hoffen, daß auch ihnen dieses Glück einmal beschert sein wird – und die Art, wie sich die unteren Gesellschaftsschichten amüsieren, ist immer mehr eine billigere Imitation der Vergnügungen der Oberschicht, wobei der Unterschied mehr in den Kosten als in der Qualität liegt.

Wie amüsiert man sich? Man geht ins Kino, auf Partys, zu Sportveranstaltungen, hört Radio und sieht fern, man unternimmt sonntags einen Autoausflug, »liebt sich«, schläft sonntags morgens lange und geht auf Reisen, wenn man es sich leisten kann. Wenn wir uns etwas gewählter ausdrücken, reden wir nicht davon, daß wir uns amüsieren, sondern sagen vielleicht, daß Glück für uns bestenfalls mit Lust identisch ist. Wenn wir uns an unsere Diskussion des Konsumproblems erinnern, können wir »Glück« etwas treffender als die Lust am uneingeschränkten Konsum, als die Lust am Drücken auf den Knopf und als die Lust an der Faulheit definieren.

Von diesem Standpunkt aus könnte man Glück als das Gegenteil von Kummer und Traurigkeit definieren, und tatsächlich bezeichnet ja auch der Durchschnittsmensch einen Seelenzustand, der frei von Kummer und Traurigkeit ist, als »Glück«. Diese Definition zeigt jedoch, daß bei einer solchen Auffassung von Glück etwas grundsätzlich falsch ist. Ein lebendiger und empfindender Mensch kann gar nicht umhin, oftmals in seinem Leben traurig und bekümmert zu sein. Hieran sind nicht nur die vielen unnötigen Leiden schuld, die auf die Unvollkommenheit unserer gesellschaftlichen Einrichtungen zurückzuführen sind, sondern es liegt im Wesen der menschlichen Existenz begründet, daß es unmöglich ist, daß wir nicht mit mannigfachem Schmerz und Kummer auf das Leben reagieren. Da wir lebendige Wesen sind, müssen wir uns voll Trauer darüber klar sein, daß zwischen dem, was wir erreichen möchten, und dem, was wir in unserem kurzen, mühsamen Leben erreichen können, eine tiefe Kluft besteht. Da der Tod uns vor die unvermeidliche Tatsache stellt, daß entweder wir vor denen, die wir lieben, sterben werden oder sie vor uns – da wir täglich um uns herum unvermeidliches wie auch vermeidbares und überflüssiges Leiden mit ansehen müssen –, wie können wir es da vermeiden, Kummer und Traurigkeit darüber zu empfinden? Das ist uns nur möglich, wenn wir unsere Sensitivität, unsere Offenheit und unsere Liebe reduzieren, wenn wir unser Herz verhärten und unsere Anteilnahme und unser Gefühl den anderen wie auch uns selbst entziehen.

Wenn wir das Glück mit seinem Gegenteil definieren wollen, dürfen wir es nicht der *Traurigkeit* gegenüberstellen, sondern wir müssen es zur *Depression* in Gegensatz stellen.

Was ist Depression? Es ist die Unfähigkeit zu fühlen, das Gefühl, tot zu sein, während unser Körper noch lebt. Es ist die Unfähigkeit, froh zu sein, genauso wie man unfähig ist, traurig zu sein. Ein depressiver Mensch wäre höchst erleichtert, wenn er traurig sein könnte. Ein Zustand von Depression ist deshalb so unerträglich, weil man überhaupt nicht imstande ist, etwas zu fühlen, weder Freude noch Traurigkeit. Wenn wir das Glück im Gegensatz zur Depression zu definieren versuchen, kommen wir Spinozas Definition von Freude und Glück nahe, der diese als einen Zustand intensivster Vitalität bezeichnet, der unser Bemühen, unsere Mitmenschen zu verstehen und eins mit ihnen zu werden, in sich vereint. Glück resultiert aus dem Erlebnis, ein produktives Leben zu führen, und aus dem Gebrauch der Kräfte von Liebe und Vernunft, die uns mit der Welt vereinen. Glück besteht darin, daß wir den Felsgrund der Realität berühren, daß wir unser Selbst entdecken und uns mit anderen eins und gleichzeitig von ihnen unterschieden fühlen. Glück ist ein Zustand intensiver innerer Aktivität, das Erlebnis wachsender Lebenskraft, die durch die produktive Bezogenheit auf die Welt und auf uns selbst entsteht.

Hieraus folgt, daß das Glück nicht in einem Zustand innerer Passivität und in der Einstellung des Konsumenten zu finden ist, die das Leben des entfremdeten Menschen durchdringt. Glücklichsein heißt Fülle erleben und nicht Leere, die gefüllt werden muß. Der Durchschnittsmensch von heute mag recht vergnügt sein und sich zu amüsieren wissen, aber im Grunde ist er trotzdem deprimiert. Vielleicht wird das noch etwas klarer, wenn wir statt »deprimiert« »gelangweilt« sagen. Tatsächlich besteht kaum ein Unterschied zwischen beiden Begriffen – höchstens ein Gradunterschied –, denn Langeweile ist nichts anderes als die Erfahrung einer Lähmung unserer produktiven Kräfte und das Gefühl der Unlebendigkeit. Unter den Übeln des Lebens gibt es nur wenige, die so schmerzhaft sind wie die Langeweile, weshalb man alles versucht, ihr aus dem Weg zu gehen.

Man kann der Langeweile auf zweierlei Weise entrinnen: entweder grundsätzlich, indem man produktiv ist und hierdurch sich glücklich fühlt, oder indem man ihre Manifestationen zu vermeiden versucht. Letzterer Versuch scheint kennzeichnend für die Jagd nach Amüsement und Vergnügungen aller Art beim heutigen Durchschnittsmenschen. Dieser fühlt sich deprimiert und gelangweilt, was besonders offenbar wird, wenn er mit sich oder mit denen, die ihm am nächsten stehen, allein ist. Alle unsere Vergnügungen dienen dem Zweck, es ihm zu erleichtern, vor sich und der drohenden Langeweile auf einem der vielen Fluchtwege, die unsere Kultur ihm anzubieten hat, davonzulaufen; aber ein Symptom verdecken heißt nicht, die Bedingungen beseitigen, die es verursachen. Neben der Angst vor körperlichen Krankheiten oder der Furcht vor den Demütigungen durch Status- oder Prestigeverluste spielt die Angst vor der Langeweile unter den Ängsten des heutigen Menschen eine hervorragende Rolle. In einer Welt voller Vergnügungen und Amüsements hat er Angst vor der Langeweile und ist froh, wenn wieder einmal ein Tag ohne Panne vorbei ist, eine Stunde totgeschlagen ist, ohne daß ihm die auf der Lauer liegende Langeweile bewußt geworden ist.

Vom Standpunkt des normativen Humanismus aus müssen wir zu einer anderen Vorstellung von geistig-seelischer Gesundheit gelangen: Derselbe Mensch, der in den Kategorien einer entfremdeten Welt als gesund gilt, erscheint vom humanistischen Standpunkt aus als der am schwersten Erkrankte – wenn er auch nicht an einer individuellen Krankheit, sondern an einem gesellschaftlich vorgeprägten Defekt leidet. Seelische Gesundheit im humanistischen Sinne ist gekennzeichnet durch die Fähigkeit zu lieben und schöpferisch tätig zu sein, durch die Loslösung von den inzestuösen Bindungen an die Familie und die Natur, durch ein Gefühl der Identität, das sich auf das Erlebnis des Selbst als Subjekt und Urheber der eigenen Kräfte gründet, und durch die Erfassung der Realität im eigenen Ich und außerhalb seiner selbst, das heißt durch die Entwicklung von Objektivität und Vernunft. Das Ziel des Lebens besteht darin, intensiv zu leben, voll geboren zu werden und voll wach zu sein; von den Ideen eines infantilen Allmachtsgefühls loszukommen und zur Erkenntnis seiner wirklichen, wenngleich begrenzten Kraft zu gelangen; fähig zu werden, das Paradoxon zu akzeptieren, daß ein jeder von uns zugleich das Allerwichtigste auf der Welt und doch nicht wichtiger als eine Fliege oder ein Grashalm ist; fähig zu sein, das Leben zu lieben und trotzdem den Tod furchtlos zu akzeptieren; die Ungewißheit über die wichtigsten Fragen, mit denen das Leben uns konfrontiert, hinzunehmen – und trotzdem an unser Denken und Fühlen, soweit es wirklich ein Stück von uns selbst ist, zu glauben; allein sein zu können, und gleichzeitig mit den geliebten Menschen, mit jedem unserer Brüder auf Erden, mit allem Lebendigen eins sein zu können; der Stimme des Gewissens zu folgen, jener Stimme, die uns zu uns selber ruft, und trotzdem nicht uns selbst zu hassen, wenn einmal die Stimme des Gewissens nicht laut genug zu hören war und wir ihr nicht gefolgt sind. Der seelisch gesunde Mensch ist ein Mensch, der aus seiner Liebe, seiner Vernunft und seinem Glauben heraus lebt, der sein eigenes Leben und das seiner Mitmenschen achtet.

Der entfremdete Mensch, so wie wir ihn in diesem Kapitel zu beschreiben versuchten, kann nicht gesund sein. Da er sich selbst als ein Ding, eine Investition erlebt, die von sich selbst und von anderen zu manipulieren ist, fehlt ihm das Selbst-Gefühl. Dieser Mangel an Selbst erzeugt eine tiefe Angst. Die Angst, die dadurch entsteht, daß er vor dem Abgrund des Nichts steht, ist schlimmer als alle Qualen der Hölle. In der Höllenvision werde *ich* gestraft und gepeinigt – in der Vision des Nichts werde ich an die Grenze des Wahnsinns getrieben – weil ich nicht mehr »Ich« sagen kann. Wenn man unsere heutige Zeit mit Recht als das Zeitalter der Angst bezeichnet hat, dann hauptsächlich wegen dieser Angst, die durch das Fehlen des Selbst entsteht. In dem Maße, wie »ich so bin, wie du mich haben willst« – bin ich *nicht*; ich bin dann ängstlich, abhängig von der Billigung anderer und immer darauf bedacht, es ihnen recht zu machen. Der entfremdete Mensch bekommt Minderwertigkeitsgefühle, sobald er den Verdacht hat, von der allgemeinen Linie abzuweichen. Da sein Wertgefühl sich auf die allgemeine Billigung als Belohnung für seine Konformität gründet, fühlt er sich natürlich in seinem Selbst-Gefühl und seiner Selbstachtung bedroht, sobald er etwas fühlt, denkt oder tut, was in den Verdacht geraten könnte, von der Norm abzuweichen. Aber insofern er ein Mensch und kein Automat ist, kann er Abweichungen gar nicht vermeiden, und deshalb muß er in einer ständigen Angst vor Mißbilligung leben. Die Folge ist, daß er sich nur noch um so mehr um Konformität bemühen muß, um nur anerkannt zu werden und Erfolg zu haben. Nicht die Stimme seines Gewissens verleiht ihm Kraft und Sicherheit, sondern das Gefühl, den engen Kontakt mit der Herde nicht verloren zu haben.

Eine weitere Folge der Entfremdung ist die Überbetonung des Schuldgefühls. Es ist in der Tat erstaunlich, daß in einer von Grund auf irreligiösen Kultur wie der unseren Schuldgefühle so weitverbreitet und tiefeingewurzelt sind. Der Hauptunterschied zu den Schuldgefühlen beispielsweise einer calvinistischen Gemeinde ist, daß die unseren uns weder recht bewußt sind, noch sich auf Sünden im religiösen Sinne beziehen. Aber wenn wir etwas unter die Oberfläche gehen, finden wir, daß die Menschen aus Hunderten von Gründen ein schlechtes Gewissen haben: weil sie nicht schwer genug gearbeitet haben, weil sie zu nachsichtig – oder nicht nachsichtig genug – mit ihren Kindern waren, weil sie nicht genug für ihre Mutter getan haben oder einem Schuldner gegenüber zu nachgiebig waren. Man hat ein schlechtes Gewissen, weil man etwas Gutes oder auch weil man etwas Schlechtes getan hat. Fast sieht es so aus, als ob man geradezu auf der Suche nach etwas wäre, weswegen man ein schlechtes Gewissen haben könnte.

Was könnte die Ursache für so viele Schuldgefühle sein? Mir scheint, daß sie aus zwei Hauptquellen stammen, die zwar an sich völlig unterschiedlicher Art sind, aber zum gleichen Ergebnis führen. Die eine Quelle ist dieselbe, aus der auch die Minderwertigkeitsgefühle entspringen: Anders zu sein als die übrigen, nicht völlig angepaßt zu sein, bewirkt, daß man gegenüber den Geboten des großen Man ein schlechtes Gewissen hat. Die andere Quelle des Schuldgefühls ist des Menschen eigenes Gewissen. Er fühlt seine Gaben oder Talente, seine Fähigkeit zu lieben, zu denken, zu lachen, zu weinen, zu staunen und etwas zu schaffen, er fühlt, daß sein Leben die einzige Chance ist, die ihm gegeben wurde, und daß er alles verloren hat, wenn er sie sich entgehen läßt. Er lebt in einer Welt mit mehr Komfort und Behaglichkeit, als sie seine Vorväter je kannten, und doch fühlt er, daß ihm das Leben wie Sand durch die Finger rinnt, während er hinter immer mehr Komfort herjagt. Er kann nicht umhin, sich schuldig zu fühlen, weil er sein Leben verschwendet und seine Chance verspielt. Dieses Schuldgefühl ist lange nicht so bewußt wie das ersterwähnte, aber eines verstärkt das andere – wobei das eine oft als Rationalisierung des anderen dient. So fühlt der entfremdete Mensch sich schuldig, weil er er selbst ist und weil er nicht er selbst ist, weil er lebendig ist und weil er ein Automat ist, weil er eine Person ist und weil er ein Ding ist.

Der entfremdete Mensch ist unglücklich. Der Konsum von Vergnügungen dient ihm dazu zu verhindern, daß ihm sein Unglück bewußt wird. Er versucht, Zeit zu gewinnen, und bemüht sich trotzdem, die gewonnene Zeit wieder totzuschlagen. Er ist froh, wenn er wieder einmal einen Tag ohne eine Panne oder Demütigung hinter sich gebracht hat, anstatt daß er den neuen Tag mit der Begeisterung begrüßt, die nur das Erlebnis »ich bin ich« verleihen kann. Es fehlt ihm der immer neue Zustrom von Energie, der aus einer produktiven Beziehung zur Welt stammt.

Da er keinen Glauben besitzt, da er für die Stimme des Gewissens taub ist und zwar über eine manipulative Intelligenz, aber über wenig Vernunft verfügt, ist er verwirrt, unruhig und bereit, jeden zum Führer zu ernennen, der eine totale Lösung verspricht.

Kann man das Bild der Entfremdung mit den Erscheinungsbildern einer der traditionellen Geisteskrankheiten in Verbindung bringen? Wenn wir diese Frage beantworten wollen, müssen wir uns vor Augen halten, daß der Mensch auf zweierlei Art zur Welt in Beziehung treten kann. Die eine ist die, daß er die Welt so sieht, wie er sie sehen muß, um sie zu manipulieren und seinen Zwecken nutzbar zu machen. Es ist dies im wesentlichen die Sinneserfahrung und die Welterfahrung des gesunden Menschenverstandes. Unser Auge sieht das, was wir sehen müssen, unser Ohr hört, was wir hören müssen, um leben zu können; unser gesunder Menschenverstand nimmt die Dinge so wahr, daß wir in der Lage sind zu handeln. Sowohl unsere Sinne wie auch unser gesunder Menschenverstand stehen im Dienste des Überlebens. In bezug auf unsere Sinne und den gesunden Menschenverstand sowie die sich darauf gründende Logik sind die Dinge für alle Menschen die gleichen, weil ihr Gebrauch nach den gleichen Gesetzen erfolgt.

Die andere Fähigkeit des Menschen ist die, die Dinge sozusagen von innen her zu sehen; subjektiv und durch *meine* innere Erfahrung, durch mein Fühlen und meine Stimmung geformt. (Vgl. meine Ausführungen in E. Fromm, 1951 a.) In gewissem Sinne malen zehn Maler ein und denselben Baum auf die gleiche Weise, und doch malen sie in einem anderen Sinne zehn verschiedene Bäume. Jeder Baum ist ein Ausdruck ihrer Individualität, wenngleich es sich um denselben Baum handelt. Wenn wir träumen, sehen wir die Welt ganz von innen her; sie verliert dann ihre objektive Bedeutung und verwandelt sich in ein Symbol unserer rein individuellen Erfahrung. Wer im Wachen träumt, das heißt, wer nur mit seiner Innenwelt in Kontakt steht, ist nicht fähig, die Außenwelt in ihrem objektiven Kontext zu sehen – er ist geisteskrank. Wer nur die Außenwelt fotografisch erlebt und mit seiner eigenen Innenwelt keinen Kontakt hat, ist ein entfremdeter Mensch. Schizophrenie und Entfremdung sind komplementär. In beiden Krankheitsformen fehlt ein Pol menschlichen Erlebens. Nur wenn beide Pole vorhanden sind, können wir von einem produktiven Menschen sprechen, dessen Produktivität eben aus der Polarität zwischen einer inneren und einer äußeren Form der Wahrnehmung resultiert.

Unsere Beschreibung des entfremdeten Charakters der heutigen Menschen ist etwas einseitig; es gibt auch eine ganze Reihe positiver Faktoren, die wir nicht erwähnt haben. Einmal gibt es immer noch eine lebendige humanistische Tradition, die der unmenschliche Prozeß der Entfremdung noch nicht zerstört hat. Aber darüber hinaus gibt es auch Anzeichen dafür, daß die Menschen mit ihrer Lebensweise in zunehmendem Maße unzufrieden und von ihr enttäuscht sind, und daß sie versuchen, etwas von ihrem verlorenen Selbst-Gefühl und ihrer Produktivität zurückzugewinnen. Millionen von Menschen hören im Konzert oder im Rundfunk gute Musik, und immer mehr Menschen malen, verrichten Gartenarbeit, bauen sich selbst ein Boot oder ein Haus und haben alle möglichen Do-it-yourself-Hobbys. Die Erwachsenenbildung gewinnt immer mehr Anhänger, und selbst im Geschäftsleben wächst die Erkenntnis, daß ein leitender Angestellter Vernunft und nicht nur Intelligenz besitzen sollte. (Ein interessantes Beispiel für diesen neuen Trend ist der Literatur- und Philosophiekurs für jüngere leitende Angestellte der Bell Telephone Co. unter Leitung von Professor Morse Peckham und Professor Rex Crawford an der University of Pensylvania.)

Aber so vielversprechend und unbestreitbar auch alle diese Trends sind, sie genügen nicht, um die Einstellung zu rechtfertigen, die bei sich besonders klug vorkommenden Schreibern zu beobachten ist, welche behaupten, eine Gesellschaftskritik wie die hier geäußerte sei veraltet und überholt; wir hätten den Höhepunkt der Entfremdung bereits überschritten und befänden uns auf dem Wege in eine bessere Welt. So schön ein solcher Optimismus klingen mag, so ist er doch nur eine besonders spitzfindige Verteidigung des *status quo*, eine Übersetzung des Lobs des *american way of life* auf die Vorstellung einer kulturellen Anthropologie, die, von Marx und Freud zehrend, über beide »hinausgeht« und der Menschheit versichert, es gäbe keinen Grund zur Beunruhigung.

6 Andere Auffassungen vom Menschen und von der Gesellschaft im 19. und 20. Jahrhundert

Die Diagnose der Krankheit der heutigen westlichen Kultur, wie wir sie im vorigen Kapitel zu stellen versuchten, ist keineswegs neu; sie möchte lediglich zu einem besseren Verständnis des Problems beitragen, indem sie versucht, den Begriff der Entfremdung auf eine mehr empirische Weise auf verschiedene beobachtbare Erscheinungen anzuwenden und die Verbindung zwischen den Krankheitserscheinungen der Entfremdung und der humanistischen Auffassung der menschlichen Natur und der seelischen Gesundheit herzustellen. Tatsächlich ist es höchst bemerkenswert, daß bereits einige Denker im vorigen Jahrhundert eine kritische Einstellung zur Gesellschaft des zwanzigsten Jahrhunderts hatten, schon lange bevor die heute so offenkundigen Symptome in Erscheinung traten. Bemerkenswert ist auch, daß ihre kritischen Diagnosen und Prognosen soviel miteinander und auch mit den kritischen Äußerungen unserer Zeit gemeinsam haben.

Die Prognose, daß das zwanzigste Jahrhundert in Verfall geraten und der Barbarei anheimfallen werde, wurde von Menschen der verschiedensten philosophischen und politischen Richtungen gestellt. Der Schweizer Konservative Jakob Burckhardt, der russische religiöse Radikale Leo Tolstoi, der französische Anarchist Pierre Joseph Proudhon wie auch sein konservativer Landsmann Charles Baudelaire, der amerikanische Anarchist Henry Thoreau und später sein stärker politisch orientierter Landsmann Jack London sowie der deutsche Revolutionär Karl Marx – sie alle waren sich in ihrer schärfsten Kritik an der modernen Kultur einig, und die meisten von ihnen rechneten mit der Möglichkeit, daß ein Zeitalter der Barbarei bevorstehe. Die Voraussagen von Marx waren etwas weniger pessimistisch, weil er annahm, daß der Sozialismus eine mögliche, ja sogar wahrscheinliche Alternative darstelle.

Jakob Burckhardt schrieb aus seiner konservativen Sicht und mit dem Eigensinn des Schweizers, der es ablehnt, sich von schönen Worten und äußerem Glanz beeindrucken zu lassen, in einem Brief, Europa werde vielleicht noch ein paar friedliche Jahrzehnte erleben, bevor es sich im Verlauf einiger furchtbarer Kriege und Revolutionen in eine neue Art von Imperium Romanum, in einen militärischen und wirtschaftlichen Despotismus verwandeln werde: »Das zwanzigste Jahrhundert ist für alles andere als für eine wahre Demokratie auserlesen.« (Vgl. J. Burckhardt, 1935, S. CXLI.) Und vorher (26. 4. 1872) schrieb er an seinen Freund Friedrich von Preen: »Ich habe eine Ahnung, die vorderhand noch völlig wie Torheit lautet und die mich doch durchaus nicht loslassen will: der Militärstaat muß Großfabrikant werden. Jene Menschenanhäufungen in den großen Werkstätten dürfen nicht in Ewigkeit ihrer Not und ihrer Gier überlassen bleiben; ein bestimmtes und überwachtes Maß von Misere mit Avancement und in Uniform, täglich unter Trommelwirbel begonnen und beschlossen, das ist's, was logisch kommen müßte.« (A.a.O., S. 364.) Eine lange, freiwillige Unterwerfung unter einzelne Führer und Usurpatoren stehe in Aussicht. Die Leute glaubten nicht länger an Prinzipien, aber sie würden periodisch an Retter glauben. Aus diesem Grunde würde in dem herrlichen zwanzigsten Jahrhundert die Autorität wieder das Haupt erheben, und es würde ein schreckliches Haupt sein.

In seiner Voraussage von Systemen wie dem Faschismus und dem Stalinismus für das zwanzigste Jahrhundert unterscheidet sich Burckhardt nur wenig von den Prophezeiungen des Revolutionärs *Pierre Joseph Proudhon*. Dieser schreibt, in Zukunft drohe »... eine kompakte Demokratie, die dem Anschein nach auf die Diktatur der Massen gegründet ist, aber in der die Massen nicht mehr Macht besitzen als notwendig ist, um eine allgemeine Sklaverei sicherzustellen, die sich an die vom alten Absolutismus entliehenen Rezepte und Prinzipien hält: die Unteilbarkeit der öffentlichen Macht, die alles umfassende Zentralisierung, die systematische Vernichtung aller individuellen, korporativen und regionalen Ideen (die für zersetzend gehalten werden), sowie eine inquisitorische Polizei ... Wir sollten nicht länger die Augen davor schließen: Europa ist des Denkens und der Ordnung müde; es steht am Anfang eines Zeitalters brutaler Gewalt und der Verachtung von Grundsätzen ... Dann wird der gewaltige Krieg der sechs Großmächte beginnen ... Es wird zu einem Gemetzel kommen, und die Schwächung durch diese Blutbäder wird furchtbar sein. Wir werden den Aufbau des neuen Zeitalters nicht erleben, wir werden im Dunkeln kämpfen; wir müssen uns darauf vorbereiten, dieses Leben ohne allzu große Traurigkeit zu ertragen, indem wir unsere Pflicht erfüllen. Helfen wir einander, rufen wir einander zu in der Finsternis und üben wir Gerechtigkeit, wo immer sich Gelegenheit dazu bietet ... Heute befindet sich die Zivilisation in einer Krise, zu der man in der Geschichte nur eine einzige Parallele finden kann – nämlich die Krise, welche die Entstehung des Christentums zur Folge hatte. Alle Traditionen haben sich überlebt, alle Glaubensbekenntnisse sind abgeschafft; aber das neue Programm ist noch nicht *bereit*, womit ich sagen will, daß es den Massen noch nicht ins Bewußtsein gedrungen ist. Daher kommt das, was ich als *Auflösung* bezeichne. Es ist dies der grausamste Augenblick im Leben einer Gesellschaft ... Ich mache mir keine Illusionen und erwarte nicht, eines Morgens aufzuwachen und wie durch einen Zauberschlag die Auferstehung der Freiheit in unserem Land zu erleben ... Nein, nein; unser Los ist Niedergang, nichts als Niedergang, während einer Periode, deren Ende ich nicht absehe und die mindestens eine oder zwei Generationen überdauern wird ... ich werde nur Zeuge des Unheils sein und inmitten der Finsternis sterben.« (Zit. nach E. Dolleans, 1948, S. 96ff.)

Während Burckhardt und Proudhon den Faschismus und Stalinismus als Folge der Kultur des neunzehnten Jahrhunderts voraussahen (eine Prophezeiung, die Jack London in seinem Roman ›Iron Heel‹ 1907 noch deutlicher wiederholte), stellten andere die geistige Armut und die Entfremdung der damaligen Gesellschaft, die ihrer Meinung nach zu einer wachsenden Entmenschlichung und einem ständig zunehmenden Niedergang der Kultur führen mußten, in den Mittelpunkt ihrer Diagnose.

Wie sehr gleichen sich die Äußerungen zweier sonst so verschiedener Autoren wie Baudelaire und Tolstoi. *Charles Baudelaire* schreibt 1851 in seinen ›Fusées‹ betitelten Fragmenten: »Die Welt geht ihrem Untergang entgegen. Der einzige Grund für ihren Fortbestand ist ihr tatsächliches Vorhandensein. Wie schwach ist aber dieser Grund im Vergleich zu all dem, was das Gegenteil ankündigt, insbesondere zu der Frage: was hat die Welt in Zukunft noch unter dem Himmel zu schaffen? Denn selbst gesetzt, sie würde in ihrer materiellen Existenz fortdauern, wäre dies noch eine Existenz, die dieses Namens und des historischen Wörterbuchs würdig wäre? Ich will nicht behaupten, daß die Welt dem ratlosen possenhaften Durcheinander südamerikanischer Republiken verfallen wird, und daß wir auf die Stufe der Wilden zurücksinken werden, um, das Gewehr in der Hand, in den überwachsenen Trümmern unserer Zivilisation der Nahrung nachzugehen. Nein; denn solche Abenteuer würden immer noch eine gewisse vitale Energie, einen Nachhall der Urzeit, voraussetzen. Wir werden eher einen neuen Beweis für die unerbittlichen Gesetze der Moral liefern und ihr Opfer werden, indem wir gerade an dem zugrunde gehen werden, von dem wir uns Leben versprachen. Die Mechanisierung wird uns derart amerikanisiert haben, der Fortschritt wird die Verkümmerung unserer geistigen Existenz so vollkommen gemacht haben, daß auch der blutrünstigste, ruchloseste und widernatürlichste aller Träume der Utopisten harmlos erscheinen wird im Vergleich zu solchen positiven Ergebnissen. Ich fordere jeden denkenden Menschen auf, mir zu zeigen, was denn vom Leben noch übriggeblieben ist. Was die Religion angeht, so halte ich es für überflüssig, sie auch nur zu erwähnen und nach ihren Überresten zu forschen, denn daß sich einer noch die Mühe macht, Gott zu leugnen, ist das einzige Ärgernis auf diesem Gebiet. Privates Eigentum war im Grunde schon mit der Aufhebung des Majoratsrechtes abgeschafft; aber es wird eine

Zeit kommen, wo die Menschheit, wie ein sich rächender Kannibale, denen ihr letztes Stück entreißen wird, die sich für die rechtmäßigen Erben der Revolution halten. Immerhin, das wäre nicht einmal das Schlimmste ... Auch werden es nicht einzig und allein die politischen Einrichtungen sein, die den allgemeinen Verfall offenbaren oder den allgemeinen Fortschritt; denn die Benennung ist gleichgültig. Dieser wird vielmehr deutlich werden durch die Gemeinheit des menschlichen Herzens. Brauche ich noch hinzuzufügen, daß nur noch kümmerliche Reste eines politischen Lebens in der ansteigenden Flut bloß tierischer Begierden übrigbleiben werden, und daß die Regierenden, um sich an der Macht zu halten und auch nur einen Schein von Ordnung zu schaffen, zu Mitteln ihre Zuflucht nehmen werden, von denen die heutige Menschheit, die doch schon abgebrüht genug ist, zurückschaudern würde? –« (Zit. nach K. Löwith, 1953, S. 93; engl. S. 97f.)

Ein paar Jahre später schrieb *Leo Tolstoi:* »Die mittelalterliche Theologie oder die römische Sittenverderbtheit vergifteten nur ihre eigenen Leute, einen kleinen Teil der Menschheit; heute verderben Elektrizität, Eisenbahnen und Telegraph die ganze Menschheit. Alle eignen sich diese Dinge an, können nicht umhin, sie sich anzueignen, und alle leiden in gleicher Weise, sind in gleichem Maße gezwungen, ihre Lebensweise zu ändern. Alle werden in die Notwendigkeit versetzt, an dem für ihr Leben Wichtigsten Verrat zu üben: an dem Begreifen des Lebens selbst, an der Religion. Maschinen – um was zu verfertigen? Telegraphen – um was zu befördern? Schulen, Universitäten, Akademien – um was zu lehren? Versammlungen – um was zu erörtern? Bücher, Zeitungen – um was für Nachrichten zu verbreiten? Eisenbahnen – um zu wem und wohin zu reisen? Zusammengetriebene und einer höchsten Macht unterworfene Millionen von Menschen – um was zu vollbringen? Spitäler, Ärzte, Apotheken, um das Leben zu verlängern – wofür? ... Wie leicht eignen sich einzelne sowohl wie ganze Völker das an, was sich Zivilisation – echte Zivilisation nennt! Die Universität absolvieren, die Nägel reinhalten, die Dienste des Schneiders und Friseurs brauchen, das Ausland bereisen – und der höchst zivilisierte Mensch ist fertig. Und hinsichtlich der Völker: möglichst viele Eisenbahnen, Akademien, Fabriken, Schlachtschiffe, Festungen, Zeitungen, Bücher, Parteien, Parlamente – und das höchst zivilisierte Volk ist fertig. Deshalb sind genug einzelne sowie Völker für die Zivilisation, aber nicht für die Aufklärung zu gewinnen; die erste ist leicht, bedarf keiner Anstrengung und findet Beifall; die zweite jedoch erfordert Anspannung der Kräfte und findet daher bei der großen Mehrheit nicht nur keinen Beifall, sondern immer nur Verachtung und Haß, denn sie deckt die Lüge der Zivilisation auf.« (L. Tolstoi, 1925, S. 103f.)

Weniger drastisch, aber genauso deutlich wie bei Leo Tolstoi ist *Henry Thoreaus* Kritik an der modernen Kultur. In seinem Buch ›Life without Principle‹ (1863) sagt er: »Bedenken wir einmal, wie wir unser Leben hinbringen. Unsere Welt ist ein Ort der Geschäftigkeit. Welch ein unendliches Getriebe! Ich werde fast jede Nacht vom Keuchen der Lokomotive geweckt. Sie unterbricht meine Träume. Es gibt keinen Sabbat. Wie herrlich wäre es, die Menschheit einmal untätig zu sehen. Aber es gibt nichts als Arbeit, Arbeit, Arbeit. Ich kann mir kaum ein leeres Heft kaufen, um meine Gedanken hineinzuschreiben; sie sind fast stets für die Eintragung von Dollars und Cents eingeteilt. Als einmal ein Ire mir zusah, wie ich mir auf dem Feld eine Notiz machte, hielt er es für sicher, daß ich meinen Lohn berechnete. Wenn jemand als Kind aus dem Fenster gefallen und für sein ganzes Leben zum Krüppel geworden ist oder wenn jemand von den Indianern um seinen Verstand gebracht wurde, so bedauert man das hauptsächlich, weil er hierdurch *für das Geschäftsleben* untauglich wurde. Ich glaube, daß nichts – nicht einmal das Verbrechen – der Poesie, der Philosophie, ja dem Leben selbst feindlicher ist als diese unaufhörliche Geschäftigkeit ...

Wenn jemand aus Liebe zum Wald regelmäßig einen halben Tag darin spazierengeht, muß er damit rechnen, für einen Müßiggänger gehalten zu werden, aber wenn er seine ganze Zeit als Spekulant verbringt und die Wälder abholzt und die Erde vorzeitig kahl macht, dann sieht man in ihm einen fleißigen, unternehmungsfreudigen Mitbürger. Als ob eine Stadt an ihren Wäldern kein anderes Interesse hätte, als sie zu roden! ...

Die Wege, auf denen man Geld verdienen kann, führen fast ausnahmslos bergab. Wenn man etwas getan hat, womit man *lediglich* Geld verdient hat, dann ist man in Wirklichkeit faul gewesen, oder noch schlimmeres. Wenn der Arbeiter nicht mehr bekommt als den Lohn, den sein Arbeitgeber ihm bezahlt, dann ist er betrogen, dann betrügt er sich selbst. Wer als Schriftsteller oder als Vortragsredner Geld verdienen möchte, muß populär sein, und das bedeutet, daß es mit ihm steil bergab geht.

Das Ziel des Arbeiters sollte nicht sein, seinen Lebensunterhalt zu verdienen und ›einen guten Job‹ zu bekommen, sondern eine bestimmte Arbeit gut zu verrichten. Und selbst vom materiellen Standpunkt aus wäre es für eine Stadt vorteilhaft, ihre Arbeiter so gut zu bezahlen, daß sie nicht das Gefühl hätten, für simple gemeinsame Ziele, wie zum Beispiel ausschließlich für ihren Lebensunterhalt zu arbeiten, sondern für wissenschaftliche oder sogar moralische Ziele. Stelle nicht den Mann ein, der deine Arbeit für Geld tut, sondern den, der sie aus Liebe zur Arbeit tut ... Die Art und Weise, wie die meisten Menschen ihren Lebensunterhalt verdienen, das heißt wie sie leben, ist ein bloßer Notbehelf und ein Sich-Drücken vor der wahren Lebensaufgabe – und das hauptsächlich, weil sie es nicht anders wollen ... Es heißt, Amerika sei die Arena, in der der Kampf um die Freiheit ausgetragen werde, aber ganz gewiß kann damit nicht die Freiheit im rein politischen Sinne gemeint sein. Selbst wenn wir einräumen, daß der Amerikaner sich von einem politischen Tyrannen befreit hat, ist er noch immer der Sklave eines wirtschaftlichen und moralischen Tyrannen. Jetzt, nachdem die Republik – die *res publica* – begründet ist, ist es Zeit, sich um die *res privata* – den privaten Bereich – zu kümmern, so wie der römische Senat seinen Konsuln auftrug, darauf zu sehen, *ne quid res privata detrimenti caperet* (daß der private Bereich keinen Schaden leide).

Nennen wir unser Land das Land der Freien? Was nützt es, von König Georg befreit und weiterhin Sklaven von König Vorurteil zu sein? Was nützt es, frei geboren zu sein und kein freies Leben zu führen? Welchen Wert hat die politische Freiheit, wenn sie nicht der moralischen Freiheit dient? Rühmen wir uns der Freiheit, Sklaven zu sein, oder der Freiheit, freie Menschen zu sein? Wir sind eine Nation von Politikern, die sich bis jetzt nur um die äußersten Verteidigungsanlagen der Freiheit kümmern können. Vielleicht werden unsere Kindeskinder einmal wirklich frei sein. Unsere Steuern sind nicht gerecht verteilt. Ein Teil von uns ist gar nicht erfaßt. Es ist eine Besteuerung ohne rechte Erfassung. Wir quartieren Truppen ein, wir quartieren Narren und Vieh aller Art ein. Wir legen unsere groben Leiber auf unsere armen Seelen, bis jene deren ganze Substanz aufgezehrt haben ...

Die Dinge, die heute die Aufmerksamkeit der Menschen am meisten beschäftigen, wie die Politik und die tägliche Routine, sind zwar lebenswichtige Funktionen der menschlichen Gesellschaft, doch sollten sie unbewußt ablaufen wie die entsprechenden Körperfunktionen. Sie sind infra-human, eine Art vegetatives System. Manchmal wache ich gleichsam auf, und es wird mir halb bewußt, wie sie in meinem Inneren ablaufen, etwa so wie jemandem gewisse Verdauungsprozesse bei einer Störung bewußt werden; dann hat er das, was man eine Dyspepsie nennt. Es ist, als ob ein Denker sich von dem großen Vogelmagen der Schöpfung kleinraspeln ließe. Die Politik ist sozusagen der Magen der Gesellschaft voller Sandkörner und Kies, und die beiden politischen Parteien sind die beiden Magenhälften – manchmal sind sie auch in Viertel aufgeteilt –, die gegeneinander reiben. So haben nicht nur einzelne Menschen, sondern ganze Staaten eine unverkennbare Dyspepsie, die sich in Tönen äußert, deren Art man sich leicht vorstellen kann. Daher ist unser Leben nicht nur ein Vergessen, sondern leider auch weitgehend ein Sich-Erinnern an Dinge, die uns nie hätten bewußt werden dürfen, ganz gewiß nicht in unseren wachen Stunden.

Weshalb sollten wir uns nicht gelegentlich treffen, nicht immer nur als Dyspeptiker, die sich ihre schlimmen Träume erzählen, sondern manchmal auch als Eupeptiker, die sich zu dem herrlichen Morgen beglückwünschen? Ich meine, das wäre doch gewiß kein übertriebenes Ansinnen.« (H. Thoreau, 1947, S. 632–655.)

Eine der scharfsinnigsten Diagnosen der kapitalistischen Kultur des 19. Jahrhunderts stammt von dem Soziologen *Emile Durkheim,* der weder ein politischer noch ein religiöser Radikaler war. Er stellt fest, daß in der modernen Industriegesellschaft weder der einzelne noch die Gruppe noch zufriedenstellend funktionieren, daß sie in einem Zustand der »Anomie« leben, das heißt, daß es ihnen an einem sinnvollen und strukturierten gesellschaftlichen Leben fehlt; daß der einzelne immer mehr »sich einer rastlosen Bewegung, einer planlosen Selbst-Entwicklung hingibt, einem Lebensziel, das keine Wertkriterien kennt, bei dem das Glück stets in der Zukunft liegt und nie in der Gegenwart erreicht wird«. Der Ehrgeiz des Menschen, der die ganze Welt zum Kunden hat, wird grenzenlos, und Ekel erfüllt ihn über »die Sinnlosigkeit des endlosen Vorwärtsstrebens«. Durkheim weist darauf hin, daß nur der *politische Staat* als isolierter Faktor der kollektiven Organisation die Französische Revolution überlebt hat. Die Folge ist, daß eine echte Gesellschaftsordnung verschwunden ist, und daß der Staat zur einzigen kollektiven organisierenden Aktivität mit gesellschaftlichem Charakter geworden ist. Der von allen echten sozialen Bindungen befreite einzelne fühlt sich im Stich gelassen, isoliert und demoralisiert. (Vgl. E. Durkheim, 1897, S. 449.) Die Gesellschaft wird zu *»einem unorganisierten Staub von Individuen«* (a.a.O., S. 448. – Hervorhebung E. F.).

Wenn wir uns jetzt dem 20. Jahrhundert zuwenden, so finden wir auch hier eine bemerkenswerte Ähnlichkeit der kritischen Äußerungen und der Diagnosen der seelischen Erkrankung der heutigen Gesellschaft, genauso wie das im 19. Jahrhundert der Fall war. Dies ist deshalb besonders bemerkenswert, weil sie von Menschen mit ganz unterschiedlichen philosophischen und politischen Ausgangspunkten stammen. Wenn ich in dieser Übersicht auch nicht auf die sozialistischen Kritiker des 19. und 20. Jahrhunderts eingehen möchte, weil ich sie im nachfolgenden Kapitel gesondert behandeln will, möchte ich doch hier mit den Ansichten des britischen Sozialisten *R. H. Tawney* den Anfang machen, weil sie in mannigfacher Weise mit den in diesem Buch vertretenen Ansichten übereinstimmen. In seinem klassischen Werk ›The Acquisitive Society‹ (1920), ursprünglich unter dem Titel ›The Sickness of an Acquisitive Society‹ veröffentlicht, weist er darauf hin, daß sich die kapitalistische Gesellschaft auf das Prinzip der Beherrschung des Menschen durch die Dinge gründet. Er sagt, daß in unserer Gesellschaft »... selbst vernünftige Menschen davon überzeugt sind, daß das Kapital die Arbeiterschaft ›einstellt‹, so wie unsere heidnischen Vorfahren sich vorstellten, daß Stücke aus Holz und Eisen, die sie in jenen Zeiten zu ihren Götzen machten, ihnen eine gute Ernte schenkten und ihre Kämpfe gewannen. Wenn es soweit gekommen ist, daß die Menschen so reden, als ob ihre Götzen lebendig wären, ist es Zeit, daß einer kommt und diese zerbricht. Die Arbeiterschaft besteht aus Menschen, das Kapital aus Dingen, und Dinge sind einzig dazu da, in den Dienst von Menschen gestellt zu werden.« (A.a.O., S. 99.) Er weist darauf hin, daß der Arbeiter in der heutigen Industrie deshalb nicht sein Bestes gibt, weil ihn seine Arbeit nicht interessiert, weil er an der Kontrolle des Betriebs nicht beteiligt ist. (Vgl. a.a.O., S. 106f.) Er fordert als einzigen Ausweg aus der Krise der modernen Gesellschaft eine Änderung unserer moralischen Werte: »Wir müssen der wirtschaftlichen Tätigkeit selbst den ihr zukommenden Platz als Diener und nicht als Herr der Gesellschaft zuweisen. Unsere Zivilisation wird nicht nur, wie viele vermuten, dadurch belastet, daß das Industrieprodukt schlecht verteilt ist, oder daß die Unternehmen tyrannisch geleitet werden, oder daß die Arbeit im Werk durch erbitterte Arbeitskämpfe unterbrochen wird. Es kommt daher, daß die Industrie selbst inzwischen eine absolut vorherrschende Position unter allen menschlichen Interessengebieten einnimmt, eine Position, die kein Einzelinteresse und am allerwenigsten die Beschaffung materieller Existenzmittel einzunehmen vermag. Wie ein Hypochonder, der von den Vorgängen der eigenen Verdauung so in Anspruch genommen ist, daß er ins Grab sinkt, bevor er recht zu leben begonnen hat, so vernachlässigen unsere industrialisierten Gesellschaften eben die Dinge, für die es sich lohnte, Reichtümer zu erwerben, in ihrer fieberhaften Beschäftigung mit den Mitteln, mit denen man Reichtümer erwerben kann.

Diese Besessenheit von wirtschaftlichen Dingen ist ebenso lokal begrenzt und vorübergehend, wie sie abstoßend und beunruhigend ist. Künftigen Generationen wird sie ebenso beklagenswert erscheinen, wie uns heute die Besessenheit des siebzehnten Jahrhunderts von seinen religiösen Streitigkeiten vorkommt; ja, sie ist noch unvernünftiger, weil ihr Gegenstand noch unwesentlicher ist. Und sie ist ein Gift, das jede Wunde entzündet und jede unbedeutende Schramme zu einem bösartigen Geschwür werden läßt. Die Gesellschaft wird die besonderen Probleme der Industrie, die ihr zu schaffen machen, nicht lösen, bevor das Gift ausgetrieben ist und sie gelernt hat, die Industrie selbst wieder in der richtigen Perspektive zu sehen. Wenn sie das erreichen will, muß sie ihre Wertskala neu ordnen. Sie muß die wirtschaftlichen Interessen als ein Element im Leben und nicht als das Leben selbst betrachten. Sie muß ihre Mitglieder dazu bringen, daß sie darauf verzichten, jede Gelegenheit wahrzunehmen, Gewinne zu erzielen, die ihnen ohne entsprechende Arbeitsleistung zufallen, weil der Kampf darum die gesamte Gemeinschaft im Fieber hält. Sie muß die Industrie so organisieren, daß die wirtschaftliche Tätigkeit wieder Mittel zum Zweck wird, indem man sie den sozialen Aufgaben, denen sie zu dienen hat, unterordnet.« (A.a.O., S. 183f.)

Einer der hervorragendsten Experten unserer Zeit für die Fragen der industriellen Zivilisation der Vereinigten Staaten, *Elton Mayo*, teilt Durkheims Ansichten, wenn er sich auch etwas vorsichtiger ausdrückt: »Es stimmt, daß das Problem der sozialen Desorganisation mit der sich daraus ergebenden *Anomie* in Chicago vermutlich in einer noch akuteren Form existiert als in anderen Teilen der Vereinigten Staaten. Wahrscheinlich ist es auch in den Vereinigten Staaten noch akuter als in Europa. Aber es handelt sich um ein Problem der Rangordnung in der gesellschaftlichen Entwicklung, das die ganze Welt angeht.« (E. Mayo, 1933, S. 125.) Zur heutigen Überbewertung der wirtschaftlichen Tätigkeit bemerkt Mayo: »Genauso, wie unsere politischen und wirtschaftlichen Untersuchungen seit zweihundert Jahren die Tendenz zeigen, nur diejenigen wirtschaftlichen Funktionen in Betracht zu ziehen, die unmittelbar mit der Lebenshaltung zu tun haben, so haben wir es auch in unserem heutigen Leben unvermerkt geschehen lassen, daß das Streben nach wirtschaftlichem Aufschwung uns in eine Situation weitgehender sozialer Auflösung hineinmanövriert hat. Vermutlich stellt ja die Arbeit, die ein Mensch verrichtet, seine wichtigste Funktion in der Gesellschaft dar; aber wenn keinerlei entsprechender gesellschaftlicher Hintergrund für sein Leben vorhanden ist, kann seine Arbeit nicht einmal einen Wert für ihn selbst haben. Durkheims Feststellungen im Frankreich des neunzehnten Jahrhunderts dürften sich auch auf das Amerika des zwanzigsten Jahrhunderts anwenden lassen.« (A.a.O., S. 131.)

Unter Bezugnahme auf seine umfassende Studie über die Einstellung der Arbeiter bei Hawthorne zu ihrer Arbeit kommt er zu folgendem Schluß: »Das Unvermögen der Arbeiter und Vorarbeiter, ihre Arbeit und ihre Arbeitsbedingungen zu verstehen, das weitverbreitete Gefühl, persönlich überflüssig zu sein, ist in der zivilisierten Welt ganz allgemein anzutreffen und ist nicht nur für Chicago charakteristisch. Der Glaube des einzelnen an seine soziale Aufgabe und seine Solidarität mit der Gruppe – seine Fähigkeit, mit den anderen zusammenzuarbeiten –, all das ist im Verschwinden begriffen und wird teilweise durch den raschen wissenschaftlichen und technischen Fortschritt zerstört. Mit diesem Glauben verschwinden auch sein Gefühl der Sicherheit und sein Wohlbefinden, und er fängt an, jene übertriebenen Ansprüche an das Leben zu stellen, wie Durkheim sie beschrieben hat.« (A.a.O., S. 159.)

Mayo stimmt Durkheim nicht nur in bezug auf den wesentlichen Punkt seiner Diagnose zu, er gelangt auch zu der kritischen Schlußfolgerung, daß in dem halben Jahrhundert wissenschaftlicher Arbeit nach Durkheim in bezug auf das Verständnis des Problems nur sehr geringe Fortschritte gemacht worden sind. Er schreibt: »Während wir im materiellen und wissenschaftlichen Bereich Sorge getragen haben, unser Wissen und unsere Technik weiterzuentwickeln, haben wir im menschlichen und soziopolitischen Bereich alles dem Zufall überlassen und aufs Geratewohl herumgewirtschaftet.« (A.a.O., S. 132.) Und weiter heißt es da: »Wir stehen also der Tatsache gegenüber, daß wir auf den wichtigen Gebieten des Verständnisses der Menschen füreinander und der Menschenführung die Fakten nicht mehr kennen und nicht wissen, was ihnen zugrunde liegt. Unser Opportunismus in der Verwaltung und Sozialforschung hat dazu geführt, daß wir es bisher nur zu ohnmächtigen Feststellungen des Unheils gebracht haben ... So bleibt uns nichts anderes übrig als abzuwarten, ob der soziale Organismus sich wieder erholen oder ob er ohne zureichende medizinische Hilfe zugrunde gehen wird.« (A.a.O., S. 169f.) Speziell zur Rückständigkeit unserer politischen Theorie bemerkt er: »Die politische Theorie zeigte bisher die Tendenz, sich hauptsächlich mit ihren historischen Ursprüngen zu beschäftigen; man hat versäumt, eine gründliche Untersuchung der Veränderungen in der Gesellschaftsstruktur in Angriff zu nehmen. In der Zwischenzeit haben sich der soziale Kontext, die faktischen Lebensbedingungen der zivilisierten Völker auf so mannigfache Weise geändert, daß die bloße Verkündigung der alten Formeln hohl klingt und keinen Menschen mehr zu überzeugen vermag.« (A.a.O., S. 138.)

Ein anderer ideenreicher Beobachter der heutigen gesellschaftlichen Szene ist *Frank Tannenbaum.* Er kommt zu ähnlichen Schlüssen wie Tawney, wenn er auch den Nachdruck auf die zentrale Bedeutung der Gewerkschaften legt, im Gegensatz zu der sozialistischen Forderung Tawneys, die Arbeiter unmittelbar mitbestimmen zu lassen. Am Schluß von ›A Philosophy of Labor‹ (1952, S. 168) schreibt Tannenbaum: »Der grundsätzliche Irrtum des vorigen Jahrhunderts war die Annahme, eine totale Gesellschaft könne auf einem ökonomischen Motiv, nämlich dem Profit, aufgebaut werden. Die Gewerkschaftsbewegung hat bewiesen, daß diese Auffassung falsch war. Sie hat wieder einmal gezeigt, daß der Mensch nicht vom Brot allein lebt. Da das Großunternehmen nur Brot oder Kuchen zu bieten hat, hat es sich als unfähig erwiesen, die Anforderungen an ein ›gutes Leben‹ zu erfüllen. Die Gewerkschaft kann trotz all ihrer Fehler das Großunternehmen mit seinen enormen Leistungsmöglichkeiten noch retten, wenn sie ihm ihre eigene natürliche ›Gesellschaft‹, den Zusammenhalt ihrer eigenen Arbeitskraft einbaut und ihr auf diese Weise einen Sinn verleiht, wie ihn alle wirklichen Gesellschaften besitzen, einen Sinn, der dem Menschen auf seinem Weg zwischen Wiege und Grab eine gewisse idealistische Substanz mitgibt. Zu einer solchen Sinngebung kann man nicht gelangen, indem man das wirtschaftliche Motiv noch stärker betont. Wenn das Großunternehmen weiterbestehen soll, wird es in der Welt nicht nur eine wirtschaftliche, sondern auch eine moralische Rolle zu übernehmen haben. In dieser Hinsicht ist die Herausforderung des Managements durch die Gewerkschaft heilsam und vielversprechend. Es ist ein Weg, vielleicht der einzig gangbare, die Werte unserer demokratischen Gesellschaft und darüber hinaus das heutige Industriesystem zu retten. Irgendwie muß das Großunternehmen und seine Arbeiterschaft zu einer Gemeinschaft werden, anstatt wie bisher ein geteiltes Haus zu sein, das sich in einem kriegsähnlichen Zustand befindet.«

Lewis Mumford, mit dem ich in vielen meiner Ideen übereinstimme, sagt über unsere heutige Zivilisation: »Die tödlichste Kritik, die man an der modernen Zivilisation üben könnte, ist die, daß sie – abgesehen von ihren vom Menschen herbeigeführten Krisen und Katastrophen – für den Menschen nicht *interessant* ist ...

Letzten Endes kann eine solche Zivilisation nur einen Massenmenschen erzeugen, der unfähig ist, sich für etwas zu entscheiden, unfähig zu allen spontanen, selbständigen Tätigkeiten, und der bestenfalls geduldig, gefügig, in einem mitleiderregenden Grad diszipliniert in seiner monotonen Arbeit, aber dabei in wachsendem Maß ohne Verantwortung ist, weil er immer weniger Entscheidungen zu treffen hat; ein Geschöpf, das hauptsächlich von seinen konditionierten Reflexen beherrscht wird, der Idealtyp, der von den Anzeigeagenturen und den Verkaufsorganisationen des modernen Geschäftslebens gewünscht – wenn auch nie ganz erreicht – wird, und wie ihn die Propagandaämter und Planungsbüros totalitärer oder quasitotalitärer Regierungen brauchen. Das schönste Lob für solche Wesen lautet: ›Sie machen keine Schwierigkeiten.‹ Ihre höchste Tugend ist: ›Sie fallen nicht auf.‹ Schließlich produziert eine derartige Gesellschaft nur zwei Gruppen von Menschen: die Konditionierer und die Konditionierten, die aktiven und die passiven Barbaren. Vielleicht war es die Aufdeckung dieses Gewebes aus Falschheit, Selbstbetrug und Leere, wodurch Arthur Millers Schauspiel ›Death of Salesman‹ das amerikanische Publikum in den großen Städten so stark beeindruckte.

Nun ist es aber so, daß dieses mechanische Chaos nicht ohne unser Zutun von selbst immer weiterbesteht, denn es beleidigt und demütigt den menschlichen Geist, und je straffer und leistungsfähiger es als mechanisches System wird, desto widerspenstiger wird der Mensch darauf reagieren. Schließlich muß es den Menschen zur blinden Rebellion, zum Selbstmord oder aber zu einer inneren Erneuerung treiben.

Bisher hat es sich nur auf die beiden ersten Arten ausgewirkt. Nach dieser Analyse wäre die Krise, mit der wir uns zur Zeit konfrontiert sehen, unserer Kultur inhärent, selbst dann, wenn wir nicht durch eine Art Wunder auch die aktiveren Auflösungsprozesse ausgelöst hätten, die sich in der jüngsten Geschichte ereignet haben.« (L. Mumford, 1951, S. 14 u. 16.)

A. R. Heron, ein überzeugter Befürworter des kapitalistischen Systems und ein viel konservativer eingestellter Autor als die zuvor zitierten, kommt nichtsdestoweniger zu kritischen Schlußfolgerungen, die denen von Durkheim und Mayo ihren Grundgedanken nach sehr nahe kommen. In seinem vom *Executive Book Club of New York* 1948 herausgebrachten Buch ›Why Men Work‹ schreibt er (S. 121 f.): »Es ist zwar reine Phantasie, wenn man sich vorstellt, daß eine große Menge von Arbeitern aus Langeweile und aus einem Gefühl der Nutzlosigkeit und Frustrierung heraus Massenselbstmord begehen. Aber es hört auf, Phantasie zu sein, wenn wir unsern Selbstmordbegriff nicht mehr nur auf die Tötung unseres Körpers beziehen. Ein Mensch, der sich damit begnügt, ein Leben ohne Denken, ohne Ehrgeiz, Stolz und ein Gefühl persönlicher Leistung zu führen, hat sich mit dem Tod von Eigenschaften abgefunden, die für menschliches Leben wesentlich sind. Daß man einen Platz in einer Fabrik oder einem Büro mit seinem Körper ausfüllt, daß man Bewegungen ausführt, die sich andere ausgedacht haben, daß man seine Körperkraft einsetzt oder Dampfkraft oder Elektrizität auslöst – all das heißt noch nicht, wesentliche menschliche Fähigkeiten miteinzusetzen.

Diese unzureichende Inanspruchnahme menschlicher Fähigkeiten wird uns nirgends überzeugender vor Augen geführt als bei der Methode, die Arbeiter einzusetzen. Die Erfahrung hat gelehrt, daß es bestimmte Jobs – und zwar erstaunlich viele – gibt, die von Menschen von durchschnittlicher oder überdurchschnittlicher Intelligenz nicht befriedigend ausgeführt werden können. Das Problem ist nicht damit gelöst, daß man sagt, eine große Zahl von Menschen von geringer Intelligenz brauchten solche Jobs. Das Management ist genauso wie unsere Staatsmänner, Geistliche und Erzieher dafür verantwortlich, daß unser aller Intelligenz höher entwickelt wird. Wir werden in einer Demokratie stets von den Stimmen des Volkes als Volk reagiert, worunter sich auch die befinden, deren angeborene Intelligenz nur gering ist oder deren potentielle seelische und geistige Entwicklung verkümmert ist.

Wir dürfen die materiellen Vorteile, die wir der technischen Entwicklung, der Massenproduktion und der Spezialisierung der Aufgaben verdanken, natürlich nicht mehr aufgeben. Aber wir werden niemals die Ideale Amerikas verwirklichen, wenn wir eine Arbeiterklasse entstehen lassen, der die Befriedigung durch sinnvolle Arbeit versagt

unverkennbar – kennzeichnend, typisch

bleibt. Wir werden nicht in der Lage sein, diesen Idealen treu zu bleiben, wenn wir nicht sämtliche Mittel der Gesetzgebung, des Bildungswesens und der Industrie für die Verbesserung der menschlichen Fähigkeiten all jener einsetzen, die uns regieren – jener zehn Millionen einfacher Männer und Frauen. Die spezielle Aufgabe des Managements ist es, Arbeitsbedingungen zu schaffen, die die kreativen Anlagen eines jeden Arbeiters befreien und seiner göttlich-menschlichen Fähigkeit zu denken freien Spielraum verschaffen.«

Nachdem wir nun die Stimme verschiedener Sozialwissenschaftler gehört haben, wollen wir zum Abschluß dieses Kapitels noch drei Männer zu Wort kommen lassen, die keine Sozialwissenschaftler waren: Aldous Huxley, Albert Schweitzer und Albert Einstein.

Aldous Huxleys Urteil über den Kapitalismus des zwanzigsten Jahrhunderts ist in seiner ›Brave New World‹ enthalten. Er zeigt in diesem 1931 entstandenen Roman das Bild einer automatisierten Welt, die unverkennbar verrückt ist und sich trotzdem nur in Einzelheiten und bis zu einem gewissen Grad von der realen Welt etwa im Jahre 1954 unterscheidet. Die einzige Alternative, die er sieht, ist das Leben des Wilden mit einer Religion, die halb Fruchtbarkeitskult und halb bußfertige Wildheit ist. In einem für die Neuausgabe der ›Brave New World‹ 1949 geschriebenen Vorwort sagt er (H. Huxley, 1950, S. 15 bis 20): »Gesetzt nun, wir seien fähig, ebensoviel aus Hiroschima zu lernen, wie unsere Vorfahren aus dem Beispiel Magdeburgs lernten, dann dürfen wir uns vielleicht eine Zeit, wenn nicht tatsächlichen Friedens, so doch begrenzten und nur zum Teil verheerenden Kriegführens erwarten. Es ist anzunehmen, daß während dieser Zeitspanne atomare Energie für industrielle Zwecke nutzbar gemacht werden wird. Das Ergebnis wird wohl unbezweifelbar eine Reihe wirtschaftlicher und gesellschaftlicher Veränderungen sein, wie sie in solch schneller Aufeinanderfolge und Vollständigkeit noch nie da waren. Alle bestehenden Formen des menschlichen Lebens werden gesprengt werden, und neue werden improvisiert werden müssen, damit sie mit der nicht-menschlichen Tatsache der Atomkraft übereinstimmen. Ein Prokrustes in modernem Gewand, wird der Atomphysiker das Bett vorbereiten, auf dem die Menschheit liegen müssen wird; und wenn die Menschheit nicht hineinpaßt – nun, desto schlimmer für die Menschheit. Da wird eben ein wenig ausgereckt und abgehackt werden müssen, auf dieselbe Weise wie schon immer, seit die angewandte Wissenschaft so recht eigentlich in Gang kam; nur daß diesmal das Ausrecken und Abhacken ein gut Teil drastischer sein wird als in der Vergangenheit. Diese alles eher als schmerzlosen Operationen werden von hochzentralisierten totalitären Regierungen überwacht werden. Das ist unvermeidlich; denn die unmittelbare Zukunft wird wohl der unmittelbaren Vergangenheit ähneln, und in dieser neigten technische

Umwälzungen, welche in einer massenerzeugenden Wirtschaft und unter einer vorwiegend besitzlosen Bevölkerung vor sich gingen, stets dazu, wirtschaftliche und gesellschaftliche Unruhen hervorzurufen. Um mit Unruhen fertigzuwerden, wurde immer Macht zentralisiert und die Herrschgewalt der Regierungen verstärkt. Es ist also wahrscheinlich, daß alle Regierungen der Welt mehr oder weniger totalitär sein werden, sogar noch vor der industriellen Nutzbarmachung atomarer Energie; daß sie während und nach solcher Nutzbarmachung totalitär sein werden, ist fast gewiß. *Nur eine ganz große, auf Dezentralisierung und Selbsthilfe gerichtete Volksbewegung könnte den gegenwärtigen Zug zur Staatsallmacht aufhalten.* Gegenwärtig ist kein Anzeichen erkennbar, daß es zu einer solchen Bewegung kommen wird. (Hervorhebung E. F.)

Es gibt natürlich keinen Grund, warum der neue Totalitarismus dem alten gleichen sollte. Ein Regieren mittels Knüppeln und Erschießungskommandos, mittels künstlicher Hungersnot, Massenverhaftungen und Massendeportationen ist nicht nur unmenschlich (darum schert sich heutzutage niemand viel); es ist beweisbar leistungsunfähig – und in einem Zeitalter fortgeschrittener Technik ist Leistungsunfähigkeit die Sünde wider den Heiligen Geist. Ein wirklich leistungsfähiger totalitärer Staat wäre einer, worin die allmächtige Exekutive politischer Machthaber und ihre Armee von Managern eine Bevölkerung von Zwangsarbeitern beherrschen, die gar nicht gezwungen zu werden brauchen, weil sie ihre Sklaverei lieben. Ihnen die Liebe zu ihr beizubringen, ist in heutigen totalitären Staaten die den Propagandaministerien, den Zeitungsredakteuren und Schullehrern zugewiesene Aufgabe. Aber deren Methoden sind noch immer plump und unwissenschaftlich. Die alte, prahlerische Behauptung der Jesuiten, sie könnten, wäre ihnen die Schulung des Kindes übertragen, für die religiösen Überzeugungen des Mannes bürgen, war bloß ein Wunschtraum. Und der moderne Pädagoge ist wahrscheinlich noch weniger leistungsfähig darin, die Reflexe des Zöglings zu bedingen, als es die ehrwürdigen Patres waren, welche Voltaire erzogen. Die größten Triumphe der Propaganda wurden nicht durch ein Tun, sondern durch das Unterlassen eines Tuns vollbracht. Groß ist die Wahrheit, größer aber, vom praktischen Gesichtspunkt, ist das Verschweigen der Wahrheit. Indem totalitäre Propagandisten gewisse Dinge einfach nicht erwähnten, indem sie einen ›eisernen Vorhang‹ herabließen zwischen den Massen und solchen Tatsachen oder Beweisgründen, die von den politischen Machthabern für unerwünscht gehalten wurden, beeinflußten sie die öffentliche Meinung viel wirksamer, als sie es durch die beredsamsten Anschwärzungen, die zwingendsten logischen Widerlegungen hätten tun können. Aber Verschweigen ist nicht genug. Wenn Verfolgungen, Liquidierungen und die anderen Symptome sozialer Reibung vermieden werden

verankern – einen festen Platz in etwas haben

sollen, müssen die positiven Seiten der Propaganda so wirksam gemacht werden wie die negativen. Die wichtigsten ›Manhattan-Projekte‹ der Zukunft werden umfangreiche, von der Regierung geförderte Untersuchungen darüber sein, was die Politiker und die daran teilnehmenden Wissenschaftler ›das Problem des Glücklichseins‹ nennen werden, – mit anderen Worten, das Problem, wie man Menschen dahin bringt, ihr Sklaventum zu lieben. Ohne wirtschaftliche Sicherheit kann die Liebe zur Sklaverei unmöglich entstehn; der Kürze halber nehme ich an, daß es der allmächtigen Exekutive und ihren Managern gelingen wird, das Problem dauernder wirtschaftlicher Sicherheit zu lösen. Sicherheit wird aber fast immer sehr schnell für gegeben genommen. Sie zu erzielen, ist bloß eine oberflächliche, äußere Revolution. Die Liebe zur Sklaverei kann nicht fest verankert sein, wenn sie nicht das Ergebnis einer tiefgehenden persönlichen Revolution in den Gemütern und Leibern der Menschen ist. Um die herbeizuführen, bedarf es unter anderen der folgenden Entdeckungen und Erfindungen: erstens einer sehr verbesserten Methode der Suggestion – durch Konditionieren der Reflexe des Kleinkindes und, später, mit Hilfe von Medikamenten wie Skopolamin; zweitens einer voll entwikkelten Wissenschaft von den Unterschieden der Menschen, die es den von der Regierung bestellten Managern ermöglicht, jedem beliebigen Individuum seinen oder ihren Platz in der gesellschaftlichen und wirtschaftlichen Rangordnung anzuweisen (kantige Pflöcke in runden Löchern neigen zu gefährlichen Gedanken über das Gesellschaftssystem und stecken leicht andere mit ihrer Unzufriedenheit an); drittens (da die Wirklichkeit, wenn auch noch so utopisch, etwas ist, was die Menschen die Notwendigkeit empfinden läßt, recht häufigen Urlaub davon zu nehmen) bedarf es eines Ersatzes für Alkohol und die anderen Rauschmittel, etwas, das zugleich weniger schadet und mehr Genuß bringt als Branntwein oder Heroin; und viertens (aber das wäre ein Vorhaben auf lange Sicht, das zu seinem erfolgreichen Abschluß Generationen totalitärer Herrschaft erfordern würde) eines betriebssicheren Systems der Eugenik, darauf berechnet, das Menschenmaterial zu normen und so die Aufgabe der Manager zu erleichtern. In ›Brave New World‹ ist diese Normung des menschlichen Produkts bis zu phantastischen, wenngleich vielleicht nicht unmöglichen Extremen getrieben. Technisch und ideologisch haben wir noch einen weiten Weg bis zu Kindern in Flaschen und Bokanowsky-Gruppen von Halbtrotteln. Doch ums Jahr 600 n. F. [nach Ford] – wer weiß, was bis dahin nicht alles geschehen mag? Inzwischen sind die anderen charakteristischen Züge dieser glücklicheren und beständigeren Welt – die Äquivalente für Soma und Hypnopädie und das wissenschaftlich durchgeführte Kastensystem – wahrscheinlich nur noch drei oder vier Generationen weit entfernt. Auch scheint die sexuelle Promiskuität der

›Brave New World‹ nicht gar so weit vor uns zu liegen. Es gibt bereits gewisse amerikanische Städte, in welchen die Zahl der Scheidungen die der Heiraten erreicht. In einigen Jahren werden Trauungsscheine zweifellos so verkauft werden wie Hundescheine: gültig für zwölf Monate, wobei kein Gesetz das Wechseln der Hunde oder das gleichzeitige Halten mehr als eines verbietet. Je mehr sich politische und wirtschaftliche Freiheit verringert, desto mehr strebt, entschädigungsweise, die sexuelle Freiheit danach, sich zu vergrößern. Und der Diktator (falls er nicht Kanonenfutter braucht und kinderreiche Familien, um mit ihnen noch unbesiedelte oder zu erobernde Gebiete zu kolonisieren) wird gut daran tun, diese Freiheit zu fördern. In Verbindung mit der Freiheit des Tagträumens unter dem Einfluß von Rauschmitteln, Kino und Rundfunk wird die sexuelle Freiheit dazu beitragen, seine Untertanen mit der Sklaverei, die ihr Los ist, zu versöhnen.

Das alles in Betracht gezogen, sieht es ganz danach aus, daß uns Utopia viel näher sei, als irgend jemand es sich auch nur vor zwanzig Jahren hätte vorstellen können. Damals verlegte ich diese Utopie sechshundert Jahre in die Zukunft. Heute scheint es ganz gut möglich zu sein, daß uns ein solcher Schrecken binnen einem einzigen Jahrhundert auf den Hals kommt; das heißt, wenn wir in der Zwischenzeit davon abstehen, einander zu Staub zu zersprengen. In der Tat, wenn wir nicht lieber denzentralisieren und die angewandte Wissenschaft lieber nicht als den Zweck gebrauchen, zu welchem aus Menschen die Mittel gemacht werden, sondern als das Mittel zur Hervorbringung eines Geschlechts freier Individuen – ja, da bleiben nur noch zwei Möglichkeiten: entweder eine Anzahl nationaler, militarisierter Totalitarismen, die in Angst vor der Atombombe wurzeln und deren Frucht die Vernichtung der Zivilisation (falls aber die Kriegführung beschränkt wird, die Verewigung des Militarismus) sein wird; oder ein übernationaler Totalitarismus, hervorgerufen durch das soziale Chaos, der sich, aus raschem technischem Fortschritt im allgemeinen und der atomaren Revolution im besondern, unter dem Zwang notwendiger Leistungsfähigkeit und Beständigkeit zur Wohlfahrtstyrannei Utopias entwickeln wird. Du zahlst dein Geld und hast die Wahl.«

Albert Schweitzer und Albert Einstein verkörpern vielleicht mehr als jeder andere unter den Lebenden die höchste Entfaltung der intellektuellen und moralischen Traditionen der westlichen Kultur. Über unsere Kultur schreibt *Albert Schweitzer*, (1973a, S. 72–75): »Unöffentlich muß eine neue öffentliche Meinung entstehen. Die jetzige erhält sich durch die Presse, die Propaganda, die Organisationen und die Macht- und Geldmittel, die ihr zur Verfügung stehen. Dieser unnatürlichen Verbreitung von Ideen hat sich die natürliche entgegenzusetzen, die von Mensch zu Mensch geht und nur mit der Wahrheit des Gedankens und der Empfänglichkeit für Wahrheit rechnet. Unge-

edel (a) von hoher Qualität, besonders wertvoll / menschlich vornehm, selbstlos
plemenit, velikodušan

wappnet, in der primitiven Kampfesweise des Geistes, muß sie gegen die andere angehen, die ihr wie Goliath dem David in der mächtigen Rüstung der Zeit entgegentritt.

Für das Ringen, das sich daraus entwickeln wird, lassen uns alle geschichtlichen Analogien im Stich. Wohl hat auch die Vergangenheit den Kampf des denkenden Einzelgeistes gegen den gebundenen Gesamtgeist gekannt. Nie aber trat das Problem auf wie heute, weil der in modernen Organisationen, moderner Gedankenlosigkeit und modernen Volksleidenschaften gebundene Gesamtgeist eine einzigartige Erscheinung ist.

Wird der moderne Mensch die Kraft haben, das, was der Geist von ihm verlangt und was die Zeit ihm unmöglich machen will, zu vollführen?

In den überorganisierten Kollektivitäten, die ihn auf hundert Arten in ihrer Gewalt haben, soll er wieder zur selbständigen Persönlichkeit werden und auf sie zurückwirken. Durch alle Organe werden sie es unternehmen, ihn in der ihnen genehmen Unpersönlichkeit zu erhalten. Sie fürchten die Persönlichkeit, weil der Geist und die Wahrheit, die sie stumm haben möchten, in ihr zu Worte kommen können. Ihre Macht aber ist so groß wie ihre Furcht.

Mit den Kollektivitäten sind in tragischer Weise die wirtschaftlichen Verhältnisse verbündet. Mit grausiger Härte erziehen sie den modernen Menschen zum unfreien, zum ungesammelten, zum unselbständigen, zum humanitätslosen Wesen. Sie sind das letzte, was wir ändern können. Auch wenn uns beschieden sein sollte, daß der Geist sein Werk beginnt, werden wir nur langsam und unvollständig Macht über sie gewinnen. Also wird von den vielen verlangt, was die Lebensverhältnisse, in die wir hineingestellt sind, verneinen.

Und wie groß sind die Aufgaben, die der Geist in Angriff zu nehmen hat! Er soll wieder Verständnis für die wahre Wahrheit schaffen, wo nur noch die Wahrheit der Propaganda gilt. Er soll den unedlen Patriotismus absetzen und den edlen, auf die Ziele der Menschheit ausschauenden, inthronisieren, wo die trostlosen vergangenen und gegenwärtigen politischen Ereignisse nationale Leidenschaften auch bei denen unterhalten, die sich innerlich dagegen wehren. Er soll wieder zur Anerkennung bringen, daß Kultur eine Sache der Menschen ist, an der die Völker teilhaben, wo jetzt die nationale Kultur als Idol verehrt wird und der Begriff der Kulturmenschheit in Trümmer gegangen ist. Er soll unser Vertrauen in den Kulturstaat aufrechterhalten, wo die durch den Krieg geistig und wirtschaftlich heruntergekommenen modernen Staaten gar nicht an Kulturaufgaben denken können, sondern nur darauf bedacht sein dürfen, wie sie mit allen Mitteln, auch mit denen, die den Begriff des Rechtes untergraben, Geld zusammenbringen, um weiterzuexistieren. Er soll uns in dem Ideal der Kulturmenschheit einen, wo ein Volk dem andern den Glauben an Menschlichkeit, Idealismus, Gerechtigkeit, Vernünftigkeit und Wahrhaftigkeit genommen und jedes unter die Herrschaft der Mächte gekommen ist, die uns immer weiter in die Unkultur hineinführen. Er soll die Aufmerksamkeit auf die Kultur lenken, wo die wachsende Schwierigkeit des Lebensunterhaltes die vielen immer mehr durch die materielle Sorge in Anspruch nimmt und ihnen alles andere als Phantom erscheinen läßt. Er soll uns Glauben an die Möglichkeit eines Fortschritts geben, wo die Rückwirkung des Wirtschaftlichen auf das Geistige sich von Tag zu Tag unheilvoller gestaltet und eine ständig wachsende Demoralisation unterhält. Er soll uns die Fähigkeit des Hoffens verleihen, wo nicht nur die weltlichen und religiösen Institutionen und Genossenschaften, sondern auch die Menschen, die als bedeutend angesehen werden, fortgesetzt versagen, wo Gelehrte und Künstler sich in Unkultur hervortun und die Berühmtheiten, die als Denker gelten und sich als solche gebärden, in entscheidenden Gelegenheiten als bloße Schriftsteller und Akademiemitglieder vor uns stehen.

Dies alles wirft sich dem Willen zur Kultur entgegen. Eine dumpfe Verzweiflung lauert auf uns. Wie verstehen wir die Menschen der griechisch-römischen Dekadenz, die den Ereignissen gegenüber widerstandslos wurden und sich, die Welt ihrem Schicksal preisgebend, auf sich selbst zurückzogen! Wie sie sind wir betäubt von dem, was wir erleben. Wie sie hören wir versuchende Stimmen, die uns sagen, daß das einzige, was das Leben noch erträglich mache, das Dahinleben sei. Nicht über sein eigen Schicksal hinausdenken und hinaushoffen wollen ... In Resignation Ruhe suchen ...

Die Erkenntnis, daß Kultur auf Weltanschauung beruht und nur wieder aus dem geistigen Erwachen und dem ethischen Wollen der vielen entstehen kann, zwingt uns, uns die Schwierigkeiten der Regeneration der Kultur zu vergegenwärtigen, die das gewöhnliche Überlegen übersehen würde. Zugleich aber hebt sie uns über alle Erwägungen der Möglichkeit und Unmöglichkeit hinaus. Ist der ethische Geist der zureichende Grund auf dem Gebiete der Geschehnisse zur Verwirklichung der Kultur, so gelangen wir wieder zur Kultur, wenn wir es nur wieder zur Kulturweltanschauung und daraus sich ergebenden Kulturgesinnungen bringen.«

In einem kurzen Artikel mit der Überschrift ›Why Socialism?‹ schreibt *Albert Einstein* (1949): »Ich bin jetzt an dem Punkt angelangt, wo ich kurz andeuten kann, was mir das Wesen der Krise unserer Zeit zu sein scheint. Es betrifft die Beziehung des Individuums zur Gesellschaft. Der einzelne ist sich seiner Abhängigkeit von der Gesellschaft mehr denn je bewußt geworden. Aber er erlebt diese Abhängigkeit nicht als etwas Positives, als eine organische Bindung, als eine beschützende Kraft, sondern vielmehr als eine Bedrohung seiner natürlichen Rechte, ja sogar seiner wirtschaftlichen Existenz. Überdies ist seine Stellung in der Gesellschaft derart, daß die in ihm angelegten egoistischen Triebe ständig akzentuiert werden, während seine sozialen Triebe, die von Natur aus schwächer sind, immer mehr entarten. Alle Menschen, welches auch immer ihre Stellung in der Gesellschaft sein mag, leiden unter diesem Verfallsprozeß. Unwissentlich Gefangene ihres eigenen Egoismus, fühlen sie sich unsicher, vereinsamt und der naiven, einfachen und unkomplizierten Lebensfreude beraubt. Der Mensch kann in seinem so kurzen und gefahrvollen Leben nur einen Sinn finden, wenn er es dem Dienst an der Gesellschaft widmet.«

eine Behauptung belegen → beweisen

7 Verschiedene Lösungsversuche

Im neunzehnten Jahrhundert erkannten Menschen mit Weitblick hinter dem Glanz und Reichtum und der politischen Macht der westlichen Gesellschaft den Prozeß des Verfalls und der Entmenschlichung. Einige unter ihnen haben sich resigniert mit der Unabwendbarkeit eines solchen Rückfalls in die Barbarei abgefunden, andere zeigten Alternativen auf. Aber ob sie die eine oder die andere Haltung einnahmen, stets gründete sich ihre Kritik auf eine religiös-humanistische Auffassung vom Menschen und von der Geschichte. Indem sie ihre eigene Gesellschaft kritisierten, transzendierten sie sie. Sie waren keine Relativisten, die sagten, solange die Gesellschaft funktioniert, ist es eine gesunde und gute Gesellschaft – und solange sich der einzelne seiner Gesellschaft anpaßt, ist er ein vernünftiger und gesunder Mensch. Ob wir an Jakob Burckhardt oder Proudhon, an Leo Tolstoi oder Baudelaire, an Karl Marx oder Kropotkin denken, sie alle hatten eine ihrem Wesen nach religiöse und moralische Auffassung vom Menschen. Der Mensch ist Selbstzweck und darf nie als Mittel zum Zweck benutzt werden; die materielle Produktion ist für den Menschen da und nicht der Mensch für die materielle Produktion. Ziel des Lebens ist die Entfaltung der schöpferischen Kräfte des Menschen; Ziel der Geschichte ist die Umwandlung der Gesellschaft in eine solche, die von Gerechtigkeit und Wahrheit beherrscht wird – das sind die Grundsätze, auf die sich explizit und implizit jede Kritik am modernen Kapitalismus gründete.

Diese religiös-humanistischen Grundsätze lagen auch den Vorschlägen für eine bessere Gesellschaft zugrunde. Tatsächlich war es so, daß in den letzten zweihundert Jahren der religiöse Enthusiasmus gerade in jenen Bewegungen zu finden war, die sich von der traditionellen Religion losgesagt hatten. Als Organisation und Bekenntnis zum Dogma lebte die Religion in den Kirchen weiter; im Sinne religiöser Glut und lebendigen Glaubens wurde sie weitgehend bei den Religionsgegnern praktiziert und weitergetragen.

Um diese Behauptung zu belegen, scheint es mir angebracht, auf einige wesentliche Züge in der Entwicklung der christlichen Kultur des Westens hinzuweisen. Während die Geschichte für die Griechen keinem Endziel zustrebte, ist für die jüdisch-christliche Geschichtsauffassung der Gedanke kennzeichnend, daß der ihr innewohnende Sinn die Erlösung des Menschen sei. Das Symbol für die endgültige Erlösung war der Messias, die Zeit selbst, die Messianische Zeit. Es gibt jedoch zwei verschiedene Auffassungen über das *eschaton*, das »Ende der Tage«, das Ziel der Geschichte. Die eine bringt den biblischen Mythos von Adam und Eva mit dem Begriff der Erlösung in Verbindung. Kurz zusammengefaßt ist der Kern dieser Idee, daß der Mensch ursprünglich mit der Natur eins war; daß es keinen Konflikt zwischen ihm und der Natur, zwischen Mann und Frau gab. Aber es fehlte ihm noch das wesentliche Merkmal des Menschen: die Erkenntnis von Gut und Böse. Daher war er zu einer freien Entscheidung und zur Übernahme der Verantwortung noch nicht fähig. Der erste Akt des Ungehorsams wurde zum ersten Akt der Freiheit und damit zum Beginn der Menschheitsgeschichte. Der Mensch wird aus dem Paradies vertrieben. Er hat seine Harmonie mit der Natur verloren, er wird auf eigene Füße gestellt. Aber er ist schwach, seine Vernunft ist noch nicht voll entwickelt, seine Kraft, Versuchungen zu widerstehen, ist noch gering. Er muß seine Vernunft erst entwickeln, um seine volle Menschlichkeit zu entfalten und zu einer neuen Harmonie mit der Natur, mit sich selbst und mit seinen Mitmenschen zu gelangen. Das Ziel der Geschichte ist die volle Geburt des Menschen, seine volle Humanisierung: »denn das Land ist erfüllt von der Erkenntnis des Herrn, so wie das Meer mit Wasser gefüllt ist« (Jes 11,9). Alle Völker werden eine einzige Gemeinschaft bilden, und die Schwerter werden zu Pflugscharen umgeschmiedet werden (vgl. Jes 2,4). Bei dieser Auffassung vollzieht Gott keinen Gnadenakt. Der Mensch muß durch viele Irrtümer hindurch, er muß sündigen und die Folgen auf sich nehmen. Gott löst seine Probleme nicht für ihn, wenn er ihm auch die Ziele des Lebens offenbart. Der Mensch muß sich selbst erlösen, er muß seine eigene Geburt herbeiführen. Dann wird am Ende der Tage die neue Harmonie, der neue Friede zustande kommen. (Im Hebräischen bedeutet *schalom* sowohl Harmonie [Ganzheit] als auch Friede.) Der über Adam und Eva verhängte Fluch wird gewissermaßen durch die Selbstentfaltung des Menschen im Prozeß der Geschichte aufgehoben werden.

Die andere messianische Auffassung von der Erlösung, die in der christlichen Kirche die Oberhand gewann, lautet, daß der Mensch sich niemals selbst von der Verderbnis erlösen kann, der er durch Adams Ungehorsam anheimfiel. Nur Gott allein kann den Menschen durch einen Gnadenakt erlösen, und er erlöste ihn dadurch, daß er selbst Mensch wurde in der Person Christi, der den Opfertod des Heilands starb. Durch die Sakramente der Kirche hat der Mensch teil an dieser Erlösung und wird so der Gnade Gottes teilhaftig. Das Ende der Geschichte ist die Wiederkunft Christi – ein übernatürliches und kein historisches Ereignis.

Diese Tradition lebte in jenen Teilen der westlichen Welt weiter, in denen die Katholische Kirche die Oberhand behielt. Im übrigen Europa und in Amerika verlor die theologische Denkweise im achtzehnten und neunzehnten Jahrhundert jedoch mehr und mehr ihre Lebendig-

aufkommen – entstehen (in bezug auf etwas, was sich in der augenblicklichen Begebenheit entwickelt, spürbar wird

keit. Kennzeichnend für das Zeitalter der Aufklärung war der Kampf gegen die Kirche und den Klerikalismus. Im Verlauf der weiteren Entwicklung kamen immer neue Zweifel auf, schließlich kam es zu einer völligen Ablehnung aller religiösen Vorstellungen. Aber diese Negation der Religion war nur eine neue Form des Denkens, in der der alte religiöse Enthusiasmus besonders in bezug auf den Sinn und das Ziel der Geschichte zum Ausdruck kam. Im Namen der Vernunft und des Glücks, der menschlichen Würde und der Freiheit fand die messianische Idee einen neuen Ausdruck.

In Frankreich legte Condorcet in seiner Schrift ›Esquisse d'un tableau historique des progrès de l'esprit humain‹ (1793) den Grundstein für den Glauben an die Vervollkommnung des Menschengeschlechts, die ein neues Zeitalter der Vernunft und des Glücks ohne jede Einschränkung heraufführen werde. Condorcets Botschaft war der Anbruch des Messianischen Reiches, womit er Saint-Simon, Comte und Proudhon beeinflußt hat. Die Glut der Französischen Revolution war nichts anderes als die messianische Begeisterung in weltlicher Sprache.

Die deutsche Aufklärungsphilosophie hat ebenfalls den theologischen Begriff der Erlösung in eine weltliche Sprache übersetzt. Lessings ›Die Erziehung des Menschengeschlechts‹ übte besonders auf das deutsche, aber auch auf das französische Denken einen großen Einfluß aus. Für Lessing war die Zukunft das Zeitalter der Vernunft und der Selbstverwirklichung, herbeigeführt durch die Erziehung der Menschheit als Erfüllung des Versprechens der christlichen Offenbarung. Fichte glaubte an das Herannahen eines geistigen Milleniums, Hegel an die Verwirklichung des Reiches Gottes in der Geschichte. Hierdurch wurde die christliche Theologie in eine diesseitige Philosophie übersetzt. Hegels Philosophie fand ihre bedeutsamste historische Fortsetzung in Karl Marx. Noch deutlicher vielleicht als die Ideen vieler anderer Philosophen der Aufklärung ist das Denken von Marx messianisch-religiös in weltlicher Sprache. Die gesamte vergangene Geschichte ist nur »Vorgeschichte«, es ist die Geschichte der Selbstentfremdung; mit dem Sozialismus wird das Reich der *menschlichen* Geschichte, der menschlichen Freiheit anbrechen. Die klassenlose Gesellschaft der Gerechtigkeit, Brüderlichkeit und Vernunft wird der Anfang einer neuen Welt sein, auf die sich die gesamte vorangegangene Geschichte zubewegte. (Vgl. K. Löwith, 1953, S. 175–189.)

Dieses Kapitel soll sich zwar hauptsächlich mit den Ideen des Sozialismus befassen, als dem wichtigsten Versuch, einen Ausweg aus den Übeln des Kapitalismus zu finden, doch möchte ich zunächst kurz auf die totalitären Lösungsversuche und auf einen speziellen Versuch eingehen, den man vielleicht am treffendsten als Super-Kapitalismus bezeichnen könnte.

Faschismus, Nazismus und Stalinismus haben miteinander gemeinsam, daß sie dem atomisierten Individuum eine neue Zuflucht und Sicherheit boten. Diese Systeme bilden den Höhepunkt der Entfremdung. Der einzelne wird dazu gebracht, sich ohnmächtig und unbedeutend zu fühlen, und zugleich gelehrt, alle seine menschlichen Kräfte auf die Figur des Führers, den Staat, das »Vaterland« zu projizieren, denen er sich zu unterwerfen und die er anzubeten hat. Er flieht vor der Freiheit in einen neuen Götzendienst. Alle Errungenschaften der Individualität und Vernunft vom ausgehenden Mittelalter bis zum neunzehnten Jahrhundert wurden auf den Altären der neuen Götzen geopfert. Die neuen Systeme wurden sowohl hinsichtlich ihrer Programme als auch ihrer Führer auf den flagrantesten Lügen aufgebaut. In ihren Programmen behaupteten sie eine Art Sozialismus durchzuführen, während in Wirklichkeit das, was sie taten, die Negation von allem war, was nach sozialistischer Tradition unter diesem Begriff zu verstehen ist. Die Gestalten ihrer Führer unterstrichen diesen Betrug nur noch. Mussolini, ein feiger Prahler, wurde zum Symbol von Männlichkeit und Mut, Hitler, von einer Zerstörungsmanie getrieben, wurde als Erbauer eines neuen Deutschland gepriesen. Stalin, ein kaltblütiger, ehrgeiziger Intrigant, wurde als das liebe Väterchen seines Volkes hingestellt.

Trotzdem sollte man über den Gemeinsamkeiten gewisse wichtige Unterschiede der drei Formen der Diktatur nicht übersehen. Italien, in bezug auf seine Industrie die schwächste der westeuropäischen Großmächte, blieb trotz seines Sieges im Ersten Weltkrieg relativ schwach und machtlos. Seine Oberschicht war nicht bereit, irgendwelche notwendigen Reformen vorzunehmen, besonders nicht auf dem Gebiet der Landwirtschaft, und seine Bevölkerung war mit dem *status quo* zutiefst unzufrieden. Der Faschismus sollte mit seinen prahlerischen Schlagworten den verletzten Nationalstolz kurieren und den Groll der Massen von seinen ursprünglichen Gegenständen ablenken; gleichzeitig wollte er aus Italien eine weiter fortgeschrittene Industriemacht machen. Er scheiterte mit allen seinen realistischen Zielen, weil er nie den ernsthaften Versuch unternahm, die drängenden wirtschaftlichen und sozialen Probleme des Landes zu lösen.

Deutschland dagegen war das höchstentwickelte und fortschrittlichste Industrieland Europas. Während der Faschismus wenigstens eine wirtschaftliche Funktion hätte haben können, hatte der Nazismus keine derartige Funktion zu erfüllen. Es war der Aufstand des kleinen Mittelstandes und beschäftigungsloser Offiziere und Studenten, der sich auf die Demoralisierung durch die militärische Niederlage und die Inflation und speziell auf die Massenarbeitslosigkeit im Zusammenhang mit der Wirtschaftskrise nach 1929 stützte. Aber er hätte nicht siegen können ohne die aktive Unterstützung durch wichtige Gruppen des Finanz- und Industriekapitals, die sich durch die ständig wachsende Unzufriedenheit der Massen mit dem kapitalistischen System bedroht fühlten. Anfang der dreißiger Jahre bestand die Mehrheit des Deutschen Reichstages aus Parteien, deren Programm teils aufrichtig, teils unaufrichtig antikapitalistisch war. Diese drohende Gefahr veranlaßte wichtige Vertreter des deutschen Kapitalismus, Hitler zu unterstützen.

Rußland war das Gegenteil von Deutschland. Es war auf dem Gebiet der Industrie die rückständigste unter den europäischen Großmächten und eben erst im Begriff, einen halbfeudalen Staat hinter sich zu lassen, wenngleich der industrielle Sektor selbst hochentwickelt und zentral gelenkt war. Der plötzliche Zusammenbruch des zaristischen Systems hatte ein Vakuum geschaffen, so daß Lenin hoffte, er könne, wenn er die einzige andere Macht, die das Vakuum hätte ausfüllen können – nämlich die Konstituierende Versammlung – auflöste, unmittelbar von der feudalen Phase in ein industrialisiertes sozialistisches System überspringen. Lenins Politik war jedoch nicht das Produkt eines Augenblicks, sie war die logische Konsequenz seines politischen Denkens, und er hatte sie bereits Jahre vor dem Ausbruch der Russischen Revolution konzipiert. Genau wie Marx glaubte er, es sei die historische Aufgabe der Arbeiterklasse, die Gesellschaft zu emanzipieren, doch hatte er kaum das Vertrauen, daß sie bereit und fähig sein würde, dieses Ziel spontan zu erreichen. Er glaubte, nur dann, wenn diese Arbeiterklasse von einer disziplinierten Gruppe von professionellen Revolutionären geführt und nur wenn sie von dieser Gruppe dazu gezwungen würde, die Gesetze der Geschichte – wie Lenin sie sah – durchzuführen, könne die Revolution Erfolg haben, anstatt in einer neuen Version einer Klassengesellschaft zu enden. Das Entscheidende bei Lenin war, daß er nicht an eine spontane Aktion der Arbeiter und Bauern glaubte. Er glaubte nicht an sie, weil ihm *der Glaube an den Menschen* fehlte. Dieser Glaube an den Menschen fehlte den antiliberalen und klerikalen Ideen ebenso, wie er Lenin abging. Andererseits aber war dieser Glaube an den Menschen immer in der Geschichte die Grundlage aller echten progressiven Bewegungen; er ist die wesentlichste Vorbedingung für die Demokratie und den Sozialismus. Der Glaube an die *Menschheit* ohne den Glauben an den *Menschen* ist entweder unaufrichtig, oder er führt – sofern er aufrichtig ist – zu Resultaten, wie wir sie in der tragischen Geschichte der Inquisition, in Robespierres Schreckensherrschaft und in Lenins Diktatur finden. Viele demokratische Sozialisten und sozialistische Revolutionäre sahen die Gefahren in Lenins Konzept, und keiner erkannte sie klarer als Rosa Luxemburg. Sie warnte, man habe nur die

Wahl zwischen dem *Demokratismus* und dem *Bürokratismus,* und die Entwicklung in Rußland hat bewiesen, wie richtig ihre Voraussage war. Trotz ihrer leidenschaftlichen und kompromißlosen Kritik am Kapitalismus war sie eine Frau mit einem unerschütterlichen und tiefen Glauben an den Menschen. Als sie und Gustav Landauer von den Soldaten der deutschen Gegenrevolution ermordet wurden, sollte mit ihnen die humanistische Tradition des Glaubens an den Menschen ausgelöscht werden. Dieser mangelnde Glaube an den Menschen hat es den autoritären Systemen ermöglicht, den Menschen zu besiegen und ihn dazu zu verführen, an einen Götzen anstatt an sich selbst zu glauben.

Zwischen der Ausbeutung durch den Frühkapitalismus und der durch den Stalinismus besteht ein nicht geringer Unterschied. Die brutale Ausbeutung der Arbeiter im Frühkapitalismus konnte das Aufkommen neuer, fortschrittlicher Ideen nicht verhindern, obgleich die politische Macht des Staatsapparats hinter dem Kapitalismus stand. Tatsächlich sind ja alle großen sozialistischen Ideen eben in dieser Epoche entstanden, in welcher der Owenismus zur Blüte gelangen konnte und die Chartistenbewegung erst nach zehn Jahren gewaltsam unterdrückt wurde. Selbst die reaktionärste Regierung in Europa, die des russischen Zaren, bediente sich keiner Unterdrükkungsmethoden, die mit denen des Stalinismus zu vergleichen gewesen wären. Seit der brutalen Niederwerfung des Aufstandes von Kronstadt gab es in Rußland keine Chance mehr für eine fortschrittliche Entwicklung, wie sie selbst in den dunkelsten Perioden des Kapitalismus noch gegeben war. Unter Stalin gingen dem Sowjetsystem die letzten Reste seiner ursprünglichen sozialistischen Absichten verloren. In der Ermordung der alten Garde der Bolschewiken in den dreißiger Jahren fand diese Tatsache nur ihren letzten dramatischen Ausdruck. Das stalinistische System weist zwar Ähnlichkeiten mit der Frühphase des europäischen Kapitalismus auf, die durch eine rasche Anhäufung von Kapital und die bedenkenlose Ausbeutung der Arbeiter gekennzeichnet war, doch lag der Unterschied darin, daß beim Stalinismus der Terror an die Stelle der ökonomischen Gesetze trat, die im neunzehnten Jahrhundert den Arbeiter zwangen, die wirtschaftlichen Bedingungen, denen er ausgesetzt war, zu akzeptieren.

b) Der Superkapitalismus

Den genau entgegengesetzten Pol bilden Ideen, die in den Vereinigten Staaten (und auch in Frankreich) von einer Gruppe Industrieller vorgeschlagen werden, die nach einer Lösung des industriellen Problems suchen. Die Weltanschauung dieser Gruppe, die im *Council of Profit*

Sharing Industries (Rat der am Gewinn beteiligenden Industrien) zusammengeschlossen ist, kommt in dem Werk von James F. Lincoln – seit achtunddreißig Jahren Direktor der Lincoln Electric Company – besonders klar und deutlich zum Ausdruck. Die Ideen dieser Gruppe gehen von Voraussetzungen aus, die in mancher Hinsicht an die oben zitierten Einwände gegen den Kapitalismus erinnern. »Der Industrielle«, schreibt Lincoln, »*konzentriert sich auf Maschinen und vernachlässigt den Menschen,* welcher der Erzeuger und Entwickler der Maschine ist und unbestreitbar weit größere Möglichkeiten besitzt. Er überlegt nicht, daß unentwickelte Genies in seinem Werk Handgriffe verrichten, bei denen sie weder Gelegenheit noch einen Ansporn haben, sich zum Genie *oder auch nur zu einem Menschen von normaler Intelligenz und Geschicklichkeit zu entwickeln.*« (J.F. Lincoln, 1951, S. 113f. – Hervorhebung E.F.) Der Verfasser hat das Gefühl, daß das mangelnde Interesse des Arbeiters an seiner Arbeit eine Unzufriedenheit erzeugt, die entweder zu einem Nachlassen der Produktivität des Arbeiters oder zum Streik und Klassenkampf führt. Er sieht in seiner Lösung keine Verschönerung unseres Industriesystems, sondern eine Sache von lebenswichtiger Bedeutung für den Fortbestand des Kapitalismus. »Amerika befindet sich in dieser Hinsicht am Scheideweg«, schreibt er. »Es muß eine Entscheidung getroffen werden, und zwar bald. Im allgemeinen hat man wenig Verständnis dafür, aber es bleibt uns keine Wahl. Von der Entscheidung hängt die Zukunft der Vereinigten Staaten und eines jeden einzelnen von uns ab.« (A.a.O., S. 117.) Ganz im Gegensatz zu den meisten Verteidigern des kapitalistischen Systems kritisiert er die Überbetonung des Profitmotivs im industriellen System: »In der Industrie wird in den Statuten des Unternehmens als Ziel der Betriebsführung angegeben, einen Gewinn zu erzielen, und nichts weiter als einen Gewinn. Außer den Aktionären hat keiner teil an diesem Gewinn, und im allgemeinen arbeiten nur wenige Aktionäre für das Unternehmen. Solange das zutrifft, wird das Ziel, einen Gewinn zu erzielen, bei den Arbeitern keine Begeisterung wecken. Damit erreicht man das nicht. Tatsache ist, daß die meisten Arbeiter das Gefühl haben, daß die Aktionäre bereits zu hoch am Gewinn beteiligt sind ... Er, der Arbeiter, fühlt sich von Wirtschaftstheorien über die Kosten des Produktionsprozesses zum Narren gehalten, wenn er sieht, wie das Geld durch die Unfähigkeit und den Egoismus der oberen Stellen vergeudet wird.« (A.a.O., S. 106–108.)

Diese kritischen Äußerungen sind denen vieler sozialistischer Kritiker des Kapitalismus sehr ähnlich, und sie zeugen von einer nüchternen und realistischen Einschätzung der ökonomischen und menschlichen Gegebenheiten. Die dahinterstehende Weltanschauung steht jedoch in schroffem Gegensatz zu den sozialistischen Ideen. Lincoln ist überzeugt, »daß die Entwicklung des Individuums nur im wilden

Konkurrenzspiel des Lebens erfolgen kann« (a.a.O., S. 72). »*Die Selbstsucht ist die Triebkraft, welche die Menschheit zu dem macht, was sie ist* – im Guten wie im Bösen. Sie ist daher die Macht, von der wir abhängig sind und die wir in die richtigen Bahnen lenken müssen, wenn die Menschheit Fortschritte machen soll.« (A.a.O., S. 89.) Lincoln unterscheidet dann zwischen der »stupiden« und der »intelligenten« Selbstsucht. Bei ersterer handelt es sich um die Selbstsucht, die den Menschen zum Stehlen veranlaßt, letztere treibt ihn dazu, sich um seine Vervollkommnung zu bemühen, so daß es ihm mit der Zeit besser geht. (Vgl. a.a.O., S. 91.) In bezug auf den Leistungsanreiz stellt Lincoln fest, daß, ebenso wie beim Amateursportler nicht das Geld die ausschlaggebende Rolle spielt, wir annehmen dürfen, daß auch für den Industriearbeiter nicht unbedingt das Geld der Leistungsanreiz ist, genausowenig wie kurze Arbeitszeit, Sicherheit, Beförderung aufgrund des höheren Dienstalters, Altersversicherung oder Mitbestimmungsrecht (vgl. a.a.O., S. 99). Der einzig wirksame Ansporn ist seiner Ansicht nach »die Anerkennung unserer Tüchtigkeit durch unsere Mitmenschen und unsere eigene Überzeugung davon« (a.a.O., S. 101). Als praktische Folgerung aus diesen Ideen schlägt Lincoln eine Methode der industriellen Organisation vor, bei der der Arbeiter »für alles, was für das Unternehmen von Vorteil ist, belohnt wird, und bei der ihm Nachteile erwachsen, wenn er auf allen diesen Gebieten nicht soviel leistet wie die anderen. Er ist Glied eines Teams, und er hat Vorteile oder Nachteile je nach dem, was er leisten kann und tatsächlich auch bei allen Gelegenheiten, die sich ihm bieten, leistet.« (A.a.O., S. 109.) Nach diesem System »wird der Mann von allen eingestuft, die eine bestimmte Phase seiner Arbeit genau kennen. Bei dieser Einstufung wird er belohnt, oder er erleidet eine Einbuße. Man geht bei diesem Programm ähnlich vor wie bei Sportwettkämpfen oder bei der Auswahl einer amerikanischen Nationalmannschaft, wo man sich nach dem Spiel Notizen über die einzelnen Spieler macht. Der Beste der Mannschaft erntet das Lob und erhält den Rang, der ihm zukommt und den er anstrebte. Nach dem hier beschriebenen Bonus-Plan entspricht die Belohnung, die jeder erhält, direkt seinem Beitrag am Erfolg des Unternehmens. Die Parallele liegt auf der Hand. Jedermann wird seinem laufenden Leistungsbericht entsprechend befördert oder zurückgestuft. Er wird dreimal jährlich einer Beurteilung unterzogen. Das Gesamtergebnis dieser Einstufungen ist für seinen Bonusanteil und seine Beförderung maßgebend. Zum Zeitpunkt, wo ihm seine Einstufung mitgeteilt wird, kann er sich erkundigen, weshalb er gerade so eingestuft wurde und auf welche Weise er sich verbessern könnte, was ihm von seinen Vorgesetzten ausführlich erklärt wird.« (J.F. Lincoln, 1951, S. 109f.) Die Höhe des Bonus wird folgendermaßen festgelegt: Sechs Prozent des Gewinns werden den

Aktionären als Dividende ausgezahlt. »Nachdem die Dividende sichergestellt ist, legen wir das für die Zukunft der Gesellschaft bestimmte ›Saat-Geld‹ beiseite. Die Höhe dieses ›Saat-Geldes‹ bestimmen die Direktoren aufgrund des laufenden Programms.« (A.a.O., S. 111.) Das »Saat-Geld« dient für Betriebserweiterungen und für die Modernisierung des Maschinenparks. Nachdem diese Abzüge gemacht sind, wird der verbliebene Betrag als Bonus unter den Arbeitern und dem Management verteilt. Insgesamt betrugen die Jahresgutschriften in den letzten sechzehn Jahren minimal zwanzig Prozent der Löhne und Gehälter und maximal achtundzwanzig Prozent. Im Durchschnitt erhielt jeder Angestellte in den sechzehn Jahren insgesamt vierzigtausend Dollar, das heißt jährlich zweitausendfünfhundert Dollar. Sämtliche Arbeiter bekommen neben dem Bonus den gleichen Grundlohn, wie er für vergleichbare Tätigkeiten üblich ist. Ein Mitarbeiter kostete den Lincoln-Betrieb im Jahre 1950 durchschnittlich siebentausendsiebenhundertfünf Dollar, während die General Electric Co. ein Mitarbeiter dreitausendsiebenhundertfünf Dollar kostete.[1] Bei diesem System florierte die Lincoln-Gesellschaft, die rund eintausend Arbeiter und Angestellte beschäftigt, sehr gut, und der Verkaufswert ihrer Erzeugnisse pro Arbeiter war etwa doppelt so hoch wie in der übrigen Elektromaschinen-Industrie. Zwischen 1934 und 1945 gab es bei Lincoln überhaupt keine Arbeitsniederlegungen, während in der übrigen Elektroindustrie mindestens elf und höchstens sechsundneunzig Arbeitsniederlegungen zu verzeichnen waren. Die Fluktuation belief sich nur auf etwa fünfundzwanzig Prozent gegenüber der Fluktuation in der übrigen Fertigungsindustrie. (Vgl. J.F. Lincoln, 1951, S. 254ff.)

Das Prinzip des höheren Bonus für höhere Leistung unterscheidet sich in einer Beziehung drastisch vom herkömmlichen Kapitalismus. Die Löhne des Arbeiters sind nicht mehr unabhängig von den Anstrengungen und vom Erfolg seiner Arbeit, sondern stehen dazu in Beziehung. Er hat teil am steigenden Gewinn, während der Aktionär ein reguläres Einkommen bezieht, das in keiner so unmittelbaren Beziehung zu den Einkünften der Firma steht.[2] Aus der Gewinn- und Verlustrechnung der Firma geht deutlich hervor, daß dieses System zu einer Leistungssteigerung der Arbeiter, zu einer geringeren Fluktua-

[1] Da der Bonus unter den Arbeitern und unter den Managern verteilt wird, möchte man gern wissen, wieviel von diesen Durchschnittszahlen sich auf die Löhne bezieht und wieviel davon den leitenden Angestellten und Managern zugute kommt, und ob außerdem die Zahlenangabe für die General Electric Co. nur für die Arbeiter oder auch für die höheren Angestellten gilt.

[2] Allerdings steht es doch in einer gewissen Beziehung dazu, denn die pro Aktie ausgezahlte Dividende stieg von zwei Dollar 1933 auf acht Dollar 1941 und ging seitdem auf einen Durchschnitt von sechs Dollar zurück.

tion in der Belegschaft und zur Vermeidung von Streiks geführt hat. Während sich jedoch das System in diesem einen wichtigen Punkt vom Prinzip und den Praktiken des herkömmlichen Kapitalismus unterscheidet, kommen doch darin gleichzeitig einige seiner wichtigsten Grundsätze zum Ausdruck, besonders was die menschliche Seite betrifft. Es gründet sich auf das Prinzip der Selbstsucht und des Wettbewerbs, auf die Belohnung mit Geld als Ausdruck sozialer Anerkennung und ändert an der Stellung des Arbeiters im Arbeitsprozeß im Hinblick auf eine für ihn sinnvolle Tätigkeit nur wenig. Lincoln weist immer wieder darauf hin, daß das Vorbild für dieses System die Fußballmannschaft sei, eine Gruppe von Männern, die in einem leidenschaftlichen Wettbewerb mit allen außerhalb der Gruppe stehen und die ebenso innerhalb der Gruppe miteinander konkurrieren, wobei die Gruppe ihre Erfolge diesem Geist einer konkurrierenden Kooperation verdankt. Genau genommen ist dieses System des höheren Bonus für höhere Leistung eine letzte logische Konsequenz des kapitalistischen Systems. Es zeigt die Tendenz, jedermann – den Arbeiter und den Angestellten wie den Manager – zu einem kleinen Kapitalisten zu machen. Es tendiert dazu, in jedem den Geist des Wettbewerbs und der Selbstsucht zu fördern und den Kapitalismus so umzuformen, daß er schließlich die ganze Nation umfaßt.[3]

[3] Im *Council of Profit Sharing Industries* sind eine ganze Reihe von Unternehmen zusammengeschlossen, die ein mehr oder weniger radikales System der Gewinnbeteiligung praktizieren. Ihre Grundsätze lauten folgendermaßen:

»1. Der Rat versteht unter Gewinnbeteiligung jedes Verfahren, bei dem der Arbeitgeber an seine sämtlichen Arbeitnehmer zu ihrem regulären guten Einkommen noch laufend oder auch in Raten zusätzlich bestimmte Beträge auszahlt, deren Höhe nicht von der individuellen oder Gruppen-Leistung, sondern von der allgemeinen Geschäftslage abhängt.

2. Der Rat sieht im Menschen selbst den wesentlichen Faktor im Wirtschaftsleben. Ein freies Unternehmen muß einem jeden die Möglichkeit zu seiner größtmöglichen persönlichen Entfaltung geben.

3. Der Rat sieht in der allgemeinen Gewinnbeteiligung ein wesentliches Mittel, den Arbeitern ebenfalls Gelegenheit zu geben, aufgrund ihrer guten Zusammenarbeit mit dem Kapital und dem Management am Erfolg teilzuhaben.

4. Der Rat steht auf dem Standpunkt, daß die Gewinnbeteiligung nicht nur als Prinzip an sich völlig gerechtfertigt ist, sondern darüber hinaus eine gut geplante Gewinnbeteiligung das beste Mittel zur Förderung der Gruppenzusammenarbeit und Gruppenleistung ist.

5. Der Rat ist der Auffassung, daß eine vielen zugute kommende Gewinnbeteiligung die Wirtschaft stabilisieren hilft. Die Flexibilität sowohl in bezug auf die finanziellen Vergütungen wie auch auf Preise und Gewinn bietet die beste Gewähr für eine rasche Anpassung an sich nach oben oder nach unten verändernde Bedingungen.

6. Der Rat vertritt die Ansicht, daß eine stabile Prosperität nur aufrecht erhalten werden kann, wenn zwischen Preisen, Löhnen und Gewinn eine faire Beziehung besteht. Er ist der Ansicht, daß – wenn unsere freie Wirtschaft am Leben erhalten werden soll – das Management als Treuhänder dafür sorgen muß, daß diese Beziehung erhalten bleibt.

Dieses System, das die Belegschaft am Gewinn beteiligt, unterscheidet sich nicht so sehr von den traditionellen kapitalistischen Praktiken, wie es dies von sich behauptet. Es handelt sich dabei um eine glorifizierte Form des Akkordsystems, bei dem die an die Aktionäre ausbezahlten Gewinne etwas an Bedeutung verloren haben. Trotz des ganzen Geredes über die »menschliche Persönlichkeit« wird doch die Höhe der an die Arbeiter ausgegebenen Gutschriften und der Dividenden vom Management in selbstherrlicher Weise festgesetzt. Das Prinzip läuft im wesentlichen auf eine »Beteiligung am Gewinn« und nicht auf eine »Beteiligung an der Arbeit« hinaus. Aber wenn auch die Prinzipien nicht neu sind, so ist die Beteiligung am Gewinn doch insofern interessant, als sie das logische Ziel eines Superkapitalismus ist, bei dem die Unzufriedenheit des Arbeiters dadurch überwunden wird, daß man ihm das Gefühl gibt, auch er sei ein Kapitalist und aktiv am System beteiligt.

c) Der Sozialismus

Neben dem faschistischen und stalinistischen Totalitarismus und dem Superkapitalismus mit seiner Beteiligung am Gewinn ist die sozialistische Theorie die dritte große kritische Reaktion auf den Kapitalismus. Im Gegensatz zum Faschismus und Stalinismus, welche zu politischen und gesellschaftlichen Realitäten wurden, handelt es sich beim Sozialismus im wesentlichen um eine theoretische Vision. Dies trifft zu, obgleich in England und in den skandinavischen Ländern sozialistische Regierungen für kürzere oder längere Zeit an der Macht waren, da die hinter ihnen stehende Majorität so klein war, daß sie nicht über erste tastende Versuche, ihr Programm einer Umformung der Gesellschaft zu realisieren, hinauskamen.

Leider sind heute, wo ich dieses Buch schreibe, die Wörter »Sozialismus« und »Marxismus« derart emotional geladen, daß es schwerfällt, diese Probleme in einer ruhigen Atmosphäre zu diskutieren. Die

7. Der Rat hält den echten Geist der Partnerschaft, der durch eine vernünftige Gewinnbeteiligung entsteht, für äußerst wichtig. Nur wenn dieser Geist sich weiter verbreitet, wird der Kampf in der Industrie aufhören. Ihre eigene Erfahrung hat die Mitglieder des Rates überzeugt, daß ein großer Teil der Arbeiterschaft diese Lösung mit erhöhter Leistung honorieren wird.

8. Der Rat hat sich zur Aufgabe gemacht, die Gewinnbeteiligung auf jede nur mögliche Weise zu erweitern. Im übrigen sieht er darin kein Allheilmittel. Im Bereich der industriellen Beziehungen kann keine Politik und keine Planung Erfolg haben, wenn sie nicht richtig angewandt wird und wenn das Management nicht den aufrichtigen Wunsch hat, fair vorzugehen und an die Bedeutung, die Würde und Ansprechbarkeit des einzelnen glaubt.«

Assoziationen, welche diese Wörter heute bei vielen hervorrufen, sind »Materialismus«, »Gottlosigkeit«, »Blutvergießen« oder ähnliches – kurz nur Böses und Schlimmes. Man kann eine derartige Reaktion nur verstehen, wenn man sich klarmacht, in welchem Maß derartige Wörter eine magische Funktion gewinnen können, und wenn man den Niedergang des vernünftigen Denkens, das heißt der Objektivität, bedenkt, der für unsere Zeit so kennzeichnend ist.

Verstärkt wird diese irrationale Reaktion auf die Wörter »Sozialismus« und »Marxismus« noch durch eine erstaunliche Ignoranz derjenigen, die hysterisch werden, sobald sie diese Wörter hören. Obgleich die Lektüre sämtlicher Schriften von Marx und anderen Sozialisten heute jedermann offensteht, haben doch die meisten von denen, die besonders heftige Gegner des Sozialismus und des Marxismus sind, noch nie ein Wort von Marx gelesen, und viele andere besitzen nur sehr oberflächliche Kenntnisse davon. Wenn das nicht so wäre, wäre es doch wohl unmöglich, daß Menschen von Einsicht und Vernunft die Ideen des Sozialismus und Marxismus derart entstellen können, wie das heute üblich ist. Selbst viele Liberale und solche, die von hysterischen Reaktionen relativ frei sind, halten den Marxismus für ein System, dem die Idee zugrunde liegt, das Interesse am materiellen Gewinn sei die aktivste Kraft im Menschen, die die Gier nach materiellem Wohlstand zu befriedigen suche. Wir brauchen uns nur daran zu erinnern, daß das Hauptargument zugunsten des Kapitalismus die Idee ist, daß das Interesse am materiellen Gewinn der Hauptansporn für das Arbeiten ist, und wir werden sofort erkennen, daß eben der Materialismus, welcher dem Sozialismus zugeschrieben wird, der kennzeichnendste Zug des Kapitalismus ist. Wenn jemand sich die Mühe macht, die sozialistischen Schriftsteller mit einer Spur von Objektivität zu studieren, so wird er finden, daß sie genau die entgegengesetzte Einstellung haben und daß sie am Kapitalismus dessen Materialismus kritisieren, welcher die echten humanen Kräfte im Menschen verkümmern läßt. Tatsächlich kann man den Sozialismus in all seinen verschiedenen Schulen nur begreifen, wenn man ihn als eine der bedeutsamsten idealistischen und moralischen Bewegungen unserer Zeit versteht.

Von allem anderen abgesehen, kann man die politische Torheit dieser falschen Interpretation des Sozialismus von seiten der westlichen Demokratien nur bedauern. Der Stalinismus hat seine Siege in Rußland und Asien eben durch die Anziehungskraft gewonnen, welche die Idee des Sozialismus auf die große Masse der Weltbevölkerung ausübt. Diese Anziehungskraft beruht auf nichts anderem als dem Idealismus der sozialistischen Weltanschauung, auf der geistigen und moralischen Ermutigung, die von ihr ausgeht. Genauso wie Hitler das Wort »Sozialismus« dazu benutzte, um seine rassischen und

unberechtigt – neovlašćen, koji nema pravo

nationalistischen Ideen noch schmackhafter zu machen, hat auch Stalin den Begriff des Sozialismus und des Marxismus zu seinen Propagandazwecken mißbraucht. Sein Anspruch darauf ist in wesentlichen Punkten unberechtigt. Er hat den rein ökonomischen Aspekt des Sozialismus, die Verstaatlichung der Produktionsmittel, vom Gesamtkonzept abgetrennt und seine humanen und sozialen Ziele in ihr Gegenteil pervertiert. Das stalinistische System steht heute trotz seiner Verstaatlichung der Produktionsmittel den rein ausbeuterischen Formen des frühen westlichen Kapitalismus vielleicht näher als irgendeine andere denkbare Idee von einer sozialistischen Gesellschaft. Ein zwanghaftes Streben nach industriellem Fortschritt, eine rücksichtslose Mißachtung des Individuums und die Gier nach persönlicher Macht sind seine Hauptantriebskräfte. Wenn man der These zustimmt, daß der Sozialismus und der Marxismus mit dem Stalinismus mehr oder weniger identisch seien, so leistet man der Propaganda der Stalinisten den größten Dienst. Anstatt nachzuweisen, wie falsch ihre Behauptungen sind, bestätigt man sie noch. Das mag in den Vereinigten Staaten kein wesentliches Problem darstellen, wo die sozialistischen Vorstellungen im Denken der Menschen keine große Rolle spielen, aber in Europa und besonders in Asien, wo das Gegenteil der Fall ist, ist es ein sehr ernstes Problem. Um die Anziehungskraft des Stalinismus in diesen Teilen der Welt zu bekämpfen, müssen wir den Betrug aufdecken und ihn nicht noch bestätigen.

Zwischen den verschiedenen Schulen sozialistischen Denkens, wie sie sich seit dem Ende des achtzehnten Jahrhunderts entwickelt haben, existieren beträchtliche Unterschiede. Wie das aber so häufig in der Geschichte des menschlichen Denkens der Fall ist, verdunkeln die Streitigkeiten zwischen den Vertretern der einzelnen Schulen die Tatsache, daß das gemeinsame Element bei den verschiedenen sozialistischen Denkern bei weitem wichtiger und entscheidender ist als die Unterschiede.

Man kann sagen, daß der Sozialismus als politische Bewegung und gleichzeitig als eine Theorie, die sich mit den Gesetzen der Gesellschaft befaßt und eine Diagnose ihrer Übel stellt, in der Französischen Revolution von Babeuf ins Leben gerufen wurde. Er tritt für die Abschaffung des privaten Grundbesitzes ein und verlangt, daß alle an den Erzeugnissen der Erde teilhaben sollen, daß der Unterschied zwischen Reich und Arm und zwischen Regierenden und Regierten abzuschaffen sei. Er glaubt, die Zeit für eine Republik der Gleichberechtigten *(égalitaires)*, für »die große gastliche Herberge *(hospice)*, die allen offensteht«, sei gekommen.

Im Gegensatz zu der relativ einfachen und primitiven Theorie Babeufs liefert *Charles Fourier*, dessen erstes Werk, die ›Théorie des quatre mouvements et des destinées générales‹, 1808 erschien, eine höchst komplexe und durchgearbeitete Theorie und Diagnose der Gesellschaft. Er vertritt die Meinung, daß der Mensch und seine Leidenschaften die Grundlage eines jeden Verständnisses der Gesellschaft sind und daß das Ziel einer gesunden Gesellschaft nicht so sehr die Vergrößerung des materiellen Wohlstandes als die Verwirklichung unserer Grundleidenschaft, der brüderlichen Liebe, sein sollte. Unter den menschlichen Leidenschaften betont er besonders die »Schmetterlings-Leidenschaft«, das Bedürfnis des Menschen nach Veränderung, welches den zahlreichen und vielfältigen Möglichkeiten in jedem Menschen entspreche. Die Arbeit sollte ein Vergnügen (»*travail attrayant*«) sein, und täglich zwei Arbeitsstunden sollten genügen. Anstelle der universalen Errichtung großer Monopolbetriebe in allen Zweigen der Industrie fordert er kommunale Verbände im Bereich der Produktion und des Konsums, freie und freiwillige Zusammenschlüsse, bei denen der Individualismus spontan eine Verbindung mit dem Kollektivismus eingehen werde. Nur auf diese Weise könne die dritte historische Phase, nämlich die der Harmonie, die beiden vorangegangenen ersetzen, nämlich jene Gesellschaften, die sich auf die Beziehungen des Sklaven zu seinem Herrn und auf die der Lohnempfänger zu den Unternehmern gründeten. (Vgl. Ch. Fourier, 1851.)

Während Fourier ein Theoretiker mit gewissen fixen Ideen war, war *Robert Owen* ein Mann der Praxis, der Leiter und Eigentümer eines der bestgeführten Textilwerke Schottlands. Auch für ihn war das Ziel einer neuen Gesellschaft nicht in erster Linie die Steigerung der Produktion, sondern die Verbesserung des Kostbarsten, was es gibt: des Menschen. Ebenso wie bei Fourier gründeten sich seine Ideen auf psychologische Einsichten in den Charakter des Menschen. Die Menschen werden zwar mit bestimmten Charakteranlagen geboren, doch wird ihr Charakter erst durch die Umstände, in denen sie leben, definitiv bestimmt. Sind die sozialen Bedingungen im Leben zufriedenstellend, so entfalten sich die im menschlichen Charakter angelegten guten Tugenden. Owen glaubte, der Mensch sei in allen vorangegangenen Geschichtsepochen nur dazu erzogen worden, sich zu verteidigen oder andere umzubringen. Er meinte, eine neue Gesellschaftsordnung müsse geschaffen werden, in der den Menschen jene Grundsätze eingeübt würden, die es ihnen möglich machten, gemeinschaftlich zu handeln und untereinander wirkliche und echte Bedingungen einzugehen. Genossenschaftsähnliche Gruppen von dreihundert bis zweitausend Personen sollten überall auf der Erde gegründet und nach den Grundsätzen der kollektiven Unterstützung innerhalb der Gruppe und der Gruppen untereinander organisiert werden. In jeder dieser Gemeinschaften werde die örtliche Verwaltung in innigster Harmonie mit jedem einzelnen Mitglied wirken.

Eine noch drastischere Verurteilung des Prinzips der Autorität und der Hierarchie finden wir in den Schriften *Pierre Joseph Proudhons.* Für ihn besteht das Hauptproblem nicht darin, daß man ein politisches System durch ein anderes ersetzt, sondern daß man eine politische Ordnung aufbaut, die ein Ausdruck der Gesellschaft selbst ist. Für die Hauptursache aller Mißstände und Übel in der Gesellschaft hält er die hierarchische Struktur der Autorität: »Die Begrenzung der Aufgaben des Staates ist sowohl für die kollektive wie auch für die individuelle Freiheit eine Sache von Leben oder Sterben ... Durch Monopole hat die Menschheit vom Erdball Besitz ergriffen, und durch Zusammenschluß wird sie erst zu seinem wahren Herrn werden.« Seine Zukunftsvision von einer neuen Gesellschaftsordnung gründet sich auf die Idee der »... Gegenseitigkeit, bei der alle Arbeiter, anstatt für einen Unternehmer zu arbeiten, der sie bezahlt und die Erzeugnisse für sich behält, füreinander arbeiten und so zusammenarbeiten, daß sie ein gemeinsames Erzeugnis herstellen, dessen Gewinn sie untereinander teilen.« Wesentlich für Proudhon ist, daß diese Zusammenschlüse frei und spontan erfolgen und nicht vom Staat verordnet werden wie die staatlich finanzierten sozialen Werkstätten, die Louis Blanc forderte. Ein solches vom Staat kontrolliertes System würde seiner Meinung nach nur eine Anzahl großer Zusammenschlüsse bedeuten, »in denen die Arbeit reglementiert und schließlich durch eine Staatspolitik des Kapitalismus versklavt würde. Und was hätte die Freiheit, das universale Glück und die Zivilisation dabei gewonnen? Nichts. Wir hätten nur unsere Ketten gegen andere ausgetauscht, und der soziale Gedanke wäre keinen Schritt vorangekommen. Wir unterstünden noch immer der gleichen willkürlichen Macht, um nicht zu sagen dem gleichen wirtschaftlichen Fatalismus.« (Zit. nach E. Dolleans, 1948.) Diese Stelle beweist deutlich, daß niemand die später im Stalinismus Wirklichkeit gewordene Gefahr klarer erkannte, als das Proudhon bereits um die Mitte des neunzehnten Jahrhunderts getan hat. Er war sich auch über die Gefahren des Dogmatismus klar, welcher sich dann in der Entwicklung der marxistischen Theorie so verheerend auswirken sollte, und hat dies in einem Brief an Marx deutlich zum Ausdruck gebracht. »Lassen Sie uns«, so schreibt er, »wenn Sie wollen, miteinander nach den gesellschaftlichen Gesetzen forschen, nach der Art, wie sie verwirklicht werden, nach der Methode, wie sie zu entdecken sind – aber um Gottes willen, wenn wir alle Dogmen zerbrochen haben, lassen Sie uns nicht daran denken, unsererseits dem Volke ein Dogma einzuflößen; lassen Sie uns nicht den Widersprüchen ihres Landsmanns Luther verfallen, der die protestantische Theologie mit Exkommunikationen und Anathemas zu begründen begann, nachdem er die katholische Theologie über den Haufen geworfen hatte.« (A. a. O., S. 96.) Proudhons

Denken gründet sich auf Ethik, bei der die Selbstachtung die oberste sittliche Maxime ist. Aus der Selbstachtung ergibt sich die Achtung vor dem Mitmenschen als zweite sittliche Maxime. Diese Sorge um die innere Wandlung des Menschen als Grundlage einer neuen Gesellschaftsordnung hat Proudhon in einem Brief zum Ausdruck gebracht, in dem es heißt: »Die Alte Welt befindet sich in einem Auflösungsprozeß, ... man kann sie nur *durch eine Revolution sowohl in den Ideen wie auch in den Herzen ändern.*« (Brief an Jules Michelet vom Januar 1860, zit. nach E. Dolleans, 1948, S. 7. – Hervorhebung E. F.)

Auch in den Schriften von *Michael Bakunin* finden wir die gleiche Erkenntnis der Gefahren einer Zentralisierung und den gleichen Glauben an die produktiven Kräfte des Menschen, wenn auch mit einer romantischen Glorifizierung der Zerstörung untermischt. In einem Brief aus dem Jahre 1868 sagt er: »Unser aller großer Lehrer Proudhon sagte, die unglücklichste Kombination, zu der es kommen könnte, wäre, wenn sich der Sozialismus mit dem Absolutismus verbünden würde; wenn das Streben des Volkes nach wirtschaftlicher Freiheit und materiellem Wohlstand durch die Diktatur und die Konzentration aller politischen und sozialen Macht im Staat erreicht würde. Möge uns die Zukunft vor den Wohltaten des Despotismus bewahren; aber möge sie uns auch vor den unglückseligen Folgen und der Verdummung durch einen doktrinären oder einen Staats-Sozialismus bewahren ... Nichts Lebendiges und Menschliches kann ohne Freiheit gedeihen, und eine Form des Sozialismus, welche die Freiheit beseitigt oder sie nicht als das einzige schöpferische Prinzip und die einzige Grundlage anerkennt, würde uns direkt in die Sklaverei und Bestialität führen.« (Zit. nach E. Dolleans, 1948, S. 7.)

Fünfzig Jahre nach Proudhons Brief an Marx hat *Peter Kropotkin* seine Idee des Sozialismus in der Feststellung zusammengefaßt: Anzustreben ist »die vollständigste Entwicklung der Individualität, verbunden mit der höchsten Entwicklung der freiwilligen Assoziation unter allen Aspekten, in allen möglichen Graden, für alle erdenkbaren Ziele: eine immer wechselnde Assoziation, die in sich die Elemente ihrer Dauer trägt und die Formen annimmt, welche in jedem Augenblick am besten dem vielfältigen Trachten aller entsprechen« (zit. nach M. Buber, 1950, S. 76). Kropotkin hat wie viele seiner sozialistischen Vorgänger mit Nachdruck auf die dem Menschen wie auch den Tieren angeborene Neigung zur Kooperation und zur gegenseitigen Hilfe hingewiesen.

Ein Anhänger der humanistischen und ethischen Vorstellungen Kropotkins war einer der letzten großen Vertreter anarchistischer

Ideen: *Gustav Landauer.* Unter Bezugnahme auf Proudhon sagt er, daß die soziale Revolution keinerlei Ähnlichkeit mit einer politischen Revolution habe, daß sie »allerdings ohne vielerlei politische Revolution nicht lebendig werden und bleiben kann, daß sie aber ein friedlicher Aufbau, ein Organisieren aus neuem Geiste und zu neuem Geiste und nichts weiter sei« (zit. nach M. Buber 1950, S. 91). Die Aufgabe der Sozialisten und ihrer Bewegung definiert er folgendermaßen: »den Geist auszulösen, der hinter dem Staate gefangen sitzt«. Diese Bereitung aber, die wirkliche »Umwandlung der Gesellschaft kann nur in Liebe, in Arbeit, in Stille kommen«(a. a. O.).

Die Erörterung der Theorien von *Karl Marx* und *Friedrich Engels* erfordert mehr Raum als die der Ideen der anderen oben erwähnten sozialistischen Denker, zum Teil weil ihre Theorien komplizierter sind und einen weiteren Bereich umfassen und weil sie auch nicht ohne Widersprüche sind, zum Teil aber auch weil die marxistische Richtung des Sozialismus zu der dominierenden Form geworden ist, die das sozialistische Denken in der Welt genommen hat.[4]

Ebenso wie bei allen anderen Sozialisten ist die Hauptsorge von Marx der Mensch. Radikal sein bedeutet bei Marx, an die Wurzeln gehen, und die Wurzel ist der Mensch selbst. Die Weltgeschichte ist nichts als die Erzeugung des Menschen, die Geschichte der Geburt des Menschen. Aber die gesamte Geschichte ist auch die Geschichte der Entfremdung des Menschen von sich selbst, von seinen eigenen menschlichen Kräften: Die Konsolidierung unseres eigenen Produkts zu einer objektiven Macht über uns, die unserer Kontrolle entwächst, unsere Erwartungen enttäuscht und unsere Berechnungen zunichte macht, ist einer der Hauptfaktoren aller bisherigen geschichtlichen Entwicklung. Der Mensch war das *Objekt* der Umstände, er muß zum *Subjekt* werden, so daß der Mensch das höchste Wesen für den Menschen wird. Freiheit bedeutet für Marx nicht nur Freiheit von politischen Unterdrückern, sondern auch Freiheit von der Beherrschung des Menschen durch Dinge und Umstände. Der freie Mensch ist der reiche Mensch, jedoch nicht reich in einem ökonomischen Sinn, sondern reich im humanen Sinn. Reich ist für Marx der Mensch, der viel *ist,* und nicht der, der viel *hat.* (Vgl. K. Marx, 1971, S. 246.)

Die Analyse der Gesellschaft und des Geschichtsprozesses muß mit dem Menschen und nicht mit einer Abstraktion beginnen, aber mit dem wirklichen, konkreten Menschen mit all seinen physiologi-

[4] Die sozialistische revolutionäre Partei in Rußland bekannte sich zu einer Auffassung des Sozialismus, welche zahlreiche Elemente enthielt, die auch in den zuvor erwähnten sozialistischen Schulen, nicht aber im Marxismus, zu finden sind (vgl. I.N. Steinberg, 1953).

schen und psychologischen Eigenschaften. Sie muß mit einer Auffassung vom Wesen des Menschen beginnen, und die Untersuchung von Wirtschaft und Gesellschaft dient nur dazu, verstehen zu lernen, wie die Umstände den Menschen verkrüppelt haben, wie er sich selbst und seinen Kräften entfremdet wurde. Die Natur des Menschen kann nicht von den besonderen Manifestationen der menschlichen Natur im kapitalistischen System abgeleitet werden. Unser Ziel muß sein zu erkennen, was für den Menschen gut ist. Aber, so fragt K. Marx (1971a, Band I, S. 637): »Wenn man zum Beispiel wissen will, was ist einem Hunde nützlich?, so muß man die Hundenatur ergründen. Diese Natur selbst ist nicht aus dem ›Nützlichkeitsprinzip‹ zu konstruieren. Auf den Menschen angewandt, wenn man alle menschliche Tat, Bewegung, Verhältnisse und so weiter nach dem Nützlichkeitsprinzip beurteilen will, handelt es sich erst um die menschliche Natur im allgemeinen und dann um die in jeder Epoche historisch modifizierte Menschennatur. Bentham macht kein Federlesens. Mit der naivsten Trockenheit unterstellt er den modernen Spießbürger, speziell den englischen Spießbürger, als den Normalmenschen.«

Das Ziel der Entwicklung des Menschen ist für Marx eine neue Harmonie zwischen Mensch und Mensch und zwischen Mensch und Natur, eine Entwicklung, bei der die Bezogenheit des Menschen auf seinen Mitmenschen seinem wichtigsten menschlichen Bedürfnis entsprechen wird. Für ihn ist der Sozialismus eine Vereinigung, in der die freie Entwicklung eines jeden die Bedingung für die freie Entwicklung aller ist, eine Gesellschaft, in der das »Grundprinzip die volle und freie Entwicklung jedes Individuums ist« (a.a.O., S. 618). Dieses Ziel nennt er die Verwirklichung des Naturalismus und des Humanismus. Es unterscheidet sich sowohl vom Idealismus als vom Materialismus und verbindet doch den Wahrheitsgehalt beider.

Wie glaubt Marx, daß diese »Emanzipation des Menschen« zu erreichen sei? Seine Lösung basiert auf dem Gedanken, daß der Prozeß der Selbstentfremdung des Menschen in der kapitalistischen Produktionsweise seinen Höhepunkt erreicht hat, weil die Körperkraft des Menschen zu einer Ware und daher der Mensch zu einem Ding geworden ist. Die Arbeiterklasse ist für Marx die am meisten entfremdete Klasse der Bevölkerung, und aus eben diesem Grund ist es auch diejenige, welche den Kampf um die menschliche Emanzipation anführen wird. In der Sozialisierung der Produktionsmittel sieht er die Vorbedingung für die Umwandlung des Menschen in einen aktiven und verantwortlichen Teilnehmer am gesellschaftlichen und wirtschaftlichen Prozeß und an der Überwindung der Kluft zwischen der individuellen und der gesellschaftlichen Natur des Menschen. »Erst wenn der Mensch seine ›forces propres‹ als gesellschaftliche Kräfte erkannt und organisiert hat« – es ist darum nicht, wie Rousseau meint, nötig, die Natur des Menschen zu verändern, ihn seiner ›forces propres‹ zu berauben und ihn von neuem mit gesellschaftlichem Charakter auszustatten – »und daher die gesellschaftliche Kraft nicht mehr in der Gestalt der politischen Kraft von sich trennt, erst dann ist die menschliche Emanzipation vollbracht.« (K. Marx, 1961 a, S. 370.)

Marx nimmt an, daß sich das Wesen und der Charakter des Arbeitsprozesses ändern werden, sobald der Arbeiter nicht mehr »angestellt« ist. Die Arbeit wird dann zu einem sinnvollen Ausdruck menschlicher Kräfte werden und keine sinnlose Plackerei mehr sein. Wie wichtig für Marx diese neue Auffassung von der Arbeit war, wird deutlich, wenn man bedenkt, daß er soweit ging, den Vorschlag im Gothaer Programm der Sozialistischen Arbeiterpartei Deutschlands zur völligen Abschaffung der Kinderarbeit zu kritisieren. (Ich bin G. Fuchs für seine Anregungen zu dieser Frage besonders zu Dank verpflichtet.) Natürlich war Marx gegen die Ausbeutung von Kindern, doch war er gegen das Prinzip, daß Kinder überhaupt nicht arbeiten sollten, er verlangte vielmehr, daß zu ihrer Erziehung auch die handwerkliche Ausbildung gehören sollte: »Aus dem Fabriksystem, wie man im Detail bei Robert Owen verfolgen kann, entsproß der Keim der Erziehung der Zukunft, welche für alle Kinder über einem gewissen Alter produktive Kraft mit Unterricht und Gymnastik verbinden wird, nicht nur als eine Methode zur Steigerung der gesellschaftlichen Produktion, sondern als die einzige Methode zur Produktion vollseitig entwickelter Menschen.« (K. Marx, 1971 a, Band 1, S. 507 f.)

Nach Marx mußte die Arbeit – wie für Fourier – attraktiv gemacht werden und den Bedürfnissen und Wünschen des Menschen gerecht werden. Aus diesem Grund schlägt er – genau wie Fourier und andere vor ihm – vor, daß niemand für eine besondere Arbeit spezialisiert werden, sondern verschiedene Tätigkeiten ausüben sollte, wie sie seinen verschiedenen Interessen und Möglichkeiten entsprächen.

Marx sah in der ökonomischen Umwandlung der Gesellschaft vom Kapitalismus zum Sozialismus den entscheidenden Weg zur Befreiung und Emanzipation der Menschen, zu einer »wahren Demokratie«. Wenn auch in seinen späteren Schriften wirtschaftliche Fragen eine größere Rolle spielen als das Problem des Menschen und seiner menschlichen Bedürfnisse, so wurde doch der ökonomische Bereich für ihn zu keiner Zeit zum Selbstzweck, und er hörte nie auf, ein *Mittel* zur Befriedigung menschlicher Bedürfnisse zu sein. Das geht besonders deutlich aus seiner Diskussion dessen hervor, was er als »rohen Kommunismus« bezeichnet, worunter er einen Kommunismus versteht, der den Nachdruck ausschließlich auf die Abschaffung des Privateigentums bei den Produktionsmitteln legt: »Der physische unmittelbare Besitz gilt ihm (dem rohen Kommunismus) als einziger Zweck des Lebens und Daseins; die Bestimmung des Arbeiters wird nicht aufgehoben, sondern auf alle Menschen ausgedehnt ... Dieser Kommunismus – indem er die Persönlichkeit des Menschen überall negiert – ist aber nur der konsequente Ausdruck des Privateigentums, welches diese Negation ist. Der allgemeine und als Macht sich konstituierende Neid ist nur die versteckte Form, in welcher die Habsucht sich herstellt und nur auf eine andere Weise sich befriedigt ... Der rohe Kommunist ist nur die Vollendung dieses Neides und dieser Nivellierung von dem vorgestellten Minimum aus ... Wie wenig diese Aufhebung des Privateigentums eine wirkliche Aneignung ist, beweist eben die abstrakte Negation der ganzen Welt, der Bildung und der Zivilisation; die Rückkehr zur unnatürlichen Einfachheit des armen und bedürfnislosen Menschen, der nicht über das Privateigentum hinaus, sondern noch nicht einmal bei demselben angelangt ist.« (K. Marx, 1971, S. 233f.)

Noch weit komplexer und in vielfacher Weise auch widersprüchlicher sind die Ansichten von Marx und Engels zur Frage des Staates. Zweifellos waren Marx und Engels der Ansicht, daß das Ziel des Sozialismus nicht nur eine klassenlose, sondern auch eine staatslose Gesellschaft wäre, staatslos wenigstens in dem Sinn, daß der Staat, wie Engels sich ausdrückt, die Funktion der »Verwaltung von Dingen« und nicht die der »Regierung von Menschen« haben sollte.

Engels sagte 1874 in völliger Übereinstimmung mit der Formulierung, die Marx im Bericht der Kommission zur Überprüfung der Tätigkeit des Bakuninismus im Jahre 1872 gefunden hatte, alle Sozialisten seien darin einig, daß der Staat und mit ihm alle politische Autorität infolge der künftigen sozialen Revolutionen verschwinden werde. Diese antistaatlichen Ansichten von Marx und Engels und ihre Opposition gegen eine zentralisierte Form der politischen Autorität kommen in Marx' Erklärungen über die Pariser Kommune besonders klar zum Ausdruck. In seiner Ansprache an den Allgemeinen Rat der Internationale (*General Council of the International*) über den »Bürgerkrieg in Frankreich« betonte Marx die Notwendigkeit einer Dezentralisierung anstelle einer zentralisierten Staatsmacht, deren Ursprung im Prinzip der absoluten Monarchie zu suchen sei. Es würde zu einer weitgehend dezentralisierten Gemeinschaft kommen. »Die wenigen Funktionen, ›welche dann noch für eine Zentralisierung übrigbleiben‹ würden, sollten an kommunale Beamte übertragen werden ... ›Die Kommunalverfassung würde dem gesellschaftlichen Körper alle die Kräfte zurückgegeben haben, die bisher der Schmarotzerauswuchs ›Staat‹, der von der Gesellschaft sich nährt und ihre freie Bewegung hemmt, aufgezehrt hat.‹ ... Er sieht in ihr die ›endlich entdeckte politische Form, unter der die ökonomische Befreiung der Arbeit sich vollziehen konnte‹. Die Kommune wollte ›das individuelle Eigentum zu einer Wahrheit machen, indem sie die Produktionsmittel, den Erdboden und das Kapital, in bloße Werkzeuge der freien und assoziierten Arbeit verwandelt‹, und zwar der in Produktivgenossenschaften assoziierten Arbeit.« (Zit. nach M. Buber, 1950, S. 161 und 148 f.)

Eduard Bernstein hat auf die Ähnlichkeit zwischen diesen Vorstellungen von Marx und den antistaatlichen und antizentralistischen Ansichten Proudhons hingewiesen, während Lenin behauptete, die Kommentare von Marx enthielten keinerlei Hinweise darauf, daß er für eine Dezentralisierung eingetreten sei. Sowohl Bernstein wie auch Lenin dürften mit ihrer Interpretation der Einstellung von Marx und Engels recht haben. Die Lösung des Widerspruchs liegt darin, daß Marx zwar für eine Dezentralisierung war und er im Absterben des Staates das Ziel sah, das der Sozialismus anstreben solle und auch schließlich erreichen würde, daß er aber der Meinung war, dies könne erst geschehen, *nachdem* die Arbeiterklasse an die politische Macht gekommen sei und den Staat umgeformt habe, und nicht *vorher.* Die Machtergreifung im Staat war für Marx das zur Erreichung dieses Zieles – der Abschaffung des Staates – notwendige Mittel.

Bedenkt man jedoch Marx' Tätigkeit in der Ersten Internationale, seine dogmatische und intolerante Haltung gegenüber allen, die auch nur im geringsten von ihm abwichen, so kann man kaum bezweifeln, daß Lenins zentralistische Interpretation von Marx diesem nicht unrecht tat, wenngleich dessen Übereinstimmung mit Proudhon in bezug auf die Dezentralisierung ebenfalls zu seinen authentischen Ansichten und Doktrinen gehörte. Dieser Zentralismus von Marx war letzten Endes die Ursache für die tragische Entwicklung der sozialistischen Idee in Rußland. Während Lenin wenigstens gehofft haben mag, daß es schließlich noch zu einer Dezentralisierung kommen könnte, eine Idee, die im Konzept der Sowjets tatsächlich deutlich zu erkennen ist, wo die Entscheidungen auf der Ebene kleinster und höchst konkreter dezentralisierter Gruppen getroffen wurden, entwickelte der Stalinismus die andere Seite dieser widersprüchlichen Auffassung, das Prinzip der Zentralisation, zur Praxis der rücksichtslosesten Staatsorganisation, die die Welt je gekannt hat und die noch zentralistischer war als selbst Faschismus und Nazismus.

Die Widersprüche bei Marx reichen noch tiefer, als es in den sich widersprechenden Prinzipien der Zentralisation und Dezentralisation zum Ausdruck kommt. Einerseits war Marx wie alle anderen Sozialisten davon überzeugt, daß die Emanzipation des Menschen nicht in erster Linie eine politische, sondern eine ökonomische und soziale

Frage ist; daß die Lösung des Problems der Freiheit nicht in einer Umgestaltung der politischen Staatsform, sondern in der ökonomischen und sozialen Umformung der Gesellschaft zu finden ist. Andererseits waren Marx und Engels trotz ihrer eigenen Theorien in vieler Hinsicht noch in der traditionellen Vorstellung befangen, daß die politische Sphäre über die sozio-ökonomische dominiere. Sie konnten sich nicht von der traditionellen Ansicht, von der Wichtigkeit des Staates und der politischen Macht, von der Idee der primären Bedeutung eines bloß politischen Wechsels freimachen, von einer Idee, die das Leitmotiv der großen bürgerlichen Revolutionen im 17. und 18. Jahrhundert gewesen war. In dieser Beziehung waren Marx und Engels in ihren Ideen mehr »bourgeois« als Männer wie Proudhon, Bakunin, Kropotkin und Landauer. So paradox es klingen mag, die leninistische Entwicklung des Sozialismus stellt eher einen Rückschritt zu den bürgerlichen Vorstellungen vom Staat und der politischen Macht dar, als daß es sich dabei um die neue sozialistische Auffassung handelt, wie sie bei Owen, Proudhon und anderen so viel klarer zum Ausdruck kommt. Dieses Paradoxon im Denken von Marx hat Martin Buber deutlich herausgestellt: »Diese unabtrennbaren Bestandteile der Kommunenidee hat Marx hingenommen, ohne sie mit seinem eigenen Zentralismus zu konfrontieren und zwischen beiden zu entscheiden. Daß er die tiefe Problematik, die sich hier auftut, anscheinend nicht sah, liegt an der Hegemonie des politischen Gesichtspunkts, die für ihn überall bestand, wo es um die Revolution, ihre Vorbereitung und ihr Werk ging. Von den drei Modi des Denkens in Dingen des öffentlichen Lebens, dem ökonomischen, dem sozialen und dem politischen, hat Marx den ersten mit methodischer Meisterschaft beherrscht, dem dritten war er mit Leidenschaft ergeben, mit dem sozialen ist er – so absurd das auch in den Ohren eines bedingungslosen Marxisten klingen mag – nur selten in näheren Umgang getreten, und nie ist er für ihn bestimmend geworden.« (M. Buber, 1950, S. 163.)

Eng verwandt mit seinem Zentralismus ist die Einstellung von Marx zur Revolution. Es trifft zwar zu, daß Marx und Engels einräumten, die Machtübernahme der Sozialisten im Staat müsse nicht unbedingt (wie zum Beispiel in England und in den Vereinigten Staaten) durch Gewalt und mit Hilfe einer Revolution geschehen, doch ist ebenso unbestreitbar, daß sie im ganzen gesehen der Ansicht waren, die Arbeiterschaft müsse, um ihre Ziele zu erreichen, durch eine Revolution die Macht ergreifen. Ja, sie waren für die allgemeine Wehrpflicht und befürworteten sogar gelegentlich internationale Kriege, um auf diese Weise die revolutionäre Machtergreifung zu erleichtern. Unsere Generation ist Zeuge der tragischen Folgen der Gewaltherrschaft und Diktatur in Rußland geworden. Wir haben gesehen, daß sich die Anwendung von Gewalt innerhalb der Gesellschaft ebenso destruktiv für das menschliche Wohlergehen auswirkt wie deren Anwendung in den internationalen Beziehungen in der Form eines Krieges. Wenn man aber Marx heute in erster Linie vorwirft, er sei für Gewalt und Revolution eingetreten, so ist das eine Verdrehung der Tatsachen. Die Idee der politischen Revolution ist keine spezifisch marxistische oder sozialistische, sondern die traditionelle Idee der bürgerlichen Gesellschaft der letzten dreihundert Jahre. Weil das Bürgertum glaubte, daß die Abschaffung der in der Monarchie investierten politischen Macht und die politische Machtergreifung durch das Volk die Lösung des sozialen Problems bedeuten würde, sah es in der politischen Revolution ein Mittel zur Erlangung der Freiheit. Unsere moderne Demokratie ist das Ergebnis von Gewalt und Revolution. Die Kerensky-Revolution von 1917 und die Deutsche Revolution von 1918 wurden in den demokratischen Ländern des Westens warm begrüßt. Es war der tragische Fehler von Marx, ein Fehler, der zur Entwicklung des Stalinismus mit beigetragen hat, daß er sich nicht von der traditionellen Überbewertung der politischen Macht und Gewalt freigemacht hat. Er hat im Gegenteil diese Ideen als geistiges Erbe übernommen, und es handelt sich dabei nicht um die neue sozialistische Auffassung.

Selbst eine kurze Diskussion über Marx wäre unvollständig, wenn man seine Theorie des historischen Materialismus unberücksichtigt ließe. In der Geistesgeschichte dürfte diese Theorie der beständigste und wichtigste Beitrag sein, den Marx für das Verständnis der die Gesellschaft beherrschenden Gesetze geleistet hat. Seine Prämisse lautet, daß der Mensch, bevor er irgendeine kulturelle Tätigkeit in Angriff nehmen kann, zunächst sich die Mittel für seinen physischen Lebensunterhalt verschaffen muß. Die Art und Weise, wie er produziert und konsumiert, wird von einer Reihe von objektiven Bedingungen bestimmt: von seiner eigenen Körperkonstitution, von den Produktivkräften, die ihm zur Verfügung stehen und die ihrerseits von der Fruchtbarkeit des Bodens, von den natürlichen Reichtümern des Landes, den Kommunikationsmitteln und den Techniken abhängen, welche er entwickelt. Marx postulierte, daß die materiellen Bedingungen des Menschen die Art seiner Produktion und seines Konsums bestimmen und daß diese wiederum seine sozio-politische Organisation, seine Lebenspraxis und letzten Endes auch die Art seines Denkens und Fühlens bedingen. Man hat diese Theorie weitgehend mißverstanden, indem man sie so interpretierte, als habe Marx damit sagen wollen, daß das *Streben nach Gewinn* das Hauptmotiv beim Menschen sei. Tatsächlich ist das aber die in der kapitalistischen Denkweise vorherrschende Ansicht, bei der man immer wieder betont, daß der Hauptansporn des Menschen bei seiner Arbeit sein

Streben nach finanziellem Gewinn sei. Die Auffassung von Marx bezüglich der Bedeutung des ökonomischen Faktors war keine *psychologische* Konzeption im Sinne einer *subjektiven* ökonomischen Motivation; sie war vielmehr *soziologischer* Natur in dem Sinn, daß er in der ökonomischen Entwicklung die *objektive* Voraussetzung für die kulturelle Entwicklung sah. (Vgl. hierzu E. Fromm, 1932a, sowie J. A. Schumpeter, 1947, S. 11f.) Seine Hauptkritik am Kapitalismus lautete gerade, daß dieser den Menschen durch die Überbetonung seiner ökonomischen Interessen verkrüppele, und der Sozialismus war für ihn eine Gesellschaftsform, in der der Mensch durch eine vernünftigere und daher produktivere Form der Wirtschaftsorganisation von dieser Knechtschaft befreit würde. Marx' Materialismus unterschied sich wesentlich von dem im neunzehnten Jahrhundert vorherrschenden Materialismus. Letzterer vertrat die Ansicht, daß die geistigen Phänomene durch materielle Phänomene *verursacht* würden. So glaubten zum Beispiel die extremen Vertreter dieser Art von Materialismus, das Denken sei ein Produkt der Gehirntätigkeit, genauso »wie der Urin das Produkt der Nierentätigkeit ist«. Marx war dagegen der Ansicht, seelische und geistige Phänomene seien als Ausdruck der gesamten Lebenspraxis, als Ergebnis der Art der Beziehung des Menschen zu seinen Mitmenschen und zur Natur zu verstehen. Mit seiner dialektischen Methode hat Marx den Materialismus des neunzehnten Jahrhunderts überwunden und eine wahrhaft dynamische und ganzheitliche Theorie entwickelt, die sich auf die *Tätigkeit* des Menschen, und nicht auf seine *Physiologie* gründet.

Die Theorie des historischen Materialismus enthält wichtige wissenschaftliche Begriffe zum Verständnis der Gesetze der Geschichte. Sie wäre noch fruchtbarer geworden, wenn die Nachfolger von Marx sie weiterentwickelt hätten, anstatt sie in einem sterilen Dogmatismus steckenbleiben zu lassen. Der Ansatzpunkt wäre die Erkenntnis gewesen, daß Marx und Engels nur einen ersten Schritt getan hatten, als sie die Wechselwirkung in der Entwicklung von Wirtschaft und Kultur feststellten. Marx hatte den komplexen Charakter der menschlichen Leidenschaften unterschätzt. Er hatte nicht genügend berücksichtigt, daß die menschliche Natur selbst Bedürfnisse und Gesetze in sich trägt, die sich in ständiger Wechselwirkung mit den ökonomischen Bedingungen befinden, welche die historische Entwicklung gestalten. (Vgl. meine Analyse in E. Fromm, 1941a.) Da es ihm an ausreichenden psychologischen Einsichten fehlte, hatte er keine zureichende Vorstellung vom menschlichen Charakter und war sich nicht bewußt, daß der Mensch zwar von der Art der gesellschaftlichen und ökonomischen Organisation geformt wird, daß aber auch er sie seinerseits formt. Er hat die Leidenschaften und Strebungen, die in der Natur des Menschen und in den Bedingungen seiner

Existenz verwurzelt sind und selbst die mächtigste Triebkraft für die menschliche Entwicklung darstellen, nicht genügend erkannt. Aber diese Mängel sind die zwangsläufige Folge der Einseitigkeit, wie wir sie in jedem produktiven wissenschaftlichen Konzept finden, und Marx und Engels waren sich dieser Grenzen durchaus bewußt. Engels brachte diese Erkenntnis in dem bekannten Brief zum Ausdruck, in dem er schrieb, Marx und er hätten durch die Neuheit ihrer Entdekkung der Tatsache nicht genügend Beachtung geschenkt, daß die Geschichte nicht allein von ökonomischen Bedingungen bestimmt wird, sondern daß gerade die kulturellen Faktoren die wirtschaftlichen Grundlagen der Gesellschaft auch ihrerseits beeinflussen.

Marx selbst widmete sein Interesse mehr und mehr der rein wirtschaftlichen Analyse des Kapitalismus. An der Bedeutung seiner Wirtschaftstheorie ändert sich nichts durch die Tatsache, daß seine grundsätzlichen Annahmen und Voraussagen nur teilweise richtig waren und daß er sich in einem beträchtlichen Ausmaß geirrt hat. Dies gilt besonders in bezug auf seine Annahme vom unabdingbaren (relativen) Niedergang der Arbeiterklasse. Auch seine romantische Idealisierung der Arbeiterklasse war falsch; sie gründete sich auf rein theoretische Erwägungen und nicht auf die Beobachtung der menschlichen Wirklichkeit dieser Klasse. Aber trotz aller Mängel stellten seine Wirtschaftstheorie und seine scharfsinnige Analyse der ökonomischen Struktur des Kapitalismus vom wissenschaftlichen Standpunkt aus einen entscheidenden Fortschritt gegenüber allen anderen sozialistischen Theorien dar.

Aber in seiner Stärke lag gleichzeitig auch seine Schwäche. Marx begann seine ökonomische Analyse mit der Absicht, die Bedingungen für die Entfremdung des Menschen herauszufinden, und obwohl er meinte, dies werde nur relativ kurze Zeit in Anspruch nehmen, widmete er doch den größten Teil seiner wissenschaftlichen Arbeit fast ausschließlich der ökonomischen Analyse. Obwohl er sein Ziel – die Emanzipation des Menschen – nie aus dem Auge verlor, so wurde doch seine Kritik am Kapitalismus genau wie seine sozialistischen Interessen an den *humanen* Fragen mehr und mehr von seinen ökonomischen Überlegungen überwuchert. Er erkannte nicht die irrationalen Kräfte im Menschen, die ihm Angst vor der Freiheit einjagen und die seine Gier nach Macht und seinen Zerstörungstrieb verursachen. Ganz im Gegenteil gründete sich seine Auffassung auf die stillschweigende Voraussetzung der natürlichen Gutheit des Menschen, die sich geltend machen würde, sobald er von den ökonomischen Ketten befreit wäre, die ihn zum Krüppel machten. Die berühmte Behauptung am Schluß des Kommunistischen Manifests, daß die Arbeiter nichts »zu verlieren [haben] als ihre Ketten« (K. Marx, 1971, S. 560), enthält einen tiefgreifenden psychologischen Irrtum. Mit ihren Ketten haben sie auch alle jene irrationalen Bedürfnisse und deren Befriedigung eingebüßt, die sich ausbildeten, während sie noch ihre Ketten trugen. In dieser Hinsicht sind Marx und Engels nie über den naiven Optimismus des achtzehnten Jahrhunderts hinausgekommen.

Diese Unterschätzung der Komplexität der menschlichen Leidenschaften hat zu drei höchst gefährlichen Irrtümern im Denken von Marx geführt. Vor allem führte sie dazu, daß er dem *moralischen* Faktor im Menschen nicht genügend Beachtung schenkte. Eben weil er annahm, das Gute im Menschen werde sich automatisch geltend machen, sobald die wirtschaftlichen Veränderungen erreicht seien, sah er nicht, daß eine bessere Gesellschaft nicht von Menschen ins Leben gerufen werden kann, die sich nicht zuvor selbst moralisch gewandelt hatten. Er ging, wenigstens in seinen Äußerungen, nicht auf die Notwendigkeit einer neuen sittlichen Orientierung ein, ohne die alle politischen und wirtschaftlichen Veränderungen nutzlos sind.

Der zweite, auf die gleiche Ursache zurückzuführende Irrtum war seine groteske Fehleinschätzung der Chancen zur Verwirklichung des Sozialismus. Im Unterschied zu Männern wie Proudhon und Bakunin (und später zu Jack London in seinem Roman ›Iron Heel‹), welche die Finsternis voraussahen, die die Welt des Westens umfangen würde, bevor das neue Licht schiene, glaubten Marx und Engels an die unmittelbar bevorstehende Ankunft der »guten Gesellschaft«, und sie waren sich nur vage der Möglichkeit bewußt, daß es zu einer neuen Barbarei in Form des kommunistischen und faschistischen Totalitarismus und zu Kriegen von einer ungeahnten Destruktivität kommen könnte. Diese unrealistische Fehleinschätzung war für viele der theoretischen und politischen Irrtümer im Denken von Marx und Engels verantwortlich und wurde zur Basis für die Zerstörung des Sozialismus, die mit Lenin begann.

Der dritte Irrtum war Marx' Auffassung, die Sozialisierung der Produktionsmittel sei nicht nur die *notwendige,* sondern auch eine *ausreichende* Voraussetzung für die Umwandlung der kapitalistischen in eine sozialistisch-kooperative Gesellschaft. Auch diesem Irrtum lag sein übermäßig vereinfachendes und übertrieben optimistisches rationalistisches Menschenbild zugrunde. Ebenso wie Freud der Ansicht war, daß man den Menschen nur von seinen unnatürlichen und überstrengen sexuellen Tabus befreien müsse, um ihn seelisch gesund zu machen, so glaubte Marx, daß die Befreiung von der Ausbeutung automatisch freie und zur Zusammenarbeit bereite Menschen erzeugen werde. Hinsichtlich der unmittelbaren Auswirkung einer Veränderung der Umweltbedingungen war er genauso optimistisch wie die Enzyklopädisten des achtzehnten Jahrhunderts. Er zog die Macht irrationaler und destruktiver Leidenschaften, die nicht von einem Tag zum anderen durch wirtschaftliche Veränderungen umzuwandeln waren, zu wenig in Betracht. Freud erkannte nach den Erfahrungen des Ersten Weltkriegs die Macht der Destruktivität und nahm mit seinem gesamten System drastische Veränderungen vor, indem er nun den Destruktionstrieb für ebenso stark und unausrottbar erklärte wie den Eros. Marx ist nie zu einer derartigen Erkenntnis gelangt und hat seine einfache Formel von der Sozialisierung der Produktionsmittel als den geraden Weg zur Erreichung der sozialistischen Ziele niemals geändert.

Die andere Ursache für diesen Irrtum war seine Überschätzung der bereits erwähnten politischen und ökonomischen Maßnahmen. Auf eine merkwürdig unrealistische Weise übersah er, daß es für die Persönlichkeit des Arbeiters kaum einen Unterschied macht, ob sich das Unternehmen im Besitz des »Volkes«, das heißt des Staates mit seiner Verwaltungsbürokratie befindet oder ob es von einer von den Aktionären eingestellten privaten Bürokratie verwaltet wird. Völlig im Gegensatz zu seinen eigenen theoretischen Ideen sah er nicht, daß es einzig auf die tatsächlichen, realistischen Arbeitsbedingungen, auf die Beziehung des Arbeiters zu seiner Arbeit, zu seinen Arbeitskameraden und zur Unternehmensleitung ankommt.

In seinen späteren Lebensjahren scheint Marx zu gewissen Veränderungen in seiner Theorie bereit gewesen zu sein. Vor allem unter dem Einfluß der Schriften von Johann Jakob Bachofen und Lewis Henry Morgan scheint er zu der Überzeugung gelangt zu sein, daß die primitive Agrargesellschaft, die sich auf Kooperation und gemeinsamen Bodenbesitz gründet, eine lebensfähige Form der sozialen Organisation darstellt, die direkt zu höheren Formen der Sozialisierung führen kann, ohne daß man erst durch die Phase der kapitalistischen Produktion hindurch muß. Er hat diese Überzeugung in einem Antwortbrief an Vera Zasulitsch zum Ausdruck gebracht, die ihn gefragt hatte, was er von »Mir«, der alten Form einer Agrargemeinschaft in Rußland, halte. (G. Fuchs hat mich in persönlichen Mitteilungen auf die große Bedeutung dieser Veränderung in der Theorie von Marx hingewiesen, ebenso auf die Tatsache, daß Marx in seinen letzten acht Lebensjahren enttäuscht und entmutigt gewesen sei und das Gefühl gehabt habe, daß sich seine revolutionären Hoffnungen nicht erfüllen würden.) Wie bereits erwähnt, hat auch Engels erkannt, daß sie in ihrer Theorie des historischen Materialismus der Macht der Ideen nicht genügend Beachtung geschenkt hatten, doch war es Marx und Engels nicht beschieden, in ihrem System die notwendigen drastischen Revisionen vorzunehmen.

Es ist für uns heute um die Mitte des zwanzigsten Jahrhunderts sehr leicht, die Trugschlüsse von Marx zu erkennen. Wir haben die tragische Illustration dieses Irrtums in Rußland miterlebt. Während der

Stalinismus bewiesen hat, daß ein sozialistisches Wirtschaftssystem vom ökonomischen Standpunkt aus erfolgreich operieren kann, hat er auch den Beweis erbracht, daß er keineswegs ganz von selbst einen Geist der Gleichheit und Kooperation erzeugen muß. Er hat gezeigt, daß der Besitz der Produktionsmittel durch »das Volk« zu einem ideologischen Mäntelchen für die Ausbeutung des Volkes durch eine industrielle, militärische und politische Bürokratie werden kann. Die Sozialisierung gewisser Industrien, wie sie die Labour-Regierung in England vorgenommen hat, zeigt, daß es für den britischen Bergmann oder Arbeiter in der Stahlindustrie oder in der chemischen Industrie kaum einen Unterschied ausmacht, wer die Leiter des Unternehmens bestimmt, da seine Arbeitsbedingungen effektiv die gleichen bleiben.

Zusammenfassend kann man sagen, daß die letzten Ziele des marxistischen Sozialismus im wesentlichen die gleichen waren wie die anderer sozialistischer Richtungen: den Menschen von der Beherrschung und Ausbeutung durch den Menschen und vom Übergewicht des ökonomischen Bereichs zu befreien und ihn wieder zum höchsten Ziel des Lebens zu machen durch die Schaffung einer neuen Einheit zwischen Mensch und Mensch und zwischen Mensch und Natur. Die Irrtümer von Marx und Engels, ihre Überschätzung der politischen und juristischen Faktoren, ihr naiver Optimismus, ihre zentralistische Orientierung, all das war darauf zurückzuführen, daß sie sowohl psychologisch wie auch intellektuell viel stärker als Männer wie Fourier, Owen, Proudhon und Kropotkin noch in der bürgerlichen Tradition des achtzehnten und neunzehnten Jahrhunderts verwurzelt waren.

Die Irrtümer von Marx gewannen deshalb historische Bedeutung, weil die marxistische Auffassung des Sozialismus in der kontinentaleuropäischen Arbeiterbewegung die Führung übernahm. Die Nachfolger von Marx und Engels in der europäischen Arbeiterbewegung standen so stark unter dem Einfluß der Autorität von Marx, daß sie die Theorie nicht weiterentwickelten, sondern weitgehend die alten Formeln mit zunehmender Sterilität wiederholten.

Nach dem Ersten Weltkrieg spaltete sich die marxistische Arbeiterbewegung in zwei getrennte feindliche Lager. Ihr sozialdemokratischer Flügel wurde nach dem moralischen Zusammenbruch während des Ersten Weltkriegs mehr und mehr zu einer Partei, die die rein wirtschaftlichen Interessen der Arbeiterklasse vertrat, und zwar gemeinschaftlich mit den Gewerkschaften, von denen sie ihrerseits abhing. Sie hielt die marxistische Formel von der »Sozialisierung der Produktionsmittel« wie ein Ritual hoch, das bei passenden Gelegenheiten von den Parteipriestern verkündet wurde. Der kommunistische Flügel dagegen versuchte, in einer Verzweiflungsaktion eine sozialistische Gesellschaft lediglich mit Hilfe der Machtergreifung und der Sozialisierung der Produktionsmittel aufzubauen. Die Folgen dieser Verzweiflungsaktion waren noch verheerender als der Glaubensverlust in den sozialdemokratischen Parteien.

So gegensätzlich die Entwicklung dieser beiden Flügel des marxistischen Sozialismus auch ist, so haben sie doch gewisse Elemente gemeinsam. Erstens die tiefe Enttäuschung und Niedergeschlagenheit in bezug auf die übertrieben optimistischen Hoffnungen in der Frühphase des Marxismus. Beim rechten Flügel führte diese Enttäuschung häufig zur Akzeptierung des Nationalismus, zur Aufgabe der echten sozialistischen Vision und zum Verzicht auf jede radikale Kritik an der kapitalistischen Gesellschaft. Dieselbe Enttäuschung veranlaßte den kommunistischen Flügel unter Lenin zu einem Verzweiflungsakt, nämlich zur Konzentration aller Anstrengungen auf den politischen und rein ökonomischen Bereich, eine Akzentverlagerung, die mit ihrer Vernachlässigung der sozialen Sphäre in völligem Widerspruch zum wahren Wesen der sozialistischen Theorie stand.

Weiterhin ist beiden Flügeln der marxistischen Bewegung (im Falle Rußlands) die völlige Vernachlässigung des Menschen gemeinsam. Die Kritik am Kapitalismus wurde ausschließlich zu einer Kritik vom wirtschaftlichen Standpunkt aus. Im neunzehnten Jahrhundert, als die Arbeiterklasse noch unter einer rücksichtslosen Ausbeutung zu leiden hatte und tief unter einem menschenwürdigen Existenzniveau leben mußte, war diese Kritik gerechtfertigt. Aber im Verlauf der Entwicklung des Kapitalismus im zwanzigsten Jahrhundert hat sich diese Kritik immer mehr überlebt. Trotzdem ist es nur die logische Folge dieser Einstellung, daß die stalinistische Bürokratie in Rußland der Bevölkerung immer noch den Unsinn vorsetzt, die Arbeiter in den kapitalistischen Ländern seien furchtbar verarmt und führten kein menschenwürdiges Dasein. Der Begriff des Sozialismus entartete immer mehr. In Rußland bedient man sich der Formel, Sozialismus bedeute Verstaatlichung der Produktionsmittel. In den Ländern des Westens bestand die Tendenz, unter Sozialismus immer höhere Löhne für die Arbeiter zu verstehen, wobei ihm sein messianisches Pathos, sein Appell an die tiefsten Sehnsüchte und Bedürfnisse des Menschen verloren gingen. Ich sage absichtlich, es »bestand die Tendenz«, denn der Sozialismus hat sein humanistisches und religiöses Pathos keineswegs völlig eingebüßt. Selbst noch nach 1914 war er die einigende moralische Idee für Millionen europäischer Arbeiter und Intellektueller, in der ihre Hoffnung zum Ausdruck kam, den Menschen frei zu machen, neue sittliche Wertmaßstäbe zu finden und die Solidarität aller Menschen zu verwirklichen.

Meiner scharfen Kritik auf den vorangegangenen Seiten liegt vor allem die Absicht zugrunde, auf die Notwendigkeit hinzuweisen, daß der demokratische Sozialismus sich wieder den menschlichen Aspekten des sozialen Problems zukehren und sich darauf konzentrieren muß, daß er am Kapitalismus kritisieren sollte, was er den humanen Eigenschaften des Menschen, seiner Seele und seinem Geist antut. Man sollte jeden Sozialismus unter dem Gesichtspunkt des Menschen betrachten und sich die Frage stellen, auf welche Weise eine sozialistische Gesellschaft dazu beitragen kann, die Entfremdung des Menschen und die Idolatrie von Wirtschaft und Staat zu beenden.

8 Der kommunitäre Sozialismus als Weg zu einer gesunden Gesellschaft

a) Grundsätzliche Überlegungen

In den verschiedenen kritischen Analysen des Kapitalismus finden wir eine bemerkenswerte Übereinstimmung. Wenn auch am Kapitalismus des neunzehnten Jahrhunderts Kritik geübt wurde, weil er sich nicht genügend um das materielle Wohlergehen der Arbeiter kümmerte, so ging es doch nie hauptsächlich um diesen Vorwurf. Owen und Proudhon, Tolstoi und Bakunin, Durkheim und Marx, Einstein und Schweitzer – sie alle sprechen vom *Menschen* und davon, was in unserem Industriesystem mit ihm geschieht. Wenn sie es auch in unterschiedlichen Begriffen ausdrücken, finden sie doch alle, daß der Mensch seine zentrale Stellung verloren hat, daß er zu einem Werkzeug zur Erreichung wirtschaftlicher Ziele gemacht wurde, daß er seinen Mitmenschen und der Natur entfremdet ist und seine unmittelbare Beziehung zu ihnen eingebüßt hat, daß er kein sinnvolles Leben mehr führt. Ich habe versucht, die gleichen Gedanken auszudrücken, indem ich mich mit dem Begriff der Entfremdung auseinandergesetzt und nachgewiesen habe, welche psychischen Folgen diese Entfremdung hat: daß der Mensch zu einer rezeptiven und Marketing-Orientierung regrediert und aufhört, produktiv zu sein; daß er sein Selbst-Gefühl verliert und von der Zustimmung anderer abhängig wird, weshalb er dazu neigt, mit den anderen konform zu gehen und sich trotzdem unsicher zu fühlen. Er ist unbefriedigt, gelangweilt und voller Angst, und er verwendet seine Energie größtenteils auf den Versuch, diese Angst zu kompensieren oder sie auch einfach nur zu verdecken. Er besitzt eine hervorragende Intelligenz, aber seine Vernunft degeneriert immer mehr, und in Anbetracht seiner technischen Möglichkeiten gefährdet er ernstlich die Existenz der Zivilisation, ja der gesamten Menschheit.

Wenn wir uns jetzt den Ansichten über die *Ursachen* dieser Entwicklung zuwenden, so finden wir weniger übereinstimmende Meinungen als bei der Diagnose der Krankheit selbst. Während das neunzehnte Jahrhundert anfangs noch dazu neigte, im Mangel an *politischer* Freiheit und insbesondere im Fehlen des allgemeinen Wahlrechts die Ursache allen Übels zu sehen, betonten die Sozialisten und insbesondere die Marxisten die Bedeutung der wirtschaftlichen Faktoren. Sie glaubten, der Mensch habe sich selbst entfremdet, weil er zu einem Objekt der Ausbeutung und Ausnutzung geworden sei. Denker wie Tolstoi und Burckhardt dagegen sahen in der geistigen und moralischen Verarmung des westlichen Menschen die Ursache für seinen Niedergang. Freud glaubte, die Schwierigkeiten des modernen Menschen seien auf die übertriebene Unterdrückung seiner instinkthaften Triebe und auf die daraus resultierenden neurotischen Erscheinungen zurückzuführen. Aber eine Erklärung, die einen Bereich unter Ausschluß aller anderen analysiert, ist nicht genügend ausgewogen und daher falsch. Die sozio-ökonomischen, geistigen und psychologischen Erklärungen betrachten das gleiche Phänomen unter verschiedenen Aspekten, und die Aufgabe einer theoretischen Analyse besteht eben darin zu erkennen, wie diese verschiedenen Aspekte in Wechselbeziehung miteinander stehen.

Was für die Ursachen gilt, gilt natürlich auch für die Heilmittel, mit denen man die Gebrechen des modernen Menschen kurieren kann. Wenn ich glaube, daß »die« Ursache der Krankheit ökonomischer *oder* geistiger *oder* psychologischer Art sei, dann glaube ich natürlich auch, daß die Beseitigung dieser Ursache zur Gesundung führe. Wenn ich dagegen sehe, wie die verschiedenen Aspekte miteinander in Wechselbeziehung stehen, werde ich zu dem Schluß kommen, daß man die geistige und seelische Gesundheit nur erreichen kann, wenn man gleichzeitig im Bereich der industriellen und politischen Organisation, auf dem Gebiet der geistigen und weltanschaulichen Orientierung, der Charakterstruktur und der kulturellen Betätigung Veränderungen vornimmt. Konzentrieren wir dagegen unsere Bemühungen auf einen dieser Bereiche unter Ausschluß oder Vernachlässigung der anderen, so wirkt sich das destruktiv auf *alle* Veränderungen aus. Tatsächlich scheint mir hier eines der wichtigsten Hindernisse für den Fortschritt der Menschheit zu liegen. Das Christentum hat die spirituelle Erneuerung gepredigt und darüber Veränderungen in der Gesellschaftsordnung versäumt, ohne die eine spirituelle Erneuerung für die meisten unerreichbar bleibt. Das Zeitalter der Aufklärung hat als höchste Normen unabhängiges Urteil und Vernunft postuliert; es hat die politische Gleichberechtigung gepredigt und nicht gesehen, daß man mit der politischen Gleichberechtigung die Brüderschaft aller Menschen nicht verwirklichen kann, wenn sie nicht mit einer fundamentalen Veränderung der sozioökonomischen Organisation Hand in Hand geht. Der Sozialismus und insbesondere der Marxismus hat die Notwendigkeit sozialer und wirtschaftlicher Veränderungen in den Vordergrund gestellt und dabei die Notwendigkeit einer inneren Wandlung der Menschen übersehen, ohne die ökonomische Veränderungen niemals die »gute Gesellschaft« herbeiführen können. Jede dieser großen Reformbewegungen der letzten zweitausend Jahre hat einen Bereich des Lebens unter Ausschluß der anderen herausgestellt. Ihre Reform- und Erneuerungsvorschläge waren radikal – aber das Resultat war fast stets ein völliger Fehlschlag. Die Predigt des Evangeliums führte zur

Katholischen Kirche; die Lehren der Aufklärer des achtzehnten Jahrhunderts führten zu Robespierre und zu Napoleon; die Doktrinen von Marx führten zu Stalin. Es hätte auch kaum anders kommen können. Der Mensch ist eine Einheit, sein Denken, sein Fühlen und seine Lebenspraxis sind untrennbar miteinander verbunden. Er kann in seinem Denken nicht frei sein, wenn er nicht auch emotional frei ist; und er kann emotional nicht frei sein, wenn er in seiner Lebenspraxis, in seinen ökonomischen und sozialen Beziehungen abhängig und unfrei ist. Wenn man versucht, in einem Bereich unter Ausschluß der anderen radikal voranzukommen, so muß das notwendigerweise zu dem Resultat führen, zu dem es geführt hat, daß nämlich die radikalen Forderungen auf dem einen Gebiet nur von wenigen Menschen erfüllt werden, während sie für die Mehrheit zu leeren Formeln und Ritualen werden, die zur Tarnung der Tatsache dienen, daß sich in den anderen Bereichen nichts geändert hat. Zweifellos wird ein einziger Fortschritt in allen Lebensbereichen weitreichendere und dauerndere Erfolge für die Menschheit mit sich bringen als hundert Schritte, die man auf einem einzigen isolierten Gebiet predigt – und vielleicht sogar eine kurze Zeitlang durchführt. Daß solche »isolierten Fortschritte« mehrere tausend Jahre lang gescheitert sind, sollte für uns eine recht überzeugende Lehre sein.

Eng verwandt mit diesem Problem ist das von *Radikalismus* und *Reform*, das eine so scharfe Trennungslinie zwischen den verschiedenen politischen Lösungen zu bilden scheint. Eine genauere Untersuchung kann jedoch zeigen, daß diese Unterscheidung, wie sie gewöhnlich verstanden wird, trügt. Es gibt solche Reformen und solche Reformen; eine Reform kann *radikal* sein, das heißt, sie kann zu den Wurzeln gehen, oder sie kann oberflächlich sein und an Symptomen herumzuflicken versuchen, ohne ihre Ursachen zu berühren. Eine Reform, die nicht in diesem Sinne radikal ist, erreicht ihre Ziele nie und endet schließlich stets in der entgegengesetzten Richtung. Andererseits ist der sogenannte »Radikalismus«, der meint, man könne die Probleme gewaltsam lösen, wenn Beobachtung, Geduld und nimmermüde Tätigkeit vonnöten sind, ebenso unrealistisch und fiktiv wie die Reform. In der Geschichte haben sie oft zum gleichen Resultat geführt. Die Revolution der Bolschewiken führte zum Stalinismus, die Reform des rechten Flügels der Sozialdemokraten führte in Deutschland zu Hitler. Das wahre Kriterium der Reform ist nicht ihr Tempo, sondern ihr Realismus, ihr echter »Radikalismus«. Es geht darum, ob sie an die Wurzeln geht und die Ursachen zu ändern versucht – oder ob sie an der Oberfläche bleibt und sich nur mit den Symptomen befaßt.

Wenn in diesem Kapitel Wege zur Gesundung, das heißt Heilungsmethoden, besprochen werden sollen, so scheint es mir angebracht, einen Augenblick innezuhalten und uns zu fragen, was wir über die Heilung individueller seelischer Erkrankungen wissen. Die Heilung der Krankheiten der Gesellschaft muß das gleiche Prinzip verfolgen, weil es sich ja dabei um die Erkrankung von lauter Einzelmenschen und nicht von einer außerhalb derselben bestehenden und von ihnen abgesonderten Größe handelt.

Die Bedingungen für die Heilung einer individuellen Krankheit sind in der Hauptsache folgende:

(1) Es muß eine Entwicklung stattgefunden haben, die den Ansprüchen der Psyche zuwiderlief. In Freuds Theorie heißt dies, daß die Libido sich nicht normal entwickelte und aus diesem Grund bestimmte Symptome erzeugte. Im Bezugssystem der humanistischen Psychoanalyse bestehen die Ursachen für die Erkrankung darin, daß sich eine produktive Orientierung nicht entwickeln konnte, so daß es zur Entwicklung irrationaler Leidenschaften, insbesondere inzestuöser, destruktiver und ausbeuterischer Strebungen kam. Die *Tatsache*, daß diese nicht zustande gekommene normale Entwicklung bewußtes oder unbewußtes Leiden verursacht, erzeugt ein dynamisches *Streben, das Leiden zu überwinden*, das heißt, *eine auf Gesundung ausgerichtete Veränderung herbeizuführen.* Dieser Wille zur Gesundung ist in unserem physischen wie auch in unserem seelischen Organismus die Grundlage für jede Heilung der Erkrankung und fehlt nur in den schwersten Fällen.

(2) Der erste Schritt, der notwendig ist, um diesen Willen zur Gesundung wirksam werden zu lassen, ist das *Gewahrwerden* des Leidens und das Gewahrwerden von all dem, was wir aus unserer bewußten Persönlichkeit ausgeschlossen und abgetrennt haben. Nach Freud bezieht sich die Verdrängung hauptsächlich auf *sexuelle* Strebungen. In unserem Bezugssystem bezieht sie sich auf verdrängte irrationale Leidenschaften, auf das verdrängte Gefühl des Alleinseins und der Sinnlosigkeit unseres Lebens sowie auf die Sehnsucht nach Liebe und Produktivität, die wir ebenfalls verdrängt haben.

(3) Ein wachsendes Gewahrwerden unserer selbst kann nur dann voll wirksam werden, wenn wir auch den nächsten Schritt tun und unsere Lebenspraxis ändern, die wir auf die neurotische Struktur aufgebaut haben und die diese ständig reproduziert. So hat zum Beispiel ein Patient, dessen neurotischer Charakter in ihm den Wunsch erzeugt, sich elterlichen Autoritäten zu unterwerfen, sich gewöhnlich ein Leben aufgebaut, in dem er sich dominierende oder sadistische Vaterfiguren als Chef, als Lehrer oder dergleichen ausgesucht hat. Er kann nur geheilt werden, wenn er seine reale Lebenssituation so ändert, daß sie nicht immer wieder die Neigung sich unterzuordnen erzeugt, die er doch gerne loswerden möchte. Außerdem muß er seine Wertmaßstäbe, seine Normen und Ideale dahingehend ändern, daß sie

seinen Willen zur Gesundung und sein Streben nach Reife fördern, anstatt es zu blockieren.

Die gleichen Bedingungen – der *Konflikt* mit den Erfordernissen der menschlichen Natur und dem daraus resultierenden Leiden, das *Gewahrwerden* des Verdrängten und die *Änderung* der realen Situation und der Wertmaßstäbe und Normen – sind auch die notwendigen Voraussetzungen für eine Heilung der Krankheitserscheinungen der *Gesellschaft.*

Die Absicht des vorangegangenen Kapitels war, den Konflikt zwischen den menschlichen Bedürfnissen und unserer Gesellschaftsstruktur zu zeigen und dazu beizutragen, daß wir uns unserer Konflikte und dessen, was wir verdrängt haben, bewußt werden. In diesem Kapitel möchte ich nun die verschiedenen Möglichkeiten zu praktischen Neugestaltungen in unserer ökonomischen, politischen und kulturellen Organisation diskutieren.

Bevor wir jedoch mit der Diskussion praktischer Fragen beginnen, wollen wir uns noch einmal auf der Grundlage der zu Anfang dieses Buches entwickelten Prämissen überlegen, was unter seelischer Gesundheit zu verstehen ist und welche Art von Kultur dieser seelischen Gesundheit förderlich sein könnte.

Der seelisch gesunde Mensch ist der produktive und nicht entfremdete Mensch; es ist der Mensch, der liebend zur Welt in Beziehung tritt und seine Vernunft dazu benutzt, die Realität objektiv zu erfassen; es ist der Mensch, der sich selbst als eine einzigartige individuelle Größe erlebt und sich gleichzeitig mit seinen Mitmenschen eins fühlt, der sich keiner irrationalen Autorität unterwirft und freiwillig die rationale Autorität seines Gewissens und seiner Vernunft anerkennt, der sich sein ganzes Leben lang im Prozeß des Geborenwerdens befindet und der das Geschenk seines Lebens als die kostbarste Chance ansieht, die er besitzt.

Erinnern wir uns auch noch einmal daran, daß dieses Ziel der seelischen Gesundheit kein Ideal ist, das man jemandem aufzwingen muß oder das der Mensch nur erreichen kann, wenn er seine »Natur« überwindet oder seine »angeborene Selbstsucht« zum Opfer bringt. Ganz im Gegenteil ist das Streben nach seelischer Gesundheit, nach Glück, Harmonie, Liebe und Produktivität jedem Menschen angeboren, der nicht als seelischer oder moralischer Idiot auf die Welt kommt. Wenn man ihnen eine Chance gibt, setzen diese Strebungen sich unbedingt durch, wie man in zahllosen Situationen erkennen kann. Es müssen schon mächtige Konstellationen und Umstände eintreten, um dieses angeborene Streben nach Gesundheit zu pervertieren und zu ersticken; und tatsächlich ist es so, daß während des größten Teils der uns bekannten Geschichte die Ausnutzung des Menschen durch den Menschen solche Perversionen erzeugt hat. Anzunehmen, diese Perversionen seien dem Menschen angeboren, ist, wie wenn man Saatkörner in die Wüste streut und behauptet, sie hätten keine Keimkraft gehabt.

Welche Gesellschaft entspricht nun aber diesem Ziel der seelischen Gesundheit, und wie sieht die Struktur einer gesunden Gesellschaft aus? Vor allem müßte es sich um eine Gesellschaft handeln, in welcher kein Mensch für einen anderen Mittel zum Zweck ist, sondern in der er stets und ausnahmslos Selbstzweck ist. Folglich dürfte niemand für Zwecke benutzt werden oder sich selbst dazu benutzen, die nicht der Entfaltung seiner eigenen menschlichen Kräfte dienen. Es müßte eine Gesellschaft sein, in der der Mensch im Mittelpunkt steht und in der alle ökonomischen und politischen Tätigkeiten dem Ziel seines Wachstums untergeordnet sind. In einer gesunden Gesellschaft haben Eigenschaften wie Habgier, Ausbeutung, Besitzstreben und Narzißmus keine Chance, jemandem größeren materiellen Gewinn oder ein höheres Ansehen zu verschaffen, und das Handeln nach dem eigenen Gewissen wird als eine fundamentale und notwendige Eigenschaft angesehen, während Opportunismus und Mangel an Prinzipien als asozial betrachtet werden. Dem einzelnen liegen die öffentlichen Angelegenheiten nicht weniger am Herzen als seine persönlichen Anliegen, und er zieht keinen Trennungsstrich zwischen seinen Beziehungen zu den Mitmenschen und denen in seinem privaten Bereich. Eine Gesellschaft ist gesund, wenn sie es dem Menschen erlaubt, in überschaubaren Dimensionen, die er noch in der Hand hat, zu wirken und aktiv und verantwortungsbewußt am Leben der Gesellschaft teilzunehmen und gleichzeitig Herr seines eigenen Lebens zu sein. Eine solche Gesellschaft fördert die Solidarität der Menschen und gibt ihren Mitgliedern nicht nur die Möglichkeit, liebevoll miteinander in Beziehung zu treten, sondern sie regt sie geradezu dazu an. Eine gesunde Gesellschaft fördert das produktive Tätigsein eines jeden bei seiner Arbeit, sie dient der Entfaltung der Vernunft und gibt dem Menschen die Möglichkeit, seinen inneren Bedürfnissen in gemeinsamer künstlerischer Tätigkeit und in Ritualen Ausdruck zu verleihen.

b) Wirtschaftliche Neugestaltung

1. Das Problem des Sozialismus

Im vorigen Kapitel haben wir drei Antworten auf das Problem der Krankheit unserer Zeit – den Totalitarismus, den Superkapitalismus und den Sozialismus – kennengelernt. Die totalitäre Lösung, ob es sich nun um den Faschismus oder den Stalinismus handelt, führt zweifellos nur zu einer noch schwereren Erkrankung und Entmenschlichung. Die Lösung des Superkapitalismus vertieft nur noch die dem Kapitalismus eigenen Krankheitserscheinungen; sie verstärkt die Entfremdung des Menschen, seine Automatisierung, und vollendet den Prozeß, ihn zu einem Sklaven des Götzen der Produktion zu machen. Die einzige konstruktive Lösung ist die des Sozialismus, der eine grundlegende Neuorganisation unseres Wirtschafts- und Gesellschaftssystems im Hinblick auf die Befreiung des Menschen anstrebt. Sie möchte erreichen, daß der Mensch nicht mehr als Mittel zu Zwekken benutzt wird, welche außerhalb seiner selbst liegen und daß eine Gesellschaftsordnung geschaffen wird, in welcher menschliche Solidarität, Vernunft und Produktivität gefördert und nicht behindert werden. Trotzdem ist nicht zu bestreiten, daß die Resultate des Sozialismus in der Praxis zumeist enttäuschend waren. Aus welchen Gründen hat er versagt? Welche Ziele müßte eine gesellschaftliche und ökonomische Neugestaltung anstreben, um diese Fehler zu vermeiden und zu einer gesunden Gesellschaft zu führen?

Im marxistischen Sozialismus baut sich eine sozialistische Gesellschaft auf folgenden zwei Prämissen auf: auf der Sozialisierung der Produktionsmittel und deren Verteilung und auf einer zentralisierten Planwirtschaft. Marx und die frühen Sozialisten zweifelten nicht daran, daß diese Ziele zu erreichen wären und daß die Befreiung der Menschen von jeder Entfremdung und eine klassenlose Gesellschaft der Brüderlichkeit und Gerechtigkeit automatisch folgen würden. Um die Neugestaltung der Menschen zu erreichen, war ihrer Ansicht nach nichts weiter zu tun, als daß die Arbeiterklasse durch Gewalt oder durch eine Abstimmung die Macht im Staat übernahm, daß man die Industrie verstaatlichte und eine Planwirtschaft einführte. Ob sie mit ihren Annahmen recht hatten oder nicht, ist heute keine akademische Frage mehr. Rußland hat das durchgeführt, was die marxistischen Sozialisten auf dem wirtschaftlichen Gebiet für notwendig hielten. Das russische System hat zwar gezeigt, daß ökonomisch gesehen, eine verstaatlichte Planwirtschaft erfolgreich arbeiten kann, aber es hat auch bewiesen, daß dies keineswegs genügt, eine freie, brüderliche und nicht entfremdete Gesellschaft zu schaffen. Ganz im Gegenteil hat es gezeigt, daß eine zentralisierte Planung eine noch stärkere Reglementierung und einen noch hochgradigeren Totalitarismus erzeugen kann, als es beim Kapitalismus oder beim Faschismus der Fall ist. Allerdings beweist die Tatsache, daß in Rußland eine verstaatlichte Planwirtschaft eingeführt worden ist, nicht, daß das russische System die Verwirklichung des Sozialismus ist, wie Marx und Engels ihn verstanden haben. Es bedeutet, daß Marx und Engels sich irrten, als sie meinten, die juristische Änderung der Besitzverhältnisse und eine Planwirtschaft würden ausreichen, auch die von ihnen gewünschten gesellschaftlichen und menschlichen Veränderungen herbeizuführen.

Während die Sozialisierung der Produktionsmittel zusammen mit einer Planwirtschaft die Hauptforderungen der marxistischen Sozialisten waren, gab es noch einige andere Forderungen, die in Rußland überhaupt nicht in die Praxis umgesetzt wurden. Marx verlangte zwar nicht die völlige Angleichung aller Einkommen, hatte aber trotzdem eine einschneidende Reduzierung der im Kapitalismus vorhandenen Ungleichheit im Sinn. Tatsächlich ist aber die Ungleichheit der Einkommen in Rußland weit größer als in den Vereinigten Staaten oder in Großbritannien. Eine andere marxistische Idee war, daß der Sozialismus zum Absterben des Staates und zum allmählichen Verschwinden der sozialen Klassen führen werde. In Wirklichkeit sind jedoch in Rußland die Macht des Staates und die Unterschiede zwischen den sozialen Klassen größer als in irgendeinem kapitalistischen Land. Schließlich und endlich stand im Mittelpunkt der Marxschen Konzeption vom Sozialismus der Gedanke, daß die emotionalen und intellektuellen Kräfte des Menschen Zweck und Ziel der Kultur seien, daß die Dinge (= das Kapital) dem Leben (= der Arbeit) zu dienen haben und daß das Leben nicht etwas Totem untergeordnet werden darf. Auch in dieser Hinsicht ist die Mißachtung des einzelnen und seiner humanen Eigenschaften in Rußland größer als in irgendeinem der kapitalistischen Länder.

Aber Rußland war nicht das einzige Land, das die ökonomischen Vorstellungen des marxistischen Sozialismus in die Praxis umzusetzen versuchte. Ein anderes Land war Großbritannien. Paradoxerweise hat die Labour-Partei, die sich nicht auf die marxistische Theorie gründet, mit ihren praktischen Maßnahmen genau den Weg der marxistischen Doktrin eingeschlagen, in dem Sinne, daß die Verwirklichung des Sozialismus auf die Verstaatlichung der Industrie basiert. Der Unterschied zu Rußland ist unverkennbar. Die britische Labour-Partei hat sich stets friedlicher Mittel zur Verwirklichung ihrer Ziele bedient. Sie hat nie eine »Alles oder nichts«-Politik betrieben, sondern sie hat es ermöglicht, die Gesundheitspflege, das Bankwesen, die Stahlindustrie, den Bergbau, die Eisenbahnen und die chemische Industrie zu sozialisieren, ohne daß die übrige Industrie verstaatlicht worden wäre. Aber während sie eine Wirtschaftsform eingeführt hat, bei der sozialistische Elemente mit dem Kapitalismus vermischt sind, blieb doch die Sozialisierung der Produktionsmittel ihr Leitgedanke zur Verwirklichung des Sozialismus.

Wenn auch das britische Experiment nicht so drastische Mängel aufwies, so war es doch ebenfalls entmutigend. Einerseits hat es einen solchen Grad der Reglementierung und Bürokratisierung mit sich gebracht, daß all jene, denen die menschliche Freiheit und Unabhängigkeit am Herzen lag, nicht damit einverstanden waren. Andererseits hat es auch keine der grundlegenden Erwartungen des Sozialismus erfüllt.

Es stellte sich klar heraus, daß es für den Arbeiter im britischen Bergbau oder der Stahlindustrie kaum einen Unterschied macht, ob Besitzer des Unternehmens ein paar tausend oder gar hunderttausend einzelne wie bei öffentlichen Gesellschaften sind, oder ob es der Staat ist. Sein Lohn, seine Rechte, und was das Wichtigste ist, seine Arbeitsbedingungen und seine Rolle im Arbeitsprozeß sind im wesentlichen die gleichen geblieben. Die Verstaatlichung hat dem Arbeiter nur wenige Vorteile gebracht, die er nicht auch durch seine Gewerkschaften in einer rein kapitalistischen Wirtschaft hätte erreichen können. Obgleich sich demnach das Hauptziel des Sozialismus durch die Maßnahmen der Labour-Regierung nicht erfüllt hat, wäre es doch andererseits kurzsichtig zu übersehen, daß der britische Sozialismus im Leben des britischen Volkes vorteilhafte Veränderungen von größter Wichtigkeit zustande gebracht hat. Eine davon ist die Erweiterung der Sozialversicherung im Gesundheitswesen. Daß niemand in Großbritannien sich vor einer Krankheit als einer Katastrophe zu fürchten braucht, die ihn völlig aus der Bahn werfen könnte (ganz zu schweigen davon, daß sie durch fehlende ärztliche Betreuung seinen Tod herbeiführen könnte), mag den Angehörigen der Mittel- oder Oberklasse in den Vereinigten Staaten geringfügig erscheinen, denen es nicht schwer fällt, eine Arztrechnung oder die Krankenhauskosten zu bezahlen. Aber es bedeutet tatsächlich eine fundamentale Verbesserung, die man durchaus mit dem Fortschritt vergleichen kann, der durch die Einführung des öffentlichen Unterrichtswesens gemacht wurde. Außerdem ist nicht zu bestreiten, daß die Verstaatlichung der Industrie selbst in dem beschränkten Ausmaß, wie sie in Großbritannien durchgeführt wurde (etwa ein Fünftel der Gesamtindustrie), es dem Staat erlaubte, die Gesamtwirtschaft bis zu einem gewissen Grad zu lenken, wovon die gesamte britische Wirtschaft profitierte.

Aber bei allem Respekt und aller Anerkennung der Leistungen der Labour-Regierung haben ihre Maßnahmen doch nicht zu einer Verwirklichung des Sozialismus geführt, wenn wir seinen menschlichen und nicht nur seinen rein ökonomischen Aspekt ins Auge fassen. Und wenn man argumentieren wollte, daß die Labour-Partei mit der Verwirklichung ihres Programmes erst begonnen habe und daß sie den Sozialismus durchgeführt hätte, wenn sie nur lange genug an der Macht geblieben wäre, um ihr Werk zu vollenden, so scheint mir dieses Argument nicht sehr überzeugend. Selbst wenn man sich eine Sozialisierung der gesamten britischen Schwerindustrie vorstellt, kann man zwar mit größerer Sicherheit und erhöhtem Wohlstand rechnen, und man braucht nicht zu befürchten, daß die neue Bürokratie die Freiheit mehr gefährdete, als es die Bürokratie von General Motors oder General Electric tut. Aber trotz allem, was sich über die Vorzüge einer solchen Sozialisierung und Planwirtschaft sagen läßt, es wäre noch kein Sozialismus, wenn wir darunter eine neue Lebensform, eine Gesellschaft der Solidarität und des Vertrauens verstehen, in der der einzelne sich selbst findet und aus der dem kapitalistischen System inhärenten Entfremdung herausgelangt.

Das schreckliche Ergebnis des Sowjet-Kommunismus einerseits und die enttäuschenden Resultate des Sozialismus der Labour-Partei andererseits haben bei vielen demokratischen Sozialisten zu einer Stimmung der Resignation und Hoffnungslosigkeit geführt. Einige von ihnen glauben weiter an den Sozialismus, aber mehr aus einem gewissen Stolz oder Trotz heraus als aus wirklicher Überzeugung. Andere, die sich eifrig kleineren oder größeren Aufgaben in einer der sozialistischen Parteien widmen, denken nicht allzuviel nach und geben sich mit den praktischen Aufgaben des Tages zufrieden. Wieder andere, die nicht mehr an eine Neugestaltung der Gesellschaft glauben, halten den Kreuzzug gegen den russischen Kommunismus für ihre Hauptaufgabe. Während sie ständig die Vorwürfe gegen den Kommunismus wiederholen, die allbekannt sind und von niemandem, der nicht gerade Stalinist ist, bestritten werden, enthalten sie sich einer radikalen Kritik am Kapitalismus und wollen nichts von neuen Vorschlägen wissen, wie man den demokratischen Sozialismus zum Funktionieren bringen könnte. Sie erwecken den Eindruck, daß in der Welt alles in Ordnung ist, wenn man sie nur vor der kommunistischen Gefahr bewahren kann; sie sind wie enttäuschte Liebhaber, die den Glauben an die Liebe verloren haben.

Als symptomatischen Ausdruck der allgemeinen Mutlosigkeit unter den demokratischen Sozialisten möchte ich einen Artikel von R.H.S. Crossman zitieren, einem der gedankenreichsten und aktivsten Führer des linken Flügels der Labour-Partei: »Da wir nicht in einer Zeit des ständigen Fortschritts auf einen Kapitalismus zu leben, welcher der Wohlfahrt der ganzen Welt dient, sondern in einem Zeitalter der Weltrevolution, wäre es töricht, annehmen zu wollen, die Aufgabe des Sozialisten bestehe darin, an der allmählichen Verbesserung des materiellen Loses der Menschheit und an der allmählichen Erweiterung des Bereichs der menschlichen Freiheit mitzuarbeiten. Die geschichtlichen Kräfte drängen alle zum Totalitarismus hin: im russischen Block infolge der bewußten Politik des Kreml, in der freien Welt infolge der wachsenden Bedeutung der Manager-Gesellschaft, der Auswirkungen der totalen Aufrüstung und der Unterdrückung der Bestrebungen der Kolonien. Die Aufgabe des Sozialismus ist weder, die politische Revolution zu beschleunigen, noch der Versuch, sie zu verhindern (es wäre dies genauso nutzlos wie die Opposition gegen die industrielle Revolution vor hundert Jahren), sondern sie zu zivilisieren.« (R.H.S. Crossman, 1953, S. 31.)

Mir scheint, daß Crossmans Pessimismus zu zwei Irrtümern verleitet. Der eine besteht in der Annahme, daß der Totalitarismus der Manager oder der Stalinisten »zivilisiert« werden könnte. Wenn man unter zivilisiert ein weniger grausames System als das der stalinistischen Diktatur versteht, mag Crossman recht haben. Aber die Version der ›Brave New World‹, die ganz auf Suggestion und Konditionierung beruht, ist ebenso unmenschlich und verrückt wie Orwells Version in seinem Buch ›1984‹. Keine dieser beiden Versionen einer völlig entfremdeten Gesellschaft ist zu humanisieren. Crossmans zweiter Irrtum liegt in seinem Pessimismus selbst. Der Sozialismus ist in seinen echten menschlichen und moralischen Bestrebungen immer noch ein überzeugendes Ziel für viele Millionen Menschen auf der ganzen Welt, und heute sind die objektiven Voraussetzungen für einen humanistischen demokratischen Sozialismus mehr gegeben als im neunzehnten Jahrhundert. Diese Überzeugung liegt dem folgenden Versuch zugrunde, einige Vorschläge für eine sozialistische Neugestaltung im wirtschaftlichen, politischen und kulturellen Bereich zu skizzieren. Zuvor möchte ich jedoch (wenn es auch kaum notwendig sein dürfte) darauf hinweisen, daß meine Vorschläge weder neu sind, noch Anspruch darauf erheben, erschöpfend oder im einzelnen auch unbedingt richtig zu sein. Ich mache sie, weil ich es für notwendig halte, sich statt einer allgemeinen Diskussion von Prinzipien den praktischen Problemen zuzuwenden, wie man diese Prinzipien in die Wirklichkeit umsetzen könnte. Schon lange bevor die politische Demokratie realisiert wurde, haben die Denker des achtzehnten Jahrhunderts Pläne für verfassungsrechtliche Prinzipien entworfen, die zeigen sollten, daß – und auf welche Weise – die demokratische Organisation des Staates möglich sei. Im zwanzigsten Jahrhundert besteht unsere Aufgabe darin, Mittel und Wege zu diskutieren, wie man die politische Demokratie im einzelnen verwirklichen und in eine wahrhaft humane Gesellschaft umwandeln kann. Die Einwände, die erhoben werden, beruhen weitgehend auf einer pessimistischen Einstellung und einem tiefgehenden Mangel an Vertrauen. Man behauptet, der Vormarsch der Managergesellschaft und die damit verbundene Manipulation des Menschen sei nicht mehr aufzuhalten, wenn wir nicht zum Spinnrad zurückkehren wollen, weil die moderne Industrie Manager und Automaten brauche. Andere Einwände beruhen auf einem Mangel an Phantasie. Noch andere werden durch die tiefsitzende Angst verursacht, keine Anordnungen mehr zu erhalten und in voller Freiheit leben zu müssen. Dennoch sind die Probleme der gesellschaftlichen Neugestaltung – theoretisch und praktisch – zweifellos nicht so schwer zu lösen wie die technischen Probleme, die unsere Chemiker und Physiker gelöst haben. Und es besteht auch kein Zweifel, daß wir eine humane Renaissance nötiger brauchen als Flugzeuge und Fernsehen. Wenn wir nur einen Bruchteil der Vernunft und des praktischen Verstandes, den wir für die Naturwissenschaften verwenden, für menschliche Probleme aufwendeten, so würde uns das die Möglichkeit geben, die Aufgabe weiterzuführen, auf die unsere Vorfahren aus dem achtzehnten Jahrhundert so stolz waren.

2. Das Prinzip des kommunitären Sozialismus

Die marxistische Betonung der Sozialisierung der Produktionsmittel war vom Kapitalismus des neunzehnten Jahrhunderts beeinflußt. Besitz- und Eigentumsrechte waren die zentralen Kategorien der kapitalistischen Wirtschaft, und Marx selbst blieb innerhalb dieses Bezugsrahmens, wenn er den Sozialismus als Umkehr der kapitalistischen Eigentumsverhältnisse definierte und die »Expropriation der Expropriateure« verlangte. Hier, wie auch in ihrer Einstellung zu den politischen gegenüber den sozialen Fragen, waren Marx und Engels noch stärker vom bürgerlichen Geist beeinflußt als andere sozialistische Richtungen, deren Hauptanliegen die Funktion des Arbeiters im Arbeitsprozeß, seine sozialen Beziehungen zu anderen in der Fabrik und die Wirkung der Arbeitsmethoden auf den Charakter des Arbeiters war.

Das Versagen – wie vielleicht auch die Popularität des marxistischen Sozialismus – liegt eben an dieser bürgerlichen Überschätzung der Besitzrechte und der rein wirtschaftlichen Faktoren. Aber andere sozialistische Richtungen waren sich der im Marxismus vorhandenen Fallstricke viel deutlicher bewußt, und sie haben daher das Ziel des Sozialismus weit adäquater formuliert. Owenisten, Syndikalisten, Anarchisten und Gilden-Sozialisten waren sich in ihrem Hauptanliegen einig, nämlich der gesellschaftlichen und menschlichen Situation des Arbeiters bei seiner Arbeit und die Art seiner Beziehung zu seinen Arbeitskollegen. (Unter »Arbeiter« verstehe ich hier und auf den folgenden Seiten einen jeden, der von seiner eigenen Arbeit lebt, ohne zusätzliche Gewinne durch die Beschäftigung anderer.) Ziel all dieser verschiedenen Formen des Sozialismus, den wir als »kommunitären Sozialismus« *(communitarian socialism)* bezeichnen können, war eine Organisation der Industrie, in der *jeder arbeitende Mensch ein aktiver und verantwortlicher Partner ist, in der die Arbeit attraktiv und sinnvoll ist und in der nicht das Kapital die Arbeiter in seinen Dienst stellt, sondern die Arbeiter das Kapital.* Sie stellten die Organisation der Arbeit und die sozialen Beziehungen zwischen den Menschen, und nicht die Besitzverhältnisse in den Vordergrund. Wie ich noch zeigen werde, finden wir heute eine bemerkenswerte Rückwendung zu dieser Einstellung bei Sozialisten auf der ganzen Welt, die noch vor einigen Jahrzehnten in der reinen Form der marxistischen Lehre *die* Lösung für alle Probleme sahen. Um dem Leser eine allgemeine Vorstellung von den Prinzipien des kommunitären Sozialismus zu geben, die trotz beträchtlicher Unterschiede den Syndikalisten, den Anarchisten, den Gilden-Sozialisten und in zunehmendem Maß auch den marxistischen Sozialisten gemeinsam sind, möchte ich folgende von Cole stammende Formulierungen zitieren:

»Die Freiheit ist eines der ewigen menschlichen Grundrechte. Aber der Ruf nach Freiheit wurde nicht mehr gehört, als man sich daran gewöhnt hatte, Freiheit und politische Selbstverwaltung gleichzusetzen. Der neue Begriff der Freiheit muß größer sein. In ihm muß der Mensch nicht nur als Bürger eines freien Staates enthalten sein, sondern auch als gleichberechtigtes Mitglied im wirtschaftlichen Gemeinwesen. Die bureaukratischen Reformer, die sich mit nichts als mit der materiellen Seite des Lebens abgeben, glauben an eine Gesellschaft von lauter wohlgenährten, gut gekleideten, in hübschen Häusern wohnenden menschlichen Maschinen, die alle für eine noch größere Maschine, den Staat, arbeiten; der Individualist brachte den Menschen die Alternative, im Vollbesitz der sogenannten bürgerlichen Freiheit zu verhungern. Die wahre Freiheit, die der Sinn des neuen Sozialismus ist, verlangt für den Menschen Handlungsfreiheit und Sicherung vor wirtschaftlicher Not. Sie erblickt im Menschen weder ein Problem noch ein göttliches Wesen, sondern einfach ein menschliches Wesen.

Politische Freiheit an sich ist immer eine Illusion. Ein Mann, der sechs oder gar sieben Tage in der Woche in wirtschaftlicher Abhängigkeit lebt, ist noch nicht frei, wenn er einmal alle fünf Jahre einen Stimmzettel abgibt. Wenn Freiheit für den einfachen Menschen irgend etwas bedeuten soll, so muß sie wirtschaftliche Freiheit mit einschließen. Ehe nicht die Menschen sich bei ihrer Arbeit als Glieder einer sich selbst verwaltenden Gemeinschaft aller Arbeitenden empfinden, werden sie Knechte sein, wie immer das politische System geartet sein mag, unter dem sie leben. Es genügt nicht, das entwürdigende Verhältnis zwischen Lohnsklaven und Privatunternehmer aufzuheben. Auch der Staatssozialismus hält den Arbeiter in einer Knechtschaft, und diese wirkt nicht weniger verbitternd, weil sie unpersönlich ist. In der Industrie ist aber Selbstverwaltung nicht nur ergänzender Bestandteil, sondern Vorbedingung der politischen Freiheit.

Der Mensch ist überall in Ketten. Seine Ketten werden nicht eher zerbrechen, als bis er empfindet, wie unwürdig es ist, ein Knecht zu sein, einerlei ob Knecht eines Individuums oder eines Staates. Das Übel der Zivilisation liegt nicht so sehr in der materiellen Armut der Masse, als im Niedergang der Freiheitsliebe und des Selbstvertrauens. Nicht aus dem Wohlwollen, das Reformen hervorbringt, sondern aus dem Willen zur Freiheit wird die Revolte kommen, die eines Tages die

Welt verändert. Die Menschen werden zusammenarbeiten im vollen Bewußtsein ihrer gegenseitigen Abhängigkeit, und doch für sich selber handeln. Sie werden nicht warten, bis ihnen die Freiheit von oben her beschert wird, sondern sie werden sie sich nehmen.

So müssen denn die Sozialisten ihren Aufruf an die Arbeiter nicht in die Frage kleiden: ›Ist es nicht unangenehm, arm zu sein, und willst du nicht den Armen helfen?‹ sondern: ›Armut ist ein Zeichen menschlicher und geistiger Knechtschaft; um ihre Fesseln zu sprengen, mußt du aufhören, für andere zu arbeiten und an dich selber glauben.‹ Lohnsklaverei wird so lange bestehen, als es Menschen oder Einrichtungen gibt, die sich zum Herrn anderer Menschen machen. Aber sie wird aufhören, sobald die Arbeiter lernen, Freiheit für ein größeres Gut zu achten als die Bequemlichkeit. Der einfache Mann muß Sozialist sein, nicht um ein Existenzminimum zu sichern, sondern weil er sich des Sklaventumes schämt, das ihn und seine Brüder gebunden hält, und weil er entschlossen ist, das wirtschaftliche System aufzuheben, das ihn zum Sklaven macht ...

Zunächst also, welches ist der Inhalt des Ideals, nach welchem der Arbeiter streben muß? Was bedeutet die Kontrolle der Industrie, wie sie der Arbeiter fordert? Hier genügen zwei Worte: direkte Leitung. Die wirkliche Leitung des Geschäftes muß auf die Arbeiter übergehen, die in ihm täglich sind. Ihre Aufgabe muß es sein, Erzeugung, Verteilung und Austausch zu ordnen. Erobern müssen sie die industrielle Geschäftsführung und das Recht, die Beamten selbst zu wählen; sie müssen das ganz verwickelte Räder- und Hebelwerk der Industrie und des Handels verstehen und überwachen lernen; sie müssen zu den anerkannten Beauftragten der Allgemeinheit auf wirtschaftlichem Gebiete werden.« (G.D.H. Cole und W. Mellor, 1921, S. 3–6 und 27f.)

3. Sozio-psychologische Einwände gegen den kommunitären Sozialismus

Bevor ich praktische Vorschläge zur Realisierung des kommunitären Sozialismus in einer Industriegesellschaft erörtere, halte ich es für angebracht, einige der Haupteinwände gegen diese Art von Sozialismus aufzugreifen. Die Einwände beziehen sich zum einen auf die Vorstellung vom Wesen der Industriearbeit, zum anderen auf das Wesen des Menschen und auf die psychologischen Motivationen zur Arbeit.

Viele nachdenkliche und wohlmeinende Beobachter werfen dem kommunitären Sozialismus in erster Linie vor, daß er die Arbeitssituation selbst ändern wolle. Sie argumentieren, die moderne Industriearbeit sei ihrem Wesen nach mechanisch, uninteressant und entfremdet. Sie gründe sich auf eine extreme Arbeitsteilung und könne daher niemals das Interesse und die Aufmerksamkeit des ganzen Menschen beanspruchen. Alle Ideen, die Arbeit wieder interessant und sinnvoll zu machen, seien in Wirklichkeit lediglich romantische Träume – und wenn man sie konsequenter und realistischer verfolgen würde, so käme man logischerweise zu dem Ergebnis, daß man unser industrielles Produktionssystem aufgeben und zu einer vorindustriellen, handwerklichen Produktionsweise zurückkehren müsse. Ganz im Gegenteil – so argumentiert man weiter – müsse aber unser Ziel sein, die Arbeit noch weniger sinnvoll zu machen und sie noch stärker zu mechanisieren. In den letzten hundert Jahren haben wir eine enorme Reduzierung der täglichen Arbeitszeit erlebt, und ein Arbeitstag von vier oder gar von nur zwei Stunden kommt uns heute nicht mehr wie eine phantastische Zukunftserwartung vor. Im Augenblick erleben wir eine drastische Veränderung der Arbeitsmethoden. Der Arbeitsprozeß wird in so viele kleine Komponenten aufgeteilt, daß die Aufgabe eines jeden Arbeiters rein automatisch wird und seine volle Aufmerksamkeit nicht mehr in Anspruch nimmt. So kann er sich Tagträumen und Phantasien hingeben. Außerdem bedienen wir uns in zunehmendem Maß automatisierter Maschinen, die mit einem eigenen »Gehirn« in sauberen, gut beleuchteten, gesunden Fabriken arbeiten, und der »Arbeiter« hat nur noch ein paar Instrumente zu beobachten und von Zeit zu Zeit einen Hebel zu betätigen. Die Vertreter dieser Auffassung sagen sogar, *die völlige Automatisierung der Arbeit sei geradezu zu erhoffen.* Der Mensch werde dann nur noch ein paar Stunden zu arbeiten haben, seine Arbeit werde für ihn nicht mehr unbequem sein, und sie werde seine Aufmerksamkeit kaum noch in Anspruch nehmen. Sie werde zu einer fast unbewußten Routine werden wie das Zähneputzen, und die Freizeit werde zum Schwerpunkt im Leben eines jeden Menschen werden.

Dieses Argument klingt recht überzeugend, und wer könnte behaupten, das Ziel, dem unsere industrielle Entwicklung zustrebt, sei nicht die völlig automatisierte Fabrik und die Abschaffung aller schmutzigen und unbequemen Arbeiten? Aber es gibt da einige Erwägungen, die uns daran hindern, unsere Haupthoffnung für eine Gesundung der Gesellschaft in der Automatisierung zu sehen.

Vor allem ist es zum mindesten zweifelhaft, ob die Mechanisierung der Arbeit die oben erwähnten Resultate bringen wird. Vieles spricht dagegen. So zeigte zum Beispiel eine gut durchdachte Untersuchung der Automobilarbeiter, daß diesen ihre Arbeit in dem Maß zuwider war, wie sie die Kennzeichen der Massenproduktion aufwies, also ständige Wiederholung, mechanische Arbeitsschritte und dergleichen. Obwohl die meisten aus wirtschaftlichen Gründen mit ihrem Job einverstanden waren (einhundertsiebenundvierzig zu sieben), behagte er einem noch größeren Anteil (sechsundneunzig zu eins) nicht, weil ihnen die unmittelbare Art ihrer Arbeit nicht gefiel. (Vgl. R. Walker und R.H. Guest, 1952, S. 142f.) Die gleiche Reaktion kam auch im Verhalten der Arbeiter zum Ausdruck. »Arbeiter, deren Tätigkeit ›eine hohe Punktzahl in bezug auf die Massenproduktion erreichte‹ – das heißt, welche die Merkmale der Massenproduktion in extremer Form aufwies – blieben ihrem Arbeitsplatz öfter fern als Arbeiter, deren Tätigkeit nur wenig Merkmale der Massenproduktion aufwies. Mehr Arbeiter mit hohen Massenproduktionswerten geben ihren Arbeitsplatz auf als solche mit niedrigen.«(A. a. O., S. 144.)[1] Außerdem ist es fraglich, ob die Möglichkeit, sich Tagträumen und Phantasien hinzugeben, die einem die mechanische Arbeit gibt, wirklich etwas so Positives und Gesundes ist, wie die meisten Industriepsychologen annehmen. Tatsächlich ist das Tagträumen ja ein Symptom für eine mangelnde Bezogenheit auf die Wirklichkeit. Es ist weder erfrischend noch entspannend – es ist im wesentlichen eine Flucht mit allen negativen Folgen einer Ausweichhandlung. Was die Industriepsychologen in so leuchtenden Farben schildern, bedeutet seinem Wesen nach den gleichen Konzentrationsmangel, der für den modernen Menschen überhaupt so kennzeichnend ist. Man tut drei Dinge auf einmal, weil man nichts konzentriert tut. Es ist ein großer Irrtum anzunehmen, daß es erfrischend sei, wenn man etwas auf unkonzentrierte Weise tut. Ganz im Gegenteil ist jede konzentrierte Tätigkeit, ob es sich nun um Arbeit, Spiel oder Ausruhen handelt (auch Sich-Ausruhen ist eine Tätigkeit), belebend, und jede nichtkonzentrierte Tätigkeit ist ermüdend. Durch einfache Selbstbeobachtung kann jedermann sich von der Richtigkeit dieser Behauptung überzeugen.

Aber von all dem abgesehen wird es noch viele Generationen dauern, bis ein solcher Grad der Automatisierung und Reduzierung der Arbeitszeit erreicht ist – besonders, wenn wir nicht nur an Europa und Amerika, sondern auch an Asien und Afrika denken, die mit ihrer industriellen Revolution noch kaum begonnen haben. Soll der Mensch während der nächsten Jahrhunderte noch weiter den größten Teil seiner Energie auf sinnlose Arbeit verwenden und auf den Zeitpunkt warten, wo die Arbeit kaum noch irgendwelche Energie beanspruchen wird? Was soll in der Zwischenzeit aus ihm werden? Wird er sich nicht immer mehr sich selbst entfremden, und das genau so in seiner Freizeit wie in seiner Arbeitszeit? Ist die Hoffnung auf eine Arbeit ohne Mühe nicht ein Tagtraum, der sich auf die Phantasievorstellung,

[1] Die von IBM gemachten Erfahrungen mit der Erweiterung des Arbeitsbereiches erbrachten ähnliche Ergebnisse. Wenn ein Arbeiter mehrere Handgriffe verrichtete, die zuvor unter mehreren Arbeitern verteilt gewesen waren, so daß er jetzt das Gefühl hatte, etwas zu leisten und eine Beziehung zu dem Produkt seiner Arbeit gewann, steigerte sich seine Leistung, und er ermüdete weniger rasch.

immer faulenzen zu können und nur auf einen Knopf drücken zu müssen, gründet, und ist das nicht eine ziemlich ungesunde Vorstellung? Ist nicht die Arbeit ein so grundlegender Bestandteil der menschlichen Existenz, daß man sie nie und nimmer zu einer völligen Bedeutungslosigkeit reduzieren kann und sollte? Ist nicht die Art der Tätigkeit an und für sich ein wesentliches Element bei der Charakterbildung eines Menschen? Führt eine völlig automatisierte Arbeit nicht zu einem völlig automatisierten Leben?

Während all diese Fragen ebenso viele Zweifel an der Berechtigung der Idealisierung einer völlig automatisierten Arbeit bedeuten, haben wir uns jetzt mit jenen Ansichten zu befassen, die die Möglichkeit bestreiten, daß man die Arbeit attraktiv und sinnvoll machen könne und daß sie daher überhaupt nicht wirklich zu humanisieren sei. Dabei argumentiert man folgendermaßen: Die moderne Fabrikarbeit kann den Menschen ihrer ganzen Natur nach nicht interessieren und befriedigen. Außerdem sind auch notwendige Arbeiten zu verrichten, die unbestreitbar unangenehm oder abstoßend sind. Die aktive Beteiligung der Arbeiter am Management ist unvereinbar mit den Erfordernissen der modernen Industrie und würde zu einem Chaos führen. Um in diesem System richtig zu funktionieren, muß der Mensch gehorchen, muß er sich einer routinisierten Organisation anpassen. Von Natur aus ist der Mensch faul und hat keine Lust, Verantwortung zu übernehmen; daher muß man ihn dazu konditionieren, daß er reibungslos und ohne allzuviel eigene Initiative und Spontaneität funktioniert.

Um uns mit diesen Argumenten richtig auseinandersetzen zu können, müssen wir einige Spekulationen über das Problem der *Faulheit* und über die verschiedenen *Motivationen zur Arbeit* anstellen.

Es ist erstaunlich, daß die Auffassung von der natürlichen Faulheit des Menschen von Psychologen wie von Laien immer noch vertreten werden kann, wo ihr doch so viele, von jedem zu beobachtende Tatsachen widersprechen. *Die Faulheit ist keineswegs normal, sondern ein Symptom einer seelischen Erkrankung.* Tatsächlich ist eine der schlimmsten Formen seelischen Leidens die Langeweile, daß man nicht weiß, was man mit sich selbst und seinem Leben anfangen soll. Selbst wenn der Mensch keine finanzielle oder andersartige Entschädigung dafür bekäme, würde er doch mit Eifer seine Energie auf eine irgendwie sinnvolle Weise einsetzen, weil er die Langeweile, welche die Untätigkeit erzeugt, nicht aushält.

Schauen wir uns doch einmal die Kinder an: Sie sind nie faul. Wenn man sie nur im geringsten dazu ermuntert, oder sogar auch ohne dies, sind sie eifrig am Spielen. Sie stellen Fragen, erfinden Geschichten ohne anderen Ansporn als dem Spaß, den ihnen die Tätigkeit selbst macht. In der Psychopathologie finden wir, daß ein Mensch, der kein

Interesse daran hat, sich zu betätigen, schwer krank und weit entfernt vom normalen Zustand der menschlichen Natur ist. Wir besitzen eine Menge Material darüber, daß Arbeiter in Zeiten der Arbeitslosigkeit ebensosehr – oder noch mehr – unter der ihnen aufgezwungenen »Ruhe« wie unter materiellen Entbehrungen leiden. Ebensoviel Material gibt es darüber, daß viele Menschen, die mit fünfundsechzig Jahren zu arbeiten aufhören müssen, darüber tief unglücklich sind, was häufig zu einem körperlichen Verfall und zu Erkrankungen führt.

Trotzdem gibt es auch gute Gründe für die weitverbreitete Annahme, daß der Mensch von Natur aus faul ist. Der Hauptgrund dafür ist die Tatsache, daß die entfremdete Arbeit langweilig und unbefriedigend ist, daß hierdurch sehr viel Spannung und Feindseligkeiten entstehen, welche zu einem Widerwillen gegen die Arbeit führen, die man tun muß, und gegen alles, was damit zusammenhängt. Die Folge ist, daß für viele das Faulenzen und »Nichtstun« das Ideal ist. Solche Menschen haben daher das Gefühl, ihre Faulheit sei der »natürliche« Zustand und nicht Symptom einer krankhaften Lebensbedingung, die das Resultat einer sinnlosen und entfremdeten Arbeit ist. Wenn man die üblichen Meinungen über die Arbeitsmotivation genauer untersucht, so zeigt sich, daß sie von der Konzeption einer entfremdeten Arbeit ausgehen und daß ihre Schlußfolgerungen sich daher nicht auf eine nicht-entfremdete, attraktive Arbeit anwenden lassen.

Die konventionelle und verbreitetste Theorie lautet, das *Geld* sei der Hauptansporn zur Arbeit. Diese Antwort kann zweierlei bedeuten: einmal, daß die Angst, verhungern zu müssen, der Hauptantrieb zur Arbeit ist; in diesem Fall ist das Argument zweifellos zutreffend. Der Arbeiter würde viele Arbeiten wegen des Lohns oder anderer Arbeitsbedingungen niemals auf sich nehmen, wenn er nicht vor der Alternative stünde, sie entweder zu akzeptieren oder zu verhungern. Die unangenehmen, niedrigen Arbeiten werden in unserer Gesellschaft nicht freiwillig verrichtet, sondern weil die Betreffenden durch die Notwendigkeit, sich ihren Lebensunterhalt zu verdienen, dazu gezwungen sind.

Noch häufiger kommt es vor, daß die Auffassung vom Geld als Arbeitsansporn sich darauf bezieht, daß man sich beim Arbeiten mehr anstrengt, um *noch mehr* Geld zu verdienen. Wenn der Mensch nicht hoffte, besser bezahlt zu werden – lautet dieses Argument – so würde er überhaupt nicht arbeiten, oder er hätte doch wenigstens keinerlei Interesse an seiner Arbeit.

Dieser Ansicht sind noch immer die meisten Industriellen, wie auch viele Gewerkschaftsführer. So gaben beispielsweise fünfzig leitende Angestellte in einer Fabrik auf die Frage, was zur Hebung der Produktivität der Arbeiter von Wichtigkeit sei, folgende Antworten:

»Man kann nur antworten: Geld!«	44%
»Geld ist bei weitem das Wichtigste, aber auch weniger greifbare Dinge spielen eine Rolle.«	28%
»Geld ist wichtig, hat aber über einen gewissen Punkt hinaus keine Wirkung mehr.«	28%
	100%

(Vgl. die im *Public Opinion Index for Industry* 1947 wiedergegebene Meinungsumfrage, zit. nach M.S. Viteles, 1953.)

Tatsächlich treten auf der ganzen Welt die Arbeitgeber für das Prinzip höherer Löhne für höhere Leistungen als dem einzigen Mittel ein, das zu einer erhöhten Produktivität des einzelnen Arbeiters, sowie zu einem höheren Verdienst von Arbeitern und Arbeitgebern und hierdurch indirekt zu einer verminderten Abwesenheit vom Arbeitsplatz, zur Vereinfachung der Aufsicht und dergleichen führt. Berichte und Meinungsumfragen in den Büros von Industrie und öffentlicher Verwaltung »bestätigen ganz allgemein die Wirksamkeit des Prinzips der höheren Löhne für höhere Leistungen im Hinblick auf eine Steigerung der Produktivität und zur Erreichung anderer Ziele« (a.a.O., S. 27). Es scheint, daß auch die Arbeiter der Ansicht sind, daß höherer Lohn für höhere Leistung aus jedem Arbeiter das meiste herausholt. Bei einer Meinungsumfrage der *Opinion Research Corporation* im Jahre 1949, bei der eintausendeinundzwanzig Arbeiter befragt wurden, die eine nationale Stichprobe von Arbeitnehmern in Fabrikbetrieben darstellten, meinten fünfundsechzig Prozent, höhere Löhne für höhere Leistung steigerten die Produktion, und nur zweiundzwanzig Prozent meinten, die Bezahlung im Stundenlohn wirke sich günstiger auf die Produktion aus. Auf die Frage, welche Methode *sie bevorzugten,* antworteten jedoch fünfundsechzig Prozent, es sei der Stundenlohn, und nur neunundzwanzig Prozent waren für den Akkordlohn. (Bei den Arbeitern im Stundenlohn war das Verhältnis vierundsiebzig zu zwanzig zugunsten des Stundenlohns, aber selbst bei den bereits im Akkord bezahlten Arbeitern waren neunundfünfzig Prozent für den Stundenlohn, und nur sechsunddreißig Prozent zogen die höheren Löhne für höhere Leistung vor.)

Viteles interpretiert letztere Ergebnisse folgendermaßen: »So vorteilhaft höherer Lohn für höhere Leistung zur Steigerung der Produktion auch sein mag, so ist damit allein das Problem, die echte Mitarbeit der Arbeiter zu gewinnen, doch nicht gelöst. In gewisser Hinsicht kann sich hierdurch das Problem sogar noch verschärfen.« (A.a.O., S. 49f.) Diese Meinung vertreten auch immer mehr Industriepsychologen und sogar manche Industrielle.

Die Erörterung über den Ansporn durch Geld wäre jedoch unvollständig, wenn man die Tatsache nicht berücksichtigte, daß das Verlangen nach mehr Geld durch dieselbe Industrie noch ständig genährt wird, die sich darauf verläßt, daß das Geld den Hauptantrieb zur Leistung darstellt. Durch die Reklame, durch das Angebot von Abzahlungskrediten und viele andere Methoden stachelt man die Begehrlichkeit jedes einzelnen nach dem Kauf von immer mehr und immer neueren Dingen so sehr an, daß er nur noch selten genug Geld hat, um alle diese »Bedürfnisse« zu befriedigen. Auf diese Weise spielt das Geld als Ansporn zur Leistung eine noch größere Rolle als es sonst der Fall wäre. Außerdem versteht es sich von selbst, daß der Ansporn durch das Geld solange eine Hauptrolle spielen muß, wie es den *einzigen* Ansporn darstellt, weil der Arbeitsprozeß selbst so unbefriedigend und langweilig ist. Es gibt viele Fälle, wo sich Menschen für eine Arbeit mit geringerer Bezahlung entschieden, weil sie interessanter war.

Neben dem Geld sieht man im *Prestige*, dem *Status* und der damit Hand in Hand gehenden *Macht* einen Hauptansporn zur Arbeit. Der Beweis erübrigt sich, daß heute das Streben nach Prestige und Macht für die Mittel- und Oberklasse den mächtigsten Antrieb zur Arbeit darstellt. Tatsächlich liegt die Bedeutung des Geldes weitgehend darin, daß es Prestige verleiht, was mindestens ebenso wichtig ist, wie daß es Sicherheit und Komfort mit sich bringt. Aber dabei übersieht man oft, welche Rolle das Bedürfnis nach Prestige auch bei den Arbeitern und den kleinen Angestellten in der Industrie und im Geschäftsleben spielt. Das Namensschildchen des Pullman-Gepäckträgers und des Schalterbeamten und so weiter sind bedeutsame psychologische Stützen für das Gefühl der eigenen Bedeutung. Das gleiche gilt für das eigene Telefon und den größeren Büroraum für die gehobenen Posten. Diese Prestigefaktoren spielen auch bei den Industriearbeitern eine Rolle. (Vgl. W. Williams, 1925, S. 56, zit. nach M.S. Viteles, 1953, S. 65.)

Geld, Prestige und Macht sind heute der Hauptansporn für den größten Teil unserer Bevölkerung – die Berufstätigen. Aber es gibt auch noch andere Motivationen: die Befriedigung, die es verleiht, sich eine *unabhängige wirtschaftliche Existenz* aufzubauen, und die Ausübung einer *qualifizierten* Tätigkeit. Beides macht die Arbeit weit sinnvoller und attraktiver, als wenn allein das Streben nach Geld und Macht dahintersteht. Während aber wirtschaftliche Unabhängigkeit und handwerkliche Geschicklichkeit für den unabhängigen Geschäftsmann, den Handwerker und den hochqualifizierten Facharbeiter im neunzehnten und zu Beginn des zwanzigsten Jahrhunderts wichtige Quellen der Befriedigung waren, spielen diese Motivationen nun eine immer geringere Rolle.

Was die Zunahme der Arbeiter und Angestellten im Gegensatz zu den Selbständigen betrifft, so ist festzustellen, daß zu Anfang des neunzehnten Jahrhunderts etwa vier Fünftel aller Berufstätigen selbständig waren; um 1870 gehörte nur noch ein Drittel dieser Gruppe an, und 1940 zählten zu dieser alten Mittelklasse nur noch ein Fünftel der berufstätigen Bevölkerung. Diese Verschiebung von der Tätigkeit eines selbständigen Unternehmers zu der eines Abhängigen führt an sich schon zu einer geringeren Befriedigung durch die Arbeit aus den bereits erwähnten Gründen. Der Angestellte arbeitet mehr als der Selbständige in einer entfremdeten Position. Ob er ein niedrigeres oder ein höheres Einkommen bezieht, stets ist er nur ein nebensächlicher Bestandteil der Organisation und kein menschliches Wesen, das etwas für sich selbst tut.

Es gibt jedoch einen Faktor, welcher die Entfremdung der Arbeit mildern könnte, und das ist die zu ihrer Ausübung erforderliche Geschicklichkeit. Aber auch hier geht die Entwicklung in Richtung immer geringerer Anforderungen, was wiederum zu einer wachsenden Entfremdung führt.

Von den Büroangestellten erwartet man immer noch ein gewisses Maß an Können, doch wird es immer wichtiger, daß sie dabei auch eine »liebenswürdige Persönlichkeit« sind, die sich zu verkaufen versteht. Bei den Industriearbeitern verliert der alte Typ des vielseitig ausgebildeten Arbeiters im Vergleich zu dem nur angelernten immer mehr an Bedeutung. Ende 1948 betrug bei Ford die Zahl der Arbeiter, die in weniger als zwei Wochen angelernt worden waren, fünfundsiebzig bis achtzig Prozent der gesamten Belegschaft. In einer Berufsschule mit Lehrlingsausbildung bei Ford schlossen nur dreihundert Lehrlinge alljährlich ihre Ausbildung ab, und die Hälfte davon ging anschließend in einen anderen Betrieb. In einer Chicagoer Batteriefabrik sind unter hundert Mechanikern, die als hochqualifiziert angesehen werden, nur fünfzehn, die ein gründliches technisches Allgemeinwissen besitzen; fünfundvierzig weitere sind nur für die Bedienung einer bestimmten Maschine angelernt. In einem der Betriebe der Western Electric in Chicago beansprucht die Ausbildung der Arbeiter zwischen drei und vier Wochen und bis zu sechs Monaten, sofern es sich um besonders komplizierte und schwierige Aufgaben handelt. Die gesamte Belegschaft von sechstausendvierhundert Personen setzte sich 1948 aus etwa eintausend Angestellten, fünftausend einfachen Arbeitern und nur vierhundert Arbeitern zusammen, die man als Facharbeiter bezeichnen konnte. Anders gesagt, es waren weniger als zehn Prozent der gesamten Belegschaft technisch besonders qualifiziert. In einer großen Süßwarenfabrik in Chicago brauchen neunzig Prozent der Arbeiter »für den Job« eine Ausbildung von nicht mehr als achtundvierzig Stunden. (Zu den Zahlenangaben vgl. G. Friedmann, 1950, S. 152ff.)

Selbst in der Schweizer Uhrenindustrie, die sich doch auf die Arbeit von hochqualifizierten und geschickten Leuten gründet, hat sich die Lage in dieser Hinsicht drastisch geändert. Es gibt zwar immer noch ein Reihe von Firmen, die sich bei ihrer Produktion an das traditionelle Handwerksprinzip halten, aber die großen Uhrenfabriken im Kanton Solothurn besitzen nur noch einen geringen Prozentsatz von voll ausgebildeten Facharbeitern. (Vgl. G. Friedmann, 1950, S. 319f.)

Zusammenfassend ist zu sagen, daß der allergrößte Teil der Bevölkerung Arbeiten ausführt, die nur wenig Geschicklichkeit verlangen und bei denen der einzelne fast keine Chance hat, irgendwelche besonderen Talente zu entwickeln oder herausragende Leistungen zu zeigen. Während die Gruppe der Manager und der Angehörigen höherer Berufe wenigstens noch ein beträchtliches Interesse daran hat, etwas mehr oder weniger Persönliches zu leisten, verkaufen die allermeisten ihre körperlichen und einen äußerst geringen Teil ihrer intellektuellen Fähigkeiten einem Arbeitgeber, der sie zu Gewinnzwecken, an denen sie keinen Teil haben, und für Dinge, für die sie sich nicht interessieren, benutzt, wobei sie selbst keinen anderen Zweck verfolgen, als ihren Lebensunterhalt zu verdienen und daneben auch eine kleine Chance zu haben, ihre Konsumgier zu befriedigen.

Unzufriedenheit, Apathie, Langeweile, Mangel an Freude und Glück, ein Gefühl der Nutzlosigkeit und die unbestimmte Empfindung, daß das Leben sinnlos ist, sind die unvermeidlichen Folgen dieser Situation. Dieses Krankheitssyndrom unserer Gesellschaft mag den Leuten nicht bewußt sein. Es kann durch eine krampfhafte Flucht in Ausweichbeschäftigungen oder durch das Streben nach mehr Geld, Macht und Prestige verdeckt werden. Aber diese letzteren Motivationen spielen nur deshalb eine so große Rolle, weil der entfremdete Mensch nicht umhin kann, nach solchen Kompensationen für seine innere Leere zu suchen, und nicht etwa weil diese Wünsche die »natürlichen« oder wichtigsten Antriebskräfte für die Arbeit sind.

Gibt es irgendwelche empirischen Beweise dafür, daß die meisten Menschen heute von ihrer Arbeit nicht befriedigt sind?

Wenn wir diese Frage zu beantworten versuchen, müssen wir unterscheiden zwischen dem, was die Menschen *bewußt* darüber *denken*, ob sie zufrieden sind, und was sie in dieser Beziehung *unbewußt fühlen.* Aus den Erfahrungen der Psychoanalyse geht hervor, daß das Gefühl, unglücklich und unbefriedigt zu sein, tief verdrängt sein kann. Jemand kann sich bewußt ganz zufrieden vorkommen, und seine unglückliche Grundstimmung kann sich nur in seinen Träumen, in einer psychosomatischen Krankheit, in Schlaflosigkeit und vielen anderen Symptomen äußern. Die Neigung zu verdrängen, daß man unglücklich und unbefriedigt ist, wird noch stark gefördert durch das weitverbreitete Gefühl, daß nicht zufrieden sein soviel bedeute, wie daß man »ein Versager«, daß man »komisch«, erfolglos ist und so weiter. (So ist zum Beispiel die Zahl der Leute, die meinen, sie wären glücklich verheiratet, und die das bei der Beantwortung eines Fragebogens auch ganz aufrichtig zum Ausdruck bringen, weit größer als die Zahl derer, die in ihrer Ehe wirklich glücklich sind.)

Aber selbst die Daten, die sich auf die bewußte Zufriedenheit mit dem jeweiligen Job beziehen, sind recht aufschlußreich.

Bei einer entsprechenden Umfrage auf nationaler Ebene äußerten sich fünfundachtzig Prozent der Angehörigen freier Berufe und leitender Angestellter zufrieden und erfreut über ihren Beruf, gegenüber vierundsechzig Prozent der Angestellten und einundvierzig Prozent der Fabrikarbeiter. In einer anderen Untersuchung treffen wir auf ein ähnliches Bild: sechsundachtzig Prozent der Angehörigen freier Berufe, vierundsiebzig Prozent der Manager, zweiundvierzig Prozent der in der Wirtschaft tätigen Angestellten, sechsundfünfzig Prozent der Facharbeiter und achtundvierzig Prozent der angelernten Arbeiter äußerten sich zufrieden. (Vgl. C.W. Mills, 1951, S. 229.)

Wir finden in diesen Zahlen eine signifikante Diskrepanz zwischen den Angehörigen freier Berufe und leitenden Angestellten einerseits und Arbeitern und kleinen Angestellten auf der anderen Seite. Bei den erstgenannten ist nur eine Minderheit unzufrieden – bei den letztgenannten über die Hälfte. Hinsichtlich der Gesamtbevölkerung bedeutet das, grob gesprochen, daß mehr als die Hälfte der berufstätigen Bevölkerung mit ihrer Arbeit bewußt unzufrieden ist und keine Freude daran hat. Wenn wir die unbewußte Unzufriedenheit mitberücksichtigen würden, wäre der Prozentsatz noch beträchtlich höher. Bei den fünfundachtzig Prozent der »zufriedenen« Angehörigen freier Berufe und leitender Angestellter hätten wir zu untersuchen, wie viele von ihnen unter psychisch bedingtem hohem Blutdruck, unter Magengeschwüren, Schlaflosigkeit, nervöser Überreizung und ständiger Angespanntheit leiden. Wenn es auch hierüber keine genauen Daten gibt, kann doch kein Zweifel darüber bestehen, daß angesichts dieser Symptome die Zahl der wirklich zufriedenen Menschen, die Freude an ihrer Arbeit haben, noch viel kleiner sein dürfte, als aus den oben angegebenen Zahlen hervorgeht.

Was die Fabrikarbeiter und kleinen Angestellten betrifft, so ist unter ihnen sogar die Zahl der *bewußt* Unzufriedenen bemerkenswert hoch. Zweifellos ist die Zahl der *unbewußt* Unzufriedenen unter ihnen noch viel höher. Dies geht aus mehreren Untersuchungen hervor, die zeigen, daß Neurosen und psychogene Erkrankungen der Hauptgrund für das Fehlen am Arbeitsplatz sind. (Schätzungen über neurotische Symptome bei Fabrikarbeitern belaufen sich auf bis zu fünfzig Prozent.) Abgespanntheit und häufiger Wechsel des Arbeitsplatzes sind weitere Symptome von Unzufriedenheit und Ärger.

Das vom wirtschaftlichen Standpunkt aus wichtigste und daher auch am besten untersuchte Symptom ist die weitverbreitete Tendenz der Fabrikarbeiter, bei ihrer Arbeit nicht ihr Bestes zu geben, die sogenannte Leistungsbeschränkung. Bei einer von der *Opinion Research Corporation* 1945 durchgeführten Meinungsumfrage antworteten neunundvierzig Prozent aller befragten Fabrikarbeiter: »Wenn jemand in einer Fabrik einen Job übernimmt, so sollte er möglichst viel leisten«, einundvierzig Prozent antworteten jedoch, er solle *nicht möglichst viel tun,* sondern nur »soviel liefern wie der Durchschnitt«.[2]

Wir sehen hieraus, daß sehr viel bewußte und noch mehr unbewußte Unzufriedenheit mit der Art der Arbeit, die unsere Industriegesellschaft den meisten ihrer Mitglieder bietet, vorhanden ist. Man sucht dieser Unzufriedenheit teils mit höherer Bezahlung, teils mit höherem Prestige im Werk entgegenzuwirken, und zweifellos erzeugt ein solcher Ansporn auch besonders auf den mittleren und höheren Stufen der geschäftlichen Hierarchie einen beträchtlichen Arbeitseifer. Aber daß diese Anreize die Leute zum Arbeiten veranlassen, ist eine Sache, und es ist etwas völlig anderes, ob eine Arbeit dieser Art zur seelischen Gesundheit und zum Glück führt. Eine Diskussion über die Arbeitsmotivation berücksichtigt meist nur ersteres Problem, ob nämlich dieser oder jener Anreiz die *wirtschaftliche* Produktivität des Arbeiters vergrößert, und man läßt die andere Seite, nämlich seine menschliche Produktivität, unberücksichtigt. Man übersieht, daß es viele Antriebe gibt, die jemand dazu veranlassen können, etwas zu tun, die aber

[2] M.S. Viteles, 1953, S. 61. – Unter der Überschrift ›Der Niedergang des »ökonomischen« Menschen‹ kommt Viteles (a.a.O., S. 58f.) zu folgendem Schluß:

»Im allgemeinen sprechen die Resultate von Untersuchungen des oben erwähnten Typs für die Schlußfolgerungen, zu denen Mathewson bei seinen Beobachtungen in Fabriken und seinen Unterredungen mit Angehörigen der Werksleitung kam:

1. Die Leistungsbeschränkung bei der Arbeit ist eine weitverbreitete, tief eingewurzelte Gewohnheit der amerikanischen Arbeiterschaft.

2. Dem wissenschaftlichen Management ist es nicht gelungen, jenen Geist des Vertrauens zwischen den Kontrahenten von Arbeitsverträgen zu schaffen, der soviel zu der Entwicklung des guten Willens zwischen den Parteien bei Kaufverträgen beiträgt.

3. Nicht sorgfältig ausgeführte Arbeit und absichtliche Leistungsbeschränkung beim Arbeiten sind größere Probleme als Hetze bei der Arbeit und Überarbeitung. Die Bemühungen der Manager, die Arbeiter zum schnelleren Arbeiten zu veranlassen, werden durch deren Findigkeit in der Entwicklung restriktiver Praktiken vereitelt.

4. Die Manager waren mit der durchschnittlichen Stundenleistung so zufrieden, daß sie kaum darauf achteten, welchen Beitrag der einzelne Arbeiter zur erhöhten Produktion leistete oder auch nicht leistete. Bei den Versuchen zu einer Steigerung der Produktion wandte man die herkömmlichen und unwissenschaftlichen Methoden an, während die Arbeiter sich an ihre althergebrachten Praktiken des Selbstschutzes hielten, die älter sind als alle Zeitstudien, Bonuspläne und anderen Maßnahmen zur Produktionssteigerung.

5. Unabhängig von seinem vorhandenen oder nicht vorhandenen Leistungswillen hindern die täglichen Erfahrungen den einzelnen oft daran, sich gute Arbeitsgewohnheiten zu erwerben.«

gleichzeitig seiner Persönlichkeit schaden. Jemand kann aus Angst oder aus einem inneren Schuldgefühl heraus arbeiten. Die Psychopathologie liefert uns viele Beispiele für neurotische Motive, die zu Aktivismus oder auch zur Untätigkeit führen.

Die meisten unter uns nehmen an, die in unserer Gesellschaft übliche Art der Arbeit – nämlich die entfremdete Arbeit – sei die einzige Art, die es gebe, daher sei die Abneigung gegen die Arbeit etwas Natürliches, und daher seien Geld, Prestige und Macht die einzigen Antriebe zur Arbeit. Wenn wir unsere Phantasie nur ein wenig anstrengen wollten, könnten wir viele Beweise aus unserem eigenen Leben, aus der Beobachtung von Kindern und aus einer ganzen Reihe von anderen Situationen sammeln, denen wir mit Sicherheit begegnen werden und die uns überzeugen würden, daß wir uns danach sehnen, unsere Kraft für etwas Sinnvolles einzusetzen, daß wir uns erfrischt fühlen, wenn wir die Möglichkeit dazu haben, und daß wir auch durchaus bereit sind, eine rationale Autorität anzuerkennen, wenn das, was wir tun, einen Sinn für uns hat.

Aber – so werden die meisten einwerfen – selbst wenn das stimmen sollte, was nützt uns diese Erkenntnis? Die mechanisierte Arbeit in der Industrie kann ihrem Wesen nach nicht sinnvoll sein. Sie kann keine Freude und keine Befriedigung gewähren – man kann an dieser Tatsache nichts ändern, wenn wir nicht unsere technischen Errungenschaften aufgeben wollen. Um diesen Einwand zu widerlegen und einige Ideen zu erörtern, wie man die moderne Arbeit sinnvoll machen könnte, möchte ich auf zwei unterschiedliche Aspekte der Arbeit hinweisen, die man bei unserem Problem unbedingt auseinanderhalten sollte. Ich meine den *Unterschied zwischen dem technischen und dem sozialen Aspekt der Arbeit.*

4. *Interesse und Mitbestimmung als motivierende Kräfte im kommunitären Sozialismus*

Wenn wir die technische und die soziale Seite der Arbeitssituation getrennt voneinander betrachten, so finden wir, daß viele Arten von Arbeit in bezug auf ihren technischen Aspekt attraktiv wären, sofern auch ihre soziale Seite befriedigend wäre. Andererseits gibt es auch Arbeiten, die in technischer Hinsicht ihrer ganzen Natur nach nicht interessant sein können, die aber durch den sozialen Aspekt der Arbeitssituation sinnvoll und attraktiv sein könnten. Beginnen wir mit der Erörterung des ersten Falls, so finden wir, daß es viele Männer gibt, denen zum Beispiel der Beruf eines Lokomotivführers außerordentlich Spaß machen würde. Aber wenngleich dieser Beruf einer der höchstbezahlten und angesehensten in der Arbeiterklasse ist, bedeutet er trotzdem für den, der »etwas Besseres« werden könnte, nicht die volle Erfüllung seines Ehrgeizes. Zweifellos hätte mancher leitende Angestellte der Wirtschaft mehr Freude daran, als Lokomotivführer zu arbeiten, wenn dieser Beruf nur gesellschaftlich anders bewertet würde. Oder nehmen wir als ein anderes Beispiel den Kellner in einem Restaurant. Diese Tätigkeit könnte für viele äußerst attraktiv sein, wenn sie ein anderes gesellschaftliches Prestige hätte. Sie bringt einen ständigen Kontakt mit anderen Menschen mit sich, und Leuten, die gern etwas Gutes essen, macht es Vergnügen, andere diesbezüglich zu beraten, ihnen das Essen nett zu servieren und so weiter. Vielen würde es viel mehr Spaß machen, als Ober zu arbeiten, als in ihrem Büro über bedeutungslosen Zahlen zu sitzen, wenn dieser Beruf nicht gesellschaftlich so wenig angesehen und so schlecht bezahlt wäre. Wieder andere wären gern Taxichauffeur, wenn die negativen gesellschaftlichen und wirtschaftlichen Seiten dieses Berufs nicht wären.

Oft heißt es, es gebe verschiedene Arbeiten, die niemand tun möchte, wenn er nicht durch wirtschaftliche Notwendigkeiten dazu gezwungen wäre. Oft führt man als Beispiel den Beruf eines Bergmanns an. Aber in Anbetracht der Verschiedenheit der Menschen und ihrer bewußten und unbewußten Phantasien dürfte es doch auch eine beträchtliche Zahl von Menschen geben, für die die Arbeit im Inneren der Erde und die Gewinnung ihrer Schätze eine große Anziehungskraft haben könnte, wenn mit dieser Art von Arbeit nicht solche gesellschaftlichen und finanziellen Nachteile verbunden wären. Es gibt kaum eine Arbeit, die nicht Menschen von einem bestimmten Persönlichkeitstyp anziehen dürfte, wenn man nur die damit verbundenen negativen gesellschaftlichen und wirtschaftlichen Aspekte beseitigen könnte.

Aber selbst wenn dies zutrifft, so stimmt es doch zweifellos auch, daß ein großer Teil der hoch routinisierten Arbeit, wie sie die mechanisierte Industrie benötigt, an und für sich keine Freude und Befriedigung gewähren kann. Auch hier erweist es sich als wichtig, daß man zwischen der technischen und der sozialen Seite solcher Arbeiten unterscheidet. Während sie vom technischen Standpunkt aus in der Tat uninteressant sein können, kann doch die gesamte Arbeitssituation eine große Befriedigung gewähren.

Ich möchte das mit einigen Beispielen veranschaulichen. Vergleichen wir beispielsweise eine Hausfrau, die den Haushalt führt und kocht, mit einer Hausgehilfin, welche dafür bezahlt wird, daß sie genau die gleiche Arbeit verrichtet. Technisch gesehen ist diese Arbeit für die Hausfrau und für die Hausgehilfin genau die gleiche, und sie ist nicht besonders interessant. Sie wird jedoch für die beiden eine völlig unterschiedliche Bedeutung haben und ihnen eine völlig unterschiedliche Befriedigung gewähren, vorausgesetzt, wir haben eine Frau im

Sinn, die mit ihrem Mann und ihren Kindern ein glückliches Familienleben führt, und eine durchschnittliche Hausgehilfin, die keine gefühlsmäßige Bindung an ihre Arbeitgeber hat. Für die Hausfrau wird die Arbeit keine Plackerei sein, während sie für die Hausgehilfin genau das sein wird, die sie nur auf sich nimmt, weil sie das Geld braucht, das man ihr dafür bezahlt. Der Grund für diesen Unterschied ist leicht einzusehen: Während die Arbeit technisch gesehen genau die gleiche ist, ist die Arbeitssituation eine völlig andere. Für die Hausfrau bildet sei einen Teil ihrer Gesamtbeziehung zu ihrem Mann und ihren Kindern, und in diesem Sinn ist ihre Arbeit sinnvoll. Die Hausgehilfin hat dagegen keinen Anteil an der Befriedigung, die diesem sozialen Aspekt der Arbeit entspringt.

Oder nehmen wir ein anderes Beispiel: Ein mexikanischer Indianer verkauft seine Ware auf dem Markt. Die technische Seite der Arbeit, den ganzen Tag auf Kunden zu warten und von Zeit zu Zeit ihre Fragen über den Preis und so weiter zu beantworten, wäre ebenso langweilig und unangenehm, wie es die Arbeit einer Verkäuferin in einem billigen Warenhaus ist. Und doch besteht ein wesentlicher Unterschied. Für den mexikanischen Indianer bietet der Markt Gelegenheit zu einem bereichernden und anregenden menschlichen Austausch. Er antwortet seinen Kunden mit Vergnügen, es interessiert ihn, sich mit ihnen zu unterhalten, und es wäre eine große Enttäuschung für ihn, wenn er schon am frühen Morgen alle seine Waren verkauft und keine Gelegenheit mehr hätte, sein Bedürfnis nach dem Umgang mit Menschen zu befriedigen. Für die Verkäuferin im Warenhaus ist die Situation von Grund auf anders. Sie muß zwar nicht soviel lächeln wie die besser bezahlte Verkäuferin in einem eleganten Geschäft, aber ihre Entfremdung vom Kunden ist genau die gleiche. Es gibt hier keinen echten menschlichen Austausch. Sie arbeitet als Teil des Verkaufsapparats, hat Angst, entlassen zu werden, und ist eifrig bemüht, ihre Stellung zu sichern. In sozialer Hinsicht ist die Arbeitssituation für sie unmenschlich, sinnentleert und gewährt keinerlei Befriedigung. Es stimmt natürlich, daß der Indianer seine eigenen Erzeugnisse verkauft und den Erlös in die eigene Tasche steckt, aber auch ein kleiner unabhängiger Ladenbesitzer wird sich gelangweilt fühlen, wenn er die soziale Seite seiner Arbeitssituation nicht in eine menschliche verwandelt.

Wenn wir uns nun einigen neueren Untersuchungen auf dem Gebiet der Industriepsychologie zuwenden, so finden wir eine Menge Beweise dafür, wie wichtig es ist, zwischen der technischen und der gesellschaftlichen Seite der Arbeitssituation zu unterscheiden, sowie für die belebende und anfeuernde Wirkung einer aktiven und verantwortungsbewußten Mitbestimmung *(participation)* des Arbeiters an seiner Arbeit.

Eines der frappantesten Beispiele dafür, daß auch eine technisch monotone Arbeit interessant sein kann, wenn die Arbeitssituation als ganze dem Arbeiter die Möglichkeit gibt, sich dafür zu interessieren und aktiv mitbestimmen zu können, ist das inzwischen klassische Experiment, das Elton Mayo in den Chicagoer Hawthorne-Werken der Western Electric Company durchgeführt hat. (Vgl. E. Mayo, 1933; F.J. Roethlisberger und W.J. Dickson, 1950.) Der dafür ausgewählte Arbeitsgang war das Montieren von Telefonspulen, eine Arbeit mit sich ständig wiederholenden Handgriffen, die im allgemeinen von Frauen ausgeführt wird. Ein Arbeitstisch mit der entsprechenden Ausrüstung und Arbeitsplätzen für fünf Arbeiterinnen wurde in einem Raum aufgestellt, der durch eine Zwischenwand vom Hauptmontageraum abgetrennt war. Insgesamt arbeiteten sechs Personen in diesem Raum, fünf bei der Montage am Arbeitstisch und eine Arbeiterin, die das erforderliche Material austeilte. Alle diese Frauen waren erfahrene Arbeiterinnen. Zwei von ihnen fielen im ersten Jahr aus, und zwei andere, ebenso geschickte Arbeiterinnen, nahmen ihre Plätze ein. Das Experiment dauerte insgesamt fünf Jahre und war in verschiedene Versuchsperioden aufgeteilt, bei denen gewisse Veränderungen in den Arbeitsbedingungen vorgenommen wurden. Ich möchte nicht auf Einzelheiten eingehen, es dürfte aber genügen festzustellen, daß die Veränderungen darin bestanden, daß morgens und nachmittags Ruhepausen eingeschaltet wurden und daß die Arbeitszeit um eine halbe Stunde verkürzt wurde. Während dieser Veränderungen stieg die Stückleistung einer jeden Arbeiterin beträchtlich. Gut und schön. Nichts wäre einleuchtender, als daß mehr Ruhepausen und der Versuch, es den Arbeiterinnen »behaglicher« zu machen, die Ursache für ihre Leistungssteigerung war. Aber eine neue Maßnahme in der zwölften Versuchsperiode sprach gegen diese Annahme und erbrachte erstaunliche Resultate: Im Einverständnis mit den Arbeiterinnen kehrte die Gruppe zu den Arbeitsbedingungen zurück, wie sie zu Anfang des Experiments bestanden hatten. Die Ruhepausen, die besonderen Erfrischungen und andere Verbesserungen wurden sämtlich etwa drei Monate lang wieder abgeschafft. Zu jedermanns Verwunderung führte das aber nicht zu einer *Leistungsminderung*, sondern die tägliche und wöchentliche Stückleistung war ganz im Gegenteil höher denn je. In der folgenden Periode wurden die alten Vergünstigungen wieder eingeführt mit der einzigen Ausnahme, daß die Frauen selbst für ihr Essen sorgten, während ihnen die Firma weiterhin den Kaffee zu ihrem Mittagessen lieferte. Die Stückleistung stieg weiter an. Und nicht nur das. Ebenso wichtig ist, daß die Durchschnittsrate der Erkrankungen bei den am Experiment beteiligten Arbeiterinnen um achtzig Prozent geringer war als im übrigen Betrieb und daß sich zwischen ihnen eine freundschaftliche Beziehung entwickelte.

Wie kann man sich das überraschende Ergebnis erklären, daß »die beständige Leistungssteigerung offenbar von den Änderungen im Experiment unabhängig war« (E. Mayo, 1933, S. 63)? Wenn es nicht an den Ruhepausen, dem Tee oder der verkürzten Arbeitszeit lag, was veranlaßte dann die Arbeiterinnen, mehr zu produzieren und gesünder und netter zueinander zu sein? Die Antwort liegt auf der Hand: Während die technische Seite der monotonen, uninteressanten Arbeit die gleiche blieb und sogar gewisse Verbesserungen wie Ruhepausen nicht entscheidend waren, hatte sich die *soziale* Seite der Gesamt-Arbeitssituation geändert und eine Änderung in der Einstellung der Arbeiterinnen bewirkt. Man hatte sie über das Experiment und seine verschiedenen Phasen informiert; man hörte sich ihre Vorschläge an und befolgte sie auch häufig, und – was vielleicht noch wichtiger ist – sie waren sich bewußt, an einem sinnvollen und interessanten Experiment beteiligt zu sein, das nicht nur für sie allein, sondern für die Arbeiter der ganzen Fabrik wichtig war. Während sie zuerst »scheu und unruhig, still und vielleicht etwas mißtrauisch in bezug auf die Absichten der Firma« waren, war ihre Haltung später »durch Vertrauen und Freimut« gekennzeichnet. Die Gruppe entwickelte das Gefühl, persönlich an der Arbeit beteiligt zu sein, weil die Frauen wußten, was sie taten, weil sie einen Zweck und ein Ziel sahen und weil sie auf den gesamten Betrieb durch ihre Vorschläge Einfluß nehmen konnten.

Die verblüffenden Resultate von Mayos Experiment zeigen, daß Krankheit, Ermüdung und eine sich daraus ergebende niedrige Leistung nicht in erster Linie durch den monotonen *technischen* Aspekt der Arbeit verursacht werden, sondern durch die Entfremdung des Arbeiters von der gesamten Arbeitssituation in ihrem sozialen Aspekt. Sobald diese Entfremdung dadurch gemildert wurde, daß die Arbeiterinnen an etwas beteiligt waren, das sinnvoll für sie war und wobei auch sie nach ihrer Meinung gefragt wurden, veränderte sich die gesamte psychologische Reaktion auf ihre Tätigkeit, wenngleich sie technisch immer noch die gleichen Handgriffe ausführten.

An Mayos Hawthorne-Experiment schlossen sich eine Reihe von Versuchsprojekten an, die den Beweis erbringen wollten, daß der soziale Aspekt der Arbeitssituation auf die Einstellung der Arbeiter einen entscheidenden Einfluß auch dann hat, wenn der Arbeitsprozeß in technischer Beziehung derselbe bleibt. So lieferten zum Beispiel Wyatt und seine Mitarbeiter »...Aufschlüsse über andere Merkmale der Arbeitssituation, die den *Arbeitswillen* beeinflussen. Daraus ging hervor, daß Schwankungen in der Arbeitsleistung bei verschiedenen Personen von der tonangebenden Gruppe oder der *sozialen Atmosphäre* abhingen, das heißt von einem kollektiven Einfluß, der einen unberechenbaren Hintergrund bildete und die allgemeine Art der Reaktionen auf die Arbeitsbedingungen bestimmte.« (Zit. nach M.S.

Viteles, 1953, S. 134.) Hierher gehört auch, daß in einer kleineren Arbeitsgruppe die subjektive Befriedigung und die Leistung besser sind als in größeren Arbeitsgruppen, obwohl in den zum Vergleich herangezogenen Fabriken die Arbeitsprozesse fast identisch und die physischen Bedingungen sowie die Wohlfahrtseinrichtungen von hohem Niveau und sehr ähnlich waren. (Vgl. M.S. Viteles, 1953, S. 138.) Die Beziehung zwischen Gruppengröße und Arbeitsmoral wurde ebenfalls in einer Untersuchung festgestellt, die von Hewitt und Parfit in einer britischen Textilfabrik durchgeführt wurde (D. Hewitt und J. Parfit, 1953, zit. bei M.S. Viteles, 1953). Hierbei wurde festgestellt, daß die Abwesenheit vom Arbeitsplatz ohne Krankheitsursache bei Arbeitern in großen Werkräumen bedeutend häufiger vorkam als bei solchen, die in kleineren Räumen beschäftigt wurden. (Vgl. M.S. Viteles, 1953, S. 139.) Eine frühere, in der Flugzeugindustrie vorgenommene Untersuchung, welche während des Zweiten Weltkriegs von Mayo und Lombard durchgeführt wurde, kommt zu ganz ähnlichen Ergebnissen. (Vgl. E. Mayo und G.F.F. Lombard, 1944.)

G. Friedmann hat der sozialen Seite der Arbeitssituation im Gegensatz zu ihrer rein technischen Seite besondere Beachtung geschenkt. Als ein Beispiel für den Unterschied zwischen diesen beiden Aspekten beschreibt er das »psychologische Klima«, das sich oft zwischen Männern entwickelt, die gemeinsam an einem Fließband arbeiten. In diesem Arbeitsteam entwickeln sich persönliche Bindungen und Interessen, und die Arbeitssituation wird dann im ganzen gesehen weniger einförmig, als es dem Außenseiter scheinen möchte, der nur die technische Seite in Betracht zieht. (Vgl. G. Friedmann, 1950, S. 139; vgl. ders., 1946, S. 329f. und 370ff.)

Bereits die hier angeführten Beispiele aus der Forschung der Industrie-Psychologie[3] zeigen uns, zu welchen Ergebnissen schon ein be-

[3] In gleiche Richtung weisen die bei IBM durchgeführten Experimente mit der Erweiterung des Arbeitsbereiches, die hauptsächlich beweisen sollten, daß die Arbeiter zufriedener sind, wenn sie anstelle der extremen Arbeitsteilung und der sich daraus ergebenden Sinnentfremdung der Arbeit mit Arbeiten beschäftigt werden, bei denen mehrere, bis dahin getrennte Handgriffe zu einer sinnvolleren Tätigkeit vereinigt werden. Außerdem haben R. Walker und R.H. Guest (1952) durch Versuche herausgefunden, daß die Automobilarbeiter eine Arbeitsmethode vorzogen, bei der sie wenigstens die Teile, die sie hergestellt hatten, *zu sehen bekamen.* Bei einem in der Harwood Manufactoring Co. durchgeführten Experiment führten demokratische Methoden und ein Mitbestimmungsrecht der Arbeiter in einer Versuchsgruppe zu einer vierzehnprozentigen Leistungssteigerung. (Vgl. M.S. Viteles, 1953, S. 164–167.) Eine Untersuchung von P. French jr. mit Nähmaschinenarbeitern berichtet von einer Leistungssteigerung um achtzehn Prozent als Folge einer verstärkten Mitbestimmung der Arbeiter an der Arbeitsplanung und an den zu treffenden Entscheidungen. (Vgl. J.R.P. French, 1950, S. 83–88.) Das gleiche Prinzip hat man während des Krieges in England angewandt, wo Piloten die Fabriken besuchten, um den Arbeitern zu erklären, wie ihre Erzeugnisse im Einsatz tatsächlich Verwendung fanden.

scheidenes Maß an aktiver Beteiligung in einem modernen Industriebetrieb führt, doch gelangen wir zu noch viel überzeugenderen Einsichten über die Möglichkeiten einer Umwandlung unserer industriellen Organisation, wenn wir uns nun Berichten über die *Kommunitäre Bewegung* zuwenden, die eine der bedeutungsvollsten und interessantesten Bewegungen im heutigen Europa ist.

Es gibt in Europa und besonders in Frankreich, aber auch in Belgien, der Schweiz und Holland etwa hundert Werkgemeinschaften *(Communautés de travail).* Einige davon sind Industrieunternehmen, andere landwirtschaftliche Betriebe. Sie unterscheiden sich in mancherlei Hinsicht voneinander, doch sind ihre Grundprinzipien so ähnlich, daß die Beschreibung einer einzigen *Communauté de travail* ein ausreichendes Bild von den wesentlichen Merkmalen auch aller anderen bietet.[4]

Boimondau ist eine Fabrik, die Uhrengehäuse herstellt. Inzwischen ist sie zu einer der sieben größten Fabriken dieser Art in Frankreich geworden. Marcel Barbu hat sie gegründet. Er mußte hart arbeiten, um sich das Geld für eine eigene Fabrik zusammenzusparen, in der er einen Betriebsrat und ein von allen gebilligtes Lohnsystem mit Gewinnbeteiligung einführte. Aber dieses aufgeklärte patriarchalische System war nicht das eigentliche Ziel, das Barbu im Auge hatte. Nach der französischen Niederlage von 1940 wollte er einen wirklichen Neuanfang setzen. Da er in Valence keine Mechaniker finden konnte, ging er auf die Straße und fand einen Friseur, einen Wurstmetzger und einen Kellner – die allesamt alles andere waren als spezialisierte Industriearbeiter.

»Die Männer waren alle unter Dreißig. Er bot ihnen an, ihnen die Herstellung von Uhrengehäusen beizubringen, vorausgesetzt, sie seien bereit, mit ihm zusammen nach einer Organisation *zu suchen,* in der der ›Unterschied zwischen Arbeitgeber und Arbeitnehmer abgeschafft würde‹. Auf das Suchen kam es dabei an ... Die erste, und zwar eine epochemachende Erfindung war, daß es jedem Arbeiter freistehen sollte, der anderen Seite frei heraus seine Meinung zu sagen ... Dieses Recht auf eine völlig freie Meinungsäußerung untereinander und dem Arbeitgeber gegenüber erzeugte sogleich eine unbeschwerte Atmosphäre des Vertrauens.

Es stellte sich jedoch bald heraus, daß diese Möglichkeit, dem andern jederzeit ›die Meinung zu sagen‹ zu Diskussionen und Zeitvergeudung während der Arbeitszeit führte. Daher kam man überein,

[4] Ich halte mich hier an die Beschreibung der Werkgemeinschaften in ›All Things Common‹ von Claire Huchet-Bishop (1950). Ich halte dieses kluge und ideenreiche Werk für eines der aufschlußreichsten Bücher, die sich mit den psychologischen Problemen der industriellen Organisation und mit ihren zukünftigen Möglichkeiten befassen.

jede Woche eine bestimmte Zeit für eine zwanglose Zusammenkunft freizuhalten, um Meinungsverschiedenheiten und Konflikte auszubügeln.

Da aber ihr eigentliches Ziel nicht nur ein besserer wirtschaftlicher Aufbau, sondern eine neue Art des Zusammenlebens war, mußten unweigerlich bei diesen Aussprachen grundsätzliche Einstellungen ans Tageslicht kommen. ›Wir merkten sehr bald‹, sagt Barbu, ›daß wir eine gemeinsame Basis, oder wie wir es von nun an nannten, unsere gemeinsame Ethik haben mußten.‹

Solange es keine gemeinsame ethische Grundlage gab, hatten sie auch keinen Ausgangspunkt und daher auch nicht die Möglichkeit, etwas aufzubauen. Eine gemeinsame ethische Grundlage zu finden war nicht leicht, weil die zwei Dutzend Arbeiter, die inzwischen dem Betrieb angehörten, sehr verschieden waren. Es waren Katholiken, Protestanten, Materialisten, Humanisten, Atheisten und Kommunisten darunter. Sie überprüften alle ihre individuellen ethischen Vorstellungen, das heißt, nicht das, was man ihnen beigebracht hatte oder was sie herkömmlicherweise akzeptiert hatten, sondern das, was sie aus ihren eigenen Erfahrungen und ihrem eigenen Denken heraus für notwendig fanden.

Sie entdeckten, daß ihre individuellen ethischen Vorstellungen in gewissen Punkten übereinstimmten. Sie griffen diese Punkte heraus und betrachteten sie als das gemeinsame Minimum, mit dem sie alle einverstanden waren. Es handelte sich nicht um eine unbestimmte, theoretische Erklärung. In ihrem Vorwort sagten sie:

›Es besteht keine Gefahr, daß unser gemeinsames ethisches Minimum eine willkürliche Übereinkunft darstellt, denn wir haben uns bei der Festlegung der einzelnen Punkte auf unsere Lebenserfahrungen verlassen. Wir haben unsere moralischen Grundsätze im wirklichen Leben, im Alltag, im Leben eines jeden von uns erprobt ...‹

Was sie ganz allein und Schritt für Schritt neu entdeckt hatten, war die natürliche Ethik, der Dekalog (mit Ausnahme des ersten Gebots, das sich auf die Bestimmung des Menschen bezieht und nicht auf ethische Gebote – E. F.), den sie mit ihren eigenen Worten folgendermaßen formulierten:

›Du sollst deinen Nächsten lieben.
Du sollst nicht töten.
Du sollst deinem Nächsten nicht seinen Besitz wegnehmen.
Du sollst nicht lügen.
Du sollst dein Versprechen halten.
Du sollst dein Brot im Schweiße deines Angesichts verdienen.
Du sollst deinen Nächsten, seine Person und seine Freiheit achten.
Du sollst Achtung vor dir selber haben.

Du sollst zuerst in dir selbst alle Laster bekämpfen, die den Menschen erniedrigen, und alle Leidenschaften, die ihn in Knechtschaft halten und die dem sozialen Leben abträglich sind: Stolz, Geiz, Wollust, Begehrlichkeit, Schlemmerei, Zorn und Faulheit.
Du sollst daran festhalten, daß es Güter gibt, die wertvoller sind als selbst das Leben: Freiheit, Menschenwürde, Wahrheit und Gerechtigkeit ...‹

Die Männer verpflichteten sich, nach Kräften ihr gemeinsames ethisches Minimum im Alltag zu verwirklichen. Sie gaben sich gegenseitig das Wort darauf. Diejenigen, welche höhere moralische Ansprüche an sich selbst stellten, verpflichteten sich, nach dem, was sie glaubten, auch zu leben, räumten aber ein, daß sie absolut nicht das Recht hatten, die anderen in ihrer Freiheit zu beeinträchtigen. Sie kamen überein, die Überzeugungen der anderen einschließlich der nicht von allen geteilten Überzeugungen zu achten und nie darüber zu lachen oder sich darüber lustig zu machen.« (C. Huchet-Bishop, 1950, S. 5–7.)

Die zweite Entdeckung, die die Gruppe machte, war ihr Hunger nach Bildung. Sie rechneten sich aus, daß sie die Zeit, die sie bei ihrer Arbeit einsparen konnten, für ihre eigene Weiterbildung verwenden konnten. Innerhalb von drei Monaten konnten sie ihre Leistung so steigern, daß sie von achtundvierzig Arbeitsstunden pro Woche neun Stunden einsparen konnten. Was taten sie damit? Sie benutzten diese neun Stunden zu ihrer Weiterbildung und erhielten die gleiche Bezahlung dafür wie für ihre reguläre Arbeit. Ihr erster Wunsch war, gut im Chor singen zu lernen, dann wollten sie ihre französische Grammatik auffrischen und schließlich wollten sie Geschäftsberichte lesen lernen. Später kam es noch zu weiteren Kursen, die sämtlich in der Fabrik abgehalten und von den besten verfügbaren Lehrkräften erteilt wurden. Die Lehrer erhielten die übliche Bezahlung. Es wurden technische Fortbildungskurse, Kurse über Physik, Literatur, Marxismus und das Christentum abgehalten. Sie nahmen Tanz-, Gesangs- und Basketball-Unterricht.

Ihr Grundsatz lautet: »Wir gehen nicht vom Betrieb, nicht von der technischen Tätigkeit des Menschen, sondern vom Menschen selbst aus ... In einer Werkgemeinschaft liegt die Betonung nicht auf dem gemeinsamen *Erwerb,* sondern auf *gemeinsamer Arbeit* mit dem Ziel, zur kollektiven und persönlichen vollen Entfaltung zu gelangen.« (A.a.O., S. 12. – Hervorhebung E.F.) Das Ziel ist nicht erhöhte Produktivität oder höhere Löhne, sondern ein neuer Lebensstil, der, »weit davon entfernt, die Vorteile der industriellen Revolution aufzugeben, sich ihnen anpaßt« (a.a.O., S. 13). Diese und andere ähnliche Werkgemeinschaften vertreten folgende Grundsätze:

»1. Um ein menschenwürdiges Leben zu führen, muß jeder die Früchte seiner Arbeit genießen können.
2. Man muß in der Lage sein, sich weiterzubilden.
3. Man muß ein gemeinsames Vorhaben innerhalb einer Arbeitsgruppe durchführen, die in ihrem Umfang menschlichen Dimensionen entspricht (einhundert Familien höchstens).
4. Man muß zur ganzen Welt aktiv in Beziehung treten.
Wenn man diese Forderungen überprüft, so entdeckt man, daß sie auf eine Verlagerung des Zentrums des Problems der menschlichen Existenz hinauslaufen – einer Verlagerung von der Herstellung und dem Erwerb von Dingen zur Entdeckung, Förderung und Entwicklung menschlicher Beziehungen, von einer Zivilisation der Gegenstände zu einer Zivilisation der Personen – oder besser gesagt, zu einer Zivilisation der zwischenmenschlichen Beziehungen.«
(A.a.O., S. 13.)

Was die Bezahlung betrifft, so richtet sie sich nach der Leistung des einzelnen Arbeiters, wobei jedoch nicht nur dessen berufliche Arbeit berücksichtigt wird, sondern auch »jede menschliche Tätigkeit, welche für die Gruppe von Wert war: Ein erstklassiger Mechaniker, der Geige spielen kann, der lustig und ein guter Gesellschafter ist und dergleichen, hat für die Gemeinschaft einen größeren Wert als ein anderer Mechaniker, der beruflich genauso tüchtig, aber ein Miesepeter und ein eingefleischter Junggeselle ist und dergleichen.« (A.a.O., S. 14.) Durchschnittlich verdienen alle Arbeiter zehn bis zwanzig Prozent über Tarif, die besonderen Vergünstigungen nicht mitgerechnet.

Die Werkgemeinschaft hat eine Farm von zweihundertfünfunddreißig Morgen erworben, auf der jeder – einschließlich der Ehefrauen – dreimal jährlich je zehn Tage arbeitet. Da jeder einen Monat Urlaub hat, bedeutet das, daß nur zehn Monate im Jahr in der Fabrik gearbeitet wird. Die dahinterstehende Idee ist nicht nur die für den Franzosen charakteristische Liebe zum Leben auf dem Lande, sondern auch die Überzeugung, daß niemand völlig vom Boden getrennt leben sollte.

Höchst interessant ist die Lösung einer Mischung von Zentralisation und Dezentralisation, wobei sie die Gefahr eines Chaos vermeiden und gleichzeitig jedem Mitglied der Werkgemeinschaft eine aktive und verantwortliche Mitbestimmung beim Leben in der Fabrik und innerhalb der Gemeinschaft ermöglichen. Wir sehen hier, wie die gleiche Art zu denken und zu beobachten, die zur Formulierung von Theorien führte und die dem modernen demokratischen Staat im achtzehnten und neunzehnten Jahrhundert zugrunde lagen (Gewaltentrennung, gegenseitige Kontrolle und so weiter), auch auf die Organisation eines Industrieunternehmens angewandt wurde.

»Höchste Entscheidungsgewalt hat die *Generalversammlung*, die zweimal jährlich zusammentritt. Nur einstimmige Entscheidungen sind für die Gemeinschaft (die Mitglieder) verbindlich.

Die Generalversammlung wählt den *Chef der Gemeinschaft,* der nur einstimmig gewählt werden kann. Der Chef ist nicht nur der Tüchtigste, er ist auch ›der Mann, der den anderen ein Vorbild ist, der sie erzieht und liebt und der ihnen in selbstloser Weise dient. Einem sogenannten Chef, der diese Eigenschaften nicht hat, zu gehorchen, wäre Feigheit‹.

Der Chef besitzt drei Jahre lang die gesamte exekutive Gewalt. Am Ende dieser Periode kann er wieder zu den Maschinen zurückkehren.

Der Chef verfügt über ein Vetorecht gegen die Beschlüsse der Generalversammlung. Will die Versammlung nicht nachgeben, so muß er die Vertrauensfrage stellen. Wird dem Chef das Vertrauen nicht einstimmig ausgesprochen, so hat er die Wahl, entweder sich der Ansicht der Generalversammlung anzuschließen oder sein Amt niederzulegen.

Die Generalversammlung wählt die Mitglieder des *Generalrats.* Aufgabe des Generalrates ist es, den Chef der Gemeinschaft zu beraten. Die Mitglieder werden für ein Jahr gewählt. Der Generalrat tritt mindestens alle vier Monate zusammen. Er hat sieben Mitglieder zuzüglich den Abteilungsleitern. Sämtliche Entscheidungen müssen einstimmig getroffen werden.

Innerhalb des Generalrates bilden die Leiter der einzelnen Sektionen und acht Mitglieder (darunter zwei Ehefrauen) mit dem Chef der Gemeinschaft den *Direktionsrat,* der wöchentlich zusammentritt.

Alle verantwortlichen Stellungen in der Gemeinschaft, einschließlich der Sektionsleiter und Vorarbeiter, werden nur besetzt, wenn der Betreffende das ›doppelte Vertrauen‹ besitzt, das heißt, wenn er auf der einen Ebene vorgeschlagen und auf der anderen Ebene einstimmig akzeptiert wird. Üblicherweise, aber nicht immer, werden die Kandidaten auf der höheren Ebene vorgeschlagen und auf niederer Ebene genehmigt oder abgelehnt. Nach Meinung der Mitglieder verhindert das sowohl eine demagogische wie eine autoritäre Führung.

Alle Mitglieder treffen sich wöchentlich einmal in einer *Kontaktversammlung,* die – wie ihr Name sagt – dazu dient, den Kontakt untereinander aufrechtzuerhalten und jedermann auf dem laufenden zu halten über das, was in der Werkgemeinschaft geschieht.« (C. Huchet-Bishop, 1950, S. 17f.)

Ein besonders wichtiger Bestandteil der Werkgemeinschaft sind die *Nachbarschaftsgruppen,* die regelmäßig zusammenkommen.

»Eine Nachbarschaftsgruppe ist die kleinste Einheit der Gemeinschaft. Fünf oder sechs Familien, die nicht allzu weit auseinander wohnen, treffen sich nach dem Abendessen. Die Leitung übernimmt der Vorsitzende der Nachbarschaftsgruppe, der nach dem oben erwähnten Prinzip gewählt wurde.

In gewissem Sinn ist die Nachbarschaftsgruppe die wichtigste Einheit innerhalb der Gemeinschaft. Sie ist ›Sauerteig‹ und Ansatzpunkt für Veränderungen. Man kommt nur im Heim der betreffenden Familien und nicht an einem anderen Ort zusammen. Hier werden dann beim Kaffee alle Fragen gründlich durchgesprochen. Es wird ein Protokoll geführt, das dem Chef der Gemeinschaft zugeschickt wird, welcher dann sämtliche Protokolle der Nachbarschaftsgruppen zusammenfaßt. Die aufgeworfenen Fragen werden von den verschiedenen Abteilungsleitern beantwortet. Auf diese Weise können die Nachbarschaftsgruppen nicht nur Fragen stellen, sondern auch ihr Mißfallen äußern und Vorschläge machen. Natürlich ist die Nachbarschaftsgruppe auch der Ort, wo die Leute sich am besten kennenlernen und einander helfen können.« (A. a. O., S. 18 f.)

Eine weitere Einrichtung der Werkgemeinschaft ist das *Schiedsgericht*. Es wird von der Generalversammlung gewählt, und seine Funktion besteht darin, bei Konflikten, die zwischen zwei Abteilungen oder zwischen einer Abteilung und einem Mitglied entstehen, die Entscheidung zu treffen. Wenn der Chef der Gemeinschaft den Streit nicht schlichten kann, so tun es die acht Mitglieder des Schiedsgerichts (wie gewöhnlich durch einstimmigen Beschluß). Einen Gesetzeskodex gibt es nicht, und das Urteil wird aufgrund der Verfassung der Gemeinschaft und entsprechend dem ethischen Minimum und dem gesunden Menschenverstand gefällt.

In Boimondau gibt es zwei Hauptbereiche: den sozialen und den industriellen. Letzterer hat folgende Struktur: »Die Arbeiter – höchstens zehn – bilden die technischen Teams. Mehrere Teams bilden eine Sektion, eine Werkstatt. Mehrere Sektionen bilden eine Dienststelle. Die Mitglieder der Teams sind gemeinsam der Sektion gegenüber verantwortlich, mehrere Sektionen der Dienststelle.« (A. a. O., S. 23.)

Die Sozialabteilung befaßt sich mit allen nicht technischen Aktivitäten.

»Von allen Mitgliedern, einschließlich den Ehefrauen, wird erwartet, daß sie sich um ihre spirituelle, intellektuelle, künstlerische und körperliche Weiterentwicklung bemühen. In dieser Beziehung ist die Lektüre der Monatsschrift von Boimondau, ›Le Lien‹, aufschlußreich. Man findet darin Berichte und Kommentare über alles: Fußball-Wettkämpfe (gegen auswärtige Mannschaften), Fotoausstellungen, Besuche von Kunstausstellungen, Kochrezepte, ökumenische Versammlungen, Rezensionen über musikalische Darbietungen, zum Beispiel des Loewenguth-Quartetts, Filmkritiken, Vorträge über den Marxismus, Basketball-Ergebnisse, eine Diskussion über Kriegsdienstverweigerer, Tagesberichte über die Arbeit auf der Farm, Erörterungen darüber, was Amerika zu bieten hat, Äußerungen Thomas von Aquins über das Geld, Besprechungen von Büchern wie Louis Bromfields

›Pleasant Valley‹ und Sartres ›Schmutzige Hände‹ und so weiter. Ein Geist guten Willens durchdringt alles. ›Le Lien‹ gibt ein aufrichtiges Bild von Menschen, die mit vollem Bewußtsein zum Leben ja gesagt haben.

Es gibt achtundzwanzig soziale Bereiche, zu denen ständig neue hinzukommen (hier aufgeführt in der Reihenfolge ihrer Mitgliederzahl):

1. Abteilung Weltanschauung:
   Katholische Gruppe
   Humanistische Gruppe
   Materialistische Gruppe
   Protestantische Gruppe
2. Abteilung Bildung:
   Gruppe für Allgemeinbildung
   Staatsbürgerkundliche Gruppe
   Bibliotheksgruppe
3. Abteilung Kunst:
   Theatergruppe
   Gesangsgruppe
   Innendekorationsgruppe
   Fotogruppe
4. Abteilung Gemeinschaftsleben:
   Bereitschaftsgruppe
   Fest- und Versammlungsgruppe
   Filmgruppe
   Gruppe für Ausgleichsarbeit
5. Abteilung Gegenseitige Hilfe:
   Solidaritätsgruppe
   Haushaltsführungsgruppe
   Buchbindergruppe
6. Abteilung Familie:
   Kinderbetreuungsgruppe
   Erziehungsgruppe
   Geselligkeitsgruppe
7. Abteilung Gesundheit:
   Zwei diplomierte Krankenschwestern
   Eine Schwester zur allgemeinen Beratung
   Drei Schwestern für Krankenbesuche
8. Abteilung Sport:
   Basketball-Mannschaft (Männer)
   Basketball-Mannschaft (Frauen)
   Waldlaufgruppe
   Fußball-Mannschaft

Volleyball-Mannschaft
Gymnastikgruppe (Männer)
Gymnastikgruppe (Frauen)
9. Abteilung Presse.«
(A.a.O., S. 35.)

Vielleicht geben einige Äußerungen von Mitgliedern der Gemeinschaft eine bessere Vorstellung vom Geist und der praktischen Arbeit in der Werkgemeinschaft, als es irgendwelche Erläuterungen tun könnten.

»Ein Gewerkschaftsmitglied schreibt:

›Ich war 1936 Betriebsrat und wurde 1940 verhaftet und nach Buchenwald verschickt. Ich habe in den letzten zwanzig Jahren viele kapitalistische Firmen kennengelernt ... In der Werkgemeinschaft ist die Produktion nicht das Ziel des Lebens, sondern ein Mittel dazu ... Ich hätte nicht zu hoffen gewagt, daß noch in meiner Generation so große und vollkommene Resultate erzielt würden.‹

Ein Kommunist schreibt:

›Als Mitglied der Französischen Kommunistischen Partei und um Mißverständnisse zu vermeiden, erkläre ich, daß ich mit meiner Arbeit und meinem kommunistischen Leben völlig zufrieden bin. Meine politischen Meinungen werden respektiert, meine vollkommene Freiheit und mein früheres Lebensideal sind hier Wirklichkeit geworden.‹

Ein Materialist schreibt:

›Als ein Vertreter des Atheismus und des Materialismus halte ich die Toleranz und die Achtung vor religiösen und philosophischen Überzeugungen für einen der schönsten menschlichen Werte. Aus diesem Grund fühle ich mich in unserer Werkgemeinschaft besonders zu Hause. Nicht nur bleibt es mir unbenommen, alles zu denken und zu sagen, was ich will, ich finde in der Gemeinschaft auch die materiellen Mittel und die nötige Zeit, um mich gründlicher mit meinen philosophischen Überzeugungen zu beschäftigen.‹

Ein Katholik schreibt:

›Ich lebe jetzt seit vier Jahren in der Gemeinschaft. Ich gehöre zur katholischen Gruppe. Wie alle Christen versuche ich, eine Gesellschaft mit aufzubauen, in der die Freiheit und Würde des Menschen respektiert wird ... Ich erkläre im Namen der ganzen katholischen Gruppe, daß die Werkgemeinschaft eine Gesellschaft ist, wie sie sich ein Christ nur wünschen kann. Jedermann ist hier frei und wird respektiert, und alles regt ihn zu besserem Tun und zur Suche nach der Wahrheit an. Wenn man diese Gesellschaft auch nicht ihrem Äußeren nach als christlich bezeichnen kann, so ist sie doch in der Tat christlich. Christus gab uns das Zeichen, an dem man die Seinen erkennen kann: Und wir lieben einander in der Tat.‹

Ein Protestant schreibt:

›Wir, die Protestanten in der Gemeinschaft, erklären, daß diese Revolution der Gesellschaft die Lösung ist, die einem jeden die Möglichkeit gibt, seine Erfüllung auf dem von ihm gewählten Weg unbehindert zu finden. Und dies geschieht ohne jeden Konflikt mit seinen materialistisch eingestellten oder katholischen Kameraden ... Die Gemeinschaft, welche sich aus Menschen zusammensetzt, die einander lieben, erfüllt unseren Wunsch zu sehen, wie die Menschen in Harmonie miteinander leben und wissen, weshalb sie zu leben begehren.‹

Ein Humanist schreibt:

›Ich war fünfzehn Jahre, als ich die Schule verließ, mit elf Jahren bin ich gleich nach meiner Erstkommunion aus der Kirche ausgetreten. Ich war in der Schule etwas vorangekommen, aber mit religiösen Fragen beschäftigte ich mich nicht. Ich war ebenso wie die meisten sind: Ich kümmerte mich einen Dreck darum. Mit zweiundzwanzig trat ich in die Gemeinschaft ein. Dort fand ich sofort eine Atmosphäre zum Studieren und Arbeiten wie noch nirgends sonst. Zuerst fühlte ich mich von der sozialen Seite der Gemeinschaft angezogen, und erst später habe ich begriffen, was menschliche Werte sind. Ich habe dann auch die spirituelle und moralische Seite im Menschen wiederentdeckt, die ich mit elf Jahren aus den Augen verloren hatte ... Ich gehöre der humanistischen Gruppe an, weil ich die Problematik anders sehe als die Christen oder die Materialisten. Ich liebe unsere Gemeinschaft, weil durch sie alle tiefen Sehnsüchte, die in jedem von uns schlummern, geweckt, gepflegt und entwickelt werden können, so daß wir aus Individuen zu Menschen werden.‹« (A. a. O., S. 35–37.)

Die Prinzipien der anderen Werkgemeinschaften, ganz gleich, ob sie landwirtschaftlicher oder industrieller Art sind, sind denen von Boimondau ähnlich. Ich füge hier noch einige Punkte der Statuten der *RG-Workshops* an, bei denen es sich um eine Werkgemeinschaft handelt, die Bilderrahmen herstellt und über die die Verfasserin des Buchs ›All Things Common‹ berichtet (C. Huchet-Bishop, 1950, S. 134–137):

»Unsere Werkgemeinschaft ist keine neue Unternehmensform und auch keine Reformbewegung, die zum Ziel hat, die Beziehung zwischen Kapital und Arbeiterschaft harmonischer zu gestalten.

Es ist eine neue Lebensform, in der der Mensch seine Erfüllung finden soll und bei der alle Probleme im Hinblick auf den ganzen Menschen gelöst werden. Hierdurch steht sie im Gegensatz zur heutigen Gesellschaft, wo es sich gewöhnlich nur um Lösungen für den einzelnen oder nur für wenige handelt.

... Die Folge der bürgerlichen Moral und des kapitalistischen Systems ist eine derartige Spezialisierung der menschlichen Tätigkeiten, daß der Mensch in einem moralisch, körperlich, intellektuell und materiell elenden Zustand lebt.

In der Arbeiterklasse leiden die Menschen oft unter allen vier Arten dieses Elends, und unter solchen Bedingungen ist es eine Lüge, von Freiheit, Gleichheit und Brüderlichkeit zu reden.

Ziel der Werkgemeinschaft ist es, die volle Entwicklung des Menschen zu ermöglichen.

Die Genossen der RG erklären, daß dies nur in einer Atmosphäre von Freiheit, Gleichheit und Brüderlichkeit möglich ist.

Man muß jedoch zugeben, daß uns bei diesen drei Worten sehr oft nichts in den Sinn kommt als ihre Abbildung auf Münzen oder die Inschriften auf den Eingangstoren öffentlicher Gebäude.

Freiheit

Wenn ein Mensch wirklich frei sein soll, müssen folgende drei Bedingungen erfüllt sein:

Wirtschaftliche Freiheit
Intellektuelle Freiheit und
Moralische Freiheit.

Wirtschaftliche Freiheit: Der Mensch hat ein unveräußerliches Recht auf Arbeit. Er muß ein unbedingtes Anrecht auf die Früchte seiner Arbeit haben, auf die er höchstens freiwillig verzichten sollte.

Diese Auffassung steht im Ggensatz zum privaten Besitz der Produktionsmittel und der Vermehrung des Geldes durch Geld, was die Ausbeutung des Menschen durch den Menschen ermöglicht.

Wir erklären außerdem, daß unter ›Arbeit‹ jede menschliche Leistung zu verstehen ist, die für die Gesellschaft von Wert ist.

Intellektuelle Freiheit: Ein Mensch ist nur frei, wenn es ihm freisteht, seine Wahl zu treffen. Er kann das aber nur, wenn er genügend Kenntnisse besitzt, um vergleichen zu können.

Moralische Freiheit: Ein Mensch kann nicht wahrhaft frei sein, wenn er der Sklave seiner Leidenschaften ist. Er kann nur frei sein, wenn er ein Ideal und eine philosophische Einstellung hat, die es ihm ermöglichen, alles, was er im Leben tut, in einen inneren Zusammenhang zu bringen.

Er darf nicht unter dem Vorwand, seine wirtschaftliche und intellektuelle Befreiung zu beschleunigen, Mittel anwenden, welche sich nicht mit der Ethik der Gemeinschaft vertragen.

Endlich bedeutet moralische Freiheit nicht Zügellosigkeit. Es wäre leicht nachzuweisen, daß moralische Freiheit nur zu finden ist, wenn die von uns freiwillig anerkannte Gruppenethik streng eingehalten wird.

Brüderlichkeit

Der Mensch kann nur in der Gesellschaft gedeihen. Die Selbstsucht ist ein gefährlicher und vergänglicher Versuch, sich selbst zu helfen. Der

Mensch kann seine wahren Interessen nicht von denen der Gesellschaft trennen. Er kann nur helfen, indem er der Gesellschaft weiterhilft. Er sollte sich bewußt werden, daß es seiner eigenen Neigung entspricht, größere Freude in der Gemeinschaft mit anderen zu suchen.

Solidarität ist nicht nur eine Aufgabe, sie gewährt auch Befriedigung und ist die beste Garantie für die Sicherheit.

Brüderlichkeit führt zu gegenseitiger Toleranz und zum Entschluß, sich niemals zu trennen. Dies ermöglicht es, aufgrund eines Minimums an gemeinsamen Überzeugungen alle Entscheidungen einstimmig zu treffen.

Gleichheit

Wir lehnen die Meinung all derer ab, die auf demagogische Weise erklären, alle Menschen seien gleich. Wir wissen, daß nicht alle Menschen den gleichen Wert haben.

Für uns bedeutet gleiches Recht für alle, daß man jedermann die Mittel in die Hand gibt, sich selbst voll zu entfalten.

Damit ersetzen wir die herkömmliche oder erbliche Hierarchie durch eine Hierarchie des persönlichen Werts.«

Zusammenfassend möchte ich folgende Punkte in den Grundsätzen dieser Gemeinschaften als besonders bemerkenswert herausstellen:

1. Die Werkgemeinschaften bedienen sich aller modernen industriellen Verfahren und lehnen die Tendenz ab, zur handwerklichen Fertigung zurückzukehren.

2. Sie haben einen Plan ausgearbeitet, nach dem die aktive Beteiligung eines jeden nicht im Widerspruch zu einer ausreichenden Zentralisation der Leitung steht. Die irrationale Autorität ist durch eine rationale ersetzt.

3. Der Nachdruck liegt auf der Lebenspraxis und nicht auf ideologischen Unterschieden. Dies ermöglicht es Menschen der verschiedensten und widersprüchlichsten Überzeugungen, in Brüderlichkeit und Toleranz zusammenzuleben, ohne in Gefahr zu geraten, sich nach einer von der Gemeinschaft proklamierten »richtigen Meinung« richten zu müssen.

4. Es gibt eine Integration von Arbeit und sozialer und kultureller Betätigung. Wenn auch die Arbeit in technischer Hinsicht nicht attraktiv ist, ist sie doch vom sozialen Gesichtspunkt aus sinnvoll und attraktiv. Die künstlerische und wissenschaftliche Betätigung ist ein integraler Bestandteil der Gesamtsituation.

5. Die Situation der Enfremdung ist überwunden, die Arbeit ist zu einem sinnvollen Ausdruck menschlicher Energie geworden. Menschliche Solidarität wird ohne eine Beschränkung der Freiheit und ohne die Gefahr der Konformität erreicht.

Während man viele der Maßnahmen und Grundsätze der Werkgemeinschaften in Frage stellen und darüber streiten kann, hat es trotzdem den Anschein, daß wir hier eines der überzeugendsten praktischen Beispiele für eine produktive Lebensführung vor uns haben, für Möglichkeiten, die vom Standpunkt unseres heutigen Kapitalismus aus im allgemeinen als reine Phantasieprodukte angesehen werden.[5]

Die bisher beschriebenen Gemeinschaften sind natürlich nicht die einzigen Beispiele für die Möglichkeit eines kommunitären Lebens. Ob wir nun Owens Gemeinschaften nehmen oder die der Mennoniten oder der Hutterer (vgl. C. Kratu, J. W. Fretz und R. Kreider, 1954), oder die landwirtschaftlichen Siedlungen (Kibbuzim) im Staat Israel – sie alle zeigen uns Möglichkeiten eines neuen Lebensstils. Sie zeigen uns auch, daß die meisten dieser kommunitären Experimente von Menschen von scharfem Verstand und einem enormen praktischen Sinn durchgeführt werden. Es sind keineswegs die Träumer, für die sie unsere sogenannten Realisten halten, sondern sie sind ganz im Gegenteil meist realistischer und phantasiebegabter, als es offenbar unsere herkömmlichen Unternehmensleiter sind. Zweifellos weisen diese Experimente in ihren Prinzipien und Praktiken vielerlei Mängel auf, die es zu erkennen gilt, wenn man sie vermeiden will. Zweifellos war auch das neunzehnte Jahrhundert mit seinem unerschütterlichen Glauben an die wohltätigen Wirkungen des industriellen Konkurrenzkampfes einem Erfolg dieser Kolonien weniger günstig, als es die zweite Hälfte des zwanzigsten Jahrhunderts sein wird. Aber die oberflächlich-herablassende Art, mit der man all diesen Experimenten Nutzlosigkeit und mangelnden Realismus vorwirft, ist kaum vernünftiger, als es die ersten Reaktionen der Öffentlichkeit auf die Möglichkeit waren, mit der Eisenbahn zu fahren, und später, mit dem Flugzeug zu reisen. Dergleichen ist im wesentlichen ein Symptom der Trägheit des Geistes und der tiefeingewurzelten Überzeugung, daß es das, was bisher noch nicht da war, auch in Zukunft nicht geben wird.

[5] Zu erwähnen sind auch die Bemühungen von A. Olivetti, auch in Italien eine kommunitäre Bewegung ins Leben zu rufen. Als Inhaber der größten Schreibmaschinenfabrik in Italien hat er nicht nur sein Werk nach den fortschrittlichsten Methoden aufgebaut, sondern er hat auch einen regelrechten Plan ausgearbeitet, wie man ein Unternehmen in einer Föderation von Gemeinschaften organisieren könnte, die sich auf christliche und sozialistische Ideen gründen. (Vgl. A. Olivetti, 1946.) Olivetti hat auch damit angefangen, in verschiedenen italienischen Städten Gemeinschaftszentren zu gründen. Der Hauptunterschied zu den oben erwähnten Gemeinschaften besteht jedoch einerseits darin, daß er sein eigenes Unternehmen nicht in eine Werkgemeinschaft umgewandelt hat, was offenbar deshalb unmöglich war, weil Olivetti nicht Alleinbesitzer ist, und außerdem darin, daß Olivetti auch spezielle Pläne entworfen hat, wie man die gesamte Gesellschaft neu organisieren könnte, daß er also mehr Wert legt auf ein spezifisches Bild der gesellschaftlichen und politischen Struktur, als dies bisher bei den Gemeinschaften der kommunitären Bewegung der Fall war.

5. Praktische Vorschläge

Lassen sich die Bedingungen der Werkgemeinschaften auch auf die Gesamtgesellschaft übertragen?

Es ist nicht meine Absicht, die Werkgemeinschaften und die kommunitäre Bewegung als die Gesamtlösung des gesellschaftlichen Problems hinzustellen, da für eine solche noch andere Faktoren (wie freier Markt, zentrale Regulierung der Kapitalinvestierung und anderes) in Betracht zu ziehen sind. Das Beispiel dieser Gruppen zeigt aber, welche Möglichkeiten in einer neuen Organisation der industriellen Arbeit bestehen.

Das Ziel ist, eine Arbeitssituation zu schaffen, in welcher der Mensch sein Leben und seine Energie für etwas einsetzt, das für ihn einen Sinn hat, wobei er weiß, was er tut, wo er einen Einfluß auf das hat, was er tut, und wo er sich mit seinem Mitmenschen eins und nicht getrennt von ihm fühlt. Das setzt voraus, daß die Arbeitssituation wieder konkret gemacht wird, daß die Arbeiter in Gruppen eingeteilt werden, die klein genug sind, daß der einzelne mit den anderen Gruppenmitgliedern als mit realen, konkreten menschlichen Wesen in Beziehung treten kann, und dies auch dann, wenn die gesamte Fabrik vielleicht viele tausend Arbeiter beschäftigt. Es bedeutet, daß Mittel und Wege gefunden werden müssen, die Zentralisierung mit der Dezentralisierung zu kombinieren, so daß ein jeder die Möglichkeit hat, direkt mitbestimmen zu können und Verantwortung zu übernehmen, und daß trotzdem – soweit nötig – die Leitung vereinheitlicht werden kann.

Wie ist das zu ermöglichen?

Die erste Voraussetzung für eine aktive Mitbestimmung des Arbeiters ist, daß er nicht nur über seine eigene Arbeit, sondern auch über die Vorgänge im gesamten Unternehmen gründlich informiert wird. Dazu gehören einmal technische Kenntnisse über den Arbeitsprozeß. Ein Arbeiter hat vielleicht am Fließband nur einen bestimmten Handgriff zu verrichten, den er in zwei Wochen oder sogar schon in zwei Tagen erlernen kann, aber seine ganze Einstellung zu seiner Arbeit wäre eine andere, wenn er über die technischen Probleme besser Bescheid wüßte, die mit der Herstellung des gesamten Erzeugnisses verbunden sind. Derartige technische Kenntnisse kann er vor allem dadurch erwerben, daß er während der ersten Jahre seiner Tätigkeit in der Fabrik gleichzeitig eine Gewerbeschule besucht. Außerdem kann er sie laufend dadurch erwerben, daß er an technischen und wissenschaftlichen Kursen teilnimmt, die für die Arbeiter in der Fabrik abgehalten werden, selbst wenn dies auf Kosten der Arbeitszeit geschieht. (Erste Schritte in diese Richtung haben einige große Industriebetriebe bereits unternommen. Die Werkgemeinschaften haben gezeigt, daß man während der Arbeitszeit nicht nur technische, sondern auch viele andere Arten von Unterweisungen geben kann.)

Wenn die in der Fabrik angewandten technischen Methoden den Arbeiter interessieren und wenn er darüber Bescheid weiß und wenn dieses Wissen ihn zu eigenem Denken anregt, dann wird für ihn auch die an sich einförmige Arbeit, die er verrichten muß, ein anderes Gesicht bekommen. Aber es handelt sich nicht nur um diese technischen Kenntnisse, er sollte auch über die wirtschaftliche Funktion des Unternehmens, in dem er arbeitet, sowie über dessen Beziehung zu den wirtschaftlichen Bedürfnissen und Problemen der Gesellschaft als ganze informiert sein. Dadurch, daß er während der ersten Jahre seiner Tätigkeit in der Fabrik eine Fachschule besucht und auch weiterhin ständig über die ökonomischen Prozesse, die im Werk vor sich gehen, auf dem laufenden gehalten wird, kann er sich wirkliche Kenntnisse über die Funktion des Unternehmens in der Wirtschaft seines Landes und in der Weltwirtschaft erwerben.

So wichtig diese technischen und ökonomischen Kenntnisse über den Arbeitsprozeß und die Aufgabe des gesamten Unternehmens für den Arbeiter auch sein mögen, so genügen sie doch noch nicht. Sein theoretisches Wissen und Interesse stagniert, wenn er es nicht in die Tat umsetzen kann. Er kann nur dann zu einer direkten, interessierten und verantwortungsbewußten Mitbestimmung gelangen, wenn er Einfluß auf die Entscheidungen hat, die seine individuelle Arbeitssituation und das Gesamtunternehmen angehen. Seine Entfremdung von der Arbeit kann nur überwunden werden, wenn er nicht vom Kapital als Mittel zum Zweck benutzt wird, wenn er nicht nur Anordnungen entgegennehmen muß, sondern wenn er als verantwortliches *Subjekt Kapital verwendet.* Es geht hierbei nicht in erster Linie um den *Besitz der Produktionsmittel,* sondern um die *Beteiligung am Management und an der Beschlußfassung.* Wie im politischen Bereich handelt es sich auch hier darum, die Gefahr eines anarchischen Zustandes zu vermeiden, wo es an der zentralen Leitung und Planung fehlt. Aber eine Alternative zwischen einem zentralisierten, autoritären Management und einem planlosen, unkoordinierten Management durch die Arbeiter muß es nicht geben. Die Lösung ist in einer Kombination von Zentralisierung und Dezentralisierung zu suchen, in einer Synthese, bei der sich die Entscheidungen von oben nach unten und von unten nach oben bewegen.

Das Prinzip einer gemeinsamen Betriebsleitung *(co-management)* und der Mitbestimmung *(participation)* der Arbeiter[6] kann so bewerk-

[6] Vgl. hierzu die Gedanken von G. Friedmann in seiner klugen und anregenden Untersuchung ›Machine et humanisme‹ (1946, bes. S. 371 ff.). Alfred Weber, einer der größten Meister der Soziologie und eine der beeindruckendsten Persönlichkeiten unserer

stelligt werden, daß die Verantwortung zwischen der zentralen Betriebsleitung und der Belegschaft geteilt wird. Gut informierte kleine Gruppen besprechen untereinander die Probleme ihrer eigenen Arbeitssituation und des Gesamtunternehmens. Ihre Beschlüsse werden dann an das Management weitergeleitet und bilden die Grundlage für eine echte gemeinsame Betriebsleitung. Als drittem Beteiligtem müßte dem Verbraucher ein Mitspracherecht an den Entscheidungen und der Planung in irgendeiner Form zugestanden werden. Wenn wir grundsätzlich der Auffassung sind, daß der Hauptzweck einer jeden Arbeit darin besteht, den Menschen zu dienen, und nicht, Profit zu machen, dann müssen auch die, denen dieser Dienst erwiesen wird, bei der Tätigkeit derer, die ihnen dienen, ein Wort mitreden dürfen. Wie bei der politischen Dezentralisierung ist es auch hier nicht leicht, geeignete Formen dafür zu finden, doch stellt es ganz gewiß kein unüberwindliches Problem dar, vorausgesetzt, man bekennt sich zu dem allgemeinen Prinzip der gemeinsamen Betriebsleitung. In unserem Verfassungsrecht haben wir ähnliche Probleme in bezug auf die Rechte der verschiedenen Regierungsinstanzen gelöst, und im Aktienrecht haben sich Lösungen für das gleiche Problem hinsichtlich der Rechte der verschiedenen Arten von Aktionären, des Managements und so weiter finden lassen.

Das Prinzip der gemeinsamen Betriebsleitung und der Mitbestimmung bedeutet eine schwerwiegende Einschränkung der Besitzrechte. Der oder die Besitzer des Unternehmens würden den Anspruch auf Verzinsung ihrer Kapitaleinlagen zu einem vernünftigen Zinssatz behalten, dagegen nicht die unbeschränkte Befehlsgewalt über die Menschen, die dieses Kapital anheuern kann. Mindestens müßten sie dieses Recht mit denen teilen, die in dem Unternehmen arbeiten. Tatsächlich machen ja – wenigstens in den großen Konzernen – die Aktionäre von ihren Rechten als Aktienbesitzer bei den zu treffenden Entscheidungen kaum Gebrauch. Wenn den Arbeitern das Mitentscheidungsrecht gemeinsam mit dem Management zugestanden würde, würde sich die Rolle der Aktionäre im Grunde kaum ändern. Ein Gesetz, welches die gemeinsame Betriebsleitung einführte, würde zwar eine Beschränkung der Besitzrechte, aber keineswegs eine revolutionäre Veränderung derselben bedeuten. Selbst ein so konservativer Industrieller wie J. F. Lincoln, der Vorkämpfer für die Gewinnbeteiligung der Industrie-

Zeit, kommt in seinem tiefgründigen Werk ›Der Dritte oder der Vierte Mensch‹ (1943) zu ganz ähnlichen Schlußfolgerungen. Er betont die Notwendigkeit einer gemeinsamen Betriebsleitung durch die Arbeiter und Angestellten, einer Aufteilung der Großunternehmen in kleinere Einheiten von optimaler Größe unter Abschaffung des Profitprinzips sowie die Einführung einer sozialistischen Form der Wettbewerbswirtschaft. Äußere Veränderungen werden jedoch nicht ausreichen: »Wir brauchen eine neue menschliche Kristallisation« (a. a. O., S. 91).

arbeiter, schlägt – wie wir sahen – vor, daß die Dividenden einen relativ feststehenden und gleichbleibenden Betrag nicht überschreiten sollten und daß der darüber hinausgehende Gewinn unter den Arbeitern verteilt wird. Selbst unter den heutigen Bedingungen gibt es Möglichkeiten für eine Beteiligung der Arbeiter an der Betriebsleitung und -aufsicht. So sagt zum Beispiel B. F. Fairless, der Vorstandsvorsitzende der *United States Steel Corporation* in einer Ansprache (gekürzt wiedergegeben im Reader's Digest vom 15. 11. 1953, S. 17), daß die dreihunderttausend Arbeiter und Angestellten der *United States Steel* den gesamten Aktienbestand des Unternehmens aufkaufen könnten, wenn jeder siebenundachtzig Anteile zu einem Gesamtpreis von dreitausendfünfhundert Dollar erwerben würde. »Wenn jeder (wöchentlich) zehn Dollar investierte – was etwa dem entspricht, was unsere Stahlarbeiter bei der letzten Lohnerhöhung gewonnen haben –, so könnten die Arbeitnehmer der U. S. Steel in weniger als sieben Jahren den gesamten zur Verfügung stehenden Effektenbestand erwerben.« Tatsächlich brauchten sie nicht einmal soviel, sondern nur einen Teil davon anzulegen, um sich die Stimmenmehrheit zu sichern.

Einen anderen Vorschlag macht F. Tannenbaum in seinem Buch ›A Philosophy of Labor‹. Er schlägt vor, daß die Gewerkschaften so viele Aktien der Unternehmen, deren Arbeiter sie vertreten, aufkaufen, daß sie die Aufsicht über das Management dieser Unternehmen in die Hand bekommen. (Vgl. F. Tannenbaum, 1952.) Welche Methode man auch immer anwenden mag, sie läßt sich weiterentwickeln und führt nur bereits vorhandene Tendenzen bezüglich der Änderung der Besitzverhältnisse weiter, wobei es sich stets um Mittel zum Zweck – und nur um Mittel – handeln würde, die es dem Menschen ermöglichen sollen, auf sinnvolle Weise für einen sinnvollen Zweck zu arbeiten, und nicht als Träger einer Ware – seiner Körperkraft und Geschicklichkeit –, die wie jede andere Ware eingekauft und wieder verkauft wird. Bei der Erörterung der Beteiligung der Arbeiter an der Betriebsleitung ist noch ein wichtiger Punkt hervorzuheben, nämlich die Gefahr, daß eine solche Beteiligung sich in Richtung auf eine Gewinnbeteiligung im Sinne des Superkapitalismus entwickeln könnte. Wenn die Arbeiter und Angestellten eines Unternehmens sich nur noch ausschließlich für *ihren* Betrieb interessierten, so würde die Entfremdung zwischen dem Menschen und seinen sozialen Kräften unverändert bestehen bleiben. Die egoistische, entfremdete Einstellung würde dann nur vom einzelnen auf das »Team« ausgedehnt. Es ist daher kein nebensächlicher, sondern ein wesentlicher Bestandteil des Mitbestimmungsrechtes, daß die Arbeiter über ihr eigenes Unternehmen hinausblicken, daß sie sich auch für die Verbraucher interessieren und mit ihnen ebenso Kontakt haben wie mit anderen Arbeitern im gleichen Industriezweig und mit der Gesamtheit der arbeitenden Bevölkerung. Die Entwicklung einer Art Lokalpatriotismus für die Firma, eines Korpsgeists ähnlich dem der College- und Universitätsstudenten, wie er von Wyatt und anderen britischen Sozialpsychologen empfohlen wird, würde nur die egoistische und unsoziale Einstellung verstärken, die das Wesen der Entfremdung ausmacht. Alle derartigen Vorschläge, die für eine Begeisterung für das eigene »Team« eintreten, übersehen, daß es nur eine einzige echte soziale Orientierung gibt, nämlich die der Solidarität mit der ganzen Menschheit. Sozialer Zusammenhalt innerhalb der Gruppe, der mit einer feindseligen Einstellung gegen Außenstehende verbunden ist, bedeutet nicht soziales Empfinden, sondern ist nur ein ausgeweiteter Egoismus.

Zum Abschluß dieser Erörterung über das Mitbestimmungsrecht der Arbeiter möchte ich – selbst auf die Gefahr hin, mich zu wiederholen – noch einmal betonen, daß alle Vorschläge zu einer Humanisierung der Arbeit nicht auf eine Erhöhung der wirtschaftlichen Produktion und auch nicht auf eine größere Befriedigung durch die Arbeit an sich abzielen. Sie haben nur in einer völlig veränderten Gesellschaftsstruktur einen Sinn, in der die wirtschaftliche Tätigkeit nur ein Teil – und zwar ein untergeordneter Teil – des gesellschaftlichen Lebens ist. Man kann die eigentliche Arbeit nicht von der politischen Tätigkeit, vom Gebrauch der Freizeit und vom persönlichen Leben trennen. Wenn die Arbeit interessanter würde, ohne daß die übrigen Lebensbereiche humaner würden, so würde das keine wirkliche Änderung bedeuten. Die Arbeit könnte auch gar nicht interessant werden. Es ist ja gerade das Übel der heutigen Kultur, daß sie die verschiedenen Lebensbereiche voneinander trennt und gegeneinander absondert. Der Weg zu einer gesunden Gesellschaft besteht in der Überwindung dieser Spaltung. Es gilt, eine neue Einheit in der Gesellschaft und in jedem einzelnen Menschen zu erreichen.

Ich erwähnte bereits, wie entmutigt viele Sozialisten durch die Resultate des angewandten Sozialismus sind. Aber es setzt sich doch immer mehr die Erkenntnis durch, daß der Fehler nicht im Grundziel des Sozialismus zu suchen ist – einer nicht-entfremdeten Gesellschaft, in der jeder arbeitende Mensch direkt und verantwortlich an der Industrie und der Politik beteiligt ist –, sondern darin, daß man zu Unrecht einen stärkeren Nachdruck auf den Privatbesitz gegenüber dem Gemeinbesitz legt und daß man die menschlichen und im eigentlichen Sinn sozialen Faktoren darüber vernachlässigt. Entsprechend nimmt auch die Einsicht in die Notwendigkeit einer sozialistischen Auffassung zu, in deren Mittelpunkt die Idee der Mitbestimmung und der gemeinsamen Betriebsleitung, die Dezentralisation und die konkrete Funktion des Menschen im Arbeitsprozeß, und nicht ein abstraktes Besitzkonzept steht. Die Ideen von Owen, Fourier, Kropotkin und Landauer und von religiösen und weltlichen Anhängern der kommunitären Bewegung verschmelzen mit denen von Marx und Engels. Man wird skeptisch gegenüber rein ideologischen Formulierungen des »Endziels« und kümmert sich mehr um die konkrete Person in ihrem Hier und Jetzt. Es besteht die Hoffnung, daß auch unter den demokratischen und humanistischen Sozialisten die Einsicht wächst, daß der Sozialismus zu Hause, das heißt *mit der Sozialisierung der sozialistischen Parteien,* zu beginnen hat. Ich spreche hier natürlich nicht vom Sozialismus in bezug auf die Besitzrechte, sondern in bezug auf die verantwortliche Mitbestimmung eines jeden Mitglieds. Solange die sozialistischen Parteien das Prinzip des Sozialismus nicht in ihren eigenen Reihen verwirklichen, können sie nicht erwarten, andere zu überzeugen. Ihre Vertreter würden, wenn sie an der Macht wären, ihre Ideen im Geist des Kapitalismus durchführen, auch wenn sie sie mit sozialistischen Etiketten versehen würden. Dasselbe gilt auch für die Gewerkschaften. Wenn sie wirklich die industrielle Demokratie zum Ziel haben, dann müssen sie das demokratische Prinzip erst einmal in ihren eigenen Organisationen einführen und dürfen diese nicht genauso – oder manchmal noch schlimmer – führen wie irgendwelche anderen großen Unternehmen des Kapitalismus.

Diese Betonung der konkreten Situation des Arbeiters im Arbeitsprozeß war in der Vergangenheit bei den spanischen und französischen Anarchisten und Syndikalisten sowie bei den russischen Sozialrevolutionären recht stark zu spüren. Wenn auch die Bedeutung dieser Ideen in den meisten Ländern eine Zeitlang zurückgegangen ist, scheint sie doch in weniger ideologischen und dogmatischen und dafür realistischeren und konkreteren Formen langsam wieder an Boden zu gewinnen.

In einer der interessantesten neueren Veröffentlichungen über die Probleme des Sozialismus, den ›New Fabian Essays‹, spürt man diese zunehmende Betonung der funktionalen und humanen Aspekte des Sozialismus. So schreibt C. A. R. Crosland (1953, S. 66): »Der Sozialismus erfordert, daß diese feindselige Einstellung in der Industrie einem Gefühl der Beteiligung an einem gemeinsamen Unternehmen weicht. Wie ist das zu erreichen? Die direkteste und am leichtesten zu bewerkstelligende Strategie geht in Richtung auf gemeinsame Beratungen. In diesem Bereich ist bereits sehr viel fruchtbare Arbeit geleistet worden, und man ist sich inzwischen darüber klar, daß etwas mehr dazu nötig ist als gemeinsame Produktionsausschüsse nach dem gegenwärtigen Modell, nämlich eine radikalere Bemühung, dem Arbeiter das Gefühl zu geben, daß er an der Beschlußfassung beteiligt ist. Einige fortschrittliche Firmen haben bereits kühne Schritte in dieser Richtung unternommen, und die Resultate sind ermutigend.« Crosland schlägt dreierlei Maßnahmen vor: eine Ausdehnung der Verstaatlichung in großem Ausmaß, eine statutenmäßige Begrenzung der Dividenden oder als dritte Möglichkeit, »die gesetzlich geregelte Struktur der Besitzverhältnisse des Unternehmens dahingehend zu ändern, daß anstelle des alleinigen Rechts der Anteilseigner zur Aufsicht eine Verfassung tritt, die ausdrücklich die Verantwortung der Firma dem Arbeiter, dem Verbraucher und der Gemeinschaft gegenüber festlegt; die Arbeiter würden so zu Teilhabern und hätten ihre Vertreter im Aufsichtsrat«. (A. a. O., S. 67.)

In seiner Abhandlung über die »Gleichheit« sieht R. Jenkins (in: R. H. S. Crossman, 1953, S. 72) das Problem der Zukunft »... in erster Linie darin, ob die Kapitalisten, nachdem sie soviel von ihrer Macht und damit auch von ihren Funktionen freiwillig abgetreten oder auch abgenommen bekommen haben, den immer noch recht ansehnlichen Teil ihrer Privilegien behalten dürfen, der ihnen dann noch verbleibt; und zweitens, ob die aus dem Kapitalismus herauswachsende Gesellschaft eine alle beteiligende, demokratisch sozialistische Gesellschaft sein wird oder ob sie eine Managergesellschaft sein wird, die von einer privilegierten Elite beherrscht wird, welche sich eines Lebensstandards erfreut, der sich grundsätzlich von dem der Masse der Bevölkerung unterscheidet«. Jenkins kommt zu dem Schluß, »eine alle beteiligende, demokratisch sozialistische Gesellschaft« erfordere, daß »der Besitz von Unternehmen von reichen Einzelbesitzern nicht an den Staat, sondern an weniger dem Volk ferne öffentliche Körperschaften übergehen sollte«, daß es zu einer stärkeren Machtverteilung kommen sollte, und man »Menschen aller Art ermutigen solle, bei der Arbeit und der Aufsicht über öffentliche und freiwillige Einrichtungen eine aktivere Rolle zu spielen«.

A. Albu (1953, S. 121 f. und 129 f.) stellt fest: »Wie erfolgreich die Verstaatlichung der Grundindustrien auch in technischer und wirtschaftlicher Hinsicht gewesen sein mag, so hat sie doch den Wunsch nach einer weiterreichenden und demokratischeren Verteilung der Autorität nicht erfüllt, und es wurde damit auch keine wirkliche Mitbestimmung der Beschäftigten bei den Entscheidungen des Managements und deren Durchführung erreicht. Dies war für viele Sozialisten eine Enttäuschung, die keineswegs eine stärkere Konzentration der Staatsgewalt für wünschenswert hielten, aber keine oder nur höchst vage und utopische Vorstellungen von irgendwelchen Alternativen hatten. Die Lehren, die uns der Totalitarismus im Ausland und die wachsende Revolution der Manager im Lande erteilt haben, bestätigen nur noch die Berechtigung ihrer Besorgnisse, und das um so mehr, als man annimmt, daß die Vollbeschäftigung in einer Gesellschaft, die demokratisch bleiben soll, Probleme aufwirft, die nur mit der größtmöglichen, auf Information und Konsultation gegründeten Zustimmung des Volkes zu lösen sind. Eine Konsultation erreicht um so weniger, je weiter sie sich von einer persönlichen Beratung über den

Job des einzelnen entfernt. Daher sind Größe und Struktur der Arbeitseinheiten in der Industrie und der Grad der Möglichkeiten, unabhängig von anderen selbst die Initiative zu ergreifen, als Momente von größter Wichtigkeit anzusehen ... Was wir letzten Endes brauchen, ist ein Konsultativsystem, das die Sanktionierung der Beschlußfassungen über die Unternehmenspolitik und eine Exekutivautorität gewährleistet und das von sämtlichen Mitgliedern eines Industriezweiges bereitwillig akzeptiert wird. Wie man diese Vorstellung von einer Industrie-Demokratie mit dem ursprünglicheren Wunsch nach einer Selbstverwaltung in Einklang bringen kann, wie ihn die Syndikalisten vertraten und wie er so vielen heutigen Diskussionen über gemeinsame Beratungen zugrunde liegt, ist eine Angelegenheit, die noch gründlich untersucht werden muß. Aber man sollte doch meinen, daß es ein Vorgehen geben muß, bei dem alle in einer Industrie Beschäftigten die Möglichkeit erhalten, an den Entscheidungen über die Betriebspolitik teilzunehmen, sei es durch direkt gewählte Vertreter am Verhandlungstisch oder durch ein hierarchisches System gemeinsamer Beratungen mit erheblichen Befugnissen. In jedem Fall muß es auch zu einer größeren Mitbestimmung der unteren Ebenen am Prozeß der Interpretation der Betriebspolitik und der getroffenen Entscheidungen kommen. Das Gefühl eines gemeinsamen Vorgehens in der Industrie zu erzeugen, bleibt daher eines der wesentlichsten, noch unerreichten Ziele der sozialistischen Industriepolitik.«

John Strachey (1953, S. 198), unter den Autoren der ›New Fabian Essays‹ der optimistischste und vielleicht auch derjenige, der mit den Resultaten der Labour-Regierung am meisten zufrieden ist, stimmt mit Albu darin überein, daß er den Nachdruck auf die Notwendigkeit der Beteiligung der Arbeiter legt: »Schließlich ist der wunde Punkt bei der Aktiengesellschaft die verantwortungslose Diktatur, die angeblich von den Aktionären, in Wirklichkeit in vielen Fällen aber von einem oder zwei Direktoren über sie ausgeübt wird, die sich selbst dazu ernannt haben und ihren Posten behaupten. Man mache nur die öffentlichen Unternehmen sowohl der Gemeinschaft wie auch der Gesamtheit aller, die mit ihnen zu tun haben, unmittelbar verantwortlich, und sie würden zu völlig anderen Institutionen werden.«

Ich habe die Stimmen einiger britischer Labour-Führer zitiert, weil sie ihre Ansichten aus vielen praktischen Erfahrungen mit den sozialistischen Maßnahmen der Labour-Regierung und einer aufmerksamen und kritischen Beurteilung ihrer Errungenschaften gewonnen haben. Aber auch die Sozialisten auf dem Kontinent schenken dem Mitbestimmungsrecht der Arbeiter in der Industrie mehr Aufmerksamkeit als je zuvor. In Frankreich und in Deutschland sind nach dem Krieg Gesetze erlassen worden, welche die Beteiligung der Arbeiter an der Betriebsleitung gewährleisten. Obwohl dabei noch keineswegs befriedigende Ergebnisse erzielt wurden (die Gründe dafür waren halbherzige Maßnahmen und die Tatsache, daß in Deutschland die Gewerkschaftsführer sich in »Manager« verwandelt haben, anstatt daß die Werksangehörigen selbst beteiligt wurden), ist doch unverkennbar, daß bei den Sozialisten die Einsicht wächst, daß die Übertragung der Besitzrechte vom privaten Kapitalisten auf die Gesellschaft oder den Staat an und für sich nur eine nebensächliche Wirkung auf die Lage der Arbeiter haben wird und daß das zentrale Problem des Sozialismus in der Änderung der Arbeitssituation liegt. Selbst in den ziemlich schwachen und verworrenen Erklärungen der 1951 in Frankfurt neugebildeten Sozialistischen Internationale liegt der Nachdruck auf der Notwendigkeit, die wirtschaftliche Macht zu dezentralisieren, wo immer das mit den Zielen der Planung vereinbar ist. (Vgl. A. Albu, 1953, S. 121, sowie A. Sturmthal, 1953.)

Unter den wissenschaftlichen Beobachtern der industriellen Szene sind es besonders G. Friedmann und bis zu einem gewissen Grad auch J. J. Gillespie, die in bezug auf die Umwandlung der Arbeit zu ähnlichen Schlüssen kommen wie ich.

Wenn der Nachdruck mehr auf die Mitbestimmung der Arbeiter bei der Unternehmensleitung gelegt wird als auf eine Änderung der Besitzrechte, so heißt das nicht, daß nicht ein gewisses Maß an direkter staatlicher Intervention und gewisse Sozialisierungen notwendig wären. Das wichtigste Problem neben dem der Mitbestimmung bei der Betriebsleitung ist darin zu sehen, daß unsere gesamte Industrie auf die Existenz eines sich ständig erweiternden Binnenmarktes aufgebaut ist. Jedes Unternehmen möchte mehr und mehr verkaufen, um sich einen immer größeren Marktanteil zu sichern. Die Folge dieser wirtschaftlichen Situation ist, daß die Industrie alle ihr zur Verfügung stehenden Mittel einsetzt, um die Kauflust der Bevölkerung zu reizen und eine rein rezeptive Orientierung, die der seelischen Gesundheit so sehr schadet, zu erzeugen und immer mehr zu verstärken. Wie wir gesehen haben, bedeutet das ein Verlangen nach immer neuen, aber entbehrlichen Dingen, den ständigen Wunsch, noch mehr zu kaufen, auch wenn man das neue Erzeugnis vom Standpunkt eines humanen, nicht entfremdeten Verbrauchs nicht nötig hat. (Zum Beispiel hat die Autoindustrie mehrere Milliarden Dollar für Veränderungen an den neuen Modellen von 1955 aufgewendet, und Chevrolet allein verwendete einige hundert Millionen Dollar für den Konkurrenzkampf mit Ford. Der ältere Chevrolet war unbestreitbar ein guter Wagen, und beim Wettkampf zwischen Ford und General Motors ging es nicht in erster Linie darum, den Leuten einen besseren Wagen zu liefern, sondern sie dazu zu veranlassen, sich einen neuen Wagen zu kaufen, obwohl der alte es noch ein paar Jahre getan hätte. – R. Moley nahm kein Blatt vor den Mund, als er in der ›Newsweek‹ über die neuesten

Automobile von 1955 schrieb, der Kapitalismus möchte die Menschen mit dem, was sie haben, nur unzufrieden machen, damit sie den Wunsch bekommen, sich etwas Neues zu kaufen; der Sozialismus wolle genau das Gegenteil.)

Ein anderer Aspekt der gleichen Erscheinung ist die Neigung, Dinge zu vergeuden, der dem Bedürfnis der Wirtschaft, die Massenproduktion zu steigern, noch Vorschub leistet. Neben dem mit dieser Vergeudung verbundenen wirtschaftlichen Verlust hat diese auch noch eine wichtige psychologische Wirkung: Sie läßt den Verbraucher die Achtung vor der Arbeit und den Anstrengungen seiner Mitmenschen verlieren; sie läßt ihn die Bedürfnisse der Menschen im eigenen Land und in den ärmeren Ländern vergessen, für die das von ihm weggeworfene Erzeugnis ein wertvoller Besitz sein könnte. Kurz gesagt stellt unsere Gewohnheit, die Dinge wegzuwerfen, eine kindische Mißachtung der Realitäten des menschlichen Lebens und des wirtschaftlichen Existenzkampfes dar, dem sich niemand entziehen kann.

Es liegt auf der Hand, daß auf lange Sicht kein geistiger Einfluß Erfolg haben kann, solange unser Wirtschaftssystem so organisiert ist, daß eine Krise droht, wenn die Leute nicht immer mehr und immer neuere und bessere Dinge kaufen wollen. Wenn unser Ziel daher ist, den entfremdeten Konsum in einen menschlichen zu verwandeln, sind Veränderungen in jenen wirtschaftlichen Prozessen notwendig, die an diesem entfremdeten Konsum schuld sind. (Vgl. die Äußerung von Clark [zit. nach N. N. Foote und P. K. Hatt, 1953]: »Wenn man ein Einkommen derselben Höhe etwas gleichmäßiger verteilte, so würde das eine relativ größere Nachfrage nach Waren zur Folge haben, als wenn es ungleich verteilt ist.«) Es ist Aufgabe unserer Wirtschaftswissenschaftler, sich solche Maßnahmen auszudenken. Allgemein gesagt bedeutet es, daß man die Produktion auf Gebiete verlagern sollte, wo wirklich vorhandene Bedürfnisse noch nicht befriedigt werden konnten, anstatt auf andere, wo die Bedürfnisse erst künstlich erzeugt werden müssen. Dies kann durch staatliche Kredite, durch die Sozialisierung bestimmter Unternehmen und durch drastische Gesetze geschehen, die eine Änderung in der Werbung bewirken.

Mit anderen Worten: Obgleich in einer sozialistischen Gesellschaft der freie Markt und das selbständige Kleinunternehmen zunächst einmal weiter bestehen können, ist sie auf dem Prinzip aufgebaut, daß nicht der Profit, sondern die gesellschaftliche Nützlichkeit die Gesamtproduktion bestimmt; soweit es für die Verwirklichung dieses Prinzips notwendig ist, bedeutet dies eine demokratische Kontrolle und Leitung der Gesamtwirtschaft. (Wenn hier von demokratischer Kontrolle gesprochen wird, so ist nicht zu vergessen, daß – wie weiter unten angeführt wird – eine sozialistische Gesellschaft nur möglich ist, wenn gleichzeitig neue Formen einer echten politischen Demokratie geschaffen werden.)

Eng verwandt mit diesem Problem ist die Wirtschaftshilfe der industrialisierten Gesellschaften für die wirtschaftlich unterentwickelten Teile der Welt. Es ist völlig klar, daß die Zeit der kolonialen Ausbeutung vorüber ist, daß die verschiedenen Teile der Welt einander so nahegerückt sind, wie das noch vor hundert Jahren die Länder eines Kontinents waren, und daß der Friede des reicheren Teils der Welt von der wirtschaftlichen Weiterentwicklung des ärmeren Teils abhängen wird. Friede und Freiheit können in der westlichen Welt auf Dauer nicht neben dem Hunger und der Krankheit in Afrika und Asien bestehen. Die Einschränkung des überflüssigen Konsums in den Industrieländern ist ein Muß, wenn sie den nicht-industrialisierten Ländern helfen wollen, und das müssen sie, wenn sie den Frieden erhalten wollen. Sehen wir uns doch ein paar Tatsachen näher an: Nach H. Brown würde ein sich über fünfzig Jahre erstreckendes Welt-Entwicklungsprogramm die landwirtschaftliche Produktion so vergrößern, daß alle Menschen ausreichend ernährt werden könnten, und es würde zu einer Industrialisierung der jetzt noch unterentwikkelten Gebiete führen, die etwa dem Industrieniveau von Japan vor dem Zweiten Weltkrieg gleichkäme. (Vgl. H. Brown, 1954, S. 245 ff. – Ich kenne nur wenige Bücher, die die Alternative zwischen einer gesunden und einer kranken Gesellschaft, zwischen ihrem Fortschritt und ihrem Untergang so klar vor Augen stellen und dies mit so zwingenden Argumenten und unbestreitbaren Tatsachen belegen, wie dieses Buch von Harrison Brown.) Die Ausgaben der Vereinigten Staaten für ein solches Programm würden sich während der ersten dreißig Jahre zwischen vier und fünf Milliarden Dollar jährlich bewegen, später würde es weniger: »Wenn wir das mit unserem Nationaleinkommen vergleichen, mit unserem gegenwärtigen Bundesbudget, mit den für die Rüstung aufzubringenden Geldern und den Kosten eines Krieges, so erscheint uns der erforderliche Betrag nicht übermäßig hoch. Wenn wir ihn mit dem potentiellen Gewinn vergleichen, der sich aus einem erfolgreich durchgeführten Programm ergeben kann, so erscheint er noch geringer. Und wenn wir die Kosten mit denen unseres gegenwärtigen Zustandes der Untätigkeit und mit den Folgen vergleichen, die es hätte, wenn wir den *status quo* beibehielten, dann ist dieser Betrag geradezu unbedeutend.« (A. a. O., S. 247 f.)

Das oben erwähnte Problem ist nur Teil des allgemeineren Problems, wieweit man es zulassen darf, daß die Vertreter des profitorientierten Kapitals die Bedürfnisse der Öffentlichkeit auf eine schädliche und ungesunde Weise manipulieren. Die augenfälligsten Beispiele dafür sind unsere Filmindustrie, die Industrie der Comic-Bücher und die

Berichte über Verbrechen in unseren Zeitungen. Um einen möglichst großen Profit zu machen, stimuliert man künstlich die niedrigsten Instinkte und vergiftet die Seele des Volkes. Das Nahrungsmittel- und Drogengesetz (*Food and Drug Act:* FDA) hat der uneingeschränkten Produktion schädlicher Nahrungsmittel und Drogen und der diesbezüglichen Reklame einen Riegel vorgeschoben. Dasselbe könnte geschehen, wo es um lebensnotwendige Fragen geht. Wenn derartige Gesetze sich als unwirksam herausstellen sollten, müßte man gewisse Industrien, wie zum Beispiel die Filmindustrie, verstaatlichen, oder man müßte wenigstens Konkurrenzindustrien ins Leben rufen, die aus öffentlichen Mitteln finanziert würden. In einer Gesellschaft, deren einziges Ziel die Entwicklung des Menschen ist und in der die materiellen Bedürfnisse den geistigen Bedürfnissen untergeordnet werden, dürfte es nicht schwer sein, juristische und wirtschaftliche Mittel und Wege für die notwendigen Veränderungen zu finden.

Was die wirtschaftliche Lage des einzelnen Bürgers betrifft, so war die Gleichheit des Einkommens noch nie eine sozialistische Forderung, und sie wäre auch aus vielen Gründen weder durchführbar noch wünschenswert. Notwendig ist ein Einkommen, das die Grundlage für eine menschenwürdige Existenz ist. Die Einkommen sollten allerdings nicht so ungleich sein, daß sie eine unterschiedliche Erfahrung des Lebens bewirken. Ein Mensch mit einem Millioneneinkommen, der jede seiner Launen befriedigen kann, ohne auch nur darüber nachzudenken, erlebt das menschliche Dasein anders als jemand, der, um sich einen kostspieligen Wunsch zu erfüllen, auf die Erfüllung eines anderen Wunsches verzichten muß. Wer niemals über die Grenzen seiner Stadt hinauskommt, wer sich niemals einen Luxus (das heißt etwas, das nicht unbedingt nötig ist) erlauben kann, hat ebenfalls eine andere Erfahrung vom Leben als sein Nachbar, der das kann. Aber selbst bei unterschiedlichem Einkommen kann doch die Art, wie man das Leben erlebt, die gleiche sein, sofern die Unterschiede nicht allzu groß sind. Worauf es ankommt, ist nicht so sehr das höhere oder geringere Einkommen als solches, sondern der Punkt, an dem die quantitativen Unterschiede im Einkommen zu qualitativen Unterschieden in der Art, das Leben zu erleben, werden. Es ist überflüssig zu sagen, daß das System sozialer Sicherheit, wie es zum Beispiel heute in Großbritannien besteht, beibehalten werden muß. Aber das genügt nicht. Das bereits vorhandene Sozialversicherungssystem muß zur Garantie eines allgemeinen Existenzminimums ausgedehnt werden.

Jeder einzelne kann nur frei und verantwortungsbewußt handeln, wenn eine der Hauptursachen der heutigen Unfreiheit beseitigt wird: die wirtschaftliche Bedrohung, hungern zu müssen, welche die Menschen dazu zwingt, sich auf Arbeitsbedingungen einzulassen, die sie sonst nicht akzeptieren würden. Es wird keine Freiheit geben, solange der Kapitalist einem Menschen, der »nichts« besitzt als sein Leben, seinen Willen aufzwingen kann, weil letzterer aus Mangel an Kapital keine Arbeit findet außer der, welche der Kapitalist ihm bietet.

Noch vor hundert Jahren war man noch in weiten Kreisen überzeugt, daß man für seinen Nächsten nicht verantwortlich ist. Es wurde angenommen – und von den Nationalökonomen wissenschaftlich »bewiesen« – daß die gesellschaftlichen Gesetze es notwendig machten, daß man stets ein großes Heer von Armen und Arbeitslosen zur Verfügung hatte, um die Wirtschaft in Gang zu halten. Heute würde es kaum noch jemand wagen, eine solche Ansicht auszusprechen. Man gibt allgemein zu, daß keiner vom Reichtum der Nation ausgeschlossen werden sollte, weder durch Gesetze der Natur noch durch solche der Gesellschaft. Die noch vor hundert Jahren geläufigen Rationalisierungen, daß die Armen ihre Lage ihrer Unwissenheit und ihrem mangelnden Verantwortungsgefühl – kurzum ihren »Sünden« – verdankten, sind heute überlebt. Man hat in allen westlichen Industrieländern ein Versicherungssystem eingeführt, das einem jeden im Fall von Arbeitslosigkeit, Krankheit und Alter ein Existenzminimum garantiert. Die Forderung, daß jeder das bedingungslose Recht auf ein Existenzminimum habe, bedeutet nur einen Schritt weiter. Es würde praktisch heißen, daß jeder Bürger Anspruch auf eine Summe hat, die ihm ein Existenzminimum sichert, selbst wenn er nicht arbeitslos, krank oder alt ist. Er könnte diese Summe auch dann verlangen, wenn er seine Stelle freiwillig aufgibt, wenn er sich für eine andere Art von Arbeit vorbereiten will oder wenn ihn irgendwelche anderen persönlichen Gründe am Geldverdienen hindern, auch wenn er zu keiner der Kategorien gehört, denen dann die Versicherung zugute kommt. Kurz gesagt, er hätte Anspruch auf dieses Existenzminimum, auch wenn er keinen besonderen »Grund« dafür angeben könnte. Es sollte jedoch auf eine bestimmte Periode, sagen wir, auf zwei Jahre, begrenzt bleiben, um nicht eine neurotische Haltung zu erzeugen, bei der der Betreffende sich sozialen Pflichten jeder Art entzieht.

Das könnte wie ein phantastischer Vorschlag klingen. (Dr. Meyer Shapiro hat mich darauf aufmerksam gemacht, daß Bertrand Russell [1919, S. 86ff.] den gleichen Vorschlag macht.) Unser Versicherungssystem aber wäre den Menschen vor hundert Jahren genauso vorgekommen. Der Haupteinwand gegen einen derartigen Plan wäre, daß niemand mehr arbeiten wollte, wenn jeder einen Anspruch darauf hätte, ein Existenzminimum zu bekommen. Diese Vermutung beruht jedoch auf der irrtümlichen Ansicht von der der menschlichen Natur eigentümlichen Faulheit; in Wirklichkeit würde es, abgesehen von neurotisch faulen Menschen, nur sehr wenige geben, die nicht mehr verdienen möchten als das Existenzminimum und die lieber nichts tun würden als arbeiten.

Dagegen ist der Argwohn gegen ein System des garantierten Existenzminimums vom Standpunkt derer nicht unbegründet, die ihren Kapitalbesitz dazu benutzen möchten, andere dazu zu zwingen, sich auf die Arbeitsbedingungen einzulassen, die sie ihnen anbieten. Wenn niemand mehr gezwungen wäre, eine Arbeit anzunehmen, um nicht zu verhungern, müßte die Arbeit so interessant und attraktiv gemacht werden, daß die Menschen sich dazu veranlaßt sähen, sie anzunehmen. Die Freiheit des Vertragsabschlusses ist nur möglich, wenn es beiden Parteien freisteht, den Vertrag anzunehmen oder abzulehnen; im gegenwärtigen kapitalistischen System ist das nicht der Fall.

Aber ein solches System wäre nicht nur der Anfang einer echten Vertragsfreiheit zwischen Arbeitgebern und Arbeitnehmern, es würde auch den Freiheitsbereich in den zwischenmenschlichen Beziehungen im täglichen Leben ungemein vergrößern.

Sehen wir uns einige Beispiele an. Jemand, der heute in Arbeit steht und dem seine Tätigkeit nicht zusagt, sieht sich oft gezwungen weiterzumachen, weil er nicht die Mittel besitzt, um eine Arbeitslosigkeit von nur ein oder zwei Monaten riskieren zu können, und weil er, wenn er seine Stelle freiwillig aufgibt, natürlich keinen Anspruch auf Arbeitslosenunterstützung hat. Tatsächlich reichen jedoch die psychologischen Auswirkungen dieser Situation viel tiefer. Schon die Tatsache, daß er nicht riskieren kann, entlassen zu werden, führt leicht dazu, daß er von seinem Chef und vor allen, von denen er abhängig ist, Angst hat. Er wird Hemmungen haben, ihnen zu widersprechen; er wird versuchen, sich bei ihnen beliebt zu machen, und wird eine unterwürfige Haltung einnehmen, weil er ständig Angst hat, der Chef könnte ihn auf die Straße setzen, wenn er sich gegen ihn durchzusetzen versuchte. Oder nehmen wir jemanden, der mit vierzig Jahren den Wunsch verspürt, lieber eine völlig andere Tätigkeit aufzunehmen, für die er aber eine ein- bis zweijährige Ausbildung braucht. Da unter den Bedingungen eines garantierten Existenzminimums ein solcher Entschluß bedeuten würde, daß er mit einem minimalen Komfort auskommen müßte, würde es schon eine große Begeisterung für sein neues Betätigungsgebiet und ein großes Interesse daran erfordern. Deshalb würden nur wirklich dafür Begabte und besonders daran Interessierte eine solche Entscheidung treffen. Oder nehmen wir eine Frau, die in einer unglücklichen Ehe lebt und die ihren Mann nur deshalb nicht verläßt, weil sie ihren Unterhalt während der Zeit, die sie für die Ausbildung zu irgendeiner Arbeit braucht, nicht selbst bestreiten kann. Oder denken wir an einen Jugendlichen, der mit einem neurotischen oder destruktiven Vater in einem schweren Konflikt lebt und dessen seelische Gesundheit gerettet wäre, wenn er frei wäre, seine Familie zu verlassen. Kurz gesagt, der fundamentale Zwang wirtschaftlicher Gründe wäre in den geschäftlichen und privaten Beziehungen beseitigt, und jedem wäre seine Handlungsfreiheit wiedergegeben.

Und die Kosten? Da wir das Versorgungsprinzip bereits für die Arbeitslosen, die Kranken und Alten eingeführt haben, würde es sich nur um eine »Randgruppe« von zusätzlichen Personen handeln, die von diesem Vorrecht Gebrauch machen würden, und zwar um besonders Begabte, um andere, die sich in einer vorübergehenden Konfliktsituation befinden, oder um Neurotiker, die kein Verantwortungsgefühl oder kein Interesse an einer Arbeit besitzen. Zieht man alle diese Faktoren in Betracht, so sieht es doch so aus, als ob die Zahl der Menschen, die dieses Vorrecht in Anspruch nehmen dürften, nicht besonders groß sein wird, und man könnte mit Hilfe von sorgfältigen Untersuchungen bereits heute ihre Zahl ungefähr abschätzen. Freilich ist mit Nachdruck darauf hinzuweisen, daß dieser Vorschlag mit den anderen hier angeregten sozialen Veränderungen zusammenzusehen ist und daß in einer Gesellschaft, in welcher der einzelne Bürger an seiner Arbeit aktiven Anteil nimmt, die Zahl der an einer Arbeit nicht interessierten Personen nur einen Bruchteil derer ausmachen dürfte, für die das unter den heutigen Bedingungen gilt. Wie groß ihre Zahl aber auch immer sein mag, so dürften doch die Kosten für einen solchen Plan kaum höher sein als die Ausgaben der Großstaaten für ihre Streitkräfte während der letzten Jahrzehnte, von den Rüstungskosten ganz zu schweigen. Auch sollte man nicht vergessen, daß in einem System, welches in einem jeden das Interesse am Leben und an seiner Arbeit neuerweckt, die Produktivität des einzelnen Arbeiters weit größer sein dürfte, nachdem schon heute aufgrund nur weniger günstiger Veränderungen in der Arbeitssituation von Leistungssteigerungen berichtet wird. Zudem würden unsere Ausgaben für die Bekämpfung von Verbrechen und neurotischen und psychosomatischen Krankheiten beträchtlich geringer.

c) Politische Neugestaltungen

In einem vorangegangenen Kapitel habe ich nachzuweisen versucht, daß sich die Demokratie in einer entfremdeten Gesellschaft nicht bewähren kann und daß die Art und Weise, wie unsere Demokratie organisiert ist, zum allgemeinen Entfremdungsprozeß beiträgt. Wenn Demokratie bedeutet, daß der einzelne seine Überzeugung zum Ausdruck und seinen Willen zur Geltung bringen kann, so ist Voraussetzung dafür, daß er überhaupt eine Überzeugung besitzt und daß er einen eigenen Willen hat. Tatsache ist jedoch, daß der moderne, entfremdete Mensch zwar Meinungen und Vorurteile, aber keine Überzeugungen besitzt, daß er bestimmte Vorlieben und Abneigungen, aber keinen eigenen Willen hat. Seine Meinungen und Vorurteile, seine Vorlieben und Abneigungen werden ebenso wie sein Geschmack von mächtigen Propagandaapparaten manipuliert – die vielleicht wirkungslos blieben, wenn er nicht durch die Werbung und durch seine ganze entfremdete Lebensweise bereits dafür konditioniert wäre.

Auch ist der durchschnittliche Wähler schlecht informiert. Er liest zwar regelmäßig seine Zeitung, aber die ganze Welt ist ihm so entfremdet, daß nichts für ihn einen wirklichen Sinn oder eine reale Bedeutung besitzt. Er liest, daß Milliarden von Dollar ausgegeben und daß Millionen von Menschen getötet werden, und das alles sind nur Zahlen und Abstraktionen, die für ihn in keiner Weise ein konkretes, sinnvolles Weltbild ergeben. Die Science-Fiction-Romane, die er liest, unterscheiden sich für ihn kaum von Berichten über neue wissenschaftliche Erkenntnisse. Alles ist unwirklich, grenzenlos und unpersönlich. Tatsachen sind für ihn nur Gedächtnisbrocken, Einzelstückchen eines Puzzlespiels, und keine Elemente, von denen sein Leben und das seiner Kinder abhängt. Es ist in der Tat ein Zeichen der Spannkraft und des gesunden Kerns des Durchschnittsmenschen, daß die politischen Entscheidungen heute trotz dieser Bedingungen nicht völlig unvernünftig sind, sondern daß bei den Wahlen noch ein einigermaßen nüchternes Urteilsvermögen zum Ausdruck kommt.

Darüber hinaus sollte man nicht vergessen, daß gerade die Idee des Mehrheitswahlrechts mit zum Prozeß der Abstraktion und Entfremdung führt. Ursprünglich war die Regierung durch die Mehrheit die Alternative zu einer Regierung durch eine Minderheit, durch den König oder die Feudalherren. Eine Mehrheitsregierung bedeutete nicht, daß die Mehrheit immer *recht* hat; sie bedeutet, daß es für die Mehrheit immer noch besser ist, wenn sie unrecht hat, als wenn eine Minderheit ihr ihren Willen aufzwingt. Aber in unserem Zeitalter der Konformität hat die demokratische Methode immer mehr die Bedeutung angenommen, daß die Entscheidung einer Mehrheit unbedingt auch richtig und moralisch dem Beschluß einer Minderheit überlegen ist und daß die Mehrheit damit das moralische Recht besitzt, *ihren* Willen der Minderheit aufzuzwingen. Genauso wie von einem Produkt, für das auf Bundesebene geworben wird, behauptet wird: »Zehn Millionen Amerikaner können sich nicht irren«, so sieht man auch in einem Mehrheitsbeschluß ein Argument für dessen Richtigkeit. Das ist ganz offensichtlich ein Irrtum. Tatsächlich waren – historisch betrachtet – alle »richtigen« Ideen in der Politik wie auch in der Philosophie, in der Religion oder in der Naturwissenschaft ursprünglich die Ideen von Minderheiten. Wenn es bei dem Wert einer Idee nach der Zahl ihrer Anhänger ginge, würden wir heut Anhänger ginge, würden wir heute noch in Höhlen leben.

Wie Schumpeter gezeigt hat, bringt der Wähler lediglich zum Ausdruck, welchem von zwei Kandidaten, die sich um seine Stimme bewerben, er den Vorzug gibt. Er sieht sich verschiedenen politischen Maschinerien gegenüber und einer politischen Bürokratie, die zwischen ihrem guten Willen, das Beste für das Land zu tun, und ihrem beruflichen Interesse, im Amt zu bleiben oder wieder hineinzukommen, hin und her gerissen wird. Diese politische Bürokratie, welche die Stimme braucht, muß natürlich bis zu einem gewissen Grad den Willen der Wähler berücksichtigen. Alle Zeichen großer Unzufriedenheit zwingen die politischen Parteien, ihren Kurs zu ändern, um die Wählerstimmen zu bekommen, und jedes Anzeichen dafür, daß ein bestimmter Aktionskurs weithin populär ist, wird sie dazu veranlassen, diesen Kurs auch weiterhin zu verfolgen. In dieser Hinsicht ist sogar ein nicht-demokratisches, autoritäres Regime bis zu einem gewissen Grad vom Willen des Volkes abhängig, nur daß es sich durch seine Zwangsmethoden viel länger leisten kann, einen unpopulären Kurs beizubehalten. Aber abgesehen von dem behindernden oder fördernden Einfluß, den die Wählerschaft auf die Entscheidungen der politischen Bürokratie ausübt – wobei es sich mehr um einen indirekten als um einen direkten Einfluß handelt – kann der einzelne Bürger kaum etwas tun, womit er sich an der Beschlußfassung beteiligen könnte. Nachdem er einmal seinen Stimmzettel eingeworfen hat, hat er seinen politischen Willen an seinen Repräsentanten abgegeben, der ihn mit jener Mischung aus Verantwortungsbewußtsein und egoistischem Berufsinteresse, die für ihn so kennzeichnend ist, ausführt, und der einzelne Bürger kann wenig tun außer bei der nächsten Wahl wieder seinen Stimmzettel abzugeben, was ihm eine Chance gibt, seinem Repräsentanten zu helfen, im Amt zu bleiben oder ihn abzusetzen.

Der Wahlprozeß hat in den großen Demokratien mehr und mehr den Charakter eines Plebiszits angenommen, bei dem der Wähler nicht viel mehr tun kann, als sein Einverständnis oder seine Unzufriedenheit mit mächtigen politischen Maschinerien zu dokumentieren und einer davon seinen politischen Willen zu überantworten.

Der Fortschritt des demokratischen Prozesses von der Mitte des neunzehnten bis zur Mitte des zwanzigsten Jahrhunderts besteht in der Ausdehnung des Wahlrechts, was inzwischen dazu geführt hat, daß das uneingeschränkte und allgemeine Wahlrecht allgemein eingeführt ist. Aber selbst das uneingeschränkte Wahlrecht für alle genügt noch nicht. Um einen weiteren Fortschritt im demokratischen System zu erzielen, muß man noch einen weiteren Schritt tun. Vor allem muß man sich klar machen, daß echte Entscheidungen nicht in einer Atmosphäre von Massenwahlen zustande kommen können, sondern nur in relativ kleinen Gruppen, die etwa den alten Gemeindeversammlungen entsprechen und zu denen nicht mehr als etwa fünfhundert Personen gehören sollten. In solchen kleinen Gruppen können die zur Entscheidung stehenden Fragen gründlich erörtert werden, jedes Mitglied kann seine Ideen äußern und kann sich auch die Argumente der anderen anhören und mit ihnen auf vernünftige Weise darüber diskutieren. Die Menschen haben persönlichen Kontakt miteinander, wodurch sie demagogischen und irrationalen Einflüssen weniger leicht zugänglich sind. Zweitens müssen die einzelnen Bürger über lebenswichtige Tatsachen Bescheid wissen, um wichtige Entscheidungen darüber treffen zu können. Drittens muß die Entscheidung, die ein Mitglied einer solchen kleinen Gruppe im persönlichen Austausch trifft, ganz gleich welcher Art sie ist, einen direkten Einfluß auf die Entscheidung haben, die dann von einer zentral gewählten Exekutive realisiert wird. Ohne das würde der Bürger politisch genauso dumm bleiben, wie er heute ist.

Es stellt sich die Frage, ob ein derartiges System, das eine zentralisierte Form der Demokratie, wie wir sie heute haben, mit einer hochgradigen Dezentralisation verbindet, überhaupt möglich ist, ob wir das Prinzip der Gemeindeversammlung in unserer modernen industrialisierten Gesellschaft wieder einführen können.

Ich sehe hierin keine unlösbare Schwierigkeit. Eine Möglichkeit wäre, die gesamte Bevölkerung nach Wohnbezirken oder auch entsprechend dem Arbeitsplatz in kleine Gruppen *(face-to-face groups)* von etwa fünfhundert Personen zu organisieren, wobei diese Gruppen bezüglich der sozialen Stellung ihrer Mitglieder möglichst verschiedenartig zusammengesetzt sein sollten. Diese Gruppen würden regelmäßig – sagen wir einmal monatlich – zusammenkommen und ihre Funktionäre und Ausschüsse wählen, die alljährlich wechseln würden. Ihr Programm bestünde in der Erörterung der wichtigsten politischen Fragen, sowohl auf lokaler als auch auf nationaler Ebene. Wie bereits ausgeführt, würde jede solche Diskussion, wenn etwas Vernünftiges dabei herauskommen soll, ein gewisses Maß an Tatsachen-Information voraussetzen. Wie kann diese beschafft werden? Es scheint durchaus möglich, daß eine politisch unabhängige »Kultur-Agentur« *(cultural agency)* die Funktion ausübt, das Tatsachenmaterial, das man als Unterlagen für diese Diskussionen benutzen möchte, vorbereitet und veröffentlicht. Das ist nichts anderes, als was wir bereits in unserem Schulsystem tun, wo unsere Kinder Informationen erhalten, die relativ objektiv und von den wechselnden Regierungen unbeeinflußt sind. Man könnte sich beispielsweise vorstellen, daß man Persönlichkeiten aus den Bereichen von Kunst, Wissenschaft, Religion, Wirtschaft und Politik, deren überragende Leistungen und moralische Integrität über jeden Zweifel erhaben sind, zur Bildung einer politischen unabhängigen »Kultur-Agentur« auswählt. Auch wenn ihre politischen Ansichten verschieden wären, dürfte man doch annehmen, daß sie sich über die Zusammenstellung von Fakten zum Zweck einer objektiven Information in vernünftiger Weise einigen könnte. Im Fall von Meinungsverschiedenheiten bestünde die Möglichkeit, den Bürgern verschiedene Zusammenstellungen von Tatsachen vorzulegen und ihnen den Grund für den Unterschied zu erklären. Nachdem diese kleinen Gruppen die Information erhalten und darüber diskutiert haben, werden sie darüber abstimmen. Mit Hilfe der uns heute zur Verfügung stehenden technischen Einrichtungen dürfte es sehr einfach sein, in kurzer Zeit das Gesamtresultat dieser Abstimmung festzustellen. Das Problem wäre jetzt, wie die auf diese Weise zustande gekommenen Entscheidungen der Zentralregierung zugeleitet werden und bei der Beschlußfassung mitberücksichtigt werden könnten. Es ist nicht einzusehen, weshalb dieser Prozeß nicht in irgendeiner Form durchführbar sein soll. In der parlamentarischen Tradition gibt es gewöhnlich zwei Kammern, die beide an den Entscheidungen beteiligt sind, aber auf unterschiedliche Weise gewählt werden. Die kleinen Gruppen würden das eigentliche »Unterhaus« darstellen, das sich mit dem Haus der aus allgemeinen Wahlen hervorgegangenen Abgeordneten und einer auf die gleiche Weise gewählten Exekutive die Macht teilen würde. In allen entscheidenden und prinzipiellen Fragen müßte in letzter Instanz der Wille des »Unterhauses« den Ausschlag geben. Auf diese Weise würden sich die Entscheidungen nicht nur von oben nach unten, sondern auch von unten nach oben bewegen, und sie würden sich auf das aktive und verantwortungsbewußte Denken des einzelnen Bürgers gründen. Durch die Diskussionen und die Abstimmung in den kleinen in persönlichem Kontakt miteinander stehenden Gruppen *(face-to-face groups)* würde der irrationale und abstrakte Charakter der Entscheidungen großenteils verschwinden, und die politischen Probleme würden tatsächlich zu einem echten Anliegen der Bürger. Der Prozeß der Entfremdung, in dem der einzelne Bürger seinen politischen Willen durch das Wahlritual Mächten überantwortet, die außerhalb seiner Reichweite sind, würde umgekehrt, und jeder einzelne würde seine Rolle als Teilnehmer am Gemeinschaftsleben zurückgewinnen. (Vgl. zum Problem der kleinen Gruppen Robert A. Nisbet, 1953.)

d) Kulturelle Neugestaltungen

Keine gesellschaftliche oder politische Maßnahme kann mehr tun, als daß sie die Verwirklichung bestimmter Werte und Ideale fördert oder behindert. In einer materialistischen Zivilisation, bei der sich alles um die Produktion, den Konsum und den Erfolg auf dem Markt dreht, können die Ideale der jüdisch-christlichen Tradition unmöglich in die Wirklichkeit umgesetzt werden. Andererseits kann keine sozialistische Gesellschaft ihr Ziel der Brüderlichkeit, Gerechtigkeit und des Individualismus erreichen, wenn ihre Ideen die Herzen der Menschen nicht mit einem neuen Geist erfüllen.

Wir brauchen keine neuen Ideale und keine neuen geistigen Zielsetzungen. Die großen Lehrer der Menschheit haben bereits die Normen für eine gesunde Lebensführung aufgestellt. Gewiß haben sie in verschiedenen Sprachen gesprochen, haben bestimmte Aspekte in den Vordergrund gestellt und unterschiedliche Ansichten in gewissen Fragen vertreten. Aber, alles in allem genommen, waren diese Unterschiede nur geringfügig. Daß die großen Religionen und ethischen Systeme sich so oft gegenseitig bekämpft und mehr das herausgestellt haben, was sie voneinander unterschied, als ihre grundlegenden Ähnlichkeiten, ist dem Einfluß derer zuzuschreiben, die Kirchen, Hierarchien und politische Organisationen aus den einfachen Fundamenten der Wahrheit errichteten, die die Männer des Geistes gelegt hatten. Seit die Menschheit die entscheidende Wendung vollzogen hat, mit der sie sich aus ihrer Verwurzelung in der Natur und in der tierischen Existenz löste, um im Gewissen und in der brüderlichen Solidarität eine neue Heimat zu finden, seit ihr erstmals die Idee der Einheit der menschlichen Rasse kam und sie ihre Bestimmung erkannte, voll geboren zu werden – seitdem sind sich die Ideen und Ideale im wesentlichen gleich geblieben. In jedem Kulturzentrum hatte man – ohne daß sich die einzelnen Kulturen wesentlich beeinflußt hätten – die gleichen Erkenntnisse, und man verkündete dieselben Ideale. Wir, die wir heute einen leichten Zugang zu all diesen Ideen haben, die wir immer noch die Erben der großen humanistischen Lehren sind, brauchen keine neuen Erkenntnisse darüber, wie man ein gesundes Leben führt, aber wir haben es bitter nötig, daß wir das, was wir glauben, predigen und lehren, auch ernst nehmen. Die Revolution unserer Herzen erfordert keine neue Weisheit – wohl aber einen neuen Ernst und neue Hingabe.

Die Aufgabe, den Menschen die Leitbilder und Normen unserer Kultur nahezubringen, ist in erster Linie Sache der Erziehung. Aber wie schrecklich unzureichend ist unser Erziehungssystem für diese Aufgabe! Es zielt vor allem darauf ab, dem einzelnen das Wissen zu vermitteln, das er braucht, um in einer industriellen Zivilisation zu funktionieren und um seinem Charakter die Form zu geben, die benötigt wird: daß er ehrgeizig und auf Wettbewerb eingestellt und trotzdem innerhalb gewisser Grenzen zur Zusammenarbeit bereit ist; daß er Respekt vor der Autorität hat und trotzdem »im erwünschten Maß unabhängig« ist, wie es gelegentlich in einem Zeugnis heißt; das er nett und trotzdem ohne eine tiefe Bindung an irgend jemand oder irgend etwas ist. In unserer High School und im College widmet man sich auch weiterhin der Aufgabe, die Schüler mit den Kenntnissen zu versehen, die sie brauchen, um ihre praktischen Aufgaben im Leben zu erfüllen, und ihnen die Charakterzüge anzuerziehen, die auf dem Personalmarkt verlangt werden. Dagegen gelingt es nur äußerst selten, ihnen auch die Fähigkeiten zu kritischem Denken oder Charakterzüge beizubringen, die den Idealen entsprechen, zu denen sich unsere Kultur bekennt. Es erübrigt sich, auf diesen Punkt weiter einzugehen und die Kritik zu wiederholen, die Robert Hutchins und andere auf kompetente Weise vorgebracht haben. Ich möchte hier nur noch einen Punkt hervorheben: die Notwendigkeit, endlich mit der schädlichen Trennung zwischen theoretischem und praktischem Wissen Schluß zu machen. Eben diese Trennung ist mit schuld an der Entfremdung unserer Arbeit und unseres Denkens. Sie führt dazu, daß man die Theorie von der Praxis trennt, und sie erschwert es dem einzelnen, anstatt es ihm zu erleichtern, einen sinnvollen Anteil an der Arbeit zu nehmen, die er verrichtet. Wenn die Arbeit zu einer Betätigung werden soll, die sich auf sein Wissen und sein Verständnis für das, was er tut, gründet, dann muß in der Tat eine drastische Änderung in unserer Erziehungsmethode in dem Sinn vorgenommen werden, daß von allem Anfang an theoretische Unterweisung und praktische Arbeit miteinander kombiniert werden. Bei Jugendlichen sollte die praktische Arbeit hinter dem theoretischen Unterricht zurückstehen, bei denen, die das Schulalter hinter sich haben, sollte es umgekehrt sein, doch sollten die beiden Bereiche in keinem Entwicklungsalter voneinander getrennt werden. Kein Jugendlicher sollte seine Schuldbildung abschließen, ohne daß er auf befriedigende und sinnvolle Weise irgendein Handwerk gelernt hat, und man sollte die Grundschulausbildung erst dann als beendet ansehen, wenn der Schüler einen Begriff von den grundlegenden technischen Vorgängen in der Industrie hat. Ganz gewiß aber sollte die High School den theoretischen Unterricht mit einer praktischen Unterweisung in einem Handwerk und in der modernen Industrietechnik kombinieren.

Daß wir in erster Linie uns zum Ziel gesetzt haben, Bürger heranzuziehen, die für die Zwecke des Gesellschaftsapparates brauchbar sind, anstatt vor allem ihre menschliche Entwicklung im Auge zu haben, geht daraus hervor, daß wir eine Weiterbildung nur bis zum Alter von vierzehn, achtzehn oder höchstens zwanzig Jahren für notwendig halten. Weshalb aber sollte sich die Gesellschaft nur für die Erziehung und Bildung von Kindern und nicht auch für die Weiterbildung der Erwachsenen in jedem Alter verantwortlich fühlen? Alvin Johnson hat überzeugend dargelegt, daß das Alter zwischen sechs und achtzehn Jahren für das Lernen keineswegs so geeignet ist, wie allgemein angenommen wird. Natürlich ist es das beste Alter, um Lesen, Schreiben, Rechnen und fremde Sprachen zu lernen, aber das Verständnis für Geschichte, Philosophie, Religion, Literatur, Psychologie und so weiter ist zweifellos in diesem Alter nur beschränkt vorhanden, und es ist sogar mit zwanzig Jahren noch nicht optimal, dem Alter, in dem die Studenten stehen, wenn sie am College in diesen Fächern unterrichtet werden. In vielen Fällen müßte jemand, um die Probleme auf diesen Gebieten wirklich zu verstehen, eine weit größere Lebenserfahrung haben, als er sie im College-Alter besitzt. Für viele ist das Alter zwischen dreißig und vierzig Jahren zum Lernen weit geeigneter, weil man die Dinge auch versteht, anstatt sie nur auswendig zu lernen, und häufig ist auch das Allgemeininteresse in späteren Jahren größer als in der stürmischen Periode der Jugend. Etwa in diesem Alter sollte es auch jedermann freistehen, seinen Beruf völlig zu ändern, und er sollte die Chance haben, noch einmal zu studieren, genauso wie wir diese Chance heute unserer Jugend geben.

Eine gesunde Gesellschaft muß auch für Bildungsmöglichkeiten für Erwachsene sorgen, genauso wie sie heute für die Schulbildung unserer Kinder Sorge trägt. Dieser Grundsatz kommt heute in den immer zahlreicheren Kursen für Erwachsenenbildung zum Ausdruck, aber alle diese privaten Veranstaltungen erreichen nur einen kleinen Teil der Bevölkerung, und man sollte das Prinzip auf die gesamte Bevölkerung anwenden.

Schulung, ob es sich nun um Wissensvermittlung oder um Charakterbildung handelt, ist nur ein, und vielleicht nicht einmal der wichtigste Teil der Erziehung, wobei ich »Erziehung« hier in ihrem ursprünglichen und grundlegendsten Sinn von *e-ducere*, das bedeutet herausführen, herausbringen – nämlich dessen, was im Menschen ist – verstehe. Selbst wenn der Mensch Wissen besitzt, wenn er seine Arbeit gut macht, wenn er anständig und ehrlich ist und keine Sorgen in bezug auf seine materiellen Bedürfnisse zu haben braucht, ist er doch nicht zufrieden und kann es auch nicht sein.

Um sich in der Welt zu Hause zu fühlen, muß der Mensch sie nicht nur mit dem Verstand, sondern mit allen Sinnen erfassen, mit seinen Augen, seinen Ohren, seinem ganzen Körper. Er muß mit seinem Körper das, was er in seinem Gehirn denkt, ausagieren. Körper und Geist können in dieser Hinsicht sowenig wie in irgendeiner anderen Hinsicht voneinander getrennt werden. Wenn der Mensch die Welt erfaßt und sich so in seinem Denken mit ihr vereint, erschafft er die Philosophie, die Theologie, den Mythos und die Wissenschaft. Erfaßt er die Welt mit seinen Sinnen, dann erschafft er die Kunst und das Ritual, dann erfindet er das Lied, den Tanz, das Drama, die Malerei und Bildhauerkunst. Wenn wir das Wort »Kunst« verwenden, lassen wir uns von seiner Bedeutung im modernen Sinn als einem vom Leben getrennten Bereich beeinflussen. Wir haben einerseits den Künstler, der einen speziellen Beruf ausübt – und auf der anderen Seite den Bewunderer und Konsumenten der Kunst. Aber diese Trennung ist ein modernes Phänomen. Nicht, daß es nicht in allen großen Kulturen »Künstler« gegeben hätte. Die großen ägyptischen, griechischen und italienischen Skulpturen waren das Werk außergewöhnlich begabter Künstler, die auf ihre Kunst spezialisiert waren; das gleiche gilt für das griechische Drama und die Musik seit dem siebzehnten Jahrhundert.

Wie aber steht es mit einer gotischen Kathedrale, mit dem katholischen Ritus, einem indianischen Regentanz, einem japanischen Blumenarrangement, einem Volkstanz und einem Gemeinschaftsgesang? Ist das auch Kunst? Ist das Volkskunst? Wir besitzen kein Wort dafür, weil die Kunst in einem weiten und allgemeinen Sinn als ein Bestandteil des Lebens eines jeden Menschen ihren Platz in unserer Welt verloren hat. Welches Wort können wir dann dafür benutzen? In meiner Erörterung der Entfremdung habe ich den Ausdruck »Ritual« gebraucht. Hierbei besteht natürlich die Schwierigkeit, daß diesem Wort eine religiöse Bedeutung anhaftet, die es ebenfalls in einen speziellen, abgesonderten Bereich versetzt. In Ermangelung eines besseren Ausdrucks werde ich im folgenden von »kollektiver Kunst« *(collective art)* sprechen, worunter ich dasselbe verstehe wie unter einem Ritual. Es handelt sich dabei darum, *daß wir mit unseren Sinnen auf eine sinnvolle, gekonnte, schöpferische und aktive Weise gemeinsam auf die Welt reagieren.* In dieser Beschreibung kommt es auf das Wort *gemeinsam* besonders an, das den Begriff der »kollektiven Kunst« von der Kunst im modernen Sinn unterscheidet. Letztere ist individualistisch sowohl im Hinblick auf ihre Hervorbringung wie auch im Hinblick auf ihren Konsum. Die »kollektive Kunst« ist etwas Gemeinsames; sie ermöglicht es dem Menschen, sich mit anderen auf eine sinnvolle, bereichernde und schöpferische Weise eins zu fühlen. Sie ist kein individueller Zeitvertreib *neben* dem Leben her, sondern ein integraler Bestandteil des Lebens. Sie erfüllt ein fundamentales menschliches Bedürfnis, und wenn dieses Bedürfnis unerfüllt bleibt, dann ist der Mensch ebenso unsicher und angsterfüllt, wie wenn sein Bedürfnis nach einem sinnvollen Weltbild unbefriedigt bleibt. Um aus der rezeptiven in die produktive Orientierung hineinzuwachsen, muß er künstlerisch und nicht nur philosophisch und wissenschaftlich zur Welt in Beziehung treten. Wenn eine Kultur dieses Verlangen nicht erfüllt, entwickelt sich der Durchschnittsmensch nicht über seine rezeptive oder Marketing-Orientierung hinaus.

Wo stehen wir? Außer für die Katholiken haben religiöse Rituale für uns nur noch wenig Bedeutung. Weltliche Rituale gibt es kaum. Neben Versuchen, in Logen, Bruderschaften und dergleichen Rituale nachzuahmen, gibt es ein paar patriotische Rituale und einige Sportrituale, die aber die Bedürfnisse der Gesamtpersönlichkeit nur in einem sehr beschränkten Maß ansprechen. Wir sind eine Kultur von Verbrauchern. Wir »schlürfen« die Filme, die Berichte über Kriminalfälle, den Alkohol und das Vergnügen in uns hinein. Es kommt dabei nicht zu einer aktiven, schöpferischen Teilnahme, zu keinem gemeinsamen einigenden Erlebnis, zu keinem sinnvollen Ausagieren bedeutsamer Antworten auf das Leben. Was erwarten wir von unserer jungen Generation? Was sollen sie tun, wenn sie keine Gelegenheit haben zu sinnvoller künstlerischer Betätigung? Was bleibt ihnen anderes übrig, als sich in den Alkohol, das Tagträumen beim Anschauen von Filmen, ins Verbrechen, in die Neurose oder den Wahnsinn zu flüchten? Was hilft es, daß es bei uns so gut wie keine Analphabeten mehr gibt, daß die höhere Schulbildung so weit verbreitet ist wie nie zuvor, wenn wir keine Möglichkeit haben, unserer Gesamtpersönlichkeit kollektiv Ausdruck zu verleihen, wenn wir keine gemeinsame Kunst und kein gemeinsames Ritual besitzen? Zweifellos ist ein relativ primitives Dorf, in dem es noch wirkliche Feste und gemeinsame künstlerische Ausdrucksformen gibt und in dem niemand lesen oder schreiben kann, kulturell höherstehend und seelisch gesünder als unsere hochgebildete, zeitunglesende und radiohörende Kultur.

Man kann keine gesunde Gesellschaft auf eine Mischung aus rein intellektuellem Wissen und einem fast völligen Mangel an gemeinsamen künstlerischen Erlebnissen, aus College plus Fußball, aus Krimis plus 4.-Juli-Feiern aufbauen, auch wenn man zwischendurch einen Mutter- und einen Vatertag und das Weihnachtsfest als Zugabe einschiebt. Wenn man sich überlegt, wie man eine gesunde Gesellschaft aufbauen könnte, sollte man sich klarmachen, daß es mindestens ebenso wichtig ist, das Bedürfnis nach einer kollektiven Kunst und einem nicht-klerikalen Ritual zu befriedigen, wie es die Beseitigung des Analphabetentums und die höhere Bildung ist. Die Umwandlung einer atomistischen in eine kommunitäre Gesellschaft wird nur gelingen, wenn man den Menschen die Möglichkeit gibt, wieder gemeinsam zu singen, zu wandern, zu tanzen und etwas gemeinsam zu bewundern – gemeinsam und nicht, wie Riesman so treffend sagt, als Glied einer »einsamen Masse«.

Man hat bereits eine Reihe von Versuchen gemacht, die kollektive Kunst und das Ritual neu zu beleben. Die »Religion der Vernunft« mit ihren neuen Festtagen und Ritualen war die von der Französischen Revolution geschaffene Form. Das Nationalgefühl hat einige neue Rituale hervorgebracht, doch haben diese nie die Bedeutung gewonnen, wie sie die verlorengegangenen religiösen Rituale einst hatten. Der Sozialismus hat sich seine eigenen Rituale in Form des Ersten Mai, mit der brüderlichen Anrede »Genosse« und so weiter geschaffen, doch war auch deren Bedeutung nie größer als die der patriotischen Rituale. Ihren originellsten und tiefsten Ausdruck haben kollektive Kunst und Ritual vielleicht in der deutschen Jugendbewegung gefunden, die ihre Blütezeit in den Jahren vor und nach dem Ersten Weltkrieg hatte. Aber diese Bewegung blieb ziemlich esoterisch und ging in der steigenden Flut des Nationalismus und des Rassismus unter.

Alles in allem ist unser modernes Ritual verarmt, und es befriedigt nicht im entferntesten das Bedürfnis des Menschen nach kollektiver Kunst und einem gemeinsamen Ritual – weder bezüglich seiner Qualität noch seiner quantitativen Bedeutung in unserem Leben.

Was ist zu tun? Können wir Rituale erfinden? Kann man eine kollektive Kunst künstlich ins Leben rufen? Natürlich nicht! Aber wenn man erst einmal das Bedürfnis danach erkannt hat und damit anfängt, sie zu pflegen, dann wird auch der Samen aufgehen und wachsen, und es werden begabte Menschen auftauchen und neue Formen zu den alten hinzufügen, neue Talente werden in Erscheinung treten, die ohne eine solche neue Orientierung unbeachtet geblieben wären.

Die kollektive Kunst wird mit den Spielen der Kinder im Kindergarten anfangen, in der Schule fortgeführt und dann auch im späteren Leben weiterbetrieben werden. Es wird gemeinsame Tänze, Chöre, Theateraufführungen, Konzerte und Tanzkapellen geben. Sie werden zwar den modernen Sport nicht ganz ersetzen, ihm aber die untergeordnete Rolle jener Betätigungen zuweisen, die keinen Gewinn bringen und keinem besonderen Zweck dienen.

Wie bei der industriellen und politischen Organisation ist auch hier das Entscheidende die Dezentralisierung, die kleine Gruppe mit persönlichem Kontakt, die direkte und verantwortliche Mitbestimmung. In der Fabrik, in der Schule, in den kleinen politischen Diskussionsgruppen, im Dorf können verschiedene Formen gemeinsamer künstlerischer Betätigung geschaffen werden. Soweit notwendig, können sie Unterstützung und Anregungen bei zentralen künstlerischen Stellen finden, doch sollten sie nicht von diesen »unterhalten« werden. Außerdem bietet die moderne Rundfunk- und Fernsehtechnik wunderbare Möglichkeiten, einer großen Zuhörerschaft die beste Musik und Literatur nahezubringen. Es erübrigt sich, darauf hinzuweisen, daß man es nicht der Geschäftswelt überlassen sollte, diese Gelegenheiten zu schaffen, sondern daß sie zu unseren Bildungsmöglichkeiten gehören müssen, aus denen niemand einen Gewinn zieht.

Man könnte dagegen einwenden, das Ritual und die kollektive Kunst in großem Umfang neu beleben zu wollen, sei eine romantische Idee; sie passe in ein Zeitalter des Handwerks und nicht in eine Zeit der maschinellen Produktion. Wäre dieser Einwand berechtigt, so müßten wir uns ebenso damit abfinden, daß wir uns mit unserer Lebensweise, der so sehr das Gleichgewicht und die innere Gesundheit fehlt, bald selbst zerstört haben werden. Tatsächlich jedoch ist dieser

Einwand nicht überzeugender als die Zweifel, die man seinerzeit in bezug auf die »Möglichkeit« hatte, daß es Eisenbahnen und fliegende Maschinen geben könnte, die schwerer als Luft sind. Nur in bezug auf einen Punkt ist dieser Einwand berechtigt. So wie wir jetzt tatsächlich sind, atomisiert, entfremdet und ohne ein echtes Gemeinschaftsgefühl, werden wir nicht fähig sein, neue Formen kollektiver Kunst und neue Rituale zu schaffen.

Doch das ist es ja, worauf ich die ganze Zeit hingewiesen habe. Man kann die Organisation unserer Industrie und Politik nicht ändern, wenn man nicht auch gleichzeitig die Struktur unseres Bildungswesens und unseres kulturellen Lebens ändert. Kein ernsthafter Versuch einer Änderung und eines Neuaufbaus wird zum Erfolg führen, wenn er nicht in allen diesen Bereichen gleichzeitig unternommen wird.

Kann man von einer inneren Neugestaltung unserer Gesellschaft sprechen, ohne die *Religion* zu erwähnen? Ohne Zweifel vertreten die großen monotheistischen Religionen die gleichen humanistischen Ziele, die auch der »produktiven Orientierung« zugrunde liegen. Die Ziele von Christentum und Judentum sind die Würde des Menschen als Selbstzweck, die Nächstenliebe, die Vernunft und das Übergewicht der geistigen über die materiellen Werte. Diese ethischen Ziele sind mit bestimmten Gottesvorstellungen verbunden, durch die sich die Anhänger der verschiedenen Religionen voneinander unterscheiden und die jeweils für Millionen anderer Menschen unannehmbar sind. Trotzdem war es nicht richtig, daß die Nichtgläubigen ihre Angriffe vor allem gegen die Gottesvorstellung richteten; besser wäre es, wenn sie die Gläubigen aufforderten, ihre Religion und insbesondere ihre Vorstellung von Gott ernst zu nehmen. Das würde bedeuten, den Geist der Nächstenliebe, der Wahrheit und Gerechtigkeit praktisch zu üben und damit zu den radikalsten Kritikern unserer gegenwärtigen Gesellschaft zu werden. Andererseits bedeuten Diskussionen über Gott, selbst von einem streng monotheistischen Standpunkt aus, daß man den Namen Gottes mißbraucht. Aber obwohl wir nicht sagen können, was Gott *ist*, können wir feststellen, was er *nicht ist*. Ist es nicht an der Zeit, daß wir endlich aufhören, über Gott zu streiten, und daß wir uns statt dessen gemeinsam darum bemühen, die heutigen Formen des Götzendienstes zu entlarven? Heute sind es nicht Baal und Astarte, sondern die Vergötzung des Staates und der Macht in den autoritären Ländern und die Vergötzung der Maschine und des Erfolges in unserer eigenen Kultur. Es ist die alles durchdringende Entfremdung, welche die geistigen Qualitäten des Menschen bedroht. Ob wir Anhänger einer bestimmten Religion sind oder nicht, ob wir an die Notwendigkeit einer neuen Religion oder an die Fortführung der jüdisch-christlichen Tradition glauben – sofern es uns um den Kern und nicht um die Schale, um das Erlebnis und nicht um das Wort, um den Menschen und nicht um die Institution zu tun ist, können wir uns in unserer entschiedenen Ablehnung des Götzendienstes zusammenfinden, und wir werden in dieser Negation vielleicht mehr von einem gemeinsamen Glauben entdecken als in allen positiven Behauptungen über Gott. Ganz gewiß werden wir darin mehr Demut und Nächstenliebe finden.

Das gilt auch für alle, die – wie ich selber – glauben, daß die theistischen Vorstellungen in der zukünftigen Entwicklung der Menschheit verschwinden werden. Für diejenigen, die in der monotheistischen Religion nur eine der Stationen auf dem Weg der Evolution der menschlichen Rasse sehen, ist es in der Tat kaum abwegig zu glauben, daß sich innerhalb der nächsten paar hundert Jahre eine neue Religion entwickeln wird, eine Religion, die der Entwicklung der Menschheit entspricht. Das wichtigste Merkmal einer solchen Religion wäre ihr universaler Charakter, welcher der Einigung der Menschheit, zu der es in diesem Zeitabschnitt kommen wird, entspräche. Sie würde die humanistischen Lehren enthalten, die allen großen Religionen des Ostens und des Westens gemeinsam sind. Ihre Lehrsätze würden zu den rationalen Erkenntnissen der heutigen Menschen nicht in Widerspruch stehen. Der Nachdruck würde auf der Lebenspraxis und nicht auf der Glaubensdoktrin liegen. Eine solche Religion würde neue Rituale und neue künstlerische Ausdrucksformen schaffen, die zu einem Geist der Ehrfurcht vor dem Leben und zur Solidarität aller Menschen führen. Man kann eine Religion natürlich nicht erfinden. Sie wird mit dem Erscheinen eines neuen großen Lehrers ins Leben treten, wie sie auch in früheren Jahrhunderten erschienen sind, wenn die Zeit reif war. Inzwischen sollten alle, die an Gott glauben, ihrem Glauben dadurch Ausdruck verleihen, daß *sie ihn leben,* und wer diesen Glauben nicht hat, der sollte so leben, wie es ihm Liebe und Gerechtigkeit gebieten, und – warten. (Den gleichen Vorschlag einer humanistischen Religion macht auch Julian Huxley, 1953.)

Der Mensch ging einst als eine Laune der Natur aus der Tierwelt hervor. Nachdem ihm die meisten Instinkte verlorengegangen waren, die das Verhalten der Tiere regulieren, war er hilfloser und für den Kampf ums Dasein weniger gut ausgerüstet als die meisten Tiere. Aber er entwickelte die Fähigkeit zu denken, ein Vorstellungsvermögen und ein Bewußtsein seiner selbst, und auf dieser Grundlage verwandelte er die Natur und sich selbst. Viele tausend Generationen lang lebte er als Sammler und Jäger. Noch immer war er an die Natur gebunden und hatte Angst, von ihr ausgestoßen zu werden. Er identifizierte sich mit Tieren und betete diese Repräsentanten der Natur als seine Götter an. Nach einer langen Periode allmählicher Entwicklung begann er, den Boden zu bebauen und eine neue gesellschaftliche und religiöse Ordnung zu schaffen, die sich auf Ackerbau und Viehzucht gründete. Während dieser Periode verehrte er weibliche Gottheiten als Trägerinnen der Fruchtbarkeit der Natur und erlebte sich selbst als das Kind, das von der Fruchtbarkeit der Erde, von der lebenspendenden Brust der Großen Mutter abhängig war. Vor viertausend Jahren etwa kam es zu einer entscheidenden Wendung in der Menschheitsgeschichte. Der Mensch vollzog einen neuen Schritt in dem langwierigen Prozeß seiner Loslösung von der Natur. Er zertrennte die Bande, die ihn mit der Natur und der Großen Mutter verbanden und setzte sich das neue Ziel, völlig geboren und völlig wach, völlig menschlich zu werden, das heißt frei zu sein. Vernunft und Gewissen wurden zu seinen Leitprinzipien. Sein Ziel war eine Gesellschaft, die durch die Bande der Nächstenliebe, der Gerechtigkeit und Wahrheit zusammengehalten wird, eine neue, wahrhaft menschliche Heimat anstelle der unwiederbringlich verlorenen Heimat in der Natur.

Dann fand etwa fünfhundert Jahre vor Christus in den großen religiösen Systemen Indiens, Griechenlands, Palästinas, Persiens und Chinas die Idee der Einheit der Menschheit und eines aller Wirklichkeit zugrunde liegenden, einenden geistigen Prinzips neue und höher entwickelte Ausdrucksformen. Lao-tse, Buddha, Jesaja, Heraklit und Sokrates und später auf palästinensischem Boden Jesus und die Apostel, auf amerikanischem Boden Quetzalcoatl und noch später auf arabischem Boden Mohammed verkündeten die Ideen von der Einheit aller Menschen, von Vernunft, Liebe und Gerechtigkeit, als die Ziele, die der Mensch anzustreben habe.

Nordeuropa schien lange Zeit zu schlafen. Griechische und christliche Ideen wurden auf seinen Boden verpflanzt, und es dauerte noch weitere tausend Jahre, bis Europa ganz von ihnen durchdrungen war.

Um 1500 n. Chr. begann eine neue Epoche. Der Mensch entdeckte die Natur und das Individuum, er legte die Grundlagen für die Naturwissenschaften, die das Gesicht der Erde zu verwandeln begannen. Die geschlossene Welt des Mittelalters brach zusammen, der alle vereinende Himmel stürzte ein, und der Mensch fand in der Wissenschaft ein neues einendes Prinzip und suchte nach einer neuen Einheit in Form der gesellschaftlichen und politischen Einigung der Erde und in der Beherrschung der Natur. Das moralische Gewissen, das Erbe der jüdisch-christlichen Tradition, und das intellektuelle Gewissen, das Erbe der griechischen Tradition, verschmolzen miteinander, wodurch es zu einer Blütezeit menschlichen Schöpfertums kam, wie die Menschheit sie kaum je zuvor gekannt hatte.

Europa, kulturell gesehen das jüngste Kind der Menschheit, entwikkelte einen solchen Reichtum und so wirksame Waffen, daß es mehrere Jahrhunderte lang zum Herrn der übrigen Welt wurde. Aber nun kommt es um die Mitte des zwanzigsten Jahrhunderts wiederum zu einer drastischen Veränderung, die so schwerwiegend ist, wie nur jemals eine Veränderung in der Vergangenheit. Die neuen Techniken bedienen sich statt der Körperkraft von Tieren und Menschen des Dampfs, des Öls und der Elektrizität. Sie schaffen Verkehrs- und Kommunikationsmittel, welche die Erde zur Größe eines Kontinents reduzieren und die Menschheit zu einer einzigen Gesellschaft werden lassen, in der das Schicksal einer Gruppe das Schicksal aller ist. Sie schaffen wunderbare Erfindungen, die es ermöglichen, daß die beste Kunst, Literatur und Musik jedes Mitglied unserer Gesellschaft erreichen kann. Sie erzeugen produktive Kräfte, die einem jeden eine menschenwürdige materielle Existenz ermöglichen werden, und reduzieren die Arbeitszeit so weit, daß sie nur noch den Bruchteil eines Tages in Anspruch nehmen wird.

Und trotzdem ist heute, wo der Mensch den Anfang einer neuen, reicheren und glücklicheren Ära erreicht zu haben scheint, seine Existenz und die der kommenden Generationen mehr denn je bedroht. Wie ist das möglich?

Der Mensch hatte sich seine Freiheit von kirchlichen und weltlichen Autoritäten erobert, er war auf sich allein gestellt, und Vernunft und Gewissen waren seine einzigen Richter. Aber er hatte Angst vor der neugewonnenen Freiheit. Er hatte »Freiheit von« erlangt, ohne noch »Freiheit zu« erreicht zu haben, nämlich die Freiheit, er selbst zu sein, produktiv und ganz erwacht zu sein. Daher versuchte er, dieser Freiheit wieder zu entrinnen, und gerade seine eigene Leistung, die Beherrschung der Natur, eröffnete ihm Wege zur Flucht.

Beim Aufbau des neuen Industrieapparats ging der Mensch so in dieser neuen Aufgabe auf, daß sie zu seinem höchsten Lebensziel wurde. Die Kräfte, die er einst auf die Suche nach Gott und dem Heil verwandt hatte, richtete er jetzt auf die Beherrschung der Natur und auf einen ständig wachsenden materiellen Komfort. Die Produktion diente ihm nicht mehr als ein Mittel zu einem besseren Leben, sondern er machte sie zum Selbstzweck, zu einem Zweck, dem er das Leben unterordnete. Im Prozeß einer ständig zunehmenden Arbeitsteilung, einer ständig wachsenden Mechanisierung der Arbeit und einer immer stärkeren gesellschaftlichen Zusammenballung wurde der Mensch selbst zu einem Bestandteil der Maschine, anstatt ihr Herr zu sein. Er erlebte sich als eine Ware, als eine Kapitalanlage. Er setzte sich zum Ziel, ein »Erfolg« zu sein, das heißt, sich so gewinnbringend wie möglich auf dem Markt zu verkaufen. Sein Wert als Person beruhte jetzt auf seiner Verkäuflichkeit und nicht auf seinen menschlichen Eigenschaften von Liebe und Vernunft oder auf seinen künstlerischen Fähigkeiten. Glücklichsein heißt immer neuere und bessere Waren konsumieren, sich Musik, Filme, Vergnügen, Sex, Alkohol und Zigaretten einverleiben. Da er kein Selbst-Gefühl besitzt außer dem, das die Übereinstimmung mit der Mehrheit geben kann, ist er unsicher, ängstlich und von der Billigung anderer abhängig. Er ist sich selbst entfremdet, er verehrt das Erzeugnis seiner eigenen Hände, die Führergestalten, die er selbst geschaffen hat, so als ob sie über ihm stünden und nicht seine Geschöpfe wären. In gewissem Sinn ist er wieder dorthin zurückgekehrt, wo er sich vor der großen menschlichen Entwicklung befand, die im zweiten Jahrtausend vor Christus begann.

Der Mensch ist nicht mehr fähig zu lieben und seine Vernunft zu gebrauchen oder Entscheidungen zu treffen, ja er ist unfähig, den Wert des Lebens zu erkennen, und ist daher willens und bereit, alles zu zerstören. Die Welt ist wieder zersplittert, sie hat ihre Einheit verloren. Der Mensch verehrt wieder vielerlei Dinge mit dem einzigen Unterschied, daß sie jetzt von ihm hergestellt und nicht mehr ein Teil der Natur sind.

Das neue Zeitalter begann mit der Idee der Initiative des Individuums. Die Entdecker der neuen Welten und Seewege im sechzehnten und siebzehnten Jahrhundert, die Pioniere der Wissenschaft, die Begründer neuer Philosophien, die Staatsmänner und Philosophen der großen englischen, französischen und amerikanischen Revolutionen und schließlich die Industriepioniere, ja sogar die modernen Raubritter – sie alle bewiesen eine bewundernswerte individuelle Initiative. Aber mit der Bürokratisierung und dem Managertum des Kapitalismus verschwindet gerade die individuelle Initiative. Die Bürokratie besitzt nur wenig Initiative, das entspricht ihrer Natur: auch Automaten besitzen sie nicht. Der Ruf nach der individuellen Initiative als einem Argument, das für den Kapitalismus sprechen soll, ist bestenfalls eine nostalgische Sehnsucht und schlimmstenfalls ein heuchlerisches Schlagwort, das gegen jene Reformpläne eingesetzt wird, die sich auf die Idee von einer echt humanen, individuellen Initiative gründen. Die moderne Gesellschaft ist von der Idealvorstellung ausgegangen, eine Kultur zu schaffen, die die Bedürfnisse der Menschen erfüllt. Ihr Ideal war die Harmonie zwischen den individuellen Bedürfnissen und den Bedürfnissen der Gesellschaft, das Ende des Konfliktes zwischen der menschlichen Natur und der Gesellschaftsordnung. Man glaubte dieses Ziel auf zweierlei Weise erreichen zu können: durch eine verbesserte Technik der Produktion, die es ermöglichen sollte, einen jeden ausreichend zu ernähren, und durch ein vernünftiges, objektives Bild vom Menschen und seinen wirklichen Bedürfnissen. Mit anderen Worten: Es war das Ziel des modernen Menschen, sich um eine gesunde Gesellschaft zu bemühen. Genauer gesagt, handelt es sich um eine Gesellschaft, deren Mitglieder ihre Vernunft bis zu einer solchen Objektivität entwickelt haben, die es ihnen ermöglicht, sich selbst, die anderen und die Natur in ihrer wahren Wirklichkeit zu sehen und nicht verzerrt durch ein infantiles Gefühl der Allwissenheit oder einen paranoiden Haß. Es handelt sich um eine Gesellschaft, deren Mitglieder ihre Unabhängigkeit so weit entwickelt haben, daß sie den Unterschied zwischen Gut und Böse erkennen können, daß sie ihre eigene Entscheidung treffen können, daß sie Überzeugungen und nicht nur Meinungen haben und einen Glauben besitzen statt abergläubische Vorstellungen und nebelhafte Hoffnungen. Es handelt sich um eine Gesellschaft, deren Mitglieder die Fähigkeit entwickelt haben, ihre Kinder, ihre Nachbarn einschließlich sich selbst und die ganze Natur zu lieben; die sich mit allen eins fühlen und sich trotzdem das Gefühl für ihre Individualität und Integrität erhalten haben, die durch ihre schöpferische Tätigkeit, und nicht indem sie etwas zerstören, über die Natur hinauswachsen.

Bisher haben wir versagt. Wir haben den Abgrund nicht überbrückt zwischen einer Minderheit, die diese Ziele erkannt hat und danach zu leben versucht, und der Mehrheit, die sich psychisch noch in der Steinzeit, mitten im Totemismus, in der Götzenverehrung und im Feudalismus befindet. Wird die Majorität sich zur seelischen und geistigen Gesundheit bekehren lassen – oder wird sie die größten Entdeckungen der menschlichen Vernunft zu ihren eigenen unvernünftigen, ja irrsinnigen Zwecken benutzen? Werden wir eine Vision von einem guten, gesunden Leben zustande bringen, welche die Lebenskräfte all jener wachrütteln wird, die Angst haben voranzuschreiten? Diesmal befindet sich die Menschheit an einem Scheideweg, an dem ein falscher Schritt der letzte Schritt sein könnte.

Um die Mitte des zwanzigsten Jahrhunderts haben sich zwei gesellschaftliche Kolosse entwickelt, die aus Angst voreinander ihre Sicherheit in einer ständig wachsenden militärischen Aufrüstung suchen. Die Vereinigten Staaten und ihre Verbündeten sind wohlhabender; ihr

Lebensstandard ist höher, sie sind stärker am Komfort und am Vergnügen interessiert als ihre Rivalen, die Sowjetunion und deren Satelliten und China. Beide Rivalen behaupten, ihr System werde der Menschheit das Heil bringen, es garantiere ihnen das Paradies der Zukunft. Beide behaupten, der Gegner repräsentiere das genaue Gegenteil, und sein System müsse über kurz oder lang ausgerottet werden, wenn die Menschheit gerettet werden solle. Beide Rivalen sprechen im Sinn der Ideale des neunzehnten Jahrhunderts – der Westen im Namen der Ideen der Französischen Revolution von Freiheit, Vernunft und Individualismus, der Osten im Namen der sozialistischen Ideen von Solidarität und Gleichheit. Beiden Parteien gelingt es, die Phantasie und fanatische Anhängerschaft von Hunderten von Millionen zu gewinnen.

Es besteht heute ein entscheidender Unterschied zwischen diesen beiden Systemen. In der westlichen Welt steht es einem jeden frei, seine Kritik am bestehenden System zu äußern. In der Welt der Sowjetunion wird jede Kritik und jede Äußerung abweichender Ideen mit brutaler Gewalt unterdrückt. Daher trägt die westliche Welt die Möglichkeit zu einer friedlichen progressiven Wandlung in sich, während in der Sowjetunion solche Möglichkeiten fast nicht existieren. In der westlichen Welt braucht der einzelne keine Angst zu haben, eingekerkert und zu Tode gefoltert zu werden, womit jedes Mitglied der Sowjet-Gesellschaft zu rechnen hat, das nicht zum gut funktionierenden Automaten geworden ist. Tatsächlich war ja das Leben in der westlichen Welt – und es ist es selbst heute gelegentlich noch – reicher und fröhlicher, als es je zuvor in der Menschheitsgeschichte war. Das Leben unter dem Sowjetsystem kann niemals fröhlich sein; es kann das nirgends sein, wo der Henker hinter der Tür lauert.

Aber auch wenn man die ungeheuren Unterschiede zwischen dem freien Kapitalismus und dem heutigen autoritären Kommunismus nicht übersieht, so wäre es doch ein Zeichen von Kurzsichtigkeit, wenn man die Ähnlichkeit besonders im Hinblick auf die zukünftige Entwicklung nicht erkennen würde. Beide Systeme gründen sich auf die Industrialisierung. Ihr Ziel ist eine ständige Steigerung der wirtschaftlichen Leistungsfähigkeit und des Wohlstandes. Beides sind Gesellschaften, die von einer Klasse von Managern und Berufspolitikern geleitet werden. Beide haben eine durch und durch materialistische Weltanschauung trotz der christlichen Ideologie im Westen und dem weltlichen Messianismus im Osten. Sie organisieren die Menschen in einem zentralisierten System, in großen Fabriken, in politischen Massenparteien. Jedermann ist nur ein Zahnrädchen in der Maschinerie und hat reibungslos zu funktionieren. Im Westen erreicht man das durch die Methode der psychologischen Konditionierung, durch Massensuggestion und finanzielle Anreize. Im Osten bedient man sich der gleichen Maßnahmen, doch kommt hier noch der Terror hinzu. Es ist aber anzunehmen, daß das Sowjetsystem sich um so weniger gezwungen sehen wird, den größten Teil seiner Bevölkerung auszubeuten, als seine Wirtschaft sich weiterentwickelt, und daß das System im gleichen Maß seinen Terror durch psychologische Manipulationsmethoden wird ersetzen können. Der Westen entwickelt sich schnell in Richtung auf Huxleys ›Brave New World‹, der Osten *ist* bereits Orwells ›1984‹. Aber beide Systeme tendieren dazu zu konvergieren.

Welches sind demnach die Aussichten für die Zukunft? Die erste und vermutlich wahrscheinlichste Möglichkeit ist ein Atomkrieg. Höchstwahrscheinlich wird ein solcher Krieg zur Vernichtung der industriellen Zivilisation und zu einer Regression der Welt zum Zustand einer primitiven Ackerbaukultur führen. Oder, falls sich die Zerstörung doch nicht als so gründlich herausstellen sollte, wie viele Fachleute auf diesem Gebiet es annehmen, so wäre das unausweichliche Ergebnis, daß der Sieger die ganze Welt organisieren und beherrschen würde. Dies wäre aber nur möglich in einem zentralisierten Staat, der sich auf Gewalt gründet – und es würde kaum einen Unterschied ausmachen, ob sich der Regierungssitz in Moskau oder in Washington befände. Doch leider steht uns nicht einmal dann, wenn wir einen Krieg vermeiden können, eine leuchtende Zukunft in Aussicht. In der Entwicklung des Kapitalismus und des Kommunismus wird – soweit wir das für die nächsten fünfzig oder hundert Jahre voraussehen können – der Prozeß der Automatisierung und Entfremdung weiter fortschreiten. Beide Systeme entwickeln sich zu Manager-Gesellschaften mit wohlgenährten und gutgekleideten Bewohnern, deren Wünsche befriedigt werden und die keine Wünsche haben, die man nicht befriedigen könnte. Es werden Automaten sein, die folgen, ohne daß man Gewalt anwenden müßte, die auch ohne Führer gelenkt werden, die Maschinen herstellen, die sich wie Menschen benehmen, und die Menschen produzieren, die sich wie Maschinen benehmen, Menschen, mit deren Vernunft es immer mehr abwärts geht, während ihre Intelligenz zunimmt, wodurch die gefährliche Situation entsteht, daß der Mensch über die größte materielle Macht verfügen wird, ohne die Weisheit zu besitzen, sie richtig anzuwenden.

Diese Entfremdung und Automatisierung führt zu einer immer schlimmeren seelischen Erkrankung. Das Leben besitzt keine Bedeutung mehr, es ist ohne Freude, ohne Glauben, ohne Realität. Jedermann ist »glücklich« – nur fühlt er nichts, kann er nicht mehr vernünftig denken und kann er nicht mehr lieben.

Das Problem des neunzehnten Jahrhunderts war, daß *Gott tot ist;* das Problem des zwanzigsten Jahrhunderts ist, daß *der Mensch tot ist.* Im neunzehnten Jahrhundert war Unmenschlichkeit gleichbedeutend mit Grausamkeit; im zwanzigsten Jahrhundert bedeutet sie eine schizoide Selbstentfremdung. In der Vergangenheit bestand die Gefahr, daß der Mensch zum Sklaven wurde. Die Gefahr der Zukunft liegt darin, daß der Mensch zum Roboter wird. Allerdings rebellieren Roboter nicht. Aber angesichts der Natur des Menschen können Roboter nicht leben und innerlich gesund bleiben, sie werden zu »Golems«, sie werden ihre Welt und sich selbst zerstören, weil sie die Langeweile eines sinnlosen Lebens nicht länger ertragen können.

Die uns drohenden Gefahren sind der Krieg und das Robotertum. Welches ist die Alternative? Daß wir aus dem Trott, in dem wir uns bewegen, herauskommen und den nächsten Schritt tun zur Geburt und Selbstverwirklichung der Menschheit. Die erste Voraussetzung dafür ist die Beseitigung der Kriegsgefahr, die heute über uns allen schwebt und unseren Glauben und unsere Initiative lähmt. Wir müssen die Verantwortung für das Leben aller Menschen auf uns nehmen und auf internationaler Ebene das entwickeln, was alle großen Staaten im Inneren bereits verwirklicht haben, eine neue und gerechtere Verteilung der wirtschaftlichen Rohstoffquellen und des Reichtums. Dies muß schließlich zu bestimmten Formen internationaler wirtschaftlicher Zusammenarbeit und Planung führen, zu einer Weltregierung in irgendeiner Form und zu einer völligen Abrüstung. Wir müssen die industrielle Methode beibehalten. Aber wir müssen die Arbeit und den Staat so dezentralisieren, daß sie wieder *menschliche Proportionen* bekommen, und wir dürfen die Zentralisierung nur soweit zulassen, wie es die industrielle Produktion erfordert. Auf wirtschaftlichem Gebiet brauchen wir das Mitbestimmungsrecht aller, die in einem Unternehmen arbeiten, um ihre aktive und verantwortungsbewußte Mitarbeit zu ermöglichen. Die neuen Formen für ein solches Mitbestimmungsrecht aller werden sich finden lassen. Im politischen Bereich sollte man wieder auf die Gemeindeversammlungen zurückgreifen, indem man Tausende von kleinen Gruppen mit persönlichem Kontakt gründet, die gut informiert sind, die diskutieren und deren Beschlußfassungen in einem neuen »Unterhaus« miteinander in Einklang gebracht werden. In einer kulturellen Renaissance muß die handwerkliche Ausbildung der Jugendlichen mit der Erwachsenenbildung und mit einem neuen System von Volkskunst und weltlichen Ritualen im ganzen Volk kombiniert werden.

Unsere einzige Alternative zum drohenden Robotertum ist der humanistische kommunitäre Sozialismus. Dabei geht es nicht in erster Linie um die juristische Regelung der Besitzverhältnisse und auch nicht um die Aufteilung des *Profits;* es geht vielmehr um das Teilhaben an der *Arbeit* und am *Erleben.* Änderungen in den Besitzverhältnissen müssen in dem Maß vorgenommen werden, wie sie zur Schaffung der Werkgemeinschaft notwendig sind und verhüten helfen, daß die Motivation durch den Profit die Produktion in Bahnen leitet, die für die Gesellschaft schädlich sind. Die Einkommen müssen soweit einander angeglichen werden, daß sie einem jeden die Grundlage für ein menschenwürdiges Dasein geben, wodurch verhindert wird, daß die wirtschaftlichen Unterschiede dazu führen, daß die verschiedenen Gesellschaftsklassen das Leben auf völlig unterschiedliche Weise erleben. Dem Menschen muß sein übergeordneter Platz in der Gesellschaft wieder eingeräumt werden. Er darf nie Mittel und niemals ein Ding sein, das von anderen oder auch von ihm selbst benutzt wird. Der Ausnutzung des Menschen durch den Menschen muß ein Ende gemacht werden, und die Wirtschaft muß der Höherentwicklung des Menschen dienen. Das Kapital muß im Dienst der Arbeit, und die Dinge müssen im Dienst des Lebens stehen. Anstelle der ausbeuterischen und hortenden Orientierung, wie sie im neunzehnten Jahrhundert herrschte, und der rezeptiven und Marketing-Orientierung, wie sie heute herrscht, muß die *produktive Orientierung* das Ziel sein, dem alle gesellschaftlichen Maßnahmen dienen.

Keine Neugestaltung darf gewaltsam herbeigeführt werden, und sie muß gleichzeitig im wirtschaftlichen, politischen und kulturellen Bereich erfolgen. Änderungen, die sich auf *einen* Bereich beschränken, sind destruktiv in bezug auf eine durchgreifende Änderung auf allen Gebieten. Genauso wie der primitive Mensch den Naturgewalten hilflos gegenüberstand, steht der moderne Mensch den sozialen und wirtschaftlichen Kräften, die er selbst entfesselt hat, hilflos gegenüber. Er betet das Werk seiner Hände an und beugt sich vor den neuen Götzen, schwört aber trotzdem weiter im Namen des Gottes, der ihm befohlen hat, alle Götzenbilder zu vernichten. Der Mensch kann sich vor den Folgen seines eigenen Wahnsinns nur dadurch schützen, daß er eine gesunde Gesellschaft schafft, die den Bedürfnissen des Menschen entspricht, jenen Bedürfnissen, die in den Bedingungen seiner Existenz begründet sind. Eine Gesellschaft, in der der Mensch zu seinen Mitmenschen liebend in Beziehung tritt, in der er die Bindungen an Blut und Boden durch die Bande der Brüderlichkeit und Solidarität ersetzt; eine Gesellschaft, die ihm die Möglichkeit gibt, durch schöpferische Arbeit die Natur zu transzendieren anstatt zu zerstören, in der jeder ein Selbstgefühl dadurch erwirbt, daß er sich als Subjekt seiner eigenen Kräfte erlebt und nicht durch die Anpassung an die Herde; eine Gesellschaft, in der der Mensch ein Orientierungssystem und eine Möglichkeit zur Hingabe besitzt, ohne die Wirklichkeit entstellen und Götzen verehren zu müssen.

Der Aufbau einer solchen Gesellschaft würde bedeuten, daß wir einen Schritt weiterkommen. Sie würde das Ende der »vormenschlichen« Geschichte bedeuten, der Phase, in der der Mensch noch nicht voll menschlich geworden war. Sie wäre nicht das »Ende der Tage«, die »Vollendung«, der Zustand vollkommener Harmonie, in dem sich der Mensch nicht mehr Konflikten und Problemen gegenübersähe. Im Gegenteil ist es das Schicksal des Menschen, daß sein Dasein voller Widersprüche ist, die er lösen muß, ohne sie jemals lösen zu können. Wenn er das primitive Stadium des Menschenopfers überwunden hat – sei es in der ritualistischen Form der Azteken, sei es in der weltlichen Form des Krieges –, wenn er fähig geworden ist, seine Beziehung zur Natur vernünftig anstatt blindlings zu regeln, wenn die Dinge wirklich zu seinen Dienern geworden sind und aufhören, seine Götzen zu sein, dann wird er sich mit den echten menschlichen Konflikten und Problemen konfrontiert sehen. Er wird dann wagemutig, kühn, phantasievoll und fähig zum Leiden und zur Freude sein müssen, aber seine Kräfte werden dann im Dienst des Lebens und nicht im Dienst des Todes stehen. Die neue Phase der Menschheitsgeschichte wird – wenn es dazu kommt – ein neuer Beginn und kein Ende sein.

Der heutige Mensch steht vor der entscheidenden Wahl, nicht zwischen Kapitalismus und Kommunismus, sondern zwischen dem Robotertum (sowohl von der kapitalistischen wie auch von der kommunistischen Art) und dem humanistischen kommunitären Sozialismus. Das meiste scheint darauf hinzuweisen, daß er sich für das Robotertum entscheiden wird, und das bedeutet auf die Dauer inneren Zerfall und Zerstörung. Und doch reichen alle diese Tatsachen nicht aus, den Glauben an die Vernunft des Menschen, an seinen guten Willen und seine innere Gesundheit zu zerstören. Solange wir uns noch Alternativen ausdenken können, sind wir noch nicht verloren. Solange wir noch gemeinsam beraten und planen können, dürfen wir hoffen. Freilich werden die Schatten schon länger, und die Stimmen der Unvernunft werden lauter. Die Verwirklichung eines Zustands der Humanität, der den Visionen unserer großen Lehrer entspricht, liegt in unserer Reichweite, und trotzdem laufen wir Gefahr, unsere gesamte Zivilisation zu vernichten oder zu Robotern zu werden. Einem kleinen Stamm wurde vor Tausenden von Jahren gesagt: »Leben und Tod lege ich dir vor, Segen und Fluch. Wähle also das Leben.« (Dtn 30,19.) Vor diese Wahl sind auch wir gestellt.

Literaturverzeichnis

Albu, A.: The Organisation of Industry. In: New Fabian Essays. Herausgegeben von R. H. S. Crossman. London: Turnstile Press 1953.

Bachofen, J. J.: Mutterrecht und Urreligion. Eine Auswahl. Herausgegeben von Rudolf Marx. Stuttgart 1954; englisch: Myth, Religion and the Mother Right. Selected Writings. Herausgegeben von J. Campbell. Princeton: Princeton University Press 1967.

Berle, A. A. und G. C. Means: The Modern Corporation and Private Property. New York: The Macmillan Company 1940.

Bloomberg, W. jr.: Modern Times in the Factory. Manuskript der Vorlesungen an der Universität von Chicago 1934.

– The Monstrous Machine and the Worried Workers. In: The Reporter vom 28. 9. 1953.

Brown, H.: The Challenge of Man's Future. New York: The Viking Press 1954.

Buber, M.: Pfade in Utopia. Heidelberg 1950.

Burckhardt, J.: Briefe. Mit einer biographischen Einleitung herausgegeben von Fritz Kaphan. Leipzig 1935.

Butler, J. R. M.: History of England. London: Oxford University Press 1928.

Carskadom, Th. und R. Modley: USA. Measure of a Nation. New York: The Macmillan Company 1949.

Cole, G. D. H. und W. Mellor: The Meaning of Industrial Freedom. London: Allen and Unwin 1918; deutsch: Gildensozialismus. Köln 1921.

Crosland, C. A. R.: The Transition from Capitalism. In: New Fabian Essays. Herausgegeben von R. H. S. Crossman. London: Turnstile Press 1953.

Crossman, R. H. S.: New Fabian Essays. London: Turnstile Press 1953.

– The Party Oligarchies. In: The New Statesman vom 21. 8. 1954.

Dickson, W. J.: The New Industrial Relations. Ithaca: Cornell University Press 1948.

Dolleans, E.: Proudhon. Paris: Gallimard 1948.

Drucker, P. F.: Concept of the Corporation. New York: The John Day Co. 1946.

Durkheim, E.: Le Suicide. Paris: Librairie Félix Alcan 1897; deutsch: Der Selbstmord. Neuwied, Berlin 1973.

Einstein, A.: Why Socialism? In: Monthly Review. An independent socialist review, 1/1949, S. 9–15.

Engels, F.: Der Ursprung der Familie, des Privateigentums und des Staates. Im Anschluß an Lewis H. Morgans Forschungen. Hottingen, Zürich 1884.

Foote, N. N. und P. K. Hatt: Social Mobility and Economic Advancement. In: The American Economic Review, 42/1953.

Fourier, Ch.: The Passions of the Human Soul. London: H. Bailliere 1851.

French, J. R. B.: Field Experiments. In: Experiments in Social Process. Herausgegeben von J. G. Miller. New York: The McGraw Hill Book Co. 1950, S. 83–88.

Freud, S.: Gesammelte Werke (G. W.). Bände 1–17. London: Imago Publishing Co. 1940–1952 und Frankfurt 1960.

– 1905d: Drei Abhandlungen zur Sexualtheorie. G. W. Band 5, S. 27–145.
– 1930a: Das Unbehagen in der Kultur. G. W. Band 14, S. 419–506.
Friedmann, G.: Machine et humanisme. Paris: Gallimard 1946.
– Où va le travail humain? Paris: Gallimard 1950; deutsch: Zukunft der Arbeit. Perspektiven der industriellen Gesellschaft. Köln 1953.
Fromm, E.: Gesamtausgabe in zehn Bänden. Herausgegeben von Rainer Funk. Stuttgart 1980; München 1989.
– 1930a: Die Entwicklung des Christusdogmas. Eine psychoanalytische Studie zur sozialpsychologischen Funktion der Religion. In: Imago. Zeitschrift für Anwendung der Psychoanalyse auf die Natur- und Geisteswissenschaften, 16/1930, S. 305–373; sowie in: Gesamtausgabe in zehn Bänden. Band 6.
– 1932a: Über Methode und Aufgabe einer Analytischen Sozialpsychologie. Bemerkungen über Psychoanalyse und historischen Materialismus. In: Zeitschrift für Sozialforschung, 1/1932, S. 28–54; sowie in: Gesamtausgabe in zehn Bänden. Band 1.
– 1941a: Escape from Freedom. New York: Farrar 1941; deutsch: Die Furcht vor der Freiheit. Zürich 1945; Frankfurt, Köln 1966; sowie in: Gesamtausgabe in zehn Bänden. Band 1.
– 1947a: Man for Himself. An Inquiry into the Psychology of Ethics. New York: Rinehart and Co. 1947; deutsch: Psychoanalyse und Ethik. Bausteine zu einer humanistischen Charakterologie. Zürich 1954; Stuttgart 1979; sowie in: Gesamtausgabe in zehn Bänden. Band 2.
– 1949c: Psychoanalytic Characterology and Its Application to the Understanding of Culture. In: Culture and Personality. Herausgegeben von S. S. Sargent und M. W. Smith. New York: The Viking Press 1949, S. 1–12; deutsch: Über psychoanalytische Charakterkunde und ihre Anwendung zum Verständnis der Kultur. In: Psyche, 8/1954, S. 81–92; sowie unter dem Titel ›Über psychoanalytische Charakterologie und ihre Anwendung auf das Verständnis der Kultur‹ in: Gesamtausgabe in zehn Bänden. Band 1.
– 1950a: Psychoanalysis and Religion. New Haven: Yale University Press 1950; deutsch: Psychoanalyse und Religion. Zürich 1966; Stuttgart 1979 und 1982; sowie in: Gesamtausgabe in zehn Bänden. Band 6.
– 1951a: The Forgotten Language. An Introduction to the Understanding of Dreams, Fairy Tales and Myths. New York: Rinehart and Co. 1951; deutsch: Märchen, Mythen, Träume. Eine Einführung zum Verständnis von Träumen, Märchen und Mythen. Zürich 1957; Stuttgart 1979; sowie in: Gesamtausgabe in zehn Bänden: Band 9.
Gehlen, A.: Sozialpsychologische Probleme in der industriellen Gesellschaft. Tübingen 1949.
Gillespie, J. J.: Free Expression in Industry. London: The Pilot Press 1948.
Goldhamer, H. und A. Marshall: Psychosis and Civilization. Glencoe: Free Press 1953.
Halbwachs, M.: Les Chauses du Suicide. Paris: Librairie Félix Alcan 1930.
Harrell, H. W.: Industrial Psychology. New York: Rinehart and Co. 1949.
Heron, A. R.: Why Men Work. Stanford: Stanford University Press 1948.
Huchet-Bishop, C.: All Things Common. New York: Harper and Brothers 1950.

Huhn, W.: Der Bolschewismus als Manager-Ideologie. In: Funken, 5/1954, Heft 8.
Huxley, A.: Brave New World. London: The Vanguard Library 1946; deutsch: Schöne neue Welt. Frankfurt 1955.
– Vorwort zur Neuausgabe von ›Brave New World‹. In: Aldous Huxley: Wackere Neue Welt. Ein Roman der Zukunft. Zürich ²1950, S. 9–20.
– Evolutionary Humanism. In: The Humanist, 12/1953, Nr. 5, S. 201 ff.
Jones, E.: The Life and Work of Sigmund Freud. Band 1–3. New York: Basic Books 1957; deutsch: Das Leben und Werk von Sigmund Freud. Band 1–3. Bern, Stuttgart 1960–1962.
Kratu, C., J. W. Fretz und R. Kreider: Altruism in Mennonite Life. In: Form and Techniques of Altruistic and Spiritual Growth. Herausgegeben von P. A. Sorokin. Boston: The Beacon Press 1954.
Lincoln, J. F.: Incentive Management. Cleveland: Lincoln Electric Co. Publishing 1951.
Löwith, K.: Weltgeschichte und Heilsgeschichte. Stuttgart 1953; englisch: Meaning in History. Chicago: The University of Chicago Press 1949.
Marx, K.: Karl Marx und Friedrich Engels. Historisch-kritische Gesamtausgabe (= MEGA). Werke – Schriften – Briefe. Im Auftrag des Marx-Engels-Lenin-Instituts Moskau herausgegeben von V. Adoratskij. 1. Abteilung: Sämtliche Werke und Schriften mit Ausnahme des ›Kapital‹. 6 Bände. Berlin, 1932.
– 1959: Das Elend der Philosophie. Antwort auf Proudhons ›Philosophie des Elends‹. In: Karl Marx und Friedrich Engels. Werke. Band 4. Berlin 1959, S. 65–182.
– 1961 a: Zur Judenfrage. In: Karl Marx und Friedrich Engels. Werke. Band 1. Berlin 1961.
– 1971: Die Frühschriften. Herausgegeben von Siegfried Landshut. Stuttgart 1971.
– 1971 a: Das Kapital. Kritik der politischen Ökonomie. Band 1–3. Berlin 1971/1972.
Mayo, E.: The Human Problems of an Industrial Civilization. New York: The Macmillan Company 1933.
Mayo, E. und G. F. F. Lombard: Team Work and Labour Turnover in the Aircraft Industry of Southern California. Harvard Graduate School of Business. In: Business Research Series, 32/1944.
Mills, C. W.: White Collar. New York: Oxford University Press 1951; deutsch: Menschen im Büro. Köln 1955.
Minsky, M. M.: Computation. Englewood Cliffs: Prentice Hall 1967.
Morris, D.: The Naked Ape. New York: McGraw-Hill 1967; deutsch: Der nackte Affe. München, Zürich 1968.
Mumford, L.: The Conduct of Life. New York: Harcourt, Brace, Jovanovich 1951.
Nisbet, R. A.: The Quest for Community. New York: Oxford University Press 1953.
Olivetti, A.: L'Ordine politico delle Comunità. Rom: Editioni di Comunità 1946.
Orwell, G.: 1984. A Novel. New York: Harcourt, Brace, Jovanovich 1949.

Piaget, J.: La construction du réel chez l'enfant. Neuchâtel: Delachaux & Niestlé 1937; deutsch: Der Aufbau der Wirklichkeit beim Kinde. Stuttgart 1975.

Radin, P.: Gott und Mensch in der primitiven Welt. Zürich 1953.

Riesman, D.: The Lonely Crowd. New Haven: Yale University Press 1950; deutsch: Die einsame Masse. Eine Untersuchung der Wandlungen des amerikanischen Charakters. Neuwied 1956.

Rocker, R.: Nationalism and Culture. Los Angeles: Rocker Publ. Comm. 1937.

Roethlisberger, F. J. und W. J. Dickson: Management and the Worker. Cambridge/Ma.: Harvard University Press [10]1950.

Roy, M. N.: Reason, Romanticism and Revolution. Calcutta: Renaissance Publishing Co. 1952.

Russell, B.: Roads to Freedom. Socialism, Anarchism, Syndicalism. London: Allen and Unwin [2]1919; deutsch: Wege zur Freiheit. Sozialismus, Anarchismus, Syndikalismus. Frankfurt 1971.

Schumpeter, J. A.: Capitalism, Socialism, and Democracy. New York: Harper and Row 1962; deutsch: Kapitalismus, Sozialismus und Demokratie. München [3]1975.

Schweitzer, A.: Verfall und Wiederaufbau der Kultur. In: Gesammelte Werke in fünf Bänden. Band 2. Zürich 1973, S. 17–93.

Séjournée, L.: El Mensaje de Quetzalcoatl. In: Cuardernos Americanos, 5/1954.

Smith, A.: Der Wohlstand der Nationen. Eine Untersuchung seiner Natur und seiner Ursachen. Aus dem Amerikanischen von Horst Claus Recktenwald. München 1974; englisch: An Inquiry into the Nature and Causes of the Wealth of Nations. New York: The Modern Library 1937.

Sombart, W.: Der Bourgeois. München, Leipzig 1923.

Steinberg, I. N.: In the Workshop of the Revolution. New York: Rinehart 1953.

Stevens, H. B.: The Recovery of Culture. New York: Harper and Brothers 1949.

Stouffer, S. A.: Communism, Conformity and Civil Liberties. Garden City, New York: Doubleday 1955.

Strachey, J.: Tasks and Achievement of British Labour. In: New Fabian Essays. Herausgegeben von R. H. S. Crossman. London: Turnstile Press 1953.

Strecker, E. A.: Their Mothers' Sons. Philadelphia, New York: J. B. Lippincott Co. 1951.

Sturmthal, A.: Nationalization and Workers Control in Britain and France. In: The Journal of Political Economy, 61/1953.

Sullivan, H. S.: Interpersonal Theory of Psychiatry. New York: Norton 1953.

Tannenbaum, F.: A Philosophy of Labor. New York: Alfred A. Knopf 1952.

Tawney, R. H.: The Acquisitive Society. New York: Harcourt, Brace 1920.

Thoreau, H.: The Portable Thoreau. Herausgegeben von Carl Bode. New York: The Viking Press 1947.

Tolstoi, L.: Tolstois Flucht und Tod. Herausgegeben von René Fülöp-Miller und Friedrich Eckstein. Berlin 1925.

Tönnies, F.: Gemeinschaft und Gesellschaft. Grundbegriffe einer reinen Soziologie. Berlin 1926.
Viteles, M. S.: Motivation and Morale in Industry. New York: Norton 1953.
Walker, R. und R. H. Guest: The Man on the Assembly Line. Cambridge/Ma.: Harvard University Press 1952.
Weber, A.: Der Dritte oder der Vierte Mensch. München 1943.
Wells, H. G.: The Country of the Blind. In: In the Days of the Comet and Seventeen Short Stories. New York: Charles Scribner's Sons 1925.
Whyte, W. H. jr.: The Transients. In: Fortune, 5–8/1953.
Williams, W.: Mainsprings of Man. New York: Charles Scribner's Sons 1925.

Register

Erich Fromm im dtv

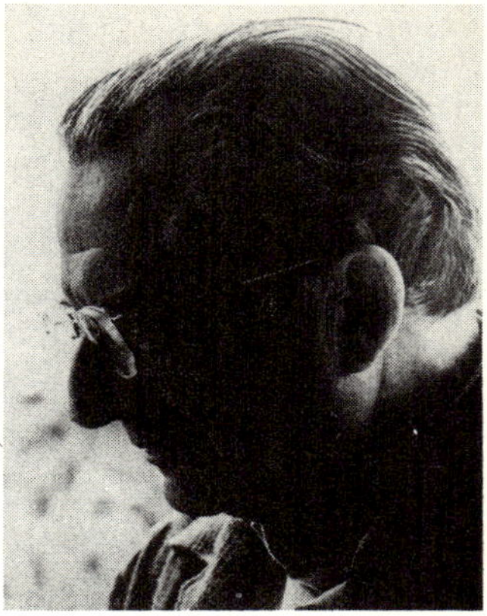

Haben oder Sein
Die seelischen Grundlagen einer neuen Gesellschaft
dtv 1490/dtv großdruck 25016

Erich-Fromm-Lesebuch
Herausgegeben und eingeleitet von Rainer Funk
dtv 10912

Psychoanalyse und Ethik
Bausteine zu einer humanistischen Charakterologie
Wie sich die gültigen Normen und Werte zur Natur der menschlichen Psyche verhalten. dtv 15003

Psychoanalyse und Religion
Erich Fromm formuliert seine Ansichten zur Religion, die er nicht im Widerspruch zur Psychoanalyse sieht. dtv 15006

Über den Ungehorsam
Um die Menschheit besorgt plädiert Fromm für den notwendigen Ungehorsam gegenüber falschen Autoritäten. dtv 15011

Sigmund Freuds Psychoanalyse – Größe und Grenzen
Eine kritische Auseinandersetzung Erich Fromms mit seinem Lehrer Sigmund Freud. dtv 15017

Über die Liebe zum Leben
Rundfunksendungen von Erich Fromm – grundlegende Gedanken zu gesellschaftlichen und psychischen Problemen. dtv 15018

Die Revolution der Hoffnung
Ein Plädoyer für eine Renaissance des Humanismus, in der die Technik im Dienst der Menschheit steht. dtv 15035

Die Seele des Menschen
Die Fähigkeit des Menschen zu zerstören, Narzißmus und inzestuöse Fixierung. dtv 15039

Das Christusdogma und andere Essays
Eine der wichtigsten religionskritischen Schriften Erich Fromms und sieben weitere Aufsätze zu Psychologie, Religion und Kultur. dtv 15076

Die Furcht vor der Freiheit
Über die Bedeutung der Freiheit für den modernen Menschen. dtv 15084

Arbeiter und Angestellte am Vorabend des Dritten Reiches
Eine sozialpsychologische Untersuchung. dtv 4409